KB235149

반미를
해부한다

반미를 해부한다

누가, 왜 미국을 증오하는가?

| 심양섭 지음

이담 Books

제가 가장 사랑하고 존경하는 역사가 고(故) 김일영
성균관대학교 정치외교학과 교수님께 삼가 이 책을 바칩니다.

반미 이야기, 그 보따리 풀기

이 책은 나의 박사논문을 일반 독자들이 읽기 쉽게 고치고 보탠 것이다. 나는 기자 출신이기 때문에 글을 비교적 쉽게 쓴다. 반미라는 주제도 일반 독자들에게 그렇게 어렵지는 않다. 하지만 박사논문에는 이론적인 용어나 설명이 꽤 들어 있었다. 그런 부분들을 많이 들어내고, 평이하게 바꾸었다. 각주(foot note)는 완전히 없앴다. 각주가 있으면 책을 술술 읽어 내려가지 못하고 자꾸 멈추기 때문이다. 그 대신에 본문 속에 인용문의 출처를 밝혀 놓았다. 그 것을 참고문헌과 비교하면 출처에 대한 궁금증은 해소될 것이다.

나는 그동안 반미에 관한 책과 논문을 여러 편 썼지만 이 책은 그동안의 것들과 사뭇 다르다. 지금까지의 글에서는 주로 겉으로 드러난 반미의 현상에 초점을 맞추었다면 이번에는 반미의 드러나지 않은 측면, 즉 이면에 초점을 맞추었다. 반미의 실체와 본질에 접근하려고 노력했다.

나는 이 서문을 지금 미국에서 쓴다. 많은 미국인들이 한국의 반미시위에 대해 궁금해했다. 대부분은 잘 이해되지 않는다는 태도였다. 심지어는 한국계 미국인들조차 그랬다. 한반도에서 일어나는 일 중에서 미국인들이 가장 심각하게 생각하는 것은 북한의 핵과 미사일이다. 그런데 한국 사람들은 왜 그 문제는 대수롭지 않게 생각하면서 미국을 공격할까? 미국은 9·11테러 이후 전쟁 중에 있는 나라인데 동맹국인 한국 국민들이 왜 미국의 어려움을 몰라줄까? 그것이 미국인들의 질문이다.

이 책은 그러한 질문에 대한 해답이다. 한국에서는 누가, 왜 미국을 반대하는가. 오바마 대통령 취임 후에는 한국의 반미감정도 많이 누그러진 것 같지만, 조지 W. 부시 대통령 재임 시에는 마치 한국인 대부분이 미국을 반대하는 것처럼 보였다. 과연 한국 사람들 대다수가 미국을 싫어하는가? 그게 아니라면 반미의 핵심세력은 누구인가? 그들은 왜 반미투쟁을 줄기차게 전개하는가? 좀 더 대등한 한미관계를 위해서인가? 아니면 다른 정치적, 이념적 목적이 있는가?

이 책은 한국 반미의 정치적인 성격과 이념적인 성격을 분석한다. 반미는 정치세력들이 자신들의 정치적 목적과 이념적 성격을 감추기 위해 입는 외투이다. 그 외투를 벗겨 보아야만 누가, 왜 미국을 반대하는지가 명확하게 드러난다. 그러할 때 반미에 대한 올바른 대응책도 강구할 수 있게 된다. 속에 어떤 병이 퍼졌는지 모른 채 겉만 보고 약을 처방해서는 치료를 기대할 수 없다. 이 책은 한국의 반미현상을 올바로 진단함으로써 제대로 된 처방전을 도출하려고 한다. 이 책이 한국 사회에서 가장 민감한 화두인 미국과 북한 문제에 대한 토론을 활성화하는 데 기여했으면 하는 바람이 간절하다. 아낌없는 질책과 격려를 바란다.

이 책은 내가 가장 사랑하고 존경하는 고(故) 김일영 성균관대학교 정치외교학과 교수님의 각별하면서도 탁월한 지도가 없었다면 결코 탄생할 수 없었다. 그 분은 누구보다 대한민국을 사랑했으며, 가장 숭고한 가치인 자유를 위해 싸우다 간 위대한 역사가였다. 삼가 이 책을 하늘나라에 계신 그 분께 바친다. 그와 함께 내 논문을 성의껏 검토해 주신 성균관대학교의 임용순 명예교수님, 김성주 교수님, 경기대학교 조성환 교수님, 한양대학교 오일환 교수님께 감사드린다. 책의 출판을 결정해 주신 한국학술정보(주)의 채종준 사장님, 원고를 깔끔하게 다듬어 준 이주은, 박채규, 양은정 선생님을 비롯한 편집진에게도 감사의 마음을 전한다. 만학도인 나를 위해 늘 곁에서 기도해 주고 힘을 준 사랑하는 아내와 아들에게 감사한다.

2009년 11월 미국 시애틀 근교의 한 아파트에서
심양섭

반미를 들여다보는 재미

신문이나 방송을 보면 심층보도(in-depth reporting)라는 것이 있다. 심층보도란 어떤 사건이나 문제에 관해 그 원인, 과정, 결과를 모두 알게 함으로써 그 의미와 중요성을 부각시키는 것이다. 그 사건과 문제에 대하여 여러 각도에서 분석하고 종합하며 다른 의견들을 제시하여 독자가 판단하도록 하는 보도 기법이기도 하다.

심층보도는 여러 면에서 유익하다. 우선 몰랐던 것을 알게 해 준다. 겉으로 드러나지 않은 이면의 진실도 드러내 보여 준다. 새로운 시각과 다른 의견을 제공함으로써 현상을 균형 있게 바라볼 수 있도록 해 준다. 한마디로 어떤 사안을 깊이 들여다보는 재미가 있다.

내가 이 책을 추천하는 것도 같은 맥락이다. 이 책은 반미(反美, anti-Americanism)라고 하는 한국 사회의 극히 민감한 주제를 심층 분석하고 있다. 표면만 건드리고 넘어가는 것이 아니라 문제의 핵심을 다룬다. 그러면서도 이론서라기보다는 교양서적에 가까울 정도로 평이하고도 간명한 문체로 쓰고 있다.

지금까지 학계에서는 주로 반미를 미국의 한반도정책에 대한 한

국 국민의 반응으로 설명했다. 미국 외교정책의 잘잘못, 한미관계
의 불평등성, 그리고 한국인들의 심리와 여론에 초점을 맞추었던
것이다. 그것은 반미 연구의 기초로서 나름의 의미가 있지만, 반미
의 실체와 본질에 다가가지 못한다는 한계가 있다. 반미의 전모를
제대로 이해하기 위해서는 그 정책적, 사회적, 심리적 의미를 밝히
는 데서 한 걸음 더 나아가 반미의 정치성과 이념성도 규명하지 않
으면 안 된다. 반미의 이면에는 고도의 정치적, 이념적 의도와 동
기가 작용하기 때문이다.

이 책은 저자의 박사논문을 독자들의 눈높이에 맞춰 다시 쓴 것
으로서, 한국 반미주의의 정치적, 이념적 성격을 명쾌하게 정리하
였다. 이 책을 읽다 보면 마치 언론의 심층보도를 접할 때와 같이
깊이 들여다보는 재미를 만끽할 수 있다. 전혀 다른 시각, 한 번도
못 들어 보던 이야기를 듣는 즐거움이 있다. 때로는 놀라움과 충격
도 느끼게 된다.

그동안 한국 사회의 반미감정 혹은 반미시위를 바라보면서 여러
가지 궁금증을 가졌다면 이 책을 읽고 그 궁금증들을 해소하기 바
란다. 미국 최초의 흑인 대통령인 버락 오바마 대통령 취임 이후

전 세계적으로 반미여론이 상당히 가라앉았다고 하지만, 그것은 일시적 현상에 불과하다. 오늘날 세계와 한국의 반미주의는 일종의 구조적 현상으로서 미국의 대통령이 바뀐다고 해서 근본적으로 달라지지 않는다. 왜 그런지는 이 책이 잘 설명해 주고 있다. 이 책은 세계 반미주의와 한국 반미주의를 비교하면서 서술하고 있기 때문이다.

반미는 이제 한국 사회 남녀노소 모두의 화두(話頭)가 되었다. 가정에서, 직장에서, 사교 모임에서, 교실에서도 반미는 첨예한 이야깃거리이다. 이 책을 읽고 토론의 수준을 한 차원 높여 볼 것을 권한다.

2009년 11월
동아일보 회장 김학준

목 차

제**1**부

반미를 보는 눈

　반미에도 강경파와 온건파가 있다. 그중 주한미군범죄근절운동본부(약칭 주미본)는 온건파로 분류된다(임현진·정일준, 2005: 15). 그 주미본이 1994년 12월 28일부터 2003년 10월 24일까지 거의 10년간 매주 금요일 서울 용산 주한미군기지 정문(5번 게이트) 앞에서 시위를 벌였다. 이른바 금요집회이다.

　주미본은 주한미군의 법적 지위에 관한 한미주둔군지위협정(SOFA)이 한국에 불리하므로 고치라고 요구했다. 한미 양국은 그러한 요구를 받아들여 SOFA를 여러 차례 개정하고 개선했다. 주미본이 금요시위를 종료한 것은 그동안의 SOFA 개정과 개선에 만족한다기보다는 우파단체의 맞불시위 때문인 듯하다.

　예를 들어 2002년 1월 4일의 주미본 금요집회와 그 맞불집회 풍경을 살펴보자. 이날 주미본의 고유경 주미본 간사는 '353회 금요집회 불평등한 SOFA 전면 개정하라'는 구호판을 앞뒤로 걸고 샌드위치 우먼이 되어 1인 시위를 벌였다. 장소만 조금 바뀌었다. 정문에서 400미터쯤 떨어진 1번 게이트였다. 정문 앞에서 시위하지 못한 것은 우파단체인 자유시민연대가 정문 앞을 차지했기 때문이다.

자유시민연대 회원 100명은 ‘WE LOVE U.S. FORCES!! YOU STAY HERE 우리는 주한미군을 좋아합니다’라고 쓴 현수막을 들고 시위를 벌였다. 방송차량을 이용하여 미군이 알아들을 수 있도록 영어로도 방송했다. 자유시민연대는 “2002년 1월 2일부터 연말까지 매일(3월 20일부터 연말까지는 금요일 제외) 오전 9시부터 오후 5시까지 서울 용산 미8군 용산기지 정문 앞에서 집회를 갖겠다.”는 집회신고서를 제출했다(민중의 소리, 2002년 1월 4일). 결국 서울 용산 주한미군기지 앞에서는 2002년 한 해 동안 날마다 좌파 단체의 반미시위, 혹은 우파 단체의 친미시위가 있었다는 이야기이다.

이 책에서는 ‘진보’ 대신에 ‘좌파’, ‘보수’ 대신에 ‘우파’라는 표현을 사용한다. 사회주의체제 붕괴 이후 공산국가 내에서는 기존 사회주의 이념을 고집히는 것이 ‘보수’, 자본주의적 개혁개방을 하는 것은 ‘개혁’으로 일컬어지면서 ‘보수’와 ‘진보’라는 개념은 극히 혼란스러워져 버렸다. 따라서 이념의 상대적 위치를 지칭하는 용어로서 ‘좌파’와 ‘우파’를 일관되게 사용한다. ‘이념의 상대적 위치’란 보는 자리에 따라 어떤 개인이나 집단의 이념성향은 달리 보일 수 있다는 것을 말한다. ‘좌파’라는 말을 꼭 부정적으로 사용하는 것이 아님을 밝혀 둔다.

일반 국민들의 미국에 대한 여론은 시기와 쟁점에 따라 변덕이 심하다. 여론조사기관에 따라서도 다르다. 미국 퓨리서치센터가 조사한 결과 한국인의 미국 호감도는 2000년 58%, 2002년 52%, 2003년 46%, 2007년 58%, 2008년 70%이다. 2003년이 다른 해보다 낮은 것은 2002년 미군장갑차에 의한 신효순·심미선 사망사건과 2003년 이라크 전쟁으로 미국에 대한 거부감이 심해졌기 때문이다. 2008년 한국인의 미국 호감도 70%는 미국산 쇠고기 수입 문제가 불거지기 전인 3월 20~27일 실시한 조사결과이다(동아일보, 2008년 6월 14일). 이것은 조사대상 24개국 중에서 가장 높다. 2007년의 58%도 일본(61%), 인도(60%)와 함께 최상위권(5위)에 속한다. 오바마 대통령 취임 첫 해인 2009년에는 한국인의 대미호감도가 78%까지 올라갔다(동아일보 2009년 11월 18일).

그러나 뉴스위크 한국판이 최근(역시 광우병이 쟁점으로 되기 전) 한길리서치에 의뢰하여 조사한 결과, 한국인 중에 미국을 좋아하는 사람은 세 사람 중 한 사람(33.5%)에 불과하다. 나머지는 미국을 좋아하지도 싫어하지도 않거나(53.5%), 미국을 싫어한다(11.2%). 뉴스위크 한국판이 이명박 대통령의 방미를 앞두고 2008년 4월 7~8일 실시한 여론조사 결과다. 퓨리서치센터가 설문 문항을 2점 척도(좋다/싫다)로 제시한 데 반해 뉴스위크 한국판은 3점 척도(좋다/싫다/좋아하지도, 싫어하지도 않는다)로 달리해 의견을 물었다(뉴스위크 한국판, 2008년 4월 23일).

한국의 반미는 이제 일상생활이 되었다. 미국의 어떤 정책이 쟁점으로 되었거나 미국 관련 사건이 발생할 때만 반미현상이 나타나는 게 아니다. 쟁점이 있든 없든, 사건이 일어나든 안 일어나든 상관없이 반미시위는 벌어진다. 한국 사회 좌우 이념대결, 즉 남남대결의 가장 첨예한 쟁점이 바로 '미국'이다. 친미도, 반미도 이미 하나의 일상적인 정치현상으로 자리 잡았을 뿐 아니라 하나의 이데올로기로 굳어졌다.

물론 2008년 광우병 시위나 2002년 미군장갑차에 의한 신효순·심미선 사망사건 후의 반미촛불시위에서 보듯이 미국의 정책이나 미국 관련 사건은 중요하다. 반미주의에 관한 연구 중에서도 미국의 정책이나 사건을 다룬 것이 많다. 최근 한국 반미주의와 관련하여 가장 많이 다뤄진 사안은 2002년 미군장갑차에 의한 신효순·심미선 사망사건과 그에 따른 반미촛불시위, 그리고 당시 쟁점이 되었던 한미주둔군지위협정(SOFA) 개정문제이다. 그러나 반미를 그처럼 쟁점에 대한 반응으로만 이해하면 앞에서 본 것과 같은 일상적 정치현상 혹은 이데올로기로서의 반미를 설명할 수 없다.

반미주의를 정책의 관점에서만 다룰 경우 그 한계는 분명하다. 대부분의 반미현상은 정책을 반대한다는 겉모양을 띠지만 그 이면에는 정치적 목적과 의도가 깔려 있고 이념요인도 작용하고 있기 때문이다. 소위 반미담론을 분석할 때에는 그 문면(文面)만 볼 것이 아니라 그 배후에 도사린 정치적, 이념적 의미를 드러내야 한다.

오늘날 한국 사회에서 반미주의는 단지 미국에 대한 대중의 여론만을 의미하지 않는다. 반미주의는 민주화 이후 한국정치의 한 가지 중요한 현상이다. 민주화와 더불어 한국의 시민사회는 급팽창하였으며, 그 일부로서의 반미세력도 성장하여 이제는 하나의 뚜렷한 정치세력이 되었다. 일례로 2002년 대통령선거 때는 유권자의 반미감정이 노무현 후보의 승인(勝因)으로도 작용하였다. 그뿐 아니다. 정부가 한미관계나 남북한관계의 주요 현안에 관한 정책을 결정하려면 반미여론과 반미세력의 동향을 고려하지 않을 수 없게 되었다. 한미자유무역협정(FTA) 비준문제도 그렇고, 아프가니스탄 추가 파병 문제도 그렇다. 정부나 정치인이 국민의 반미감정을 이용하거나 조장하기도 한다. 이러한 현상은 특히 김대중, 노무현 정부 시절 두드러졌지만 이명박 정부가 등장한 지금도 여야가 바뀌었을 뿐 반미주의(혹은 친미주의)를 이용하고 조장하는 정치세력이 존재하기는 마찬가지이다.

이러한 한국의 반미주의를 설명하려면 미국에 대한 한국 국민의 여론 추이를 살피는 것만으로는 부족하다. 반미주의는 단순히 여론으로만 그치지 않고, 현실정치에 직접 영향을 미치면서 매우 역동적인 정치현상으로 나타나고 있기 때문이다. 개개인의 미국에 대한 태도가 행동으로 표출되는 과정에는 정치가 개입된다. 국민을 반미시위에 동원할 행위자가 있어야 하고, 반미시위를 뒷받침할 물적(物的) 자원도 구비되어야 한다.

이 책에서는 '반미'와 '반미주의'라는 표현을 함께 쓴다. 영어권에서는 반미감정과 반미주의를 구분하지 않고 'anti-Americanism'이라고 쓴다. 따라서 'anti-Americanism'은 '반미'로 번역해도 되고, '반미주의'로 번역해도 된다. '반미감정'과 '반미주의'를 구분하기보다는 미국을 단순히 비판하는 '비미(批美)'와, 미국을 정치적 목적과 이념적 동기를 가지고 비난하는 '반미(反美)' 혹은 '반미주의(反美主義)'를 구분하는 게 더 의미가 있다.

반미주의는 그 자체가 정치이며 이념이다. 반미주의는 기본적으로 어떤 정치집단의 정치적 목적에 복무하는 하나의 이데올로기이다. 반미주의가 지니는 고도의 정치성을 사상(捨象)한 채 반미주의를 논해서는 수박 겉핥기밖에 되지 않는다. 냉전종식 이후 국제사회에서 반미주의만큼 뚜렷한 이념을 찾아보기란 쉽지 않다. 그것은 한국 사회에서도 마찬가지이다.

민주화 이후 한국 반미주의는 이미 미국 관련 정책이나 사건에 일시적으로 대응하는 차원이 아니라 전국에 걸친 조직적 연대와 정치적, 이념적 강령을 갖춘 지속적인 운동으로 나타난다. 여야 간 수평적 정권교체 이후에는 반미주의가 권력의 이데올로기로까지 발전하였다. 김대중 정부가 비공식적이며 간접적인 방식으로 반미 성향을 드러낸 데 반해, 노무현 정부는 처음부터 반미를 표방하여 집권하였고 집권 후 정책적, 이념적 노선에 있어서도 반미성향을 공공연히 표출하였다.

반미세력은 일찍이 김영삼 정부 때부터 제도권 내로 진출하기 시작하여, 김대중 정부 때는 그 폭이 크게 확대되었으며, 노무현 정부 때는 권력의 핵심세력을 형성하였다. 이 과정에서 권력과 시민단체, 권력과 지식인, 그리고 권력과 언론이 노골적으로 유착하였다. 한국의 민주화세력은 과거 권위주의 정권 시절 정부에 협조적이던 사회단체아 지식인, 언론을 '관변단체', '어용지식인', '어용언론'으로 비난했는데 김대중, 노무현 정부 10년 동안(1998~2007)에는 자신들이 똑같은 비난을 들었다.

2004년 제17대 국회의원 총선거에서는 반미성향이 강한 소위 386세대 운동권 출신 인사들이 대거 당선되어 원내에 진출하였을 뿐 아니라 반미노선을 정강정책으로 채택한 민주노동당이 정당투표에서 10%가 넘는 득표를 하여 원내 제3당으로 도약하였다. 이로써 한국 반미주의는 단순한 시민사회의 운동 차원을 넘어 입법부와 행정부의 정책으로도 나타나게 되었다. 한국의 반미주의는 이제 더는 재야(在野)가 아닌 것이다. 386세대는 1960년대에 태어나 1980년대에 대학을 다닌 세대로서 이른바 민주화 세례를 받아 일반적으로 정치의식과 비판의식이 매우 높고 반미성향도 강하다.

물론 한국 반미주의의 정치성과 이념성은 비단 김대중, 노무현 정부에 와서 나타난 게 아니다. 한국의 반미주의는 1980년대 이래로 겉으로는 대중노선을 표방했지만 실은 소수 정예의 정치운동이요, 이념운동이었다. 그러던 것이 김대중, 노무현 정부 등장 이후에는 주류 정치세력으로까지 성장하였고, 그 두 정부 퇴진 이후에도 여전히 건재하다. 이들은 야당을 중심으로 시민사회단체와 언론, 학계, 문화계, 인터넷 분야에 이르기까지 두루 포진하여 변함없이 담론(談論, discourse)을 주도하며 의제(議題, agenda)를 설정하고 시위를 기획한다. 그때마다 대중을 동원하기 위해 국민 건강이나 복지, 평화, 통일 같은 명분을 내걸지만 실은 반미투쟁으로 우파정권을 흔들고 자신들의 정국주도권을 회복하거나 최소한 세력을 유지하려고 한다. 야당 권력과 시민사회단체, 언론, 학계, 교육계, 노동계, 여성계, 종교계, 문화계, 학생운동권, 인터넷 매체와 인터넷 기업에 포진한 반미세력들이 총결집하면 우파정부를 단기간에 궁지에 몰아넣을 수 있다. 2008년 광우병 시위가 그 점을 웅변한다. 광우병 같은 쟁점이 해소되어도 반미운동은 계속된다. 쟁점은 없어져도 정치적, 이념적 동기는 남기 때문이다. 반자본주의나 친북 운동, 혹은 반정부나 반체제 운동을 벌여서는 대중의 호응을 얻을 수 없기 때문에 '반미'라는 우산을 쓰기도 한다.

'진보'라는 말 대신에 '좌파'라는 말을 사용하는 이 책의 관점에서 보면 김대중, 노무현 정부는 좌파정부였다. 박명림(2007)은 "노무현 정부를 진보 정권이라고 본다. 정책과 정치적 의도, 과정 셋으로 나눠 보면 의도의 진보성은 분명하다. …… DJ 정부나 노무현 정부나 한국적 지평에서 보수라고 할 수 없다. 명백히 진보다." 라고 말한다.

반미의 주요 행위자들이 반미적 언사나 행동을 할 때에는 정치적 동기가 작용한다(Messitte, 2004: 1-36). 반미주의를 이처럼 하나의 정치행위로 파악할 필요성은 반미주의의 표현방식을 고려할 때 명확하다. 반미주의의 표현방식은 첫째, 태도 취하기, 둘째, 구두 표현, 셋째, 시위, 넷째, 폭력으로 나눌 수 있다(김진웅, 1994: 216-217).

여기서 첫 단계의 태도 취하기는 보통 외부로 잘 드러나지 않지만 두 번째 단계의 구두 표현부터는 개인의 내면에 머무르지 않고 외부에 명확히 드러난다. 구두 표현에서부터 시위, 폭력에 이르는 반미행동들은 크고 작은 정치행위들이고, 거기에는 나름의 정치적 의도와 목적이 담겨 있다. 이러한 반미행동들은 국내외 대중들의 의식에 큰 영향을 미칠 뿐 아니라 그 나라의 정부, 나아가 미국 정부에도 영향을 미친다. 반미주의를 이처럼 정치행위로 파악할 경우 그 변화와 전개과정을 동태적으로 파악할 수 있다.

그렇다고 해서 여론조사에서 나타나는 것과 같은 개개인의 의견이나 사회 전체의 반미여론을 무시하는 것이 아니다. 반미주의의 가장 기본적인 단위는 개인의 태도이다. 개개인의 태도는 정부의 정책에도 영향을 미친다.

하지만 태도는 행동으로 바로 나타나지 않는다. 왜냐하면 개인들의 태도에는 미국에 대한 부정적 의견(opinion)과 불신(distrust), 편견(bias)이 뒤섞여 있는데 이것을 사회운동이나 정당 같은 조직들이 동원해야만 행동으로 표출될 수 있기 때문이다. 반미주의가 정치적 영향력을 지니려면 개개인들의 반미감정의 고양(高揚)과 그것을 동원할 조직이 둘 다 필요하다. 반미주의의 원인과 결과를 둘 다 이해하려면, 그 정치적 맥락(political context)을 살피는 것이 필수적이다.

정치인들은 자신들의 정치적 이익을 위해 반미주의를 어떠한 형태로든 조종한다. 이것은 위에서 아래로 작용하는(top down) 반미주의의 동학(動學, dynamics)이라고 할 수 있다. 그러나 반미주의를 그러한 정치인들의 작용만으로 설명할 수는 없다. 반미주의는 대중들의 관습이나 기억에 의해 작동한다. 이를 아래에서 위로 작용하는(bottom up) 반미주의의 동학이라고 할 수 있다. 반미주의가 갖는 정치적 역동성은 바로 이와 같은 대중과 정치인의 상호작용에 의해 나타난다(Katzenstein and Keohane, 2007: 12).

흔히 미국의 잘못된 외교정책 때문에 반미주의가 대두했다고 주장하지만 그것은 반미의 이념성을 간과한 것이다. 싱(Singh, 2007b)은 미국 대외정책이 반미주의의 원인이라는 주장에 강력히 반대한다. 반미주의는 미국의 행위만큼이나 미국의 존재 자체에 대한 뿌리 깊은 거부감이라는 것이다. 이념으로서의 반미주의는 미국의 행동(doing)이 아니라 미국이 상징하는 것, 즉 미국 그 자체(being)에 초점을 맞추는 것이다.

공산주의 국가들이 무너지면서 이른바 이데올로기의 시대가 막을 내린 게 아니라 더욱 강력한 하나의 이데올로기가 등장하였으니 바로 반미주의이다. 시저(Ceaser, 2004: 45)는 "오늘날 세계에는 단 하나의 의견 혹은 이념만이 보편적이다. 그것은 반미주의이다. 모든 대륙에서 수많은 지식인들이 반미주의를 토대로 자신들의 정치적 생각들을 조직하는데 그들은 정치적 지원도 상당히 많이 받고 있다.”라고 말한다.

기 소르망(2007)도 “반미주의는 이데올로기다. 미국이 특정 국면이나 장소에서 취하는 행동과 직접적 관련이 없다. 반미주의는 미국을 어떻게 생각하는가에 대한 인식의 결과다. 다른 이데올로기와 마찬가지로 반미주의도 현실을 기술하지 않는다.”고 지적한다. 한국의 반미세력도 오랜 민주화 투쟁과정에서 마르크스레닌주의나 김일성·김정일 주체사상을 투쟁의 도구로 수용하였다.

북한이나 쿠바, 1979년 이후 이란에서는 김일성·김정일의 주체사상이나 마르크스레닌주의, 이슬람 근본주의가 지배 이데올로기이지만 미국과 장기간 대립하는 동안 반미주의가 또 하나의 이념으로 자리 잡았다. 이념으로서의 반미주의는 비단 이 나라들에서만 보이는 현상은 아니다. ‘이데올로기(ideology)’를 어떻게 정의하느냐에 따라 많은 나라의 반미주의를 이념으로 설명할 수 있다. 마르크스와 엥겔스는 이데올로기를 “실새(reality)를 왜곡하고 조종하여 진실(truth)을 가리는 것”이라고 정의했다. 마르크스와 엥겔스가 1845~1846년에 공동집필한 『독일 이데올로기(The German Ideology)』에서 두 사람은 이데올로기를 그와 같이 좀 더 부정적으로 이해했다(O’Conor, 2007a: 15).

이데올로기는 현실을 오도하는 구호나 선동인 것이다. 사실과 근거에 상관없이 어떤 주장을 전개할 경우 이는 하나의 이데올로기가 된다. 프랑스는 유럽에서 반미정서가 가장 강한 나라로 손꼽히는데 그러한 프랑스의 반미주의도 일종의 이데올로기라는 주장이 있다. 르벨(Revel, 2003)은 프랑스 사람들이 실제의 미국이 아니라 자기들 구미에 맞게 미국을 왜곡하거나 상상해서 만들어 놓고는 이념적으로 공격한다고 말한다. 현실과는 동떨어진 이념공세라는 것이다.

이 책에서는 1980년대 후반 이후, 즉 민주화 이후의 한국 반미주의를 주로 다룬다. 그전에도 반미현상은 있었지만 대체로 학생운동의 테두리를 넘지 못했다. 민주화 이후 시민사회가 급속히 성장하면서 한국 사회의 반미주의는 학생운동 차원을 넘어 전 계층, 전 세대로 확산하였다. 특히 김대중, 노무현 정부 등장 이후 반미주의에 대한 종래의 터부(taboo, 禁忌)가 완전히 깨지면서 반미주의는 하나의 자연스러운 현상이 되었다.

최근 들어 미국과 유럽 정치학계에서 세계 반미주의에 대한 연구가 비교적 활발히 이루어진 덕분에 그 최신 성과들(Hollander, 2004; Katzenstein and Keohane, 2007; Messitte, 2004; O'Connor, 2007; Revel, 2003)을 많이 접촉할 수 있었다. 그러나 유럽, 남미, 중동지역 반미주의 연구에 비해 아시아 지역 반미주의 연구가 극히 미약하여 아쉬웠다. 아시아 지역 반미주의 연구가 있더라도 중국과 일본, 인도네시아, 필리핀 반미주의 연구가 더러 눈에 띨 뿐이고, 한국 반미주의에 대한 본격적인 학문적 연구는 거의 찾아보기 어렵다. 다만 미국 일부 대학의 아시아 연구 프로그램이나 민간 싱크탱크, 국책연구소, 의회도서관 같은 곳에서 한국 반미주의에 관한 정책보고서를 내거나 세미나를 개최한 뒤 책자로 발간한 것(Beck, 2004; Manyin, 2003; Mitchell, 2004; Larson, 2004; Niksch, 2006; Steinberg, 2005; Watts, 2005)이 있어 그나마 다행이다.

이 책에서는 또 반미성향 시민사회운동단체의 온라인과 오프라인 자료들을 많이 분석하였다. 구체적으로는 민주노동당(약칭 민노당), 전국민주노동조합총연맹(약칭 민노총), 전국교직원노동조합(약칭 전교조), 미군 장갑차 고 신효순·심미선 양 살인사건 범국민대책위원회(약칭 여중생 범대위), 주한미군범죄근절운동본부(약칭 주미본), 이라크 전투병 파병반대 비상국민행동(약칭 파병반대국민행동), 참여연대 평화군축센터, 한반도평화를 위한 시민네트워크(약칭 평화네트워크), 민주주의민족통일전국연합(약칭 전국연합), 6·15 남북공동선언 실현과 한반도 평화를 위한 통일연대(약칭 통일연대), 남북공동선언실천연대(약칭 실천연대), 한국대학총학생회연합(약칭 한총련), 조국통일 범민족 연합(약칭 범민련) 남측본부, 민족자주 민주주의 민중생존권쟁취 전국민중연대(약칭 민중연대), 한국진보연대, 전국농민회총연맹(약칭 전농), 21세기 코리아연구소, 평화 만들기, 통일뉴스, 민중의 소리, 반미여성회, 평화를 만드는 여성회 같은 곳들을 중점 파악했다.

<표 1>에서 보듯이 이 가운데 주한미군범죄근절운동본부, 참여연대 평화군축센터, 평화네트워크, 평화를 만드는 여성회 네 곳은 온건파로 분류할 수 있고, 나머지는 강경파로 분류할 수 있다. 대체로 반미자주화운동은 강경, 평화통일운동은 온건 성향을 띠는 경향이 있다(임현진·정일준, 2005: 15).

〈표 1〉 시민사회단체의 친미, 반미성향 분류표

	반미	친미
강함	주한미군철수운동본부 (http://www.onecorea.org) 21세기코리아연구소 (http://www.21corea.org) 반미여성회(http://www.banmiwoman.org) 반미청년회(http://www.banmi.net) 자주평화통일민족회의 (http://www.onekorea.or.kr) 민족화해자주통일협의회 (http://www.jatong.org) 조국통일범민족연합남측본부 (http://www.tongil-i.net) 조국통일범민족청년학생연합 (http://bchy.jinbo.net) 한국대학총학생회연합 (http://hanchongryun.jinbo.net) 남북공동선언실천연대(http://www.615.or.kr) 6·15남북공동선언실현과한반도평화를위한통일연대 (http://www.615tongil.org) 민주주의민족통일전국연합 (http://www.nadrk.org) 평화와통일을여는사람들 (http://www.spark946.org)	북핵저지시민연대(http://nknstop.or.kr) 자유시민연대(http://www.freectzn.or.kr) 한반도전쟁방지국민협의회 (http://www.cpw0093.org) 한국자유총연맹 (http://www.kfl.or.kr/index.html) 재향군인회(http://www.korva.or.kr) 밝고힘찬나라운동(http://brightkorea.org) 주한미군철수반대모임 자유북한방송(http://www.freenk.net) 자유언론수호국민포럼 독립신문(http://www.independent.co.kr/) 6·25전쟁납북인사가족협의회 (http://www.korwarabductees.org) 북한민주화네트워크 (http://www.nknet.org)
약함	주한미군범죄근절운동본부 (http://usacrime.or.kr) 매향리미폭격장철폐를위한주민대책위원회 (http://mehyang.kfem.or.kr) 미군장갑차살인사건범국민대책위 불평등한SOFA개정국민행동 (http://sofa.jinbo.net) 민족통일애국청년회 (http://www.youthseoul.org/mac) 한반도평화를위한시민네트워크(평화네트워크) (http://www.peacekorea.org) 참여연대평화군축센터 (http://www.peoplepower21.org/contents/peace/peace_intro.html) 전쟁반대평화실현공동실천 (http://www.stopthewar.or.kr) 한국이라크반전평화팀지원연대 (http://iraqpeace.ngotimes.net) 한국대인지뢰대책회의 (http://landmine.peacenet.or.kr) 동북아평화연대 국제민주연대(http://www.khis.or.kr) 평화를만드는여성회 (http://www.peacewoman.com)	바른사회를위한시민회의 (http://www.cubs-korea.org/index.asp) 자유주의연대(http://www.486.or.kr) 자유지식인선언

출처: 임현진·정일준. 2005: 15.

이 책은 세 가지 목적을 지닌다. 첫째, 민주화 이후 한국의 반미주의를 단순한 여론이나 정책에 대한 반응이 아니라 고도의 정치적, 이념적 성격을 가진 현상으로 보고 그것이 가지는 정치적, 이념적 성격을 분석한다.

둘째, 민주화 이후 한국의 반미주의를 세계 반미주의와 비교함으로써 그 보편성과 특수성을 규명한다. 즉, 한국 반미주의를 세계 반미주의와 비교했을 때의 유사성과 차이점을 밝힌다. 한국 반미주의의 위상을 올바로 파악하기 위해서는 세계 반미주의와의 연관 속에서 보아야 하기 때문이다.

셋째, 민주화 이후 한국 반미주의의 가능성과 한계를 지적함으로써, 이 책이 한국정치 발전과 한미관계 개선에 기여할 수 있게 한다. 따라서 먼저 세계 반미주의의 원인과 유형을 살펴보고, 그 원인과 유형을 한국 반미주의에 적용함으로써 그 정치성과 이념성을 도출할 것이다. 그렇게 함으로써 한국 반미주의가 국제정치 속에서 갖는 보편성과 특수성을 규명할 수 있다고 생각한다.

이 책의 제1부에서는 반미를 보는 관점을 설명하였다. 제2부에서는 반미의 개념을 규정하고, 반미의 원인과 유형, 반미의 정치성과 이념성을 개괄하였다. 제3부는 세계 반미주의의 원인, 제4부는 세계 반미주의의 유형, 제5부는 한국 반미주의의 정치적 성격, 제6부는 한국 반미주의의 이념적 성격을 각각 자세히 분석하였다. 제7부에서는 한국 반미주의의 보편성과 특수성을 도출하고, 나아가 한국 반미주의의 가능성과 한계를 지적한다. 마지막으로 참고문헌을 덧붙였다.

제2부

반미의 개념과 구분

1. 반미란 무엇인가

반미는 어떤 목적을 가지고 미국을 비난하는 것이다. 미국을 객관적으로 비판하는 것과는 다르다. 그래서 이 책에서는 미국의 정책을 반대하는 것(opposition to U.S. policy)과 반미주의(anti – Americanism)를 구분하려고 한다.

사람들의 미국에 대한 태도와 행동은 아래 <표 2>와 같이 크게 다섯 가지 수준으로 나눌 수 있다. +1의 경우 미국의 구체적인 정책을 사안에 따라 비판하는 것으로서 반미주의라고 할 수 없다. 정치적 동기를 가지고 미국의 위선을 비판하는 −1과, 미국을 총체적으로 반대하는 −2가 반미주의이다.

이 책에서는 사실과 논리에 입각하여 미국을 합리적으로 비판하는 '비미(批美)'는 반미로 보지 않는다. 다만 객관적 사실에 근거하지 않고 정치적, 혹은 이념적 동기에서 미국을 비난하는 것은 반미로 취급된다. 미국에 대한 정당한 비판이 반미주의와 다른 것은 공정한 재판이 정당한 법적 절차 없이 잔인한 폭력을 가하는 것(lynch)과 다른 것이나 마찬가지이다.

반미주의에는 세 가지 차원이 있다. 심리적, 정치적, 이념적 반미주의가 그것이다. 심리적 반미주의는 시기심에서 비롯한다. 인류역사상 최강국은 항상 미움을 받았다. 이러한 반미주의는 미국의 어떤 행동이나 특징으로 인해 생겨나는 것이 아니라, 반미주의를 드러내는 사람들의 심리에서 생겨난다. 이처럼 반미를 강자에 대한 시기심의 일종으로 바라볼 경우 누군가가 미국의 특정한 정책에 불만을 표시하는 것도 반미주의의 심리적 본질을 위장하기 위한 것으로 규정하게 된다.

심리적 반미주의는 감정적 반미주의를 포함한다. 감정적 반미주의란 미국에 대한 지적, 의지적 반응이 아니라 정서적 반응이다. 처음에는 미국에 대한 이성적 비판으로 출발했나가 시간이 흐르면서, 혹은 미국의 대응에 따라 미국에 대한 반감 혹은 적대감, 분노감을 표시하는 단계로 치닫기도 한다.

미국의 정책에 대한 단순한 반감은 반미주의라고 할 수 없지만, 사실을 과장하거나 허위사실을 유포하거나 자극적인 사진을 게시하거나 하여 감정을 격앙시켰을 때 나타나는 현상은 감정적 반미주의라고 봐야 한다. 2002년 미군장갑차에 의한 신효순·심미선 사망사건 때도, 2008년 광우병 파문 때도 감정적 반미주의 현상은 뚜렷했다.

〈표 2〉 대미(對美) 태도와 행동의 다섯 가지 수준

수준	태도	행동
+2	거의 비판하지 않음	변함없는 지지
+1	건강한 회의주의	개별 정책 사안에 따라 비판
0	무관심	중립
-1	미국의 위선에 실망	국내정치적 고려에 의해 비판
-2	이념적 분노	총체적 반대

출처: Messitte, 2004, "The Politics of anti-Americanism in France, Greece, and Italy"(Ph.D. dissertation, New York University).

정치적 반미주의는 국내정치의 목적을 위해서 정부나 정당, 기타 행위자가 미국에 대한 적대감을 선동하거나 조종하는 경우를 말한다. 예를 들면 정부는 자신의 실정(失政)을 호도하기 위하여 미국을 희생양으로 삼을 수 있다. 정부나 정당, 기타 행위자가 자신들에 대한 대중의 지지를 동원할 목적으로 반미감정을 조장하기도 한다.

선거에서 패배한 정당이 반미투쟁으로 국내정치의 역학관계를 역전시키려고 하는 경우도 있다. 친미권력에 대한 대항이념으로서의 반미인 셈이다. 이는 반미주의의 권력적 측면을 잘 말해 준다. 한국의 통합민주당과 민주노동당이 2008년 5월 광우병 시위를 대규모로 전개하면서 장외투쟁을 벌인 것은 2007년 대통령선거와 2008년 국회의원 총선거에서의 패배를 만회하기 위한 정치공세의 성격이 농후했다. 이러한 정치적 반미주의는 도구적, 전술적 반미주의라고도 할 수 있다.

이념적 반미주의는 미국의 존재 자체를 부인하는 것이다. 예를 들면 민족주의나 주체사상, 마르크스레닌주의, 이슬람근본주의(Islam Fundamentalism)와 같은 이념에 입각하여 미국을 반대한다. 민족주의는 반미주의를 유발하는 가장 보편적인 이념체계라고 할 수 있다. 강대국인 미국의 간섭과 지배, 착취에 대한 반발은 곧 민족주의의 발로이다. 이념적 반미주의는 좌파의 전유물이 아니다. 그것은 전통적인 가치와 제도, 관습, 사회관계를 고수하거나 되살리려는 우파 엘리트 사이에서도 발견된다(김진웅, 1994: 213). 엘리트란 정치인, 경제인, 법조인을 비롯하여 한 나라의 지배계층(power elite)에 있는 사람들을 말한다.

마르크스레닌주의는 이념적 반미주의의 중심을 이루는 이론체계이다. 마르크스레닌주의자들은 미국의 대외정책을 제국주의 혹은 신제국주의로 규정하고, 자본주의 체제를 타도할 도구로 반미주의를 이용한다.

이슬람근본주의는 미국 사회가 부르주아 퇴폐주의(decadence) 혹은 무신론적 물질주의를 상징한다고 본다. 기독교 근본주의 성향의 조지 W. 부시 정부 등장 이후에는 이슬람 근본주의와 기독교 근본주의의 대립으로 반미주의가 더욱 심해졌다는 지적도 있다.

이러한 네 가지 이념체계에 대해서는 제3부 세계 반미주의의 원인과 제4부 세계 반미주의의 유형을 논할 때 좀 더 상세하게 언급할 것이다.

이 책에서는 이와 같은 세 가지 차원의 반미주의 중에서 정치적 반미주의와 이념적 반미주의를 주로 다룬다. 반미주의의 세 가지 차원은 이론적으로 쉽게 구분할 수 있으나 현실에서는 잘 구분되지 않을 때가 더 많다. 흔히들 반미감정과 반미주의를 구분하지만 반미주의자들이 반미감정을 이용하는 것이 엄연한 정치현실이기 때문에 그러한 구분은 사실상 의미가 없어진다.

2008년 광우병 촛불집회는 일견 반미와는 관계가 없어 보인다. 일부 언론들은 그것을 순수한 시민궐기로 예찬했다. 한 신문은 "촛불집회 이전의 기성 체제와 그 작동 방식은 순식간에 낡은 것이 되고 말았다."며, 광우병 촛불시위를 '시민주권시대'의 개막, '새로운 민주주의의 출현', '디지털 민주주의의 등장', '개성적이고 주체적인 시민권력'의 탄생, '2008세대의 출현', '촛불물결로 역사의 대하(大河)' 만들기로 묘사했다.

그러면서 그 신문은 광우병 촛불시위의 특징을 네 가지로 정리했다. 첫째, 정치권과 제도권을 인정하지 않는 권위의 부정, 둘째, 투쟁과 축제가 묘하게 동거하는 '뛰는 개성', 셋째, '나를 따르라' 식의 구심점이 없는 자율적 연대, 넷째, 휴대폰과 온라인으로 쟁점이 되는 '소통의 활발'이다.

이 신문은 양초와 피켓을 비롯한 시위용품들을 시민 각자가 준비해 왔다고 주장한다. 신문은 또 "시위대의 자발적이고 기발한 행보는 20세기 '집단 해체' 방식에 젖은 공권력의 대응을 무력화시키고 있다."며, "지도부가 없는 거리의 시민들은 '투쟁'과 '축제'를 섞어 가며 역사를 지휘하고 있다."고 보도한다. 배후세력의 오프라인 회의석상에서 시위의 내용과 방식이 결정되는 게 아니라 온라인상에서 네티즌 간의 자발적인 의사소통으로 모든 것이 결정된다는 것이다. 이 신문의 보도내용을 잠시 들여다보자.

촛불시위에는 새로운 소통과 합의 방식이 등장하고 있다. 다양한 목소리들이 저마다 의견을 내놓고 그 가운데 현장에 가장 적합하다고 하는 제안이 합의로 채택된다. 답도 없다. 사통팔달의 디지털 소통이 이뤄지고 상황에 따라 새로운 요구와 대응이 신속하게 결정된다. 지휘부 없는 시위에

서 '디지털 테크놀로지'의 효과를 극대화시키는 세대의 출현이다(경향신문,
2008년 6월 4일).

  그러나 이러한 광우병 촛불집회도 그 이면을 들여다보면 역시
정치적, 이념적 반미주의의 성격을 분명하게 확인할 수 있다. 2008
년 6월 10일 오후 2시, 서울시청 앞 광장에서 열린 우파단체의 '촛
불반대집회'에서, 한 연사는 "순수한 시민 궐기라면 누가 연단을
매일 설치하고, 누가 몇만 장의 피켓을 돌리고, 누가 쇠파이프를
설치하고, 누가 심야에 밧줄을 동원해서 경찰차를 끌어 내립니까?
광우병 촛불집회는 주체세력이 있습니다."라고 외쳤다.

  광우병 시위에도 그것을 주도하는 단체는 있었다. 2008년 5월 6
일 이른바 1,500개 시민단체가 연합하여 '광우병위험 미국 쇠고기
전면수입을 반대하는 국민긴급대책회의(약칭 광우병 대책회의)'를
구성했다. 이 대책회의가 촛불집회를 주도하고, 이 대책히이는 '진
보언대'라는 쇠파연대기구가 주도한다.

  진보연대는 제17대 대통령선거를 석 달 앞둔 2007년 9월 16일
국가보안법 철폐, 주한미군 철수, 한미동맹 파기, 6·15선언 실천
을 목적으로 출범한 좌파단체의 회의체이다. 여기에는 민노당(민주
노동당), 전빈련(전국빈민연합), 실천연대(남북공동선언실천연대), 6·
15청학연대(6·15공동선언실천청년학생연대), 그리고 법원에 의해
이적단체로 판시된 한총련(한국대학총학생회연합), 범민련(조국통일
범민족연합) 남측본부, 범청학련(조국통일범민족청년학생연합) 남측
본부를 포함한 32개 단체가 참가하고, 민노총(전국민주노동조합총
연맹)이 참관조직으로 가담했다.

진보연대 출범식 보도 자료는 "그간 진보민중운동진영의 단일연합체는 「민통련⇒전민련⇒전국연합⇒통일연대·민중연대」로 이어져 왔다."고 밝힌다. 진보연대의 전신인 전국연합, 통일연대, 민중연대는 최근 몇 년간의 주요 반미투쟁을 주도했다.

예를 들면 2001년 매향리미군국제폭격장폐쇄범국민대책위원회, 2002년 미군장갑차 고 신효순·심미선 살인사건범국민대책위워회, 2003년 이라크 전투병 파병반대 비상국민행동, 2004년 탄핵무효부패정치청산을 위한 범국민행동, 2005년 빈곤을 확대하는 APEC반대·부시반대국민행동, 농업의 근본적 회생과 고 전용철 농민 살해규탄범국대책위원회, 평택미군기지확장저지범국민대책위원회, 2006년 한미FTA저지범국민운동본부, 2007년 뉴코아 이랜드 유통서비스 비정규노동자 노동기본권 보장을 위한 공동대책위원회가 모두 그 세 단체의 작품이다.

진보연대는 2008년 5월 4일 '광우병 투쟁지침 1'에서 "가능한 한 전국의 모든 광역, 시군에서 촛불행사를 조직합시다. 서울지역(은) 6일부터 매일 저녁 7시 청계광장. 광역·시군별로 저녁 촛불행사를 진행해 주십시오."라고 촉구했다. 5월 22일 올린 '광우병 투쟁지침 3'에서는 "(5월 29일 정부) 고시 강행 즉시 배출될 미국 쇠고기 창고 봉쇄 및 저지 투쟁은 경기, 부산 등 해당 지역에서 진행됩니다."라고 알렸다. 진보연대 참가단체 중 하나인 실천연대는 2008년 5월 초 사업계획서에서 촛불집회로 '이명박 정부를 쓸어버리자'고 선동했다. 광우병시위는 반미시위인 동시에 반정부시위였다.

진보연대는 2008년 5월 15일 정세분석 자료에서 "광우병 쇠고기 반대 촛불집회는 미국에 빼앗긴 검역주권을 되찾기 위한 운동이며,

미국에 내맡긴 국민의 생명권을 되찾는 운동"이라며, "이렇게 본다면 오늘의 촛불집회는 2002년 효순이, 미선이 투쟁의 연장선이라고 할 수 있으며 명백한 반미투쟁"이라고 주장했다. 광우병 시위는 단순히 미국 소고기의 안전성을 경고하는 시위가 아니라 반정부투쟁이요, 나아가 반미투쟁이었던 것이다.

진보연대 소속 실천연대, 한총련, 6·15청년학생연대는 2008년 5월 26일 호소문에서 "이명박 대통령이 미국에 광우병 쇠고기 전면수입이라는 선물을 안겨 준 데 반발하여 범국민적 저항운동이 폭발적으로 일어나고 있다."며, "6월 15일에는 전국 반이명박 투쟁대오가 모두 총결집하여 청와대를 포위, 끝장을 볼 때까지 투쟁해야 한다."고 주장했다.

북한은 연일 광우병 시위를 부추겼다. 북한의 대남통일전선기구인 반제민족민주전선(약칭 반제민전)은 2008년 5월 13일 "광우병 소고기수입반대투쟁은 민생과 반미·반이명박이 하나로 연결된 중요한 투쟁이며 이명박 정권과의 첫 투쟁이다. 여기서 밀리면 파쇼체제의 등장이 눈에 선하다."며, "민중이 만들어 준 기회를 절대 놓치지 말아야 한다."고 지령을 내렸다.

2008년 5월 25일 광우병 시위는 분신사건으로 이어졌다. 이날 오후 6시경 전주 시내에서 유인물을 나눠 주며 "정권 타도"를 외치던 이 모(42, 무직) 씨가 온몸에 시너를 끼얹고 분신했다. 이 씨는 진보연대에 참관조직으로 가담한 민노총 소속 조합원이자, 민노당 당원으로 활동했다. 민노총 기관지 『노동과 세계』에 따르면, 이 씨는 민노총 공공노조 전북평등지부 조합원이자, 2006년 2월 민노당에 가입해 2008년 3월까지 2년 동안 당원으로서 정치활동을 했다. 이 씨는 결국 분신 보름 만에 숨졌다. 2003년부터 2007년까지 민노총 소속으로 자살한 사람은 모두 19명에 달한다.

광우병 사태에서 보듯이 반미주의가 국내정치와 연관될 때 그 도구적 성격이 잘 나타난다. 정치적 혹은 도구적 반미주의는 김대중 정부와 노무현 정부 기간 중에 두드러졌지만 그것은 한국에만 있는 현상도 아니고, 좌파정부에서만 나타나는 현상도 아니다. 일찍이 프랑스 드골(Charles de Gaulle) 대통령의 드골리즘에서도 반미주의의 도구적 성격은 뚜렷하였으며, 독일 사회민주당의 게하르트 슈뢰더 총리 집권기간(1998~2005)에도 그것은 여실히 나타났다.

지금은 그 예를 찾아보기가 쉽지 않지만 과거에는 혁명 이념 내지 원리로서의 반미주의도 존재하였다. 그것은 특히 아시아와 아프리카, 남미 같은 제3세계 나라들에서 친미정권 타도 투쟁을 벌이는 반정부집단 속에서 뚜렷했다. 친미정권을 공격하는 것은 곧 미국을 공격하는 것이 된다. 이러한 혁명 이념 내지 원리로서의 반미주의는 이란과 니카라과에서 이슬람 원리주의 세력과 사회주의 반군세력(산디니스타민족해방전선)이 각각 자기 나라의 친미정권, 즉 팔레비 정권과 소모사 정권을 무너뜨릴 때 전형적으로 볼 수 있었던 것이다.

하지만 혁명 이념 내지 원리로서의 반미주의는 오늘날 세계적으로도, 한국에서도 찾아보기 어렵다. 그렇기 때문에 이 책에서는 반미주의의 세 가지 차원 중에서 정치적 반미주의와 이념적 반미주의를 주로 분석한다.

2. 반미의 원인과 유형

반미는 왜 생기는가? 세계 반미주의의 원인으로는 다음의 세 가지를 들 수 있다. 첫째, 세력 불균형(power imbalances), 둘째, 세계화, 셋째, 정체성 충돌이다(Katzenstein and Keohane, 2007: 307 - 309).

그러나 여기서 세력 불균형이라고 하면 자칫 프랑스나 독일, 중국, 러시아 같은 강대국이 미국의 독주를 견제하기 위해 미국의 대외정책에 제동을 거는 형태의 반미주의밖에 설명하지 못하기 때문에, 이를 '국제정치 구조'라는 좀 더 포괄적인 개념으로 바꾸어 사용하는 것이 바람직할 것 같다. 국제정치 구조란 쉽게 말해 '미국 독무대'인 냉전 후 세계질서를 말한다. 미국이 모든 것을 홀로 주도하는 국제정치구조 자체가 반미주의를 낳는 것이다.

냉전시대는 미국과 소련이 군사적으로 팽팽하게 맞서는 양극체제였다. 소련의 위협을 받고 있던 나라에서는 반미주의가 생겨나기 어려웠다. 미국이 그 나라의 안보를 지켜 주었기 때문이다. 그러나 냉전이 끝난 다음에는 상황이 달라졌다. 소련의 위협이 사라지면서 미국의 많은 동맹국에서 반미주의가 나타났다. 그동안 '반공'이라는 절대명제하에 덮여 있었던 미국의 문제점이 하나둘씩 드러난 것이다. 나아가 미국의 일방주의적 대외정책은 세계 곳곳에서 반미주의를 초래하였다.

세계화는 쉽게 말해 미국식 자본주의의 표준을 세계적으로 강요하는 것이라고 할 수 있다. 따라서 세계화에 반대하는 반세계화는 곧 반미로 연결된다.

정체성 충돌은 미국의 문화와 가치관이 세계적으로 확산되면서 각국의 전통문화나 가치관과 충돌을 일으키는 것을 말한다. 즉, 미국의 정체성과, 미국 문화를 수용하는 나라의 정체성이 맞부딪치는 것이다.

그 외에도 세계 반미주의의 원인에는 여러 가지가 있다. 홀랜더(Hollander, 1995)는 일찍이 반미주의를 민족주의적 반미주의, 반자본주의적 반미주의, 반근대성(anti-modernist)으로서의 반미주의, 이렇게 세 가지로 나누었다. 그러한 그가 최근에는 반미의 5대 원인을 이렇게 제시한다(Hollander, 2004: 16-23). 첫째, 소련의 붕괴에 따른 적(敵)의 부재(不在), 둘째, 미국의 군사력 행사, 셋째, 반부시 정서, 넷째, 세계화, 다섯째, 아랍 이슬람의 근본주의이다.

이 가운데 소련의 붕괴에 따른 적의 부재는 앞에서 언급한 '국제 정치 구조'에 포함할 수 있다. 다음으로 미국의 군사력 행사는 이라크 전쟁에서 보듯이 전 세계적으로 반미주의를 가장 직접적으로 초래한다는 점에서 세계 반미주의의 빼놓을 수 없는 핵심요인으로 설정하는 것이 바람직할 것 같다.

반부시 정서는 특히 9·11테러 이후 '반부시=반미'로 인식될 만큼 반미주의의 확산에 기여했지만, 그것은 어디까지나 조지 W. 부시 미 대통령의 집권기간에만 적용될 수 있는 일시적 요인일 뿐이다. 즉, 반부시 정서는 세계 반미주의를 통시적으로 설명하는 원인이라고 할 수 없다. 세계화는 카첸스타인과 코헤인도 위에서 언급한 세계 반미주의의 한 가지 주요한 원인이다.

마지막으로 이슬람 근본주의는 그것을 반미의 별개 원인으로 설정해도 좋을 만큼 최근 들어 그 중요성이 부각되었다. 오늘날 전 세계적으로 가장 극단적이며 가장 폭력적인 형태의 반미주의를 낳고 있는 것이 바로 이슬람 근본주의이기 때문이다.

그런데 국제정치 구조, 미국의 군사력 사용, 정체성 충돌, 세계화, 이슬람 근본주의의 다섯 가지 원인은 세계 반미주의의 국제적 요인이라는 공통점을 지닌다. 국제적 요인은 반미주의가 나타나기 위해서 반드시 필요한 요인이다. 그러나 그 자체만으로는 충분하지 않다. 대중들은 국제적 요인에 접하면서 반미 태도를 갖게 되지만 바로 반미 행동에 나서지는 않는다. 각국의 반미주의는 국제적 요인과 국내적 요인이 상호 작용하면서 일어나는 현상이라고 할 수 있다.

따라서 반미주의의 국내요인에 주목할 필요가 있다. 이 책에서는 반미주의의 국내요인으로 국내정치 리더십, 그리고 언론과 대중문화를 설정하려고 한다. 왜냐하면 국내정치 리더십이나 언론, 대중문화가 국민의 반미감정을 동원하지 않으면 대중적 반미운동은 일어나지 않거나 일어나더라도 미약할 수밖에 없다. 정부와 언론은 국민 정체성을 동원할 수 있는 힘이 가장 큰 두 집단이다(김태현, 2004). 국민 정체성이란 한 나라의 국민이 집단적으로 공유하는 소속감과 자긍심을 말한다. 민족주의는 국민 정체성의 한 요소이다. 국민 정체성이 민족주의보다 더 큰 개념이다.

반미의 국내요인은 국제요인에 의해 형성된 반미주의를 강화하는 작용을 한다. 그렇다고 해서 국내요인이 반드시 국제요인의 작용에 뒤따라 작동하는 것은 아니다. 국내요인은 때로 국제 요인을 촉발하기도 한다.

국내정치 리더십과 언론, 그리고 대중문화는 때로 반미의 쟁점이 되지 않고 넘어갈 수도 있는 문제를 쟁점으로 만드는 것이다. 광우병 시위가 바로 그런 경우에 속한다. 세계의 많은 나라들이 미국 소고기를 수입하지만 한국을 제외하고는 광우병 시위가 일어나지 않았다. 물론 그 역도 가능하다. 즉, 반미적 쟁점이 될 만한 문제도 국내정치 리더십과 언론, 그리고 대중문화가 그것을 어떻게 다루느냐에 따라 쟁점이 되지 않고 넘어갈 수도 있다.

먼저 국내정치 리더십을 반미주의의 원인으로 보는 것은 해당 국가 정치지도자들의 작위와 부작위, 그리고 해당 정부의 동맹관계 관리 성패(成敗)가 반미주의의 강약에 매우 중요한 영향을 미치기 때문이다. 반미주의를 국가수준의 반미주의와 대중수준의 반미주의로 나눠 생각할 경우, 국내정치 리더십은 국가수준의 반미주의를 결정할 뿐 아니라 대중수준의 반미주의를 억제하거나 이용하거나 조장한다. 국가수준의 반미주의란 정부 차원의 반미주의를 말한다. 정부의 리더십은 국내정치 리더십의 핵심을 이룬다.

국내정치 리더십이라는 개념은 정권교체, 주류엘리트 구성 변화, 그리고 정책 이념과 방향과 스타일을 포함한다. 경우에 따라서는 시민사회도 국내정치 리더십의 일부로 포괄될 수 있다. 정부의 이념과 노선을 지지하고 뒷받침하는 시민단체는 흔히 신주류엘리트의 나팔수 구실을 한다. 이들은 정권창출과정부터 신주류엘리트와 긴밀히 협력하곤 한다. 이러한 시민단체의 구성원은 신주류엘리트의 가장 유력한 인력 풀(pool) 가운데 하나이기도 하다. 그런 시민단체들 중에는 각종 명목으로 정부 재정지원을 받는 단체들도 많다. 친정부 시민단체는 신주류엘리트의 전위부대인 셈이다.

정부의 리더십은 한 나라의 반미주의의 강약(强弱)을 결정한다. 정부가 동맹정책을 어떻게 구사하고 안보를 얼마만큼 강조하느냐에 따라, 그리고 정부가 미국의 세계전략에 대해 어떤 입장을 취하느냐에 따라 국민들의 미국에 대한 반감의 정도는 사뭇 달라진다. 예컨대 한국 정부가 한미공조와 민족공조 사이에서 어떤 입장을 취하느냐에 따라 국민들이 미국과 북한을 바라보는 태도가 달라진다. 정부가 한미 간 대북인식 차이를 어떻게 조정하느냐에 따라 미국의 대북강경정책이 한국 국민들에게 미치는 영향도 달라진다.

한국의 경우에도 김대중, 노무현 정부 집권 10년 동안 반미주의가 극도로 심화한 것은 주로 국내정치 리더십 때문이라고 할 수 있다. 유럽이나 동아시아의 미 동맹국이나 우호국에서 나타나는 반미주의의 상당부분은 해당국 정부의 국내정치 리더십에 기인하거나 그 리더십에 의해 강화 혹은 약화되는 일이 비일비재하다.

사우디아라비아를 비롯한 중동지역 권위주의 정부늘도 외견상 친미정부로서 미국과 우호관계를 유지하는 듯하지만, 실은 국내 반미세력의 존재나 반미여론을 의식하여 반미무장테러세력에게 뒷돈을 대 준다. 때로는 친미정부의 지도자들이 반미의 목소리를 높이면서 미국과 반미테러세력 사이에서 줄타기를 한다. 미국인들은 사우디아라비아를 오랫동안 긍정적으로 생각해 왔으나 오사마 빈 라덴을 비롯하여 사우디 출신 테러리스트가 저지른 일, 사우디 왕정의 인권탄압, 독재지배가 부각되면서 선호도는 폭락했다(Watts, 2004: 91).

북한이나 쿠바의 반미주의도 그것을 반자본주의라고 하는 이념의 산물로 볼 수도 있지만 그보다는 카스트로나 김정일 정권의 체제

유지를 위한 정치적 반미주의, 즉 국내정치의 산물로 볼 수도 있다.

언론과 대중문화가 반미주의를 부추기는 측면도 매우 강하다. 독일의 68세대나 한국의 386세대같이 과거 운동권 경험을 가진 세대가 언론과 대중문화의 중추세력을 형성하면서 미국을 비판하는 보도나 문화콘텐츠가 증가하는 측면이 있다. 한국의 반미세력은 일찍이 언론과 대중문화를 통한 문화투쟁의 중요성을 인식하고 이 부문에 장기간 주력한 결과 소위 문화 헤게모니를 구축했다. 한국의 언론과 대중문화는 인터넷과 휴대폰 시대의 도래와 함께 반미주의에 점점 더 큰 영향을 미친다.

인터넷과 휴대폰은 이른바 뉴미디어의 대표주자이다. 그런 뉴미디어가 신문방송 같은 올드미디어어의 영향력을 사실상 압도하게 됨에 따라, 국내정치와 국제정치에 있어서 기술, 특히 정보기술(Information Technology: IT)의 중요성이 점점 더 부각된다.

피터 카첸스타인(미국 코넬대학교 교수)은 2008년 티베트 사태와 관련하여 "중국은 국내 언론만 통제하면 된다고 보면서 기술의 힘을 과소평가했다."고 지적했다(한국일보, 2008년 4월 14일). 티베트 사태는 국경의 제한을 받지 않은 인터넷을 타고 퍼져 나가 전 세계적 쟁점이 되었다.

인터넷과 휴대폰은 기성세대보다 젊은 층, 그리고 우파보다는 좌파와 상대적으로 친한 매체라는 점에서 전 세계적으로 반미의 온상이 되었으며, 그 점에서는 한국도 예외가 아니다.

인터넷과 휴대폰은 2002년 미군장갑차에 의한 신효순·심미선 사망사건에 따른 반미촛불시위 과정에서 십대를 포함한 젊은 세대를 시위현장에 동원하는 데 결정적인 위력을 발휘했다. 2008년 광우병 파문에 따른 반미촛불시위 과정에서도 마찬가지다. 한국 사회에 있어서 반미와 친미의 가장 주요하고도 핵심적인 대결장이 바로 언론과 대중문화라고 해도 과언이 아니다.

그 언론과 대중문화의 주도권을 누가 잡느냐 하는 것이 바로 '문화 헤게모니'의 문제이다. 이른바 문화 헤게모니의 중요성은 그람시에 의해 일찍이 강조되었다. 문화를 중시하는 그람시의 소위 진지전 방식의 사회주의 혁명 이론은 1980년대에 한국에 소개되었다. 러시아 혁명식으로 어느 날을 잡아 폭력적으로, 또 극적으로 정권을 탈취하는 것이 아니라 한국은 선진 자본주의 단계에 있으므로 사회 곳곳에 진지와 참호를 파고 침투하여 그 진지와 참호 하나하나에서 사회주의 계급혁명 이론을 전파하여 그 분야의 이념적 헤게모니를 장악하는 투쟁을 해야 한다는 것이다. 그리하여 반(反)대한민국적인 대항 헤게모니가 대세를 이룰 때는 참호에서 뛰쳐나와서 기동전으로써 결정적인 승부를 기린다는 것이 그람시의 전략이다.

반미세력들은 처음에는 사회과학 출판과 같은 비주류 매체에서 시작하여 민중미술, 민중음악, 연극 같은 분야로 진출하고, 거기서 한 걸음 더 나아가 신문도 창간했다. 김대중, 노무현 정부 시절에는 메이저 매체인 방송까지 반미 콘텐츠를 양산하면서 언론과 대중문화는 반미주의 확산에 심대한 영향을 미쳤다.

언론과 언론인은 원래 긍정적인 것보다는 부정적인 것을 부각시키는 경향이 있는데다 치열한 상호경쟁논리에 의해 움직이기 때문에 좌파언론이 아니더라도 미국에 관한 부정적 보도 경쟁이 불붙으면 반미적 콘텐츠를 쏟아 내곤 한다. 아프가니스탄과 이라크 전쟁 보도에서 탈레반이나 후세인 정권이 물러난 다음의 긍정적인 정치적, 사회적 변화를 부각시키는 기사는 별로 없고 거의 날마다 종파 간 분쟁이나 테러로 인한 유혈사태만 비추는 것은 바로 그 때문이다. 언론은 이처럼 때로는 의도적으로, 또 때로는 의도하지 않은 가운데 반미주의를 조장하는데 그 영향은 지대하다.

따라서 이 책에서는 세계 반미주의의 원인을 국제요인과 국내요인으로 대별한다. 국제요인에는 ① 국제정치 구조, ② 미국의 군사력 사용, ③ 정체성 충돌, ④ 이슬람 근본주의, ⑤ 세계화가 포함된다. 국내요인에는 ⑥ 국내정치 리더십, ⑦ 언론과 대중문화가 들어간다.

다음으로 세계 반미주의의 유형에 대해 생각해 보자. 카첸스타인과 코헤인(Katzenstein and Keohane, 2007: 28 - 38)은 세계 반미주의를 1차적으로 자유주의적(liberalistic) 반미주의, 사회적(social) 반미주의, 주권 민족주의형(sovereign - nationalist) 반미주의, 급진적(radical) 반미주의의 네 가지로 나누고, 2차적으로 엘리트 반미주의와 역사적(legacy) 반미주의의 두 가지로 나눈다.

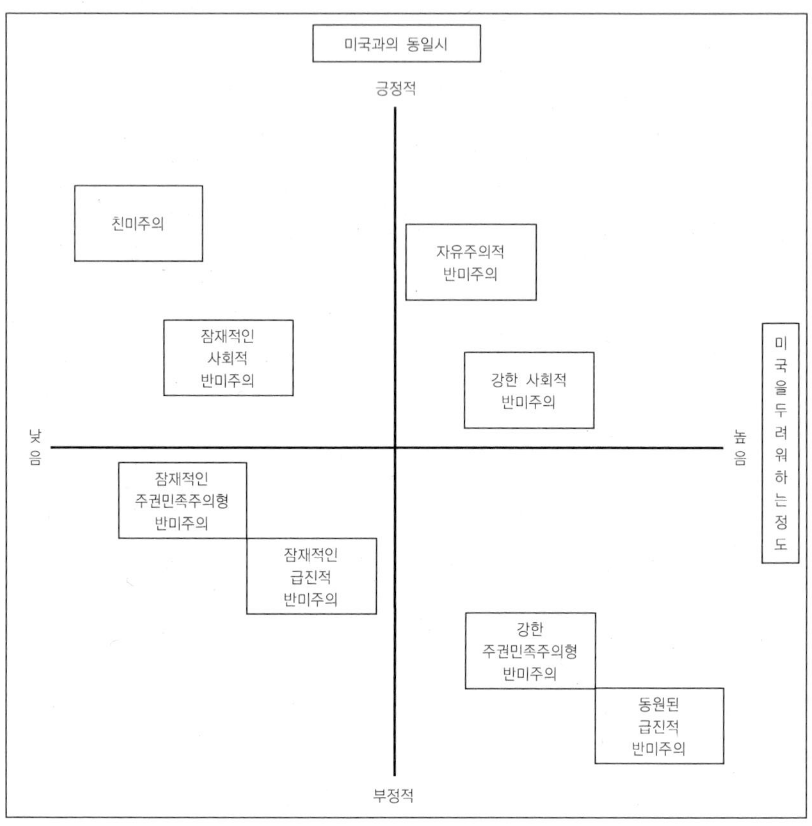

출처: Katzenstein(2007: 29)의 표를 그림으로 수정.

〈그림 1〉 세계 반미주의의 유형

<그림 1>에서 보듯이 1차 범주에서 반미주의를 네 가지 유형으로 나누는 기준은 각 주체(국가, 집단, 개인)가 자신을 미국(혹은 미국의 행동)과 동일시(identification)하는 정도이다. 각자의 입장에 따라 미국이나 미국의 행동을 찬성할 수도 있고, 반대할 수도 있고, 심지어는 미국에 대해 적대감을 가질 수도 있다.

우선 자유주의자들은 미국이 스스로 공언한 가치에 따라 일관되

게 행동하지 못하는 것을 심하게 비판하면서도 자신들을 미국과 동일시한다. 그러니까 자유주의적 반미주의는 미국이 이상주의와 보편주의의 수사(修辭)를 늘어놓으면서도 실제는 일방주의적으로 혹은 이기적으로 행동하는 위선(僞善)을 비판하는 반미주의이다. 예컨대 자유주의적 반미주의자들은 미국이 해외의 독재정권들을 지원해 온 사실을 비판한다. 이런 사람들의 이념은 이상주의적 자유주의(idealistic liberalism)라고 부를 수 있을 것이다.

다음으로 사회민주주의자들이나 기독교 민주주의자들은 민주적 원칙들을 미국과 공유하지만 다른 가치들에 있어서는 미국과 매우 다르게 생각한다. 특히 미국은 진정한 의미의 복지국가가 아니며, 사형제도를 비롯한 여러 가지 잘못된 사회정책들을 가진 나라라고 생각한다.

그러므로 사회적 반미주의는 미국이 시장의 힘과 개인주의를 지나치게 강조함으로써 폭넓은 사회복지 프로그램을 갖고 있지 못하다고 보는 데서 오는 반미주의라고 할 수 있다. 자유주의적 반미주의와 사회적 반미주의는 주로 민주사회에서 발견되며, 미국과 밀접한 관계에 있는 나라들이 대미협력을 해 나가는 데 영향을 미친다.

주권 민족주의자들은 미국이 아니라 자기 나라와 일체감을 가지며, 미국이 자기 나라를 위협한다고 인식할 수도 있고 그렇게 인식하지 않을 수도 있다. 그러니까 주권 민족주의형 반미주의는 미국이 정치력과 군사력으로 다른 나라의 주권과 민족자결권을 침해하거나, 혹은 어느 민족의 독립운동을 단순히 지원하지 않음으로써 발생하는 반미주의라고 할 수 있다. 예를 들면 미국은 쿠르드 민족주의 운동을 지원하지 않는다는 이유로 쿠르드의 원성을 사고, 파나마나 이라크 같은 곳에서는 군사적으로 개입하여 주권을 무시함으로써 저항에 부딪친다.

주권 민족주의형 반미주의는 미국이 수출하려고 하는 자유민주주의적 가치와 다른 정체성을 유지하려고 하는 나라들에서도 생겨난다. 미국의 가치가 자신들의 국민적, 민족적 정체성을 해친다고 보기 때문이다. 주권 민족주의형 반미주의는 유럽 국가들보다는 비유럽국가들에서 더 일반적으로 나타나며, 중국과 같은 권위주의 사회나 멕시코 같은 민주사회에서 발견된다.

급진적 반미주의자들은 자신들이 미국, 그리고 미국이 가지고 있는 가치들을 반대한다는 것에서 정체성을 찾는 사람들이다. 예컨대 마르크스레닌주의나 이슬람근본주의, 김일성·김정일의 주체사상과 같은 급진이념의 관점에서 미국을 비판한다. 이러한 반미주의자들은 미국의 정치제도와 경제제도를 근본적으로 바꿀 것을 주장한다. 오늘날 급진적 반미주의는 중동지역에서만 널리 퍼져 있고, 다른 곳에서는 북한이나 쿠바 같은 극히 일부국가에서만 발견된다.

다음으로 반미의 유형을 나누는 2차 범주 중에서 엘리트 반미주의는 그 나라의 엘리트가 미국을 경멸해 온 오랜 역사를 지닌 경우인데 프랑스가 그 전형적 사례이다. 프랑스의 엘리트주의는 그 뿌리가 깊으면서도 매우 탄력적이어서 미국 사회가 아무리 역동적으로 변하더라도 미국 사회에 대한 자신들의 회의적인 견해를 바꾸지 않는다. 즉, 미국 사회가 바뀌면 자신들의 반대논리도 바꾸어서 반미주의를 지속한다.

이러한 지배엘리트의 반미주의가 어느 나라에서나 유효한 것은 아니다. 지배 이데올로기로서의 반미주의는 프랑스에서는 가능하지만 인도네시아에서는 가능하지 않다(Bowen, 2007). 프랑스에서는 반미주의가 하나의 지배이념으로 작동하기 때문에 프랑스의 엘리트는 프랑스 사회의 바람직한 면모를 확인하고 정당화할 때 그것을 '영미적인 것(Anglo - Saxons)'과 대조함으로써 간단히 확인하고 정당화할 수 있다.

예를 들면 2005년 4월 자크 시라크 프랑스 대통령은 유럽헌법조약(European constitution treaty)을 옹호하면서 "영미권 나라들, 특히 미국의 이익이 무엇입니까? 그것은 당연히 유럽헌법을 막는 것입니다. 왜냐하면 그것은 장차 훨씬 더 강한 유럽을 만들어 낼 위험이 있기 때문입니다."라고 말했다. 프랑스인들의 반미감정을 부추겨 프랑스 국민들이 유럽헌법 비준 투표에서 찬성표를 던지도록 유도한 것이다.

역사적 반미주의는 미국이 과거에 범한 잘못에 대한 분노에서 유래한다. 미국이 자신의 나라에 군사적으로 개입하거나 부패한 독재정권을 지원하였던 기억에서 반미주의가 나타나는 것이다. 예를 들면 멕시코의 반미주의는 미국의 멕시코 침공 경험과 170년간에 걸친 다양한 형태의 지배에서 촉발되었다. 멕시코는 미국과 국경을 접한 관계로 인하여 미국과 여러 차례 전쟁을 치렀으며 그 결과 많은 영토를 빼앗겼을 뿐 아니라 지금까지 미국의 영향을 가장 직접적으로 받는다. 멕시코는 역사적 반미주의의 가장 전형적 사례로 꼽힌다.

이란도 역사적 반미주의의 한 예이다. 1979년 이란 혁명(친미 팔레비 정권 축출), 그리고 그에 이은 인질 위기(이란과격시위대가 테헤란 주재 미국대사관 직원들을 인질로 잡음)는 미국의 이란정치

개입, 특히 1950년대의 개입을 기억하는 데서 비롯되었다.

그리스와 스페인도 역사적 반미주의의 사례로 들 수 있다. 1960년대 후반부터 20세기 말까지 서유럽에서 반미주의가 가장 고조되었던 것은 그리스와 스페인, 그중에서도 특히 그리스에서였는데 미국은 이 두 나라의 내전에서 우익의 편을 들었다. 미국은 냉전 초기 그리스의 공산화를 막기 위해 개입한 이래 1967년 군사쿠데타 묵인, 터키의 군사적 공격과 키프로스의 침공에 대한 무관심에 이르기까지 작위 혹은 부작위를 통해 그리스에 뿌리 깊은 반미주의를 심어 놓았다. 그 결과 제2차 세계대전 이후 여론조사에서 그리스는 다른 유럽 나라들에 비해 특히 더 강한 반미감정을 드러냈다. 그러한 미국에 대한 부정적 반응은 비단 좌파에만 국한된 것이 아니었다. 정치적 스펙트럼 전 영역에 걸쳐 반미감정이 나타났다(Botsiou, 2007).

역사적 반미주의는 시간이 지나면서 대체로 약화된다(Katzenstein and Keohane, 2007: 37). 미국의 지배와 침략을 경험했다고 해서 모든 나라가 다 역사적 반미주의를 드러내는 것도 아니다. 필리핀은 미국의 식민지 지배를 받았음에도 불구하고 역사적 반미주의가 그다지 두드러지지 않는 특수한 경우이다. 미군기지와 같은 특수한 쟁점에 의한 반미주의는 존재했지만 미국의 식민지 지배 역사로 인한 반미주의는 엘리트 차원에서도, 대중 차원에서도 별로 나타나지 않았다(Tidwell, 2007). 최근 민다나오 섬에서 활동하는 분리주의자들은 물론 그 예외이다. 그러나 심지어는 이러한 분리주의자 그룹들 중에서도 지도자들은 원조와 평화 협정을 통한 미국의 재정지원을 받았기 때문에 자신들이 반미주의임을 부인한다.

필리핀은 먼저 300년 넘게 스페인의 지배를 받았다. 스페인은 1565년 필리핀을 정복하였고, 필리핀은 1898년 독립을 선언했지만 미국과 스페인 간 전쟁으로 이번에는 미국의 지배를 받게 되었다. 1943년에는 일본이 필리핀을 점령하여 지배하였고, 1945년 미국군이 일본군을 패퇴시킨 후에야 필리핀은 독립하였다.

일본도 미국과 격렬한 전쟁을 치렀고, 심지어는 원자폭탄 공격까지 받았으며, 전후에는 미군정의 지배를 경험했지만 반미주의가 심한 편에 속하지 않는다. 일본에서는 한국만큼 민족주의가 먹혀들지 않는다. 한국은 분단으로 인해 민족주의가 강한 반면에, 일본은 비록 미국의 간섭을 받기는 했지만 분단은 없었다. 일본은 종전 후에도 천황이 건재하여 국가의 정신적 구심점이 되었던 반면에 한국은 그런 구심점이 없었다. 일본에서는 민족주의가 먹혀들지 않다보니 자연히 국가보다는 개인이 부각되었다(탁석산, 2004: 102－103).

세계 반미주의의 이러한 유형 가운데 한국 반미주의는 기본적으로 주권 민족주의형 반미주의에 속하면서 급진적 반미주의의 성향도 다분히 가진다고 볼 수 있다. 왜냐하면 한국은 일제식민지 지배를 경험하면서 민족국가의 독립과 주권을 다른 어떤 가치보다도 소중히 여겼고, 반일독립운동 과정에서 반외세 민족주의가 강력하게 형성되었다. 미국은 비록 전후(戰後) 미군정 3년 외에는 한국을 직접 지배한 적이 없지만 1882년 조미통상수호조약 체결 이후 한국의 독립과 주권에 직간접적으로 매우 큰 영향을 미쳤다.

물론 미국은 한국을 일본 제국주의에서 해방시키고 북한 공산집단의 침략에서 구출한 은인이다. 하지만, 그와 동시에 분단의 원인을 제공하고, 역대 군사독재정권을 지원했으며, 현재도 한국의 요청에 의해서이기는 하지만 미군을 주둔시키고 있다. 그렇기 때문에 한국 반미주의는 당연하게 민족주의의 속성을 지닌다. 다만 냉전 시기에는 반공이라는 더 큰 가치가 한국 사회를 지배했기 때문에 민족주의는 그동안 잠복했다가 공산권 붕괴 후 다시 두드러졌다.

한국 반미주의는 또한 급진적 반미주의의 성격도 지닌다. 한국의 반미세력들은 과거 군사독재정권에 저항하여 장기간 투쟁하는 과정에서 마르크스․레닌주의와 종속이론, 해방신학, 김일성․김정일의 주체사상 같은 급진이념들을 받아들였기 때문에, 그 후 공산권이 붕괴하고 또 많은 시간이 흘렀음에도 불구하고 여전히 강한 이념성을 버리지 못한다.

더욱이 북한과의 연계하에 반미투쟁을 전개하는 소위 주체사상파(약칭 주사파)는 더 말할 필요도 없다. 이들은 단지 미국만 반대하는 것이 아니라 상해임시정부의 법통을 계승한 대한민국의 역사적 정통성, 그리고 자유민주주의와 시장경제를 중심으로 하는 대한민국의 정체성도 부인한다. 마르크스․레닌주의를 추종하는 이른바 민중민주주의(PD) 계열의 반미운동 역시 반자본주의 성향을 강하게 드러낸다는 점에서 급진적이기는 마찬가지이다.

한국 반미주의는 반자본주의 성격이 강한가, 아니면 민족주의 성격이 강한가? 장달중(1988: 131－134)은 한국의 반미운동을 민족주의 운동의 차원에서 파악해야 한다고 주장한다. 왜냐하면 급진적 이데올로기운동으로서의 반미운동이 1987년 6․29 이후 민주화 조치와 더불어 정치, 사회적 흐름을 타지 못했다는 것이다.

물론 장달중도 1980년대 초부터 확산되기 시작한 반미감정이 반미운동으로 조직화한 데는 급진적 이데올로기운동의 영향이 컸음을 부인하지 않는다. 그러나 반미운동의 목표가 혁명적 폭력에 의한 사회주의체제의 수립에 있다기보다는 한국민족주의의 특징인 반외세 민족자결권의 추구에 있기 때문에, 급진이념운동으로 보기보다는 민족주의 운동으로 보는 게 더 정확하다는 것이다. 그러나 한국 반미주의는 반자본주의 성격도 분명히 지닌다. 이 점에 대해서는 6부에서 상세히 서술하려고 한다.

아울러 한국 반미주의는 자유주의적 반미주의와 사회적 반미주의의 성격도 지닌다. 한국은 자유를 위해 미국과 함께 싸웠고 일찍이 미국식 자유민주주의와 시장경제 체제를 채택하여 민주화와 산업화에 성공했기 때문에 미국과 기본가치를 공유한다. 그러나 대규모 미군의 장기주둔, 미국의 과거 한국 권위주의 정권 지원, 그리고 한미동맹의 불평등성으로 인해 반미주의는 배태될 수밖에 없었다.

자유주의적 반미주의란 미국과 기본가치를 공유하면서도 반미성향을 드러내는 것을 말하는데 한국에서는 우파 민족주의를 들 수 있다. 한국에서는 좌파세력의 반미주의가 워낙 드세기 때문에 우파 반미주의는 잘 드러나지 않지만 그렇다고 해서 없는 게 아니다. 우파 민족주의에 의한 반미주의는 민족주의 사학(史學), '민족 핵' 주장이나 핵주권론, 그리고 자주국방론과 같은 형태로 간간이 표출된다.

한국 반미주의는 미약하나마 사회적 반미주의의 성격도 지닌다. 한국이 지향해야 할 국가모델과 관련하여 미국식 모델을 거부하고 유럽식 복지모델을 주장하는 것이 바로 그것이다.

그러나 한국 반미주의를 역사적 반미주의로 보기는 어렵다. 다만 북한의 반미주의는 역사적 반미주의의 성격도 지닌다고 할 수 있다. 북한은 한국전쟁 3년 동안 미국과 싸웠을 뿐 아니라 전쟁이 끝난 뒤에도 반세기 이상 미국과의 대결과 갈등을 거듭해 왔기 때문이다. 엘리트 반미주의는 한국에 별로 해당하지 않는다. 한국 사회의 전통적인 파워 엘리트나 지배엘리트 계층 사이에서는 반미주의가 그다지 강하지 않기 때문이다.

따라서 이 책에서는 세계 반미주의의 유형을 ① 자유주의적 반미주의, ② 사회적 반미주의, ③ 급진적 반미주의, ④ 주권 민족주의형 반미주의의 네 가지로 설정한다.

3. 한국 반미의 정치성과 이념성

'반미'는 매우 매력적인 구호이다. 반미는 세계 최고 강자의 독주와 횡포를 견제하는 것이기 때문에 정의로우며 용기 있는 일로 비쳐진다. 반미는 또한 외세의 간섭과 착취를 물리치는 애국행위로 보이기도 한다. 쟁점에 따라 반미시위가 대규모 군중 동원에 성공하는 이유가 거기에 있다.

그러나 반미주의는 그 자체가 정치인 동시에 이념이기도 하다. 한국도 예외가 아니다. 그렇다면 한국 반미주의의 정치적, 이념적 성격은 구체적으로 무엇인가? 이 책에서는 세계 반미주의의 원인을 적용하여 한국 반미주의의 정치적 성격을 도출하고, 세계 반미주의의 유형을 적용하여 한국 반미주의의 이념적 성격을 도출하려고 한다.

먼저 <그림 2>에서 보듯이 세계 반미주의의 국제적 요인 가운데 국제정치 구조의 변화, 특히 냉전종식은 한국 반미주의의 '동북아시아 공동체론'으로 나타났다. 공산권이 붕괴되고 북한이 남한과의 체제경쟁에서 완패하여 사실상 전쟁을 일으킬 여력이 없는 상황에서 언제까지나 한미동맹이라는 불편한 옷을 계속 입고 살아야 하는가라는 의문이 동북아시아 공동체론으로 표출된 것이다.

반미의 국제요인 가운데 미국의 군사력 사용도 '동북아시아 공동체론' 출현에 영향을 미쳤다. 미국이 일으키는 전쟁에 연루(連累, entrapment)되지 않는 방법으로서 한미동맹의 양자주의 일변도에서 벗어나 '동북아 다자주의'를 추구하자고 주장하게 되는 것이다.

미국의 군사력 사용은 또한 한국 반미주의자들의 반전평화론을 강화하였다. 반미주의자들은 주한미군이 동북아시아의 균형자(balancer, 혹은 stabilizer)가 아니라 오히려 동북아시아의 군사긴장을 고조시킨다고 주장하며, 반전평화론을 전개한다. 북한 핵문제와 관련한 미국의 대북강경책은 한국인, 특히 젊은 세대의 반전평화 정서를 자극할 수 있다. 미국의 한국에 대한 아프간과 이라크 파병 압력도 한국 반미주의자들의 반전평화운동을 불러일으켰다.

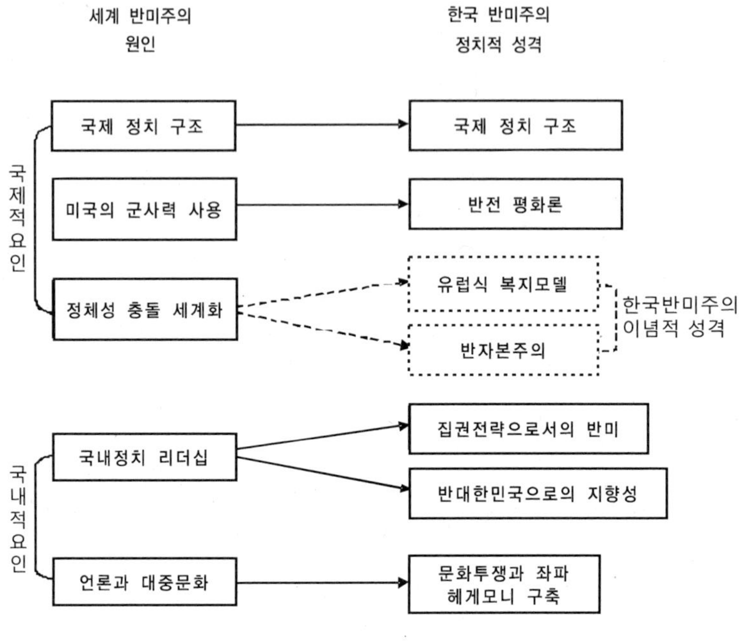

〈그림 2〉 한국 반미주의의 정치적 성격

<그림 2>에서 보듯이 반미의 국내요인인 국내정치 리더십과 관련해서는 첫째, 한국의 반미가 정치연합 혹은 집권전략의 도구로 활용됨을 논증한다. 독재정권 시절에는 '반독재'를 연결고리로 하여 세력을 광범위하게 규합할 수 있었다면, 민주화 이후에는 '반미'를 연결고리로 하여 세력을 광범위하게 규합할 수 있다. 좌파는 물론 일부 우파까지도 이념과 정책을 초월하여 '반미'의 우산 아래 집결하는 것이다. 2002년 반미촛불시위와 2008년 광우병시위는 그러한 반미연합의 대표적 사례라고 할 수 있다.

둘째, 한국의 반미가 단순히 미국에 반대하는 차원을 넘어 대한민국을 부정하는 반대한민국으로 발전하였음을 논증한다. 반미주의

자들은 대한민국의 역사적 정통성과 이념적 정체성을 인정하지 않는다. 오히려 북한의 정통성을 인정한다. 이들에게 있어서 대한민국은 태어나지 말았어야 할 나라이며, 전혀 살 만한 나라가 못 된다.

반미의 또 다른 국내요인인 언론과 대중문화와 관련해서는 한국 반미세력이 치열하고도 끈질긴 문화투쟁으로 사상과 이념의 헤게모니를 구축하게 되었음을 서술한다. 문화투쟁이란 계급 간에 경제적 이익을 둘러싸고 싸우는 것이 아니라, 사회세력 간에 가치관과 사상을 둘러싸고 싸우는 것을 말한다. 한국의 반미세력은 독재정권과 싸우면서 출판, 미술, 음악, 연극 같은 문화 분야에 강고한 진지를 구축하고 우파세력을 '반민주', '반민족', '반통일' 세력으로 몰아붙이면서 사상투쟁과 이념투쟁을 치열하게 전개했고, 마침내 문화헤게모니를 장악했다. 이명박 정부 출범 후에도 반미세력이 약해지지 않고 오히려 광우병 시위 같은 대규모 반미시위로 정국을 뒤흔들 수 있는 것은 반미세력이 문화 헤게모니를 쥐었기 때문이다.

요컨대 한국 반미주의의 정치적 성격은 다섯 가지로 압축된다. 즉, ① 동북아시아 공동체론, ② 반전평화론, ③ 정치연합 혹은 집권전략으로서의 반미, ④ 반미에서 반대한민국으로의 발전, ⑤ 문화투쟁과 좌파 헤게모니 구축으로 정리할 수 있다.

다음으로 세계 반미주의의 유형과 관련하여 한국 반미주의의 이념적 성격을 알아보자.

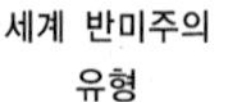
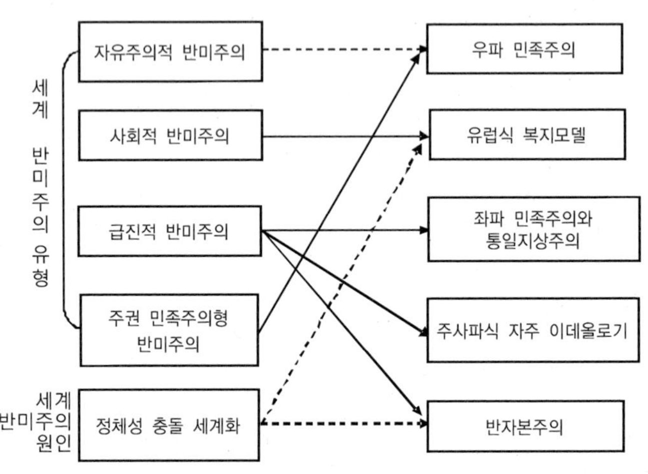

〈그림 3〉 한국 반미주의의 이념적 성격

<그림 3>에서 보듯이, 우선 주권 민족주의형 반미주의는 한국
에서 우파 민족주의로 나타난다. 미국의 기본가치인 시장경제와 민
주주의를 지지하되, 미국의 간섭을 배격하고 한국의 주권과 자존심
을 회복하려고 하는 것이다.

주권 민족주의형 반미주의는 한국에서 좌파 민족주의와 통일지상
주의로도 나타난다. 좌파 민족주의자들은 사회주의를 지향하면서도
'계급'보다 '민족'을 우선시한다. 남북한 민족이 힘을 합쳐 미국에 맞
서자는 민족공조론을 부르짖는다. 통일지상주의는 통일이 최고라는
이념이다. 통일만 되면 한반도의 모든 문제가 해결된다고 통일지상주
의자들은 말한다. 심지어는 통일만 되면 다른 것은 아무래도 괜찮다
고까지 말한다. 실제로 노무현 대통령은 2002년 5월 28일 대통령 후

보 시절 '남북관계만 잘되면 다른 것은 깽판 나도 상관없다'고 했다.

급진적 반미주의는 한국에서 주사파식 자주 이데올로기로 나타난다. 주사파에 있어서 자주는 곧 반미이다. 주사파는 미군철수투쟁을 비롯한 반미자주화투쟁을 최우선으로 한다. 한반도에서 미국을 몰아내고 '하나의 조선'을 이룰 수 있다면 가난해도 좋다는 식이다. 김일성과 김정일의 주체사상을 신봉하면서 북한의 대남전략에 따라 행동한다.

급진적 반미주의는 또 반자본주의로 나타난다. 한국은 지난 40년 동안 북한 공산주의자들의 침략에 맞서 치열하게 싸웠기 때문에 한국에서 자본주의에 반대하는 운동은 친공산주의로 인식되기 십상이다. 따라서 한국의 반자본주의자들은 '반미'의 옷을 입는다. '반미'는 흔히 '반외세', '독립' 같은 단어들과 동의어로 인식되기 때문에 일반 대중들의 지지를 얻는 데 매우 유용한 구호이다. 한국의 반자본주의자들은 반미투쟁으로 한미동맹에 입각한 우파 지배체제를 무너뜨리고 민중민주주의국가를 수립한 뒤 북한과 연방제 통일을 이루려고 한다.

사회적 반미주의는 한국에서 유럽식 복지모델 주장으로 나타난다. 한국이 나아갈 길은 미국식 자본주의가 아니라 유럽식 복지국가라는 것이다. 이러한 주장은 한국의 좌파 정당, 학계와 연구계, 그리고 시민사회 일각에서 꾸준히 제기된다.

한국 반미주의의 이념적 성격을 이념 스펙트럼상에서 오른쪽에 있는 것부터 열거하면 ① 우파 민족주의, ② 유럽식 복지모델, ③ 좌파 민족주의와 통일지상주의, ④ 주사파식 자주 이데올로기, ⑤ 반자본주의의 다섯 가지이다.

제3부

세계 반미주의의 원인

1. 국제적 요인

1) "모든 문제는 미국 때문": '미국 독무대'인 냉전 이후 세계질서

오늘날 세계는 한마디로 '미국 독무대'이다. 냉전 이후 미국은 세계의 유일한 초강대국으로 존재한다. 이른바 일극체제(unipolar system)이다. 이러한 냉전 이후 세계질서 자체가 반미주의를 낳는다.

카첸스타인(Peter J. Katzenstein)과 코헤인(Robert O. Keohane)은 이를 세력 불균형(power imbalances)이라는 개념으로 설명한다. 세력균형 이론에 따르면 세력이 불균형일 경우 균형을 맞추려는 연합이 형성된다. 둘째가는 나라들이 가능한 한 더 약한 쪽으로 모이는 것이다.

냉전시대의 세계는 미소 양극체제(bipolar system)였으나 소련이 무너짐에 따라 국제질서상의 힘의 분포에 심각한 불균형이 초래되었다. 이에 따라 세계질서를 바꿀 만한 영향력이 있는 나라들은 독자노선을 취하거나 대안세력을 형성함으로써 미국을 견제하고 다극체제를 구현하려고 한다. 독자노선을 취할 힘이 없는 나라들은 반미연대를 조성하거나 이에 가담하는 형태로 미국을 견제한다. 특히 제3세계 국가들은 자유무역과 시장의 자율성을 지나치게 강조하는 미국의 이른바 신자유주의 정책이 자국의 저발전과 주변화(peripheralization)를 재촉한다고 믿고, 미국중심 국제질서를 비판하며 반미노선을 강화한다.

프랑스와 독일과 러시아가 독자 반발세력의 대표적 사례이다. 유럽인들은 2003년 이라크 전쟁 발발 직전 실시한 여론조사에서 서유럽이 안보와 외교 정책에 있어서 독자노선을 추구하는 것을 강력하게 지지했다(김진웅, 2003: 94－95).

서유럽에서 반미주의가 가장 강한 국가는 프랑스이다. 프랑스는 이미 1960년대 초 드골(Charles de Gaulle) 시대에 미국의 영향권에서 이탈하여 독자노선을 추구했다. 러시아와 인도는 2004년 3월 5일 합동 해군 기동훈련을 실시하고, 러시아제 항공모함과 탑재장비(Mig－29K기)의 매매계약 체결, 전략폭격기와 핵잠수함의 임대협상을 진행하며 상호 군사협력을 강화했다. 양국은 국제질서를 다극체제로 바꾸는 데 있어서 전략적 이해가 일치한다. 러시아는 인도와 손을 잡음으로써 서남아시아 지역 영향력을 확대할 수 있고, 인도는 러시아와 제휴함으로써 역내 강국으로서의 입지를 강화할 수 있다. 반면 중국, 파키스탄 같은 주변국들은 러시아와 인도의 군사협력을 잔뜩 경계한다.

중국도 지금은 경제발전에 집중하기 위해 대체로 대미협조노선을 유지하지만 장기적으로는 다극체제를 지향한다. 중국은 러시아, 중앙아시아 5개국과 함께 상해협력기구(SCO)를 결성하고 그것을 주도함으로써 서쪽 접경지역의 안보협력 체제를 강화했다. 이것은 미국과의 우호관계를 전제로 서부국경지역의 안보를 강화한 것으로 볼 수 있지만 경우에 따라서는 대미견제기구로 작동할 수 있다(김태효, 2004).

여러 나라가 연대하여 세력균형을 추구하는 사례로는 중동과 서남아시아와 동남아시아의 일부 국가들을 들 수 있다. 남미나 아프리카의 경우 불만은 표시하되 조직화할 힘이 없고 그렇게 할 정치적 동기도 미약하다.

세계는 지금 단지 미국의 전무후무한 세계 지배가 당연히 초래할 결과들을 지켜보고 있는지도 모른다. 미국의 지배를 바라보는 데는 두 가지 시각이 있다. 어떤 분석가들은 미국 같은 최고 강자의 경우 결코 다른 나라와 같아지거나 추월당할 수 없다고 말한다. '미국 독무대'인 세계질서가 앞으로도 계속된다는 것이다.

이에 대해 비판하는 사람들은 미국이 힘을 사용함에 있어서 정교함이나 자제력을 결여하고 있다고 말한다. 이러한 두 가지 견해를 바탕에 두고 생각하면 중국, 프랑스, 러시아같이 전통적으로 힘이 막강했고 '존경받았던' 나라들이 왜 미국의 힘과 그 행사 때문에 상처받거나 위협받는다고 느끼는지를 이해할 수 있다.

세계질서에 있어서 미국이 점하는 패권적 지위로 말미암아 미국은 불만의 표적이 되었다. 미국의 패권적 지위가 반미의 필요조건은 아니다. 유럽의 반미주의는 18세기 후반 미국의 독립 이전으로까지 거슬러 올라간다.

유럽에서는 19세기에 이미 오늘날 반미주의 흐름과 일맥상통하는 반미주의 경향이 강하게 존재했다. 보이드와 터너(Boyd and Turner, 2007)는 19세기의 세 명의 유명한 미국 비판론자인 독일의 마르크스(Karl Marx), 프랑스의 토크빌(Alexis de Tocqueville), 영국의 트롤로프(Frances Trollope)의 견해를 조사하여 그런 경향을 밝혀냈다. 물론 토크빌을 반미주의로 보기는 어렵다(O'Conor, 2007a: 12). 토크빌의 태도는 반미주의라기보다는 미국에 대한 긍정과 부정이 공존하는 양면적인 것(ambivalence)이었다.

국제질서에서 차지하는 미국의 패권적 지위가 반미주의의 필요조건은 아니지만 그것이 일차적 원인이 되는 것만은 틀림없다. 미국은 흔히 제국으로 일컬어진다. 제국이란 말이 반드시 부정적 이미지만 갖는 것은 아니다. 제국은 역사적으로 팽창주의를 추구해 부정적이었다. 반면에 제국이 혼란을 수습하여 평화를 가져오고 국제 교역을 증진시킬 경우에는 그렇지 않다. 로마제국은 오랜 전쟁을 끝내고 세계를 통일하여 한때 로마의 평화(Pax Romana)를 이룩했다. 미 제국에 의한 미국의 평화(Pax Americana)도 불가능할 것은 없다(김진웅, 2003: 90 - 91).

국제환경이 외교를 결정한다고 보는 구조주의자들에 의하면 반미주의는 구조적으로 불가피한 현상(organic phenomenon)이다. 반미주의가 없다면 그것을 대신할 다른 펀칭백(a modern imperial punching bag)을 만들어 낼 것이라고 한다.

최근 많은 학자와 언론인들이 이러한 견해에 공감하고 같은 견해를 표현한다. 말하자면 미국은 전후(戰後)에 영국을 대신하여 떠오른 '제국'의 상징일 뿐이며, 그런 상징이 됨으로써 온갖 편견과 차별을 한 몸에 받게 되었다는 것이다. 즉, 반미주의는 군사적, 정치적, 경제적, 문화적 영역에까지 미친 미국의 압도적인 경성권력(hard power)과 연성권력(soft power)에 대한 반응이라고 한다.

미국은 때로는 자국의 이익을 추구하면서, 또 때로는 자국의 가치관을 전파하면서 다른 나라에 막대한 영향을 준다. 그것이 여의치 않을 때 그 실패의 비용은 미국 스스로가 부담하기보다는 다른 나라에 자주 부과된다. 조정 비용을 상대적으로 힘이 약한 쪽에 강요하는 것은 권력의 속성이다. 그런 관점에서 보면 미국의 정치적 힘은 최고점에 있는 반면에 미국의 인기는 최하점에 있는 게 우연은 아니라고 할 수 있다. 남이 힘을 잘못 사용하여 부정적인 결과를 가져왔을 때 그것에 대해 불만을 표시하는 것은 당연하기 때문이다(Katzenstein and Keohane, 2007: 307 – 308).

냉전종식 이후 지금까지 미국은 세계체계(world – system)에 있어서 가장 강력한 국가로 존재했다. 거기에는 어떤 심각한 도전이나 경쟁도 없었다. 냉전 이후 미국의 힘과 의도가 세계질서의 주요 흐름을 결정적으로 좌우하는 일극체제(unipolar system)가 지속됨에 따라, 사실상 모든 국제문제들은 이에 대한 미국의 태도가 어떠한가에 달렸다고 해도 과언이 아닐 정도이다.

특히 미국은 2001년 9·11사태 이후 대외정책을 공세주의로 급속히 전환하고 테러와 대량살상무기(WMD) 문제에 대해 예외 없는 근원적 처방을 고수하면서, 테러의 피해 당사자인 미국 동정론보다도 테러 증가의 근본 원인과 책임을 미국에 돌리는 분위기가 농후해졌다.

미국이 일방주의적 대외정책을 구사함에 따라 여기에 도전하는 주요 강대국 또는 지역에서 반미주의가 강해지는 것이다(김태효, 2004). 실제로도 전 세계 사람들이 여론조사에서 미국에 대해 가장 많은 비판을 가한 것은 미국의 일방주의 외교정책이었다(김진웅, 2003: 93). 오바마 대통령은 조지 W. 부시 전 대통령과 달리, 그러한 일방주의에서 탈피하려고 노력하지만 그것이 성공할지는 미지수다.

오늘날 반미주의는 세계 전 지역에 걸쳐 나타난다. 반미주의는 일반적으로 미국의 압도적 영향력과 정책태도에 대한 반감에서 비롯된 것이라고 할 수 있지만, 각국의 구체적 반미성향은 각 나라가 미국과 어느 정도 이익을 공유하느냐에 따라 다르다.

소련을 비롯한 공산권이 붕괴하였기 때문에 과거 소련의 위협으로부터 나라를 지키기 위해 미국의 보호가 필요하였던 국가들이더는 그러한 보호와 지원을 필요로 하지 않게 되었다. 이러한 변화에 따라 독일과 같은 나라의 지도자와 국민들은 미국을 종전보다 더 많이 비판한다. 대미관계의 전략적 중요성이 존속한다는 점에는 동의하면서도 각종 안보현안에 대한 실리적 접근을 강조하고 대미관계의 평등성 제고에 관심을 두기 시작하면서 전반적으로 반미성향이 증가한 것이다.

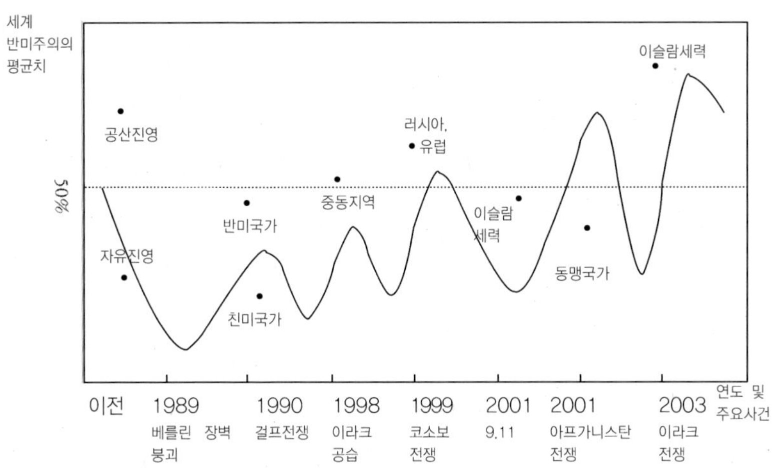

출처: 김태효, 2004, "이라크 전쟁 이후 세계 반미주의의 동향과 전망: 유럽, 중동, 아시아", 외교안보연구원 주요 국제문제 분석 시리즈(3월 30일).

〈그림 4〉 탈냉전기 반미주의의 흐름

2) "하드파워는 싫어": 미국의 군사력 사용

미국이 군사력을 사용하면 언제나 반미감정이 심해지고 반미운동이 활발해진다. 미국은 1999년 코소보에 개입한 데 이어 2001년 9·11테러 이후 테러와의 전쟁을 선포하면서 아프가니스탄 전쟁과 이라크 전쟁을 연달아 일으켰다.

특히 이라크 전쟁 이후 반미주의는 전 세계로 확산됐다. 미국은 유엔 지지 없이 영국을 비롯한 동맹국들과 손잡고 이라크 전쟁을 일으켰기 때문에 이라크 전쟁에 대한 전 세계의 여론은 극히 나빴다. 미국의 동맹국들에서도 반미여론이 거셌다(<그림 4> 참조).

이라크 전쟁의 결정과정에서 증폭된 전 세계 차원의 반미주의에서 공통적으로 발견되는 정서적 기제는 '반전평화론'과 '반부시 정서'이다. 그러나 각국이 정부 차원에서 제기한 미국에 대한 문제점은 전쟁 결정을 이끌어 내는 데 있어서 미국이 보인 일방주의적 외교행태였다. 다만 한국의 경우 이라크 전쟁이 지닌 그러한 국제적인 문제점 외에도 미국의 이라크파병 압력, 그리고 이라크 전쟁과 북한핵문제의 관련성이 추가되어 좀 더 복잡 미묘한 성격을 띠었다고 할 수 있겠다.

미국 퓨리서치센터의 2005년 조사에서 이라크 전쟁 이후 미국의 이미지는 특히 회교권에서 나빠졌다. 터키나 파키스탄 같은 동맹국 사람들도 미국을 매우 부정적으로 인식했다(미국의 소리, 2005년 6월 29일). 2007년 퓨리서치센터 조사에서는 터키 국민 중 미국에 비우호적인 사람이 83%로 가장 높았다(파키스탄은 68%로 2위). 반면 미국에 우호적인 터키 국민은 9%에 불과해, 조사 대상 국가 가운데 가장 낮았다.

이라크 전쟁 이전인 2000년 실시된 같은 조사에서는 터키 국민의 52%가 미국에 우호적이었다(Christian Science Monitor, 2007년 11월 1일). 터키 정부는 이라크 파병계획은 철회했지만 미국에 공군기지를 제공하며 협력했다. 하지만 국민들의 이라크 전쟁에 대한 반감은 정부가 파병계획을 철회하지 않으면 안 될 정도로 높았다.

거기다가 미국이 터키의 쿠르드노동자당(PKK) 반군 소탕작전에 미온적이었을 뿐 아니라, 2007년 10월에는 미 하원 외교위원회가 터키의 전신인 오스만튀르크 제국이 아르메니아인을 집단 학살했다는 내용의 결의안을 통과시키면서, 터키 국민들의 반미감정은 폭발했다(서울신문, 2007년 10월 25일).

미 하원 외교위원회는 2007년 10월 10일 옛 터키인 오스만튀르크 제국이 1914년 이후 아르메니아인 150만 명을 집단 학살했다는 내용의 결의안을 채택해 본회의에 회부했다. 터키는 그것이 내전 도중 일어났고, 조직적 학살은 없었으며, 사망자도 30만 명이라고 주장한다. 미국 의회 결의는 유럽연합(EU)에 가입하기 위해 수년째 노력하는 터키에는 심대한 타격이다. EU는 아르메니아 대량학살을 내세워 터키의 EU 가입을 꺼린다.

이에 터키는 미국에 항의하는 차원에서 주미 대사를 소환하고, 쿠르드노동자당(PKK)을 소탕하기 위해 이라크 국경 너머 원정 군사작전도 불사했다. PKK는 이해 여름부터 공세를 강화했는데 9월에는 터키 민간인 12명을 납치하여 살해하기도 했다. 그럼에도 터키는 자제했다. 이 지역이 불안정해지는 것을 미국이 바라지 않았기 때문이다. 그러나 정부군 13명이 PKK와의 교전 끝에 사망하고 민간인까지 피해를 입자, 터키는 월경 작전을 감행했다(서울신문, 2007년 10월 25일).

미국의 비(非)이슬람 동맹국인 독일과 스페인에서도 반미감정은 비등했다. 2007년 퓨리서치센터 조사에서 독일 국민 중 미국에 비우호적인 사람 비율은 66%, 스페인은 60%로서 조사대상국 가운데 각각 9위와 10위를 차지했다(Christian Science Monitor, 2007년 11월 1일). 양국 국민의 대미 반감 정도는 프랑스를 능가했다.

미국의 군사력 사용에 반대하는 소위 반전평화론에는 국내정치적 동기가 흔히 작용한다. 그 과정에서 반전평화론이 민족주의 감정과 연계되면 반미주의는 단순히 미국의 군사력에 반대하는 차원을 넘어 정치적, 도구적 반미주의로 변질된다.

미국이 세계 각 지역에서 발생한 분쟁에 개입한 경우 무조건 그 결과에 대한 책임이 미국에 귀속된다는 발상은 지나친 단순논법이다. 만일 중동, 아프리카, 동유럽, 중남미 같은 곳에서 발생한 각종 민족분쟁, 종교 갈등, 반인권적 사례에 미국이 개입하지 않고 현지 당사자들 간의 물리적 대결에 맡겨졌다면 현재보다 나은 결과가 있었으리라고 추론할 수 있는 근거가 희박하다.

미국비판론자들에게 있어서 미국의 모든 군사적 행동은 베트남 전쟁과 그것에 의해 고무된 강력한 반전운동, 그리고 그에 따른 정치지형의 급진화를 연상시킨다. 오늘날 평화활동가들은 그와 비슷한 정치적 지형의 변화가 또다시 일어나기를 희망하며, 때로는 전쟁을 쟁점으로 삼고 또 때로는 전쟁과 무관한 폭넓은 정치적 저항의 의제를 다시 끌어들이곤 한다.

반미주의자들이 미국의 군사력 사용에 강력하게 반대하는 주된 이유는 그들 자신의 기본적인 부정적 성향 자체에 있다. 미국 자체를 유난히 악하고 파괴적인 실체로 인식한다면, 미국이 그 적들을 압도하기 위하여 군사력을 사용할 때 미국은 그 몇 배로 나쁘게 비쳐진다. 미국의 멸망을 바라는 사람들이 미국의 군사적 승리를 그냥 보아 넘기기는 어렵다. 미국 바깥에는 물론이고 미국 안에도 전쟁을 일으키는 미국 정부보다는 공격을 당하는 체제나 반전운동 단체에 동정적인 집단들이 많은데 반미주의자들은 미국을 반대함으로써 바로 이런 집단들에게 공감을 얻는다.

미국은 테러를 방지하기 위해 국내에서도 애국법(Patriot Act) 같은 것을 만들어 시민적 자유의 일부를 제한하게 되는데 이 경우 미국 내 비판론자들은 테러와의 전쟁을 명분으로 억압적 통치가 시작되는 데 대해 비판과 우려의 목소리를 높인다.

심지어는 조지 W. 부시 행정부가 9·11테러 이후 국내 보안을 연달아 강화했을 때 그것을 마치 히틀러가 독일에 몰고 왔던 파시즘 광풍에 비교하면서, 부시 대통령이 2004년 대통령선거를 연기시킬 음모를 꾸민다고 본 사람까지 있었다. 거기에는 그렇게 보는 사람의 희망도 다소 섞여 있었다. 상황이 그렇게 악화되어야만 변혁의 기회를 잡을 수 있기 때문이다. 1960년대 미국에는 그런 과장된 인식이 더욱더 만연했다. 당시는 파시스트의 권력 접수가 임박했다고 하는 종말론적 환상이 대유행했다. 그것은 억압의 한복판에 혁명의 노도가 밀려올 것이라는 체제비판세력의 두려움인 동시에 희망이기도 했다(Hollander, 2004: 16 - 17).

미국이 그동안 반미테러에 미온적으로 대응했기 때문에 반미주의자들이 자신들의 신념에 따라 마음 놓고 행동한다는 견해도 있다. 멀리는 카터 행정부 때부터, 가까이는 클린턴 행정부 때부터 많은 테러가 잇따랐음에도 불구하고 미국이 그것에 대해 단호하게 대처하지 못했기 때문에 테러가 더욱더 기승을 부리게 되었다는 것이다(Clawson and Rubin, 2004: 140 - 143).

미국의 군사력이 현저히 우월하다는 사실 자체가 반미감정의 주요한 원인이 된 측면도 있다. 해외미군기지는 그러한 군사력을 상징적으로 보여 준다. 해외주둔 미군 규모는 냉전 이후 많이 줄었지만 여전히 미군 수십만 명이 수십 개 국가에 주둔한다.

냉전 시절 해외주둔 미군의 병력 규모는 유럽 30만 명, 한국 4만 ~7만 명, 일본 5만 명 등 대체로 50만 명을 넘었다. 가장 많았던 1990년 해외주둔 미군의 수는 61만 명에 달했지만 2000년에는 25

만 8천 명까지 내려갔다. 미국은 또 냉전종식 이후 군 혁신(Military Transformation) 계획의 일환으로 병력 규모는 감축하되 첨단 군사무기를 개발하고 신속대응군을 강화하는 쪽으로 군 체제를 재편했다. 이에 따라 해외파병도 상시 주둔에서 필요시 파견하는 개념으로 바뀌고 있다(중앙일보, 2003년 2월 27일).

미군기지와 미군이 반미감정을 불러일으킨 대표적 사례로는 필리핀, 일본의 오키나와, 그리고 한국을 들 수 있다. 그렇다고 해서 미국 입장에서 미군을 다 철수할 수도 없다. 9·11테러 이후 미군은 전 세계에 걸쳐 점점 더 많은 작전을 담당할 필요성이 생겼고, 그러한 작전을 지탱하기 위해 미군기지망을 새롭게 구축하였다.

『제국의 슬픔(Sorrows of Empire)』(삼우반, 2004)의 저자인 찰머스 존슨(Chalmers Johnson)이나 앤드류 바세비치(Andrew Bacevich, 보스턴대학교 교수) 같은 사람들은 미국이 대외군사개입을 확대하는 것에 반대하면서 해외미군기지를 대기 폐쇄하고 국내지출에 더 많은 재원을 투자하라고 제안한다. 이는 소위 평화배당금(peace dividend) 논리의 재판(再版)이다. 평화배당금이란 동서화해에 따른 평화무드 덕분에 군비를 축소하면서 절약하게 되는 돈을 미국의 장래를 위한 평화적 목적에 사용하자는 뜻의 용어이다. 냉전종식 첫해인 1990년 1월 의회에 제출된 1991회계연도 미 국방예산안은 인플레를 고려할 경우 전년에 비해 2.6%나 감소했다. 그러나 미국은 9·11테러 이후 테러와의 전쟁, 그리고 이라크 전쟁과 같은 분쟁으로 인하여 군사비 지출을 대대적으로 늘렸다. 미국 의회에서는 평화배당금을 교육, 사회보장, 환경보호, 극빈자보호 같은 항목에 배분하는 방안이 거론됐다.

냉전이 끝나자 많은 사람들이 평화배당금을 기대했으나 그것은 냉전종식 직후인 1990년대에도 실현되지 않았다. 그 당시 미국은 주한미군도 대거 철수시키려고 계획을 수립했으나 북한 핵 위기로 인하여 중단하고 말았다. 미국의 대외군사개입을 비판하는 사람들은 상황을 자주 과장하곤 한다.

미국의 해외 군사 활동을 면밀히 조사해 보면 미국은 군사력의 양적 팽창을 도모(圖謀)하였다고 하기보다는 오히려 기존 군사력을 효과적으로 투사(project)하기 위하여 더욱더 다양한 노력을 기울이고 있음을 알 수 있다. 비판론자들은 미국이 전 세계에 걸쳐 군사력을 주둔시키는 것이 장기적으로 지속 가능하지 않다고 주장하지만 그런 주장을 뒷받침할 만한 증거는 거의 없다.

해외미군기지에도 여러 종류가 있다. 예를 들어 전진작전기지(forward operating base)는 설비가 없는 비행기 이착륙장이지만 작전지역 근처에서 대기할 수 있는 전술적 기동성을 제공한다. 흔히 생각하는 기지와는 사뭇 다른 것이다.

그런가 하면 미국은 9·11테러 후 테러와의 전쟁 일환으로 많은 외국 정부들과 출입협약(access agreement)을 맺었다. 미군병력이 군사적 기반시설에 접근할 수 있고 접수국(host country)에서 병참 지원을 받을 수 있게 하는 협약이다. 이것은 때로 접수국 내에서 논쟁을 불러일으킨다. 예를 들면 미국 비행기는 페르시아 만 작전지역에 가는 도중에 유럽 기지들을 자주 통과하는데 접수국 여론은 자국 정부가 그런 접근권을 부여한 데 대한 비판으로 나타나곤 한다.

미국이 핵무기를 탑재한 비행기나 핵잠수함을 기항시키는 것을 둘러싸고는 미국과 동맹국 사이에서도 문제가 발생한다. 뉴질랜드는 1980년대에 여론의 반대로 인하여 미 해군의 방문을 금지했는데 지금까지 이어진다. 미국은 전 세계에 걸쳐 수백 개의 민감한 위성 설비를 갖고 있는데 그 대부분은 미국 내에 있지만 해외의 경우에도 주로 미군기지가 있는 곳에 있다. 다만 눈에 잘 띄지 않을 뿐이다. 이 위성은 아직까지 반미주의의 주요 타깃으로 등장하지 않았다.

찰머스 존슨은 미국이 해외에 725개가 넘는 군사기지를 갖고 있다고 주장하며, 그것이야말로 제국적(imperial) 대외정책의 증거라고 말한다. 그러나 이제 대규모 병력이 상시 주둔하는 해외미군기지는 비판론자들이 말하는 것보다 훨씬 적다. 미국은 둘 이상의 부대를 같은 장소에 배치하는(co-locate) 것을 비롯하여 나름대로 상당히 삼가고 있다.

대부분의 해외미군 설비는 냉전종식 이전으로 거슬러 올라가고, 조지 W. 부시 행정부의 제국적 대외정책에 의해 실시된 게 아니다. 비판론자들의 주장과 현실은 퍽 다르다. 오늘날의 미군은 제2차 세계대전 직후 한국, 일본, 독일에서 임시로 군정(軍政)을 실시했던 것과 같은 점령군이 결코 아니다.

냉전 이후 유럽의 미군기지들은 재편의 주요대상이 되었으나 아시아 태평양 지역의 미군기지들은 대개 그러한 재편의 대상에 들지 않고 보호되었다. 왜냐하면 이 지역의 미군기지들은 계속해서 미국의 억지와 전진배치에 있어서 중요하기 때문이다. 특히 한국과 일본의 기지들은 북한과 중국으로부터의 위협에 신속히 반응할 수 있는 능력(rapid response capability)을 제공해 준다.

1992년 필리핀 수빅만 기지 폐쇄 이후 아시아 태평양지역에서는

미군에 병참지원과 훈련시설을 제공하는 출입협약이 많이 맺어졌
다. 특히 1998년 항공모함만큼 큰 배들이 심해항(deep-water port)
을 통해 접근할 수 있도록 하는 협약을 싱가포르와 맺은 것은 주목
할 만하다. 태국, 호주와도 비슷한 협약을 맺었는데 그것 역시 호
주 퀸스랜드(Queensland) 주 쇼얼워터 만(Shoalwater Bay)과 같은 큰
연습 지역으로 접근할 수 있게 하는 것이었다.

중남미에 있는 기지들은 냉전 이후의 시기에 큰 변화를 겪지 않
았다. 미국은 이 지역에 많은 기지를 갖지도 않고 주요한 기지도
없지만 볼리비아, 콜롬비아, 에콰도르, 페루 같은 많은 나라들과 오
랜 출입협약을 맺고 있다. 레이건 대통령의 마약과의 전쟁 동안에
맺은 것인데 계속해서 마약에 대한, 그리고 반란에 대한 작전에 쓰
인다. 여기에 간여하는 병력의 총수는 제한적이어서 1,000명 이하
이다. 주둔군의 성격이 제한적이고 특정임무에만 초점을 맞추기 때
문에 현지의 저항은 미미하며, 지역의 일반적인 정치 분위기로 볼
때에도 비판은 커질 것 같지 않다.

베네수엘라만이 예외인데 2001년 선거에서 차베스(Chavez)가 선
출되면서 미국과 베네수엘라 사이의 군사적 유대는 단절되어 버렸
다. 우고 차베스 베네수엘라 대통령은 2005년 4월 24일 미국과의
군사협력협정 파기를 선언했다. 차베스 대통령은 이날 텔레비전과
라디오를 통한 주례방송에서 "베네수엘라와 미국이 35년간 맺어
온 군사 분야 협력 협정이 의미가 없어졌다."고 말했다. 차베스 대
통령은 그 이틀 전인 22일 베네수엘라 육·해·공군에서 교관으로
활동하던 7명의 미군 장교들에게 출국 명령을 내렸다. 베네수엘라
는 세계 5위의 석유 수출국이다(연합뉴스, 2005년 4월 25일).

해외주둔 미군의 다수는 아프리카와 중앙아시아 일부 지역을 포함한 중동지역에 있다. 이라크와 아프가니스탄 내에서 전쟁을 수행하는 주요 기지들도 이곳에 있고, 그 인근지역에서 전투작전을 지원하는 주요 기지들도 이곳에 있다. 미국은 이 지역 21개국에 기지를 갖고 있다. 아프가니스탄, 바레인, 지부티, 이집트, 에티오피아, 이라크, 이스라엘, 요르단, 카자흐스탄, 케냐, 쿠웨이트, 키르기스스탄, 오만, 파키스탄, 카타르, 사우디아라비아, 타지키스탄, 투르크메니스탄, 아랍에미리트연합, 우즈베키스탄, 그리고 예멘이다.

주요 전투 기지들을 보완하는 출입협약이나 소규모 시설들로 인하여 기지의 숫자는 늘어났다. 그중에는 병참지원과 유지를 위한 매우 중요한 출입협약들도 있다. 예를 들면 전투 장비와 물자들은 오만에 사전 배치하였다가 세 개의 공군기지나 26,000명 병력에게 지원한다. 그와 비슷한 시설들은 카타르와 바레인에도 있다.

미국은 1948년 이래 걸프 지역에서의 미 해군 작선을 위한 본부를 바레인에 두었다. 아랍 에미리트연합에 있는 자발알리(Jebel Ali) 항구도 미 해군을 위해 널리 쓰인다. 이러한 대부분의 시설들은 9·11테러 이전에도 잘 운영되고 있었기 때문에 새로운 미 제국주의의 증거가 될 수 없다.

비판론자들이 문제 삼는 것은 단지 미군기지 숫자가 늘어난 것만이 아니다. 미군기지의 지리적 팽창이라는 전략적 의미도 있다. 예를 들면 미국은 전에 소련에 속했던 중앙아시아 국가들에까지 상당히 침투하여 아프가니스탄 작전을 지원하기 위한 기지들을 세운 것이다. 미국은 키르기스스탄, 우즈베키스탄과 긴밀히 연계했다. 키르기스스탄은 전투작전을 위한 영공통과를 무제한으로 허용했고,

비쉬켁(Bishkek)에 있는 마나스(Manas) 공항은 주요 기지가 되었다. 미군은 9·11테러 때 숨진 뉴욕시 소방본부장의 이름을 따서 그 기지의 이름을 간시(Ganci) 공군기지라고 붙였는데 그 상징성이 크다.

우즈베키스탄 또한 카르시 - 카나바드(Karshi - Khanabad) 공군기지를 포함하여 주요 기지들을 유치했다. 그러나 2005년 5월 안디잔(Andijan)에서 우즈베키스탄 정부군이 시위대를 향해 발포하여 수백 명이 사망한 것을 미국이 문제 삼자, 이슬람 카리모프(Islam Karimov) 대통령은 이 공군기지 사용을 제한했고, 미국은 그 사용을 줄였는데, 2005년 8월에는 미군 철수를 공식 요청받았다.

우즈베크 정부는 2005년 5월 13일 안디잔에서 대규모 반정부 시위가 발생하자 군대를 동원하여 강제 진압했고 이 과정에서 주민과 시위대 1,000명이 희생됐다. 우즈베크 정부는 그 두 달 뒤인 7월 미국이 안디잔 유혈사태에 대한 국제조사를 요구하자, 6개월 내에 자국에서 군대를 철수할 것을 미국에 요구했다. 상하이협력기구(SCO) 회원국인 우즈베크는 러시아와 중국을 등에 업고 있었다. 결국 미군은 2005년 11월 21일 우즈베크에서 완전 철군했다. 우즈베크는 2005년 11월 14일 러시아와 상호 군사보호조약을 체결했다.

우즈베키스탄의 사례는 영구 미군기지가 이제 더는 없음을 잘 보여 준다. 미국은 이 지역의 다른 곳에는 주요 기지들을 개발하지 않았다. 타지키스탄의 두샨베(Dushanbe) 공항은 연료보급과 기타 용도를 위해 제한적으로 사용했다. 미국은 투르크메니스탄의 아시가바트(Ashgabat) 공항을 사용하기 위해서도 그와 비슷한 협정을 맺었다. 미국은 또 2001년 후반에 카자흐스탄의 알마티 공항도 비행기 비상 접근용으로 사용하기 위해 협정을 맺었다.

9·11테러 이후 미군기지는 더 많아졌는가? 그렇다면 그것으로 인하여 반미주의가 고양되었는가? 이 두 가지 질문에 다 '예'라고 답하는 비판론자들도 있다. 지금까지는 미국과의 군사 협력관계를 제한했거나 그런 협력관계가 아예 없었던 나라들과 새로이 출입협약을 맺은 경우가 증가한 것은 사실이다. 전 세계에 걸쳐 잠재적 분쟁지역 근처의 전략적 위치에 장비를 사전에 전개하여 배치하는 거점(pre-position sites)도 늘었다. 오만, 디에고 가르시아(Diego Garcia), 한국, 일본이 그 예이다.

디에고 가르시아는 남인도양에 있는 영국령 디에고 가르시아 섬에 있는 미군기지를 말한다. 인도양 한가운데 차고스(Chagos) 제도 남쪽 끝에 자리 잡았으며 연료보급과 지원 기지가 있고 기지 요원들만 주둔한다. 이곳은 인도양 한가운데 있어 군사기지로 안전하다. 미국은 1966년에 이곳을 2036년이나 2016년까지 사용하기로 영국과 계약을 맺었다. 영국은 1972년부터 섬 주민들을 세이셸 군도나 모리셔스 같은 곳으로 이주시켜 1973년부터 섬 전체가 군사기지가 되었다. 이라크 전쟁, 아프가니스탄 전쟁 당시 B-52 폭격기의 발진 기지로 이용됐다(네이버 백과사전).

그러나 이처럼 출입협약에 따른 기지나, 사전 배치 거점 같은 기지들은 미군에 큰 이익을 제공하는 반면에, 미국의 경비지출 요인은 거의 없다. 이러한 기지들은 환영받거나, 접수국 대중들의 반미 레이더망에 잡히지 않거나, 접수국 정부들이 대중들의 불만에 휩싸일 환경을 제공하지 않는다는 것 또한 명확하다. 전략 변화에 따라 미군기지의 형태와 숫자도 변했다. 냉전 이후 병력 규모는 크게 줄었고, 기지들은 크게 재편됐다. 예를 들어 1997년 4개년 국방검토

보고서(Quadrennial Defense Review: QDR)가 나온 시점에서 미군의 능동적 전력은 32% 감소했고, 앞으로도 더 줄어들게 돼 있다.

2006년 초 미국은 해외에 약 400,000명의 미군 병사들을 배치하고 있었는데 그 절반은 이라크와 아프가니스탄 내부와 주변에 주둔했다. 독일에 73,500명, 일본에 40,680명, 한국에 28,000명(2009년 10월 기준)이 있다. 이는 냉전 때에 비해 대거 감축된 것이며, 전략의 초점이 유럽에서 중동과 아시아로 이동했음을 말해 준다. 럼스펠드 국방장관이 전 세계에 걸친 미국 군사 변환(military transformation)을 추진한 것도 미군기지에 큰 영향을 주었다. 출입협약이 늘어나면서 많은 기지들이 폐쇄되었다. 1990년대와 2000년대 초에 걸쳐 해외미군은 물론 미국 내 군인도 감축됐다.

1990년부터 1997년 사이에 해외미군기지는 60% 이상 감축됐는데 이를 시설 숫자로 환산하면 950개가 넘는다. 2005년 현재 33개 주요 기지를 폐쇄했고, 29개 주요 기지를 재편했으며, 수많은 소규모 시설들을 폐쇄했다. 해외기지들은 이 군사변환 프로그램의 주요 타깃이었다.

특히 2006년 아이슬란드에서는 전투기를 없애고 수천 명의 병사들을 철수시킴으로써 이 나라에는 미군 공군병력이 전무하게 되었다. 아이슬란드의 케플라비크(Keflavik)에 있던 미 해군항공기지(Naval Air Station: NAS)의 제85 전방초소(GP)가 2006년 6월 28일 이 기지에 있어서의 55년간의 활동을 마감하고 부대를 해산했다. 이 기지에는 F－15, KC－135, HH－60G 구난 헬기가 배치되었는데 모두 철수했다. 아이슬란드는 1949년 NATO에 가맹했고, 그 후에 NATO 가맹국이나 미국의 부대가 이 나라에 계속 주둔했다

(AFNews, 2006년 6월 30일).

2005년도의 미군 철군 목표는 26,000명이었는데 그 절반 이상이 독일이나 한국 같은 냉전 시기 분쟁지역 주둔 미군을 철수시키는 것이었다. 20년 이상에 걸쳐 미군기지를 폐쇄하고 미군들을 철수시켜서 절감한 돈은 대략 642억 달러로 평가된다. 이는 무의미한 숫자는 아니지만 연간 국방비 4,000억 달러에 비하면 적다. 경비 절감 노력은 국방부가 받고 있는 압력을 상징하지만, 예산 절감 요구가 기지 폐쇄의 유일한 이유는 아니다.

거기에 어떤 정치적, 경제적 동기가 혼합되었든 간에, 해외미군기지가 예산 고갈 원인이라고 주장하는 미국 국내 비판론자들의 주장은, 기지를 폐쇄하는 것에 비례하여 약화한다. 실제로는 해외기지를 축소하면 국내 기지가 해외에서 돌아오는 병력을 맞아들여야 하기 때문에 국내기지는 살아남게 된다. 예산문제는 차치하고라도 냉전시대의 전장으로부터 병력을 빼내 다른 곳으로 옮기는 데에는 테러리즘과 기타 새로운 전쟁에 대처해야 하는 전략 전술적 이유가 있다. 이러한 것들은 미국이 제국이 되는 것이나 미국의 흥망과 아무런 관계가 없다.

기지의 폐쇄와 재편에 있어서는 전략적 요소도 작용하지만 한국과 일본 같은 접수국(host nation) 정부가 미군주둔비용을 제공하는 것(Host Nation Support: HNS)도 작용한다. 특히 아시아 태평양 접수국들의 적극적인 미군 주둔비 지원은 기지 폐쇄와 재편을 제한했다. 예를 들면 일본은 매년 약 50억 달러를 제공했고, 2006년부터 2014년까지 미 해병부대를 오키나와에서 괌과 일본 내 기타 지역으로 재배치하는 비용을 대부분 부담하고 있다. 그 소요 경비는 약 260억 달러로 추산되며, 그 대부분은 일본이 부담한다. 그와 같은 미군 주둔비 지원은 특히 접수국의 예산 사정이 빠듯할 때 반미주의의 원인이 될 소지가 있다. 반면에 미군 주둔비 지원은 미국 국방예산 절감 효과가 있기 때문에 미국 정책결정자들로 하여금 기지를 계속 유지하게 할 뿐 아니라, 모든 기지가 제국의 과도한 확장을 초래한다는 비판론자들의 주장을 무력하게 하는 데도 도움이 된다.

미국은 위협이나 강제보다 상호이익을 바탕으로 국제관계를 다스린다는 점에서 과거의 제국들과 다르다. 오코너(O'Conor, 2007d)는 앞으로도 수십 년간 미국의 패권은 지속될 것 같지만 그 과정에서 미국이 직면할 도전도 만만치 않다고 한다. 헨리 키신저가 9·11테러에 앞서 지적했듯이 미국이 자신의 압도적 권력을 국제합의로 바꾸고 자신의 원칙을 널리 받아들여질 수 있는 국제규범으로 바꿀 수 있느냐에 따라 미국은 역사의 시험에 합격할 수도 있고 실패할 수도 있는 것이다.

영구적인 미군기지를 줄이는 대신에 일시적인 출입협약에 근거하는 해외기지를 늘린 데에는 그 밖에도 반기지 반미주의(anti-base anti-Americanism), 그리고 이라크 전쟁 장기화에 따른 피로감이 작용했다. 오키프(O'Keefe, 2007: 115-122)는 "미국이 조지 W. 부시 행정부 집권 동안에 제국 규모의 해외기지를 보유하게 되었다는 주장은 근거가 없다."고 말한다.

3) "미국 물이 들면 안 돼": 정체성 충돌

정체성(identity)은 세 가지를 말해 준다. 첫째, 자신이 누구인지를 자신에게 말해 주고, 둘째, 자신이 누구인지를 타자에게 말해 주고, 셋째, 타자가 누구인지를 자신에게 말해 준다.

그 가운데 세 번째가 정체성 충돌에 의한 반미주의를 설명해 준다. 많은 나라의 국민들이 미국 문화와 접하면서 타자인 미국을 통해, 다시 말하자면 미국 문화와 자국 문화의 차이를 통해 자신의 정체성을 재확인한다.

미국 문화는 기독교에서부터 성의 상업화에 이르기까지 여러 측면이 있는데 이러한 미국 문화가 수출하거나 만들어 내는 가치관과 자국의 문화적, 종교적 정체성이 충돌할 때에 반미주의가 나타난다. 미국의 힘과 영향력에 흡수되어 자신의 문화와 전통의 정체성이 훼손될지 모른다는 위기감의 발로인 셈이다.

이러한 반미주의의 상당부분은 사실 반미주의라기보다는 반기계적(anti－technocratic), 반현대적(anti－modernist), 그리고 반자본주의적(anti－capitalist) 반응이라고 불러야 할 때가 많다. 전통사회에서는 기계화, 현대화, 자본주의화에 대한 우려가 심각한데 미국이 그러한 변화에 가장 앞서 있기 때문에 그러한 우려가 미국에 대한 우려로 전환되는 것이다(Werz and Fried, 2007).

반미주의자들은 미국 문화의 확산을 문화적 제국주의라고 비난한다. 문화적 제국주의론에는 민족주의적 우려가 담겨 있다. 그러나 미국 문화상품의 인기는 미국 문화산업의 제국주의적 세계지배라기보다는 그 품질과 주제의 보편성에 의한 것이라는 견해도 있

다(Hudson, 2007). 미국 문화의 급속한 확산에 대해서는 탈산업사
회에 접어든 선진국이나 이제 근대국가를 이루어 내려고 하는 개
발도상국가나 둘 다 피해의식을 느낄 수 있다. 특히 중동지역의 경
우 종교적 신념까지 가세하여 미국을 배타시하는 경향이 강하다(김
태효, 2004).

오늘날 전 세계의 사람들은 미디어의 세계화로 인하여 성적 이
미지들을 이용할 수 있을 뿐 아니라 피할 수도 없게 되었다. 그러
한 성적 이미지들을 비롯한 미국 문화에 대해서는 두 가지 반응이
있을 수 있다. 우선 그 소프트파워(soft power)에 매료되어 그것을
숭배하고 모방할 수 있다. 반면에 저속한 미국 문화에 반감을 가지
고 저항할 수 있다. 세속적인 대중문화 상품들은 서로 경쟁하는 가
치관 사이에 국제적 분쟁이 일어나게 하는 원인이다. 그러한 상품
들은 무슬림이나 그 외 가부장적이고 권위주의적인 공동체의 가정
안으로 성적 자유와 부패, 여성 해방, 그리고 남녀평등의 이미지를
가져온다.

사이드 쿠트브(Sayyid Qutb)는 미국 문화에 대한 극도의 거부감
을 표현한 대표적 학자이다. 그는 근대의 급진 이슬람을 창시한 이
집트 학자로 1940년대에 미국에서 살았다. 미국 정부의 후원으로
미국에서 공부했지만, 그에게 미국은 섬멸해야 할 악마였다. 그가
이런 극단적 결론에 도달한 이유는 미국에서 여성이 차지하는 위
상 때문이었다. 그는 미국 여성 모두를 성매매 여성으로 보았다.
그에게 있어서 수건(veil)으로 얼굴을 가리지 않고, 남성과 평등한
여성은 다 성매매 여성이었다. 쿠트브는 이슬람 극단주의 단체들인
헤즈볼라와 알카에다 단원들의 정신적 지주이다.

미국인의 종교생활이 다른 나라에 비해 반드시 두드러지지는 않
는다는 분석도 있다(Berggren and Rae, 2007). 미국에서도 남부는
신앙심이 깊지만 북동부는 신앙심에 있어서 유럽 전반과 별반 다
르지 않다는 것이다. 하지만 미국에서 종교가 매우 중요한 요소임
은 부인할 수 없다. 미국인 중 59%가 종교적 생활을 영위한다. 이
는 영국이나 캐나다에 비해 두 배나 높다. 프랑스나 일본에 비하면
다섯 배가량 된다.

오헤이건(O'Hagon, 2007)은 유럽과 미국이 종교 면에서 다르다
고 말한다. 유럽과 미국 관계는 2003년 이라크 전쟁을 전후한 시기
의 미국 대외정책 때문에 금이 갔지만 공적 생활(public life)에서의
종교의 기능, 그리고 국가의 기능에 있어서도 차이가 난다는 것이다.

퓨리서치센터의 앤드류 코헛(Andrew Kohut) 소장은 미국 사람들
이 신앙심이 깊기 때문에 낙태, 사형, 그리고 새로운 생물학적 기
술들을 사용하는 문제에 있어서 미국의 전통적 동맹들과 다르다고
말한다. 물론 유럽과 미국이 사형에 대해 다른 제도를 채택한 것은
그러한 종교의 영향보다 정치지도자의 생각이나 정치제도의 차이
때문이라는 설명도 있다(Singh, 2007a). 유럽이나 미국이나 사형에
대한 공중(公衆)의 태도는 비슷하지만 유럽의 지배계층은 사형을
정당하지 않은 것으로 보는 반면에, 미국에서는 여론을 더 중시하
는 정치(more plebiscitary democracy)를 하기 때문에 여러 주에서 사
형 제도를 채택했다는 것이다.

기독교 선교사들은 중국의 공산당식 자본주의, 남아시아의 힌두
급진주의, 그리고 이슬람 세계 전역에 나타나는 무슬림 근본주의에
몹시 거슬리는 존재들이다. 미국은 섹스와 복음을 함께 수출하는데

세계의 많은 사람들이 그 둘 다에 화를 낸다.

미국의 대외정책이 일종의 기독교 근본주의에 입각해 있다고 비판하는 목소리가 유럽 지식인들 사이에 존재한다(Hollander, 2004: 31). 프랑스의 지식인 레지 드브레(Regis Debray)는 "미국은 자국의 운명에 관한 철저한 성경적 확신으로 자국의 몰상식을 상쇄하려고 한다. …… 미국은 근본적으로 신정(神政) 정치를 추구한다."라고 말한다. 드브레는 남미 게릴라활동에 가담하였고 미테랑 대통령의 자문역도 지냈다. 그는 급진주의에서 중도 우파로 노선을 조정했다.

서유럽이나 동아시아에 사는 세속적 국민들은 미국 사람들의 삶이나 미국의 대외정책에 있어서 종교성이 높아지는 것에 더 반대하고, 미국 문화가 확산되는 것에는 덜 반대할 것이다. 중동이나 남아시아의 종교적인 국민들은 자신들이 미국 문화 상품에 노출되는 것을 반대할 것이고, 기독교 선교사를 반대하는 것과 같은 맥락에서 미국 사람들의 신앙심이 깊어지는 것도 싫어할 것이다(Katzenstein and Keohane, 2007: 309).

물론 서유럽의 반미주의와 이슬람의 반미주의를 동일한 수준의 반미주의로 취급할 수는 없다. 이념적 차원에서 볼 때 전자는 미국의 가치체계를 상당부분 공유하는 자유주의적 반미주의 혹은 사회적 반미주의에 머무는 반면, 후자는 미국의 가치체계 전반을 부정하는 급진적 반미주의로 치닫는다. 그러나 넓은 의미의 정체성 충돌이라는 관점에서 보면 둘 다 이 범주에 포함할 수 있다. 미국과의 정체성 충돌 정도는 서유럽과 이슬람이 다르다. 서구는 그 정도가 크지 않은 반면, 이슬람은 매우 크다고 봐야 한다.

미국과 이슬람 사이의 정체성 충돌이라면 몰라도 미국과 유럽 사이의 정체성 충돌이 과연 의미가 있을까? 정말 대서양 양안의 나라들 사이가 균열되어 있는가? 싱(Singh, 2007a)은 미국과 유럽의 차이는 오히려 비슷한 나라들이 모여 이루고 있는 한 가족 내에서의 불일치로 본다. 미국과 유럽의 차이를 과장하는 것은 프로이드가 말하는 "작은 차이의 나르시시즘(Narzissmus der kleinen Differenzen: narcissism of minor differences)"이라는 것이다.

그러나 그 작은 차이가 둘 사이를 반목하게 할 수 있다. 동양의 입장에서는 유럽과 미국의 문화를 합쳐 '서양문화'라고 부를 수 있지만, 서양문화 안에서는 유럽문화(특히 대륙 유럽문화)와 미국 문화가 사뭇 구별된다. 서유럽의 반미주의는 정치적인 것인가, 아니면 문화적인 것인가? 물론 서유럽의 반미주의에도 정치적 원인이 존재하지만(Messitte, 2004), 그보다는 문화적 원인이 더 강하다(김진웅, 2003: 58).

유럽인들의 미국 문화에 대한 견해는 좌파와 우파가 다르다(Markovits, 2007a: 37－38). 좌파는 미국 자본주의가 잘못됐기 때문에 문화도 잘못됐다는 식이다. 즉, 미국이 오직 거대기업의 이윤만을 위해 영혼 없고 성형수술을 한 것 같으며 진정성이 결여된 인공물들을 생산하는 소외되고 야만적인 자본주의 사회이고, 미국 문화는 그 표현이라고 주장했다. 미국의 대중들은 자본주의 사회의 내재적인 분열성으로 말미암아 그들의 공동체성을 박탈당한, 오도되고 조종당하며 착취당하는 개인들인데, 미국의 문화산업은 바로 그러한 미국의 대중들에게 즉효약이 되는 값싸고 기본적으로 무가치한 것들을 생산한다는 것이다.

반면에 우파는 유럽 고전주의 문화의 고상한 눈으로 미국의 실용주의 문화를 폄하한다. 미국이 그 천박성으로 인하여 오랜 가치가 있는 어떤 것도 결코 생산할 수 없기 때문에 미국 문화는 그 이름값을 못한다고 말한다. 더 나쁜 것은 미국이 금력을 확보하면서 그것으로 유럽의 진짜 문화를 구입하여 그것을 천박하게 모방하는 것이라고 한다.

유럽 우파에게 있어서 '미국산'이라는 것은 열등한 것의 대명사다. '미국 텔레비전'이나 '미국 영화'라는 말은 품위 없고 몸에도, 마음에도 좋지 않다는 의미로 자주 쓰인다(Hudson, 2007). 그러나 미국 문화는 그 대중적 호소력 덕분에 유럽 대중들 사이에서도 매우 성공적이기 때문에 위험하다고 본다. 미국 문화는 무가치하고 천박할 뿐 아니라 그 보편적 호소력 때문에 위험하고 사회를 타락시킬 수도 있다는 것이다.

일례로 맥도널드는 미국 산업으로서의 측면뿐 아니라 미국 음식 문화의 측면도 지닌다. 맥도널드가 상징하는 미국산 패스트푸드에 대한 우려도 오늘날 반미주의를 이해하는 데 중요한 열쇠가 된다(O'Conor, 2007a: xvii − xviii). 미국 안팎에 맥도널드 같은 패스트푸드 식당을 비난하는 사람들이 있지만 특히 미국 사람이 아닌 사람들은 소위 패스트푸드의 나라인 미국을 희생양으로 삼지 않고는 못 배긴다. 미국 패스트푸드 체인점이나 텔레비전이나 영화에 대한 우려와 반응은 흔히 뒤죽박죽이지만 반미주의야말로 그러하다. 미국은 사람들이 가장 비난하기 쉬운 나라이다.

미국의 힘(power)에 대해서는 유럽의 좌파가 우파보다 더 두려워하는 반면에, 문화의 영역에서는 그 반대라고 할 수 있다. 문화의 영역에서 유럽 우파는 좌파보다 훨씬 더 우려한다. 그러나 좌우 공히 미국 문화를 가짜라고 취급해 버린다. 좌파는 미국이 본질적으로 상업화한 결과 문화가 그렇게 진정성을 결여하게 되었다고 본다. 우파는 미국이 역사와 전통도 없고 따라서 깊이도, 세련미도, 필요한 교양도 없기 때문에 미국 문화 역시 가짜일 수밖에 없다고 보는 것이다.

미국 문화의 부정적 측면에 대해서는 미국 국내의 우파도 비슷한 시각을 보인다. 헝가리 출신 미국 정치학자인 홀랜더(Hollaner, 2004: 37)는 미국 문화의 도덕적 상대주의와 도덕적 불확실성이야말로 미국 국내외 반미주의의 가장 강력한 원인이라고 주장한다. 반미의 원인에는 소위 희생양 만들기, 시기, 분노, 단세포적인 반자본주의, 지각없는 공상적 이상주의(mindless utopianism), 그리고 '가치의 충돌 없는 사회체제를 기대하는 심리'와 같은 여러 가지가 있는데 미국 문화의 도덕적 상대주의와 도덕적 불확실성이 그런 요인들과 얽혀서 반미주의로 나타난다는 것이다.

미국식 민주주의가 세계의 표준이 됐고, 미국 문화가 지구촌 구석구석에 침투했지만 유럽 반미주의자의 논거는 옛날과 같다. 21세기 신세계질서가 미국의 기준과 가치에 의해 일방적으로 표준화(standardization)되어 버릴지도 모른다는, 유럽정체성의 상실에 대한 위기감이야말로 프랑스와 독일 반미주의의 근본 원인이라고 할 수 있다.

유럽인들은 미국을 열등하게 바라보려고 하는 공통심리를 지녔다. 유럽인들이 미국을 열등하게 보려는 심리가 잘 드러난 사례가 있다. 미국 내의 대표적 반미주의자로 통하는 마이클 무어 감독이 2002년에 내놓은 영화 '볼링 포 콜럼바인(Bowling for Columbine)'

은 유럽에서 대단한 인기를 누렸는데 그것은 유럽인들이 미국의 총기 규제 캠페인에 가세하는 데 관심이 있어서가 아니라 그 영화를 보면서 미국인들을 경멸할 수 있었기 때문이다(Markovits, 2007b: 41-58).

미국의 총기문화에 대해서는 흔히 과장하는 경향이 존재하는데 그것은 미국 총기 소유자의 98~99%가 자신들의 무기를 분별력 있게 사용한다는 사실을 무시한 것이라는 설명도 있다(Singh, 2007a). 미국에서 실제로 살아 보면 총기 허용의 배경을 이해할 수 있다. 아파트 같은 공동주택에 밀집되어 사는 한국 사람들과 달리 미국 사람들은 숲속 단독주택에 흩어져 살기 때문에 총기가 없으면 불안할 수밖에 없다. 미국의 총기문화는 서부개척의 전통일 수도 있고, 국가가 개인의 안전을 결코 지켜 줄 수 없다는 개인주의 철학, 그리고 큰 정부에 대한 불신일 수도 있다.

4) "무슬림 세상을 만들자": 이슬람 근본주의

9·11테러에서 보듯이 오늘날 가장 극단적 형태의 반미테러는 이슬람 근본주의자들에 의해 저질러진다. 이슬람 근본주의란 이슬람교의 교리를 글자 그대로 믿고 따르는 것을 말한다. 이슬람교의 지하드, 즉 성전(聖戰)은 본래 영적 전쟁을 의미하는데도 근본주의자들은 그것을 물리적 전쟁으로 해석하여 테러를 일삼는다. 그 테러의 표적은 미국이다.

물론 그런 폭력을 행사하는 것은 소수 극단주의자들이다. 미국

여론 조사기관 갤럽이 2006년, 북아프리카에서 중동과 동남아시아에 이르는 회교국가의 회교도들을 대상으로 조사한 결과, 다수가 민간인에게 테러공격을 가하는 것에 반대했다. 회교도들에게 있어서 종교는 일상생활의 매우 중요한 부분이지만 대부분의 회교도들은 신앙을 이용해 테러를 일삼는 것을 비난했다. 회교도들은 한편으로는 이슬람교를 사랑하면서 다른 한편으로는 극단주의를 규탄했다(미국의 소리, 2006년 5월 5일).

무슬림 테러리스트들은 뉴욕시에서 발리까지 세계 모든 곳에서 반미, 그리고 반서구 테러를 일삼는다. 알카에다의 가장 주요한 표적은 과거 이란의 호메이니의 표적이 그랬듯이 서구 문명도 아니고, 기독교도 아니고, 세계자본주의도 아니고, 미국이다. 이들의 반미는 지금까지 다른 집단들이 보여 주었던 반미와 질적으로 다르다. 이들의 증오는 무조건적이며 살인적이다.

반미주의를 가벼운 반미주의(lite anti - Americanism)와 살인적 반미주의(murderous anti - Americanism)로 나눈다면 무슬림 근본주의자들의 반미주의는 분명히 살인적 반미주의에 해당한다. 이야나툴(Iyanatul, 2007)은 이슬람 근본주의와 반미주의 사이에는 상호 강화하는 고정관념의 위험한 순환이 작동한다고 주장한다. 즉, 이슬람 근본주의는 반미주의를 강화하고 반미주의는 이슬람 근본주의를 강화하는데 이는 고정관념의 상호 강화작용 때문이라는 것이다.

반미와 반이스라엘 혹은 반유대주의가 수렴되고 있는 것도 새롭다. 마코비츠(2008)는 반미주의와 반유대주의가 확실히 역사적으로 연결된다고 말한다. 반미적 사고(思考)가 반미주의로 고착된 것은 1920년대와 1930년대인데 그때는 유럽에서 유대인과 미국인에 대한 편견이 자주 서로 얽히던 때였다고 한다. 반미감정과 반유대감정을 초래한 것은 자본주의적 근대성에 대한 두려움과 비판이었다는 것이다.

유럽 사람들이 편견을 가지고 미국과 이스라엘을 공격하는 것은 새로운 반유대주의의 등장이라고 한다. 이러한 증오에 찬 반미주의는 아랍 국가들뿐 아니라 서유럽의 무슬림들에게서도 나타난다. 9·11테러가 일어나자, 프랑스와 덴마크를 비롯한 서유럽의 무슬림들, 특히 젊은이들은 거리로 쏟아져 나와 테러를 축하하며 환호했다.

반미, 그리고 반이스라엘 폭력이 지금처럼 공공연히 내세의 상급과 연결된 적은 일찍이 없었다. 아랍 자살폭탄테러범들은 뇌관의 기폭장치를 누름으로써 즉시 천국 문을 열게 된다고 믿는다. 그것이야말로 천국으로 가는 가장 빠른 지름길이라는 것이다. 자살폭탄테러범 훈련 비디오를 보면 교관이 테러리스트 후보에게 "준비됐나? 내일이면 넌 천국에 있을 거야."라고 말한다.

이슬람 원리주의를 신봉하는 팔레스타인의 반(反)이스라엘 과격단체인 하마스(Hamas)의 테러범들은 "성전(jihad) 중에 순교자가 흘리는 피의 첫 방울이 그의 죄를 순식간에 씻어 준다. 심판 날에 그는 벌을 받지 않는다. 부활의 날에 그는 자기와 가장 가깝고 자기가 가장 사랑하는 사람 70명을 천국으로 초대해 줄 것을 알라신에게 요청(중보, 中保)할 수 있다. 그리고 그는 천국의 아름다운 처녀 72명을 소유할 수 있다."고 믿는다.

하마스 창설자이자 정신적 지도자인 아흐마드 야신(Sheikh Ahmad Yassin)은 "이러한 상급들 자체가 순교의 목적은 아니다. 유일한 목적은 알라신을 만족시키는 것이다. 알라를 위하여 죽음으로써 가장 쉽게, 그리고 가장 빠르게 알라신을 기쁘게 할 수 있다."고 말했다. 자살 임무의 수행을 위한 준비과정에서 테러리스트 후보는 오직 천국에, 알라의 임재 앞에 있게 될 것에, 무함마드 선지자를 만날 것에, 그리고 자신의 사랑하는 사람들도 지옥의 고통에서 구원받아 천국으로 올 수 있도록 알라신에게 요청(중보)할 일에 집중한다.

자살테러의 임무가 완수된 후에 테러범 가족과 후원조직은 그의 순교가 마치 결혼식 같은 축제인 양 축하한다. 수백 명의 하객들이 축하하기 위해 모인다. 주인은 젊은이가 죽기 전 유언에서 열거한 주스와 단것들을 제공한다. 그 어머니는 알라신이 자기 가정에 부여해 준 영예를 기뻐하며 울부짖곤 한다.

자살폭탄테러범들의 이러한 믿음과 기대는 이스라엘에 대한 테러 때의 이야기이지만, 그것은 미국인을 주이는 테러범들에게도 비슷하게 적용된다. 오사마 빈 라덴에게 있어서 2001년은 이슬람이 7세기에 세계를 종교적으로 지배하기 위하여 시작하였던 전쟁을 재개한 해로 기록된다.

과거 이란의 호메이니는 미국을 '대사탄(the Great Satan)'이라고 규정했는데 그것은 아직도 유효하다. 이슬람 경전인 코란에서는 사탄을 '인간의 귀에다 대고 음흉하게 속삭이는 악마'로 묘사한다. 알카에다 멤버들은 미국을 이슬람 근본주의에 대한 가장 큰 위협으로 간주한다. 이들은 이슬람을 세속에 물들지 않고 비타협적이며 전투적인 종교, 즉 이슬람 혁명을 위한 사상적 무기로 유지하고 싶어 하는데 거기에 가장 큰 위협이 되는 게 미국이라는 것이다.

미국은 근대성(modernity)의 선두주자로서 근대성을 상징하는데 이슬람 근본주의는 그러한 근대성에 대한 매우 강렬한 종교적 저항을 내포한다. 앞에서 미국을 대(大)사탄이라고 규정한 것도 같은 맥락이다. 오늘날 이슬람 근본주의 광신자들은 자기들이 절대적 진리를 가졌다고 확신한다. 그들은 지금의 퇴폐적이고 부패한 세계 대신에 유토피아를 건설하기 위해서는 무력과 테러가 필수적이라고 신봉한다.

무슬림 테러리스트들은 자기들이 절대 진리를 가졌기 때문에 자기들의 의견에 동의하지 않고 자기들의 길을 방해하는 사람들을 죽일 권리와 의무가 있다고 믿는다. 그들은 이념적 원리를 가진 사람들이기 때문에 스스로 의분(義憤)을 느끼면 양심에 거리낌 없이 무고한 사람이라도 쉽게 죽이게 된다.

이와 같은 살인성 외에도 아랍 이슬람의 반미주의는 반유대주의, 그리고 반이스라엘 호전성과 밀접하게 연관돼 있다. 지하드는 전 세계 무슬림들을 억압과 부정의로부터 해방시키겠다고 하는데 그런 지하드는 반미적인 동시에 반유대적이다. 미국과 이스라엘 두 나라를 동시에 증오하는 것은 그 두 나라가 정치적, 경제적으로 긴밀하게 연결돼 있기 때문만은 아니다. 그 두 나라가 세속주의, 자본주의, 자유주의, 그리고 도덕적 해이와 같은 근대성을 가지고 이슬람세계를 강력하게 위협하기 때문이기도 하다.

말하자면 엉클샘(Uncle Sam, 미국)과 샤일록(Shylock, 이스라엘)이 합쳐져 세계화라고 하는 가공할 유령이 됨으로써 이슬람세계를 침몰시키려고 위협한다는 것이다. 엉클샘이란 '샘 아저씨'라는 말로서, 미국 정부 또는 전형적인 미국국민에 대한 속칭이다. United

States의 머리글자인 U와 S를 따서 만들었다. 영국(인)을 존불(John Bull)이라 부르는 것과 비슷하다. 샤일록은 셰익스피어 작 『베니스의 상인』에 나오는 유대인 고리 대금업자를 말한다.

실제로 세계화에 대한 반대여론은 중동지역에서 강하다. 미국 퓨리서치센터의 2002~2003년 조사에서 세계화 긍정평가 비율은 중동과 동유럽에서 상대적으로 낮았고, 아시아와 아프리카에서 높았다. 한국의 긍정평가 비율은 84%, 미국은 62%, 프랑스 60%, 나이지리아 90%였다(한겨레, 2003년 6월 4일).

이처럼 증오심에 찬 반미주의는 빈곤이나 후진성, 혹은 대부분의 아랍 국가들이 겪고 있는 정치적 억압의 산물이 아니다. 이슬람 테러리즘은 부정의, 빈곤, 혹은 차별 때문에 일어난다는 환상이 널리 퍼졌지만 서구에서 태어났거나 서구에 기반을 둔 무슬림 테러리스트들의 배경을 생각하면 그것은 말이 되지 않는다. 9·11 규모의 테러사건을 일으키려면 여러 나라 말을 동시에 할 수 있고, 저응력이 뛰어나며, 고등교육을 받은 사람들이 정교하게 협력하지 않으면 안 된다.

그러므로 이슬람 근본주의에 의한 국제적 테러리즘은 사회적, 경제적 현상이 아니라 오히려 문화적 현상이다. 유럽이나 중동, 그리고 북미지역에서 알카에다와 결합된 사람들은 모두 대학교육을 받았고, 중산층이거나 지위가 높다. 그들이 지하드에 공감하는 것은 그들이 빈곤이나 부정의를 겪고 있기 때문이 아니라 서구의 문화적 침략에 대해 분노하기 때문이다(Hollander, 2004: 22).

물론 요르단, 시리아, 레바논에는 팔레스타인 난민 수용소가 있는데 여기서 자란 아이들 중에 자살폭탄테러범이 되는 일이 많다.

이스라엘이나 서안지구(the West Bank)에서 일어나는 자살폭탄테러의 범인들 중 상당수는 난민 수용소 출신들이다. 국제사회에서 매우 많은 돈이 이들 수용소에 지원되지만, 그 돈이 난민들을 위해 쓰이지 않는다. 결국 난민들은 수용소가 위치하는 아랍형제 나라들에 의해 사실상의 인질로 잡혀 있는 셈이다.

많은 아랍국가의 젊은이들은 국가의 부(富)와 자원이 소수 독재자에게 집중되어 있는 현실에서 좌절한다. 제3세계의 많은 나라들이 가난한 이유는 미국 주도의 세계화에 있는 것이 아니라 그 나라의 후진적 국내정치에 있다. 젊은이가 순교하면 그 가족은 재정적 이익을 보는데 이 돈 또한 자살폭탄테러의 동기가 된다. 그러나 이와 같은 가난이 자살폭탄테러의 원인이 되는 것보다는 종교적인 동기에 의해 자살폭탄테러를 자원하는 경우가 결정적으로 더 많다. 세속적인 테러 집단의 경우 과거나 지금이나 자살테러 방식에 전혀 관심을 보이지 않았다(Hollander, 2004: 19-23).

흔히 미국은 중동에서 이스라엘을 강력히 지지함으로써 아랍 진영의 분노를 불러일으켰다고 한다. 미국의 중동지역에 대한 잘못된 정책에 원인을 돌리는 것이다. 그런 논자들은 미국의 중동지역에 대한 정책은 위선적이며 이것이 이 지역 반미주의의 핵심 원인이라고 주장한다. 최근 이라크와 이란에 대한 미국 정책이 반미주의의 불을 지르고 중동지역에서 자유민주주의자들의 입지를 좁혀 고립시켰다는 것이다. 미국은 팔레스타인 문제에 있어서도 공정하지 못하다고 한다(Akbarzadeh and Baxter, 2007).

하지만 거기에는 상당한 오해가 있다. 그러한 주장은 아랍 민족주의의 강력한 존재를 전제하지만 오늘날 중동지역에 그와 같은 민족주의는 거의 찾아보기 어렵다. 최근 아랍 반미주의의 뿌리는 이슬람 근본주의에 있다. 아랍 지역에서 반미주의는 교육을 통해 어린 시절부터 아랍인들의 의식 속에 주입된다. 아랍 여러 나라들에 있는 수많은 종교학교들(madrassa)은 아이들을 성전으로 내모는 조립라인과도 같은 기능을 한다. 이러한 학교들에서 학생들은 미국의 부정의와 잔인성과 폐쇄성을 비난하는 교육을 받고 자란다. 이집트나 파키스탄과 같이 대외적으로 친미노선을 표방하는 나라들에서도 마찬가지이다.

이집트는 다른 중동국가와는 달리 이슬람 원리주의 국가가 아니고, 이스라엘과 평화협정을 체결했고 지금도 끊임없이 관계개선과 공존을 위해 노력하는 나라이다. 그럼에도 불구하고 공교육의 교과서는 극단주의자들의 편을 드는 내용을 담았다. 역사적으로 볼 때, 이슬람 정치세력과 다양한 이슬람 정치운동 단체들은 그들의 목표를 달성하기 위한 주민선동의 수단으로 교육을 이용했다. 즉 그들에게는 교육도 하나의 정치활동인 것이다. 특히 무슬림 형제단이 이집트의 교육 시스템과 학교의 교과과정에 영향을 준다.

이집트 교과서는 이슬람을 민족종교로 묘사한다. 이스라엘과 아랍권과의 전쟁은 전략, 정치, 경제, 문화, 역사 같은 다양한 원인이 복합적으로 작용하여 발생한 것임에도 불구하고 이슬람과 유대교 사이의 종교전쟁이라고 단순화한다. 결국 교과서는 모든 것을 종교적인 관점에서 설명하여 아이들로 하여금 자연스럽게 알라신을 위한 순교를 영광으로 여기고, 유대인들은 격퇴되어야 하는 존재로 각인시키는 것이다.

이라크 전쟁은 중동 전 지역에 걸쳐 온건주의자의 입지를 약화시킨 반면에, 근본주의자들을 결집시키는 결과를 가져왔다는 평가도 있다(김태효, 2004). 기존에 중동지역의 지배 이데올로기로 작동했던 아랍민족주의가 쇠퇴하고 이슬람주의가 전면에 등장하는 추세를 보인다는 것이다.

아랍 국가들은 아사비야(Asabiya) 정체성(부족정체성), 까우미야 아라비아(Qawmiyyah Arabiya) 정체성(아랍민족주의 정체성, 범아랍민족주의), 와따니야(Wataniyya) 정체성(국민국가 정체성), 움마(Ummah) 정체성(이슬람 정체성)을 동시에 갖는다. 종래 아랍권에서는 까우미야 아라비아 정체성을 기반으로 하여 아랍 간의 단결과 일치를 이룩함으로써 식민시대의 부정적 유산을 극복하겠다는 아랍민족주의, 혹은 범아랍주의(Pan – Arabism)가 대세였다. 이집트의 낫셀(Gamal Abdul Nasser) 대통령의 노선을 일컫는 낫세리즘(Nasserism)은 아랍민족주의의 대표적 이념이다.

그러나 이라크 전쟁 이후 중동지역 국가들에서는 움마 정체성이 까우미야 아라비아 정체성을 압도한 것으로 보인다. 언어적, 문화적 동질성보다는 종교적 동질성이 더욱 부각된 것이다. 글로벌 아메리카나 연구소(Global Americana Institute)의 주안 콜(Juan Cole) 회장은 까우미야 아라비아 정체성과 와따니야 정체성은 이제 사라진 것 같다고까지 말한다.

중동지역이 이슬람 근본주의에 몰입하는 것을 방지하는 유일한 대안은 이슬람 단결주의가 미국 배척주의와 동일시되지 않도록 하는 것이다. 이를 위해서는 개별 국민국가(nation – state)의 정체성(와따니야 정체성)을 바탕으로 한 국가중심주의를 촉진시킬 필요성이 있다. 그러나 이러한 과제를 달성한 중동국가는 터키가 유일하다.

여타 중동지역에서도 이슬람 종교를 정치로부터 분리하여 세속화시키는 작업이 과연 가능할 것인지는 현재로서 의문이다.

5) "미국식 자본주의는 가라": 세계화

세계화는 냉전이 끝난 뒤 자본주의가 전 지구로 확산되는 것을 말한다. 그 자본주의의 선두주자가 미국이기 때문에 세계화는 미국이 주도하는 것으로 인식된다. 따라서 세계화에 반대하는 반세계화는 곧 반미가 된다.

세계화는 왜 반미를 초래하는가? 오늘날 미국은 세계무역에서 흑자를 보는 것이 아니라 거꾸로 막대한 적자를 본다. 미국 국내시장은 중국이나 한국 같은 나라들에 의해 크게 잠식되면서 미국 내에서도 세계화를 반대하는 운동이 거세다.

미국은 자국의 시장을 내주고도 욕을 먹는다. 미국식 자본주의의 급속한 확산은 많은 나라의 전통사회를 해체하면서 가치관과 문화의 충돌을 동반한다. 많은 나라들에 있어서, 세계화는 해외시장으로 더 많이 진출할 기회를 제공하는 동시에, 외국의 투기성 자본에 의해 국내경제가 휘둘릴 위험도 초래한다.

세계화는 슘페터(Joseph Schumpeter)가 말한 창조적 파괴(creative destruction)를 가져온다. '창조적 파괴'란 슘페터가 1942년에 쓴 책 『자본주의, 사회주의, 그리고 민주주의(Capitalism, Socialism and Democracy)』에 나오는 개념이다. 이 개념은 혁신의 과정을 설명한다. 슘페터의 자본주의 전망에 있어서 기업가의 혁신은 장기적 경제성장을 지탱해 주는 힘이다. 그러나 그 혁신 과정에서 이제까지 어느 정도의 독점을 즐겨온 기존 기업들의 가치는 파괴된다. 창조적 파괴는 상처를 초래하는 것이다. 소비자는 새로운 기술을 높이 평가하지만 쓸모없는 노동기술을 가진 근로자는 해고됨으로써 희생자가 된다.

그러한 창조적 파괴로 인하여 이익을 보는 것이 아니라 손해를 입는 사람들은 그러한 변화에 저항할 수 있다. 폴라니(Karl Polanyi)가 그 전형적인 경우이다. 그는 전 자본주의 사회(precapitalist societies)의 사회적 안전망이 시장 효과에 의해 파괴되었다고 주장했다. 물질적 복지만을 증진하려고 하는 무정한 제도의 맹목적 행동으로 인해 문명이 파괴되고 있다는 것이다. 시장을 규제하지 않으면 깊이 자리 잡은 사회적 가치들이 침해되어, 1920년대와 1930년대의 파시즘처럼 국가의 통제와 보호를 요구하는 정치 운동이 득세하게 된다고 한다.

벤자민 바버(Benjamin R. Barber)에 의하면 미국적 관행과 대중문화의 확산으로 맥월드(McWorld)가 만들어지는데 이것에 대해서는 그 매력을 어느 정도 느낀 사람들조차 불만스러워한다는 것이다. '맥월드'는 바버(메릴랜드대 공공정책대학원 교수)가 자신의 세계화 비판 저서 『지하드 대 맥월드』(문화디자인, 2003)에서 패스트푸드 체인 맥도널드(McDonald's)와 월드(World)를 합성한 신조어이다.

바버는 맥도널드, 매킨토시, MTV, 마이크로소프트 같은 것들을 통해 인간이 도달하게 되는 테크노피아를 일컬어 '맥월드'라고 한다. 반면 '지하드'는 이러한 '맥월드'의 대척점에 서 있다. 지하드는 기술, 시장, 팝 문화 같은 서구의 근대성을 반대하는 모든 사회적 조직과 공간을 지칭한다.

맥월드에 의해 조성된 반미주의는 확산되어 세계 정치 전반에 광범위하게 퍼졌다. 세계화에 반대하는 반미주의가 바로 자살폭탄 테러로 연결되거나 자본주의의 전복을 직접적으로 요구하지는 않는다. 조세 보베(José Bové) 같은 사람이 텔레비전 카메라를 의식하여 맥도날드 가게에 도끼를 휘두를지는 모르지만, 그가 폭탄 실은 트럭을 몰고 사람들로 가득한 식당으로 돌진하지는 않는다.

조세 보베는 프랑스 농민연맹 창설자이자 프랑스 반세계화운동의 기수이다. 그는 반세계화운동의 연장선상에서 식량주권 수호운동과 유전자 조작식품 반대 운동도 벌였다. 그는 "선진국들은 더 이상 개도국의 팔을 비틀지 말고, 소농을 보호하라."며 농업의 세계화를 비난했다. 그는 실제로 트랙터를 몰고 맥도널드 신축공사 현장에 돌진하여 구조물을 와해시키는 시위를 벌였다. 그가 쓴 『세계는 상품이 아니다』(울력, 2002)라는 책이 국내에서도 번역, 출산되었다.

앞에서 서술하였듯이 폴라니는 시장이 전 자본주의 사회의 사회적 안전망을 파괴할 수 있다고 주장했는데 이것을 오늘날의 세계화에 적용하면 의미가 있다. 실제로 그러한 일이 일어나는 것을 경험적으로 관찰할 수도 있을 것이다. 사람들은 시장변화의 와중에서 자신들이 살던 곳에서 쫓겨나거나 생계수단을 잃을 때 미국에 대해 적대감을 가질 수 있다.

실제로 동아시아 여러 나라들은 국가별로 차이가 있기는 하지만 1997~1998년 금융위기를 겪으면서 그런 일을 겪었다. 먼 곳에 있는 시장과 해외 자본에 의존함으로 인하여 경제가 급속히 변화하고 불확실성이 증가하면 그러한 변화를 위해 압력을 행사하는 중심인 미국에 대해 불만이 생겨날 것이다. 전 세계적으로 바로 그러한 곳에서 적대감이 나타날 수 있다. 자본의 유입과 대외시장개방은 반미주의와 결합될 것이다(Katzenstein and Keohane, 2007: 308－309).

반세계화는 반자본주의의 새로운 표현이 되었다. 미국이 세계화를 주도하는데 그것이 지구촌의 빈곤문제와 불평등의 원천이라고 보는 것이다. 그러나 빈곤이 반미주의의 원인은 아니다. 반미주의가 세계의 가난한 나라들에서 가장 강력하다는 주장을 지지할 근거가 거의 없다고 라벨(Lavelle, 2007)은 지적한다. 그는 경험적 증거들을 폭넓게 분석한 뒤 빈곤과 반미주의는 직접적 관계가 없다고 결론 내린다.

오히려 조지 W. 부시의 테러와의 전쟁과 이라크 침공이 반미주의와 더 밀접하게 연결된다고 라벨은 말한다. 반미의 배경에는 분명히 경제적 요인이 자리 잡고 있지만, 그렇다고 해서 경제적 어려움이 바로 반미로 연결된다고 보는 것은 적절하지 않다. 한국의 반미운동도 경제성장기에 더 고조되었고, 국제통화기금(IMF)의 구제금융을 초래한 1997년 외환위기 때에는 오히려 저조하였다.

반세계화는 소위 워싱턴 합의(Washington Consensus)에 대한 반대이다. 워싱턴 합의란 미국 수도 워싱턴에 있는 국제통화기금(IMF), 세계은행(World Bank), 그리고 미국 재무부 같은 기관들이 경제위기로 파산한 나라들을 위해 만든 일괄 표준개혁안을 말한다. 미국의 경제학자인 윌리엄슨(John Williamson)이 1989년에 그와 같은 개혁안을 구성하는 열 가지 경제정책 처방을 내놓으면서 그것에 워싱턴 합의라는 이름을 붙였다.

워싱턴 합의의 10대 정책 가운데 무역자유화는 수입을 자유화하는 것인데 특히 수입 면허 같은 양적 제한을 없애는 것이 중요하다. 무역보호는 낮고 비교적 획일적인 관세에 의해 해야 한다. 규제해제도 10대 정책에 들어가는데 이는 시장 진입을 방해하거나 경쟁을 제한하는 규제들을 없애는 것이다. 단, 안전, 환경보호와 소비자 보호, 금융기관에 대한 신중한 감독을 위한 규제는 예외이다.

'워싱턴 합의'는 나아가 좀 더 일반적으로 시장의 기능을 확대하고 국가의 기능을 제한하는 일련의 정책을 의미하게 되면서 '신자유주의(neo – liberalism)' 혹은 '시장근본주의(market fundamentalism)'와 동의어로 쓰인다. 이 세 가지 말은 거의 항상 경멸하는 의미로 사용되곤 한다.

반세계화(anti – globalization)보다는 반신자유주의(anti – neoliberalism)라는 표현이 더 적합하다는 견해도 있다(Griffirhs and Schiavone, 2007). 반미와 반세계화가 겹치기는 하지만 미국과 세계화를 혼합하는 것은 생산적이지 못하다는 것이다.

미국은 세계에서 가장 큰 자본주의 경제 국가이고 많은 신자유주의적 사상과 정책의 원천이긴 하지만, 미국 내에서도 신자유주의는 전면적 지지를 얻지 못한다고 한다. 미국 내 노조와 사회운동단체들은 자주 신자유주의 반대에 앞장서며, 세계적 신자유주의 반대 투쟁의 주요세력이기도 하다는 것이다. 실제로 1999년 11월 미국 시애틀에서 열린 세계무역기구(WTO) 제3차 각료회의는 '시애틀전투'라고 불리는 격렬한 반세계화투쟁으로 인하여 그 개막식이 지연되고 회의가 결렬되었다.

반세계화론자들은 워싱턴 합의가 저개발국들을 선진국의 거대 다국적기업과 재력가들에게 완전히 개방함으로써 부정적 결과를 초래했다고 주장한다. 2008년 현재 베네수엘라, 볼리비아, 에콰도르를 포함한 몇몇 남미 국가들에서는 사회주의 혹은 좌파 정부가 집권하여 워싱턴 합의에 반대되는 정책들을 채택했다.

반세계화론자들은 자신들이 워싱턴 합의에 반대하는 이유로 1999~2002년 아르헨티나 경제위기를 예거한다. 즉, 아르헨티나가 워싱턴 합의에 따른 정책을 대부분 실행한 결과 위기를 맞았다는 것이다. 그러나 아르헨티나가 실제로 얼마나 세밀하게 워싱턴 합의를 따랐는지 의문을 제기하는 경제학자들도 있다. 윌리엄슨 자신은 "내가 워싱턴 합의에 담으려고 했던 기본 사상들은 지난 십 년간 계속해서 폭넓게 받아들여졌다. 브라질의 룰라가 당선되기 위해 그 대부분을 인정하지 않으면 안 되었을 정도이다."라고 말한다.

세계화에 대한 반발로서의 반미주의는 세계화로 인해 경제적 피해를 당한다고 생각하는 저발전 국가들에서 나타난다. 남미, 아프리카, 서남아시아, 동남아시아, 중앙아시아 국가들 사이에서 두드러진다. 그러한 지역의 노동운동가, 농민계층, 환경보호론자, 여성을 포함하여 세계화 관련 사안에 이해관계가 걸린 세력들이 반세계화 반미운동을 조직한다.

유럽의 좌파 정당들 중에서는 주류 정당이 아닌 소수파 정당들이 반미운동에 앞장선다(김태효, 2004). 유럽의 주류 좌파 정당들은 노동권과 복지의 증진, 교육개혁의 단행, 유럽통합의 가속화, 역내에서의 독자적 안보기능 확대에 공감대를 형성한다. 즉, 반세계화 운동과는 상당한 거리가 있다.

영국의 노동당이나 독일의 사민당 같은 주류 좌파 정당들은 중도 노선을 표방하면서 반세계화운동에는 소극적이다. 미국의 정책을 무조건 반대하기보다는 기본적으로는 신자유주의를 추종하면서 사안별로 비판한다. 유럽의 주류 좌우 정당들은 정책노선이 수렴하는 경향을 보이는 것이다.

이러한 주류좌파 정당들을 견제하면서 반세계화에 적극적인 유럽의 소수좌파 정당으로는 프랑스의 공산당, 스웨덴의 좌파당, 덴마크의 사회주의 민중당, 네덜란드의 녹색좌파, 이탈리아의 공산주의 재건당, 스페인의 좌파연합을 들 수 있다. 여기에 유럽의 좌파 지식인들이 가세한다.

그러나 일반적으로 볼 때 아시아와 유럽의 반세계화는 이념적 경향이 있고, 중남미의 반세계화는 더 편견에 치우쳐 있다. 그러나 미국이 대외정책으로 현재의 '베네수엘라 혁명(Bolivarian Revolution)'을 좀 더 효과적으로 다루지 못하다면 중남미의 반미주의도 이념적으로 될 위험이 있다(Morgan, 2007).

2. 국내적 요인

1) "반미는 정부가 대응하기 나름": 국내정치 리더십

반미여론은 고정돼 있지 않다. 오르락내리락한다. 반미운동도 쟁점에 따라 간헐적으로 폭발했다가 다시 소강상태에 들어간다. 그렇다면 무엇이 반미여론의 높낮이를 결정하는가? 물론 일차적으로는 미국 외교정책의 잘잘못이다. 하지만 한 나라의 정부가 그 쟁점을 어떻게 다루느냐에 따라 반미의 강약은 사뭇 달라진다. 정부는 여론을 소극적으로 반영하기도 하지만 여론을 적극적으로 형성하기도 한다. 정부는 한 나라의 국내정치에 있어서 가장 영향력이 큰 행위자이다.

국내정치가 실제로 국제관계를 결정하는지, 아니면 그 역인지를 논의하는 것은 실효가 없다고 퍼트남(Robert Putnam)은 지적한다. 그 문제의 답은 명확하다. 때에 따라 쌍방향 다 가능하다. 국내정치가 국제관계를 결정할 때가 있는가 하면, 국제관계가 국내정치를 결정할 때가 있는 것이다. 전적으로 국내정치만 분석하거나 전적으로 국제관계만 분석해서는 반미주의 담론의 중요한 부분을 놓쳐버리게 된다.

본래 한 국가의 정치체제와 관료구조를 비롯한 국내정치 요소들은 외교정책 결정의 중요한 요인이다. 외교정책의 결정과정을 논의함에 있어서 어느 정권이 처한 국내의 정치상황, 그리고 해당 정책이 그 정권과 사회세력에게 가져다줄 정치적 이익을 고려하지 않을 수 없다. 외교정책은 국제정치와 국내정치의 복합적 상호작용의 산물이다. 따라서 국내정치를 외교정책의 단순한 매개변수로 간주하는 것은 잘못이다.

국내정치는 어떤 나라가 주어진 국제환경 속에서 어떻게 외교정책을 결정해 나가는지 그 역동성을 이해하는 데 도움이 된다. 국내정치에서는 다양한 사회세력이 상호 작용하지만 그중에서도 정부가 가장 중요하다. 한 국가의 반미주의는 정부가 어떻게 대응하느냐에 따라 상당히 달라진다. 동맹관계에서 정부의 태도는 더욱 큰 영향을 미친다.

대외정책결정은 양면게임(two - level game)으로 인식할 수 있다고 퍼트남은 주장한다(Putnam, 1988: 427 - 460). 국내수준에서는 정치인이나 정당이 이익집단과 유권자 가운데 연합(coalition)을 구축함으로써 득표력을 극대화한다. 국제수준에서는 같은 정치인과 정부가 대외적 상황 전개에 따른 불리한 결과를 최소화하면서 국내적 압력을 충족시키고 유권자들을 무마하려고 한다.

국가의 정치지도자들은 두 게임 판에 동시에 나타난다. 국제 테이블에는 외국의 상대역, 이를테면 미국정부가 앉는다. 국내 테이블 둘레에는 야당이 있다. 국제 테이블에 있는 선수에게는 합리적으로 보이는 패의 움직임이 국내 테이블에 있는 동일한 선수에게는 틀린 것이 될 수 있다. 그 역도 마찬가지다. 국제 테이블에 있는 선수들은 게임 판을 일방적으로 뒤엎을 힘은 가졌을지 모르지만, 그럴 경우 국내 지지자들의 신뢰를 상실하여 선거에서 권력을 잃고 물러날 위험이 있다. 가장 좋은 정치인은 한쪽 판에서 말을 움직임으로써 다른 판의 재편(realignment)을 유발하여 자기 목적을 극대화할 묘안을 가진 사람이다.

좋은 협상을 하기 위해서는 협상결과를 우려하는 국민의 목소리가 큰 것이 유리하다. 국내에서 반대가 강해야 국제 테이블에서 작은 양보로도 큰 효과를 볼 수 있기 때문이다. 반면 국민의 목소리가 너무 크면 협상 자체가 어려울 수도 있다. 그래서 협상단은 자국민과 상대국민을 상대로 다양한 전략을 구사하게 된다. 협상단은 국민의 반대를 협상에 이용하기도 하고, 협상을 어렵게 한다 싶으면 국민을 설득하기도 한다.

정부가 협상력을 높이기 위해서 상대국민을 상대로 쓰는 전략 중에 '표적의 이슈 연계(targeting issue linkage)'라는 게 있다. 사안을 연계시킴으로써 상대국의 비활성집단을 자극하여 세력 간의 연합을 변경(재편, realignment)시키고 상대국의 윈셋(win – set)을 확대하여 자국의 협상력을 높이는 것을 말한다. 윈셋은 협상 승리를 위해 세팅해 둔 목표치이다. 즉, 최대이익 지점에서 양보지점까지를 말한다. 양면게임 이론이 대부분의 국가중심 이론들과 다른 점은 국익을 둘러싼 국내분쟁을 고려한다는 것이다.

굳이 퍼트남의 지적이 아니더라도 국내정치가 반미주의의 유일한 결정요인은 아니다. 그러나 그것은 개개인의 미국에 대한 태도와 감정, 의견, 불신, 편견 같은 것들을 동원하여 정치적 효과를 발휘한다는 점에서 매우 중요하다. 국내정치가 어떻게 반미주의를 유발하는지 살펴보자.

한 나라에서 반미주의가 나타날 때 그 원인이 항상 외부에만 있는 것이 아니다. 그 나라의 국내 문제와 요소들이 자주 반미주의를 고조시키고 배양하는 중요한 원인이 된다(O'Conor, 2007c: xviii). 민족국가 내부의 문제와 그 지도자들이 내린 결정으로 인해 미국의 정책적 선택의 폭은 항상 제한되고 미국의 가장 합리적인 정책결정자조차도 인내력을 시험받게 된다는 것이다.

각국의 정치인들은 반미적인 수사(修辭)나 정책, 그리고 행동을 이용해 국내에서 표를 획득한다. 예외적인 몇몇 나라들을 제외한다면, 한 국가 자체를 반미국가로 분류할 수는 없다. 하지만 각국의 주요 정치지도자들은 흔히 미국을 도구로 이용한다. 이러한 정치적 반미주의는 다른 반미주의보다 더 강력하다. 핵심 정치인들이 국내 정치를 계산하여 대미정책을 결정할 때 외교관계는 왜곡된다. 외양은 정책 갈등으로 비치지만 실은 반미를 이용하여 국내정치에서 득을 보는 것이다.

정치적 반미주의자들은 미국의 민주적 이상이 현실과 괴리될 때 단지 실망하는 데 그치지 않고 국내 정치적 고려를 바탕으로 비판한다. 반미가 표를 획득하는 데 도움이 되고 국내정치에서의 이득을 볼 수 있는 연합 형성(coalition forming) 수단이 되기 때문에 정치적으로 반미의 길을 걷는 것이다.

정치적 반미주의는 언제 두드러지는가? 한 나라나 그 지도자가 민족사의 올바른 편에, 그리고 세계질서상의 바른 위치에 서 있는 것으로 인식될 필요가 있을 때에 정치적 반미주의는 꽃핀다. 대외정책이나 세계관이 오랜 전통과 함께 민족적 혹은 지역적 중요성을 지닐 때에도 정치적 반미주의가 번성힐 소지가 그다. 어떤 목적을 위해 미국을 반대하는 전략적 반미주의에는 위험이 따른다. 단기적으로는 국내의 정치토론이나 선거에서 승리함으로써 득을 볼 수 있는 반면에 국제적 협상 테이블에서는 중요한 손실을 초래할 수 있다. 그렇게 되면 반미적 언사나 행동을 줄일 수밖에 없다.

미국의 일방주의적 행동에 대해 유럽인들이 압도적으로 부정적인 반응을 보이는 것에 대해 미국이 어떻게 대응할지를 논의함에 있어서는 이러한 정치적 반미주의를 염두에 둘 필요가 있다. 유럽의 정치적 반미주의를 연구한 학자로는 메시테(Messitte, 2004)를 들 수 있다. 그는 드골(Charles de Gaulle) 지배하의 프랑스, 안드레아스 파판드로우(Andreas Papandreou) 총리 당시의 그리스, 그리고 기독교민주당(Christian Democrats)하의 이탈리아에 대한 역사적 사례 연구를 통해 정부가 반미주의 혹은 친미주의를 정치적으로 이용하는 과정과 결과를 잘 보여 주었다.

대중 수준의 반미주의도 문제가 되지만, 더 문제가 되는 것은 국가 수준의 반미주의이다. 일반적으로 반미의 행위자로는 정부, 엘리트, 대중을 생각할 수 있는데 정부는 그 가운데 가장 중요하다. 국가는 다른 행위자들에게서 가장 적은 영향을 받으면서 역으로 다른 행위자들에게 가장 크게 영향을 미친다. 어떤 정부는 반미주의를 국내정치를 위한 도구로 이용한다. 미국이라는 외부의 적을 만들어 냄으로써 자신의 실정을 호도하거나 자신의 지지세력을 달래고 결집시키는 것이다. 이 경우에는 정부가 자신의 필요에 의해 반미의 1차 행위자가 되어 그 사회의 엘리트들과 대중들에게 반미주의를 선동, 조종하게 되고 엘리트와 대중들은 2차 행위자로서 반미적 태도를 취하고 표현하게 된다.

정부가 반미주의를 창출하거나 조종하지는 않는다 하더라도, 지식인 엘리트들 사이에 존재하는 반미주의에 영향을 받아 대미정책을 변경한다면 그것도 문제이다. 중동의 여러 권위주의 정부 지도자들은 미국 편에 서 있으면서도 자국 지식인 엘리트들의 여론을 의식하여 자주 반미적 언행을 하기도 하고, 심지어는 반미 테러리스트들에게 뒷돈을 대 주는 이중적 태도를 보인다. 미국은 이처럼 국가 차원에서 제기되는 반미주의를 심각하게 생각한다.

어떤 사건을 계기로 반등한 반미운동을 정부가 어떻게 관리하느냐에 따라 그 나라의 대미인식과 대미정책관이 드러난다고 할 수 있다. 독일의 슈뢰더(Gerhard Schroeder) 총리와 사민당은 2002년

선거에서 미국을 정치쟁점으로 삼았다. 슈뢰더는 자신이 미국에 용감히 대항하는 자세를 유권자들에게 보임으로써 선거에서 승리하는 전략을 택했던 것이다.

러시아 지도자들은 반미정서의 폭발 초기단계에서는 대중적 분위기를 예의주시하며 이에 부응하면서 국내 지지기반을 강화하는 기회로 활용하는 한편, 반미정서가 반미주의로 발전하지 않고 다시 위축되는 사이클에 들어서게 되면 대미협조관계로 전환하는 수순을 반복했다. 옐친(Boris Yeltin) 대통령은 코소보전쟁 내내 미국과 거리감을 두며 밀로셰비치(Slovodan Milosevic) 유고연방 대통령을 두둔하다가 마지막에 가서는 미국이 제시한 코소보 평화정착 중재안을 전격 수용했다. 푸틴(Vladimir Putin) 대통령도 이라크 전쟁을 미국의 침략전쟁으로 공식 규탄하다가 전후 이라크 처리과정에서는 미국과의 협조에 무게를 두었다.

아랍의 반미주의도 국내정치 리더십 문제에서 비롯되는 측면이 강하다. 아랍 여러 나라는 범세계적 민주변혁의 대세 속에서도 전근대적 왕정을 고수한다. 이들은 대개 친미 국가들이다. 그러나 이들은 미국의 대외정책 노선을 추인하면서도 국내적으로는 반미 테러조직의 활동에 수동적으로 대처함으로써 대중적 인기에 영합하는 이중적 태도를 견지하였다. 이는 9·11테러와 이라크 전쟁 발발에 간접적으로 기여하였다. 9·11테러의 주범으로 지목되어 체포된 19명 중 15명이 사우디아라비아 국적을 가졌다.

미국은 냉전시기부터 중동지역의 전략적 가치를 중시하여 사우디아라비아, 쿠웨이트, 터키와 군사적 유대관계를 맺고 그것을 교두보로 활용하여 이 지역에 대한 적극적 개입정책을 지속했다. 이러한 미국의 정책에 따라 미국과 우호관계를 맺은 국가들은 현지 국민들 사이에 내재된 반미정서에도 불구하고 국가관계에 있어서는 친미노선을 견지함으로써 군사, 경제적 실리를 취하고 나아가 정권의 정당성을 보장받았다.

그러나 이러한 이해관계의 교환을 매개로 한 '공식적 우호관계'의 모순은 언젠가는 드러나게 돼 있다. 국가 차원의 외형적 친미노선의 이면에 대중 차원의 뿌리 깊은 반미정서가 오랜 기간 방치됨으로써 반미주의로 자리 잡은 것이다. 그러한 모순점은 9·11테러와 이라크 전쟁을 계기로 비로소 수면 위로 부상하였다.

냉전이 시작되기 전에는 반미주의가 그리 심하지 않았다. 많은 식민지 나라들에 미국은 정치적 독립을 위한 하나의 모델이었다. 미국 자체가 영국에 대한 독립전쟁을 통하여 건국되었다. 제2차 세계대전이 끝난 뒤 신생독립국가들이 각기 나라를 세우기 시작했을 때만 해도 많은 제3세계 나라들이 미국을 다소 우호적으로 보았다. 그러나 뒤이은 냉전 기간에 그 나라들 가운데 상당수가 미국에 배신당하거나 피해를 입었다. 이 때문에 이집트와 과테말라 같은 나라들뿐 아니라 그리스에서도 반미주의가 형성되었다(O'Conor, 2007c: xiv).

파키스탄의 무샤라프 정권은 미국이 알카에다 조직을 추적하는 데 겉으로는 협조하면서도, 이면에서는 서남아시아와 아프가니스탄 내 테러조직을 배후 지원함으로써 이들을 카슈미르 지역에서 반인도 세력으로 만드는 이중적 태도를 보였다. 그 결과 아프가니스탄의 탈레반 잔당을 돕는 효과를 발생시켰다. 파키스탄이 9·11 이후 미국이 취한 일련의 행동에 대해 팔레스타인과 함께 가장 적대적인 대미여론을 소유한 국가로 드러난 이유는 파키스탄 지도자의 미국에 대한 그러한 이중적 태도와 결코 무관하지 않다.

그런가 하면 중앙아시아의 지도자들은 경제와 정치 실패의 원인을 스스로의 문제에서 찾지 않고 미국식 제도 혹은 자본투자가들의 착취 탓으로 돌린다. 1990년대 초 미국중심의 새로운 세계를 동경하며 기대를 걸었던 사람들은 이제 미국에 대한 의구심, 혹은 나아가 반미감정을 갖기에 이를 만큼 분위기가 반전되었다. 중앙아시아는 구소련에 속한 공화국이었다가 냉전종식 후 독립 국가를 이룬 카자흐스탄, 키르기스스탄, 투르크메니스탄, 우즈베키스탄, 타지키스탄의 다섯 나라를 일컫는다. 이 나라들이 9·11 이후 미국의 대외정책에 대해 가지는 견해는 별로 호의적이지 않다. 이 지역의 풍부한 지하자원과 지정학적 전략 가치를 활용하려는 미국의 정책이 그다지 성공적이지 않은 것이다.

중앙아시아 다섯 나라는 새로운 국제환경에 갓 노출된 입장에서 민주화와 경제발전이라는 양대 과제를 추진해야 하는 공통점을 지닌다. 그러나 한결같이 서구식 경제발전 모델을 체득하는 데 실패하고 정치가들은 시행착오와 부패관행을 반복함으로써 구소련 시대보다 오히려 경제수준이 낙후되기에 이르렀다. 중앙아시아의 정치지도자들은 그러한 실패와 과오, 그리고 스스로의 정치적 부패를 덮기 위해 미국을 희생양으로 삼는다.

메가와티(Megawati) 대통령 재임 시절 인도네시아 정부도 미국과 반미 무슬림 세력 사이에서 이중적 태도를 취했다. 인도네시아 내 반미 이슬람 조직들은 오사마 빈 라덴의 알카에다나 탈레반과 연결되어 재정지원과 군사훈련을 받았다. 인도네시아는 제마 이슬라

미야로 불리는 알카에다와 연관된 테러단체의 본거지이다. 이 단체는 2000년대에 들어 수백 명의 사망자를 내면서 여러 건의 테러공격을 자행했다.

그럼에도 불구하고 메가와티 정부는 그런 연계 사실을 부인했다. 미국 정부는 미국인들의 생명을 위협하는 이슬람 극단주의자들의 활동을 통제하지 않는 메가와티 정부를 강하게 비난했다. 메가와티 정부는 미국인들을 노골적으로 위협하는 극단주의자들을 구금하거나 그들에게 물리적 제재를 가하는 것을 삼갔다.

메가와티는 자신이 대통령이 될 수 있도록 지지해 준 인도네시아 내 무슬림 정당들과의 관계를 중시하지 않을 수 없었다. 메가와티 정부는 2001년 9·11테러 직후 미국의 대테러 전쟁을 지지한다는 입장을 밝혔으나 중동 이슬람 세계와 국내 이슬람 단체들의 동향을 고려할 수밖에 없었기 때문에, 그 한 달 뒤인 10월 8일 미국의 아프가니스탄 공격에 대해서는 '깊은 우려'를 공식적으로 표명했다.

인도네시아 정부의 이러한 이중적 대미 태도는 정권교체와 더불어 바뀌었다. 밤방 유도요노(Susilo Bambang Yudhoyono) 대통령이 2004년 대통령선거에서 당선된 뒤 3년간 3백 명의 과격분자들을 체포해 유죄판결을 내렸다(미국의 소리, 2006년 11월 20일). 메가와티도 테러와의 전쟁에 있어 미국과 공조했으나 그 강도는 약했던 반면에 유도요노에 이르러서는 명실상부한 반테러 공조가 이뤄진 것이다.

퓨리서치센터 조사결과 2002년 인도네시아 사람들의 미국에 대한 호감도는 15%로 떨어졌으나 2005년에는 38%로 뛰어올랐다(미국의 소리, 2005년 6월 29일). 이라크 전쟁 전인 2000년의 75%(한겨레, 2003년 6월 4일)에 비하면 낮은 수치지만, 인도네시아에서 미국에 대한 태도가 바뀌고 있음을 볼 수 있다.

인도네시아는 미국의 반테러 정책에 협력하는 대신에 미국으로부터 경제적, 군사적 지원을 얻는다. 츠나미 피해를 입은 아체 지역 도로 복구비 지원, 말레이시아와의 국경 분쟁에서의 군사적 우위 확보, 전투기 부품 조달 같은 일들이다. 인도네시아는 석유와 천연가스 같은 자원의 부국일 뿐만 아니라 석유수송로인 말라카해협이 있어 해상 요충지 중의 요충지라고 할 수 있다. 미국은 인도네시아의 이 같은 전략적 가치에 주목해 그동안 동티모르 독립문제로 소원하던 관계를 복원했다.

중국에도 반미정서가 엄존하지만 정부가 대미협력노선을 견지하기 때문에 그러한 반미정서는 바깥으로 분출하지 않는다. 중국은 시위를 엄격하게 통제한다. 그럼에도 불구하고, 이라크 전쟁 개전 직후인 2003년 3월 30일 북경 시내에서 산발적 시위가 발생하여 반전여론이 수면 아래에 존재함이 확인되었다. 2005년 퓨리서치센터 조사 결과 중국인들의 미국 인식은 호의와 비호의가 엇갈렸다. 그러한 호불호와는 별개로 대부분의 중국인들은 미국인들이 탐욕스럽고 폭력적이며, 미국 주도의 이라크 전쟁이 세계를 더 위험하게 했다고 생각했다(미국의 소리, 2005년 6월 29일).

중국 정부는 프랑스, 독일, 러시아와 달리 미국의 이라크 전쟁에 대해 유연한 입장을 보이고, 미국의 반테러정책에 적극 공조했다. 오직 경제개혁과 국가발전에 매진하기 위하여 미국과 갈등을 일으키기보다는 미국 주도의 세계체제에 적극 부응하였다. 중국은 1989

년 천안문사태 발발 이후 2001년 조지 W. 부시 정부의 취임 초기까지 한때 민족주의와 반미주의를 국민들에게 은연중 고취하기도 했으나 그 후 전략적 대미공조 노선으로 전환한 것이다.

일본의 경우도 반미감정의 예외지대는 아니었지만 대규모 미군기지가 있는 오키나와 지역을 제외하면, 일반 시민 차원의 조직적이고 지속적인 반미시위는 일어나지 않았다. 일본 정부는 미국에 편승하는 방법 이외에 대안이 전무하다고 확신하고 대테러공조, 이라크 파병으로 미일동맹을 강화하면서 주일미군과 대미관계를 위하여 적극적이고도 체계적인 대여론 정책(public diplomacy)을 폈기 때문이다(김태효, 2004).

미국의 전 세계 반미주의에 대한 대응도 실은 국내정치용이라고 한다(Parmar, 2007). 미국은 전 세계에 걸친 미국의 부정적 이미지를 불식하기 위한 대여론 정책에 3억 달러가 넘는 예산을 사용했지만 이 지출이 실제 겨냥한 것은 미국 국내 유권자였다는 것이다. 세계적 반미현상 자체를 해소하기 위한 것이라기보다는 미국 국내 여론, 의회와 언론의 비판자들, 야권의 반대를 완화하기 위한 것이었다고 한다.

미국이 세계의 반미주의 자체를 해소하려면 미국의 정책 자체를 수정하거나 포기해야 하는데 그것은 거의 불가능하다. 조지 W. 부시 정부로서는 해외에서의 저조한 인기가 못마땅하지만 그것은 얼마든지 감내할 만한 손실이며, 권력정치(power politics) 세계에서 그것은 거의 의미가 없는 것이었다고 한다.

웨슬리(Wesley, 2007)도 세계의 반미주의가 미국 바깥에서는 높아졌지만 미국 정부의 행동에는 거의 영향을 미치지 않았다고 말한다. 그는 미국의 외교 기록들을 분석한 뒤 미국이 해외에서 인기가 떨어졌기 때문에 자국의 대외정책 목표를 달성하지 못했다는 주장은 거의 사실무근이라고 지적한다. 흔히 세계적 반미주의의 실효성(relevance)을 높게 평가하는 경향이 있으나 그것은 아주 과장됐다는 것이다. 미국 정부는 오히려 미국 국내 반미주의에 초점을 맞추어 비판론자들의 관심이 정부의 약점이 아닌 다른 곳으로 돌아가도록 행동한다고 한다.

한국의 반미주의에 있어서도 국내정치 리더십은 주요한 원인 중의 하나로 작용하였다. 김대중·노무현 정부는 대중의 반미주의를 전략적 차원에서 적절히 관리하지 않고 방치함으로써 결과적으로 정치적 이득을 취하였다는 지적을 받는다. 2006년 8월 10일 헨리 하이드 미국 하원 국제관계위원장(당시 82세, 공화당, 16선)은 서울에서 노무현 대통령과 면담한 뒤 가진 기자회견에서 "노무현 정부가 반미정서를 이용한다는 견해가 있는데 어떻게 생각하느냐?"는 기자들의 질문에 이렇게 답했다.

> 2002년 12월 한국에서 반미 시위가 크게 일어났을 때 한국 정부가 이를 적극적으로 통제하지 않은 것 같다. 일부 정치인은 반미주의를 이용해 이득을 취하다가도 재정적, 군사적 지원이 필요하면 미국에 찾아온다. 이것은 옳지도, 공정하지도 않다.

2002년 12월 대통령선거에서 노무현 후보가 반미주의를 이용해 당선됐다고 보는 것이다. 그는 "한미동맹의 가장 큰 위협은 무엇인가?"라는 질문에는 이렇게 대답했다.

과도한 반미주의라고 생각한다. 필리핀은 민족주의적 열망에 사로잡혀 클라크 기지와 수비크만에서 우리가 철수하도록 했지만 지금은 생각이 달라졌다. 반미정서로 정치적 이득을 취하려는 정치인은 언제나 존재한다. 불행한 일이다(중앙일보, 2006년 8월 11일).

그는 한국은 물론 필리핀의 반미주의도 정치적 동기에 의한 반미주의로 이해하고 있음을 알 수 있다. 반미주의가 지나치게 심해지는 것도, 정치인들이 대중의 민족주의적 정서에 영합하거나 혹은 그런 정서를 부추기는 것도 정치와 무관하지 않다는 것이다. 그의 발언은 국내정치 리더십이 반미주의의 결정적 원인이 될 수 있음을 시사한다.

2) "반미 상품이 팔린다": 언론과 대중문화

언론과 대중문화가 반미주의에 끼치는 영향은 지대하다. 그중에서도 최근 들어 가장 위력적인 것은 인터넷과 휴대폰과 같은 새로운 정보기술(IT)을 이용한 뉴미디어이다. 특히 인터넷의 힘은 막강하다. 단적인 예를 들면 소위 우파신문 3인방으로 통하는 조중동(조선일보, 중앙일보, 동아일보)은 오프라인에서 신문시장의 70%를 점할 만큼 독점적 지위를 누리지만, 온라인에서는 거의 맥을 못 춘다. 한겨레나 경향신문은 오프라인 시장점유율에서 조중동에 비교도 안 되지만 온라인에서는 똑같은 대접을 받거나 더 선호된다.

네이버를 비롯한 포털 사이트는 오프라인 뉴스를 가공하고 우선순위를 가려서 네티즌들에게 제공하는데 조중동이라고 하여 특별

대우하지 않는다. 오히려 젊은 네티즌들 중에는 친미성향보다 반미성향의 사람이 더 많기 때문에 자신들의 반미성향에 맞는 한겨레나 경향신문 기사를 더 즐겨 읽고 더 열심히 퍼다 나른다. 포털 사이트 뉴스 팀의 팀원들 자체가 연령이 낮고 이념적으로도 우파, 친미성향이라기보다는 반미, 좌파성향에 가깝기 때문에 반미적, 좌파적 콘텐츠를 더 많이 노출시킨다.

젊은이들은 새로운 기술에 익숙하다. 젊은이들 사이에서 정보는 즉시 공유된다. 인터넷 커뮤니티에 따라서는 정보뿐 아니라 개인적 감정과 생각까지도 교류된다. 이는 커뮤니티 참여자 간에 어느 정도의 신뢰관계가 형성되었다는 뜻이다. 반미시위를 계획하는 사람들은 인터넷 덕분에 훨씬 수월하게 많은 사람을 동원할 수 있게 되었다.

인터넷의 위력은 2008년 광우병 시위에서도 여실히 입증되었다. 영국언론 타임스는 2008년 5월 9일 한국의 광우병 시위가 인터넷을 중심으로 확산됐다고 보도했다.

> 인터넷의 포로가 된(internet - obsessed) 한국의 많은 젊은이들이 텔레비전의 고발 프로그램과 유전학 논문, 그리고 과민한 온라인 소문공작소(rumor - mill)로 인하여 격앙되어 미국 소고기 수입에 반대하는 촛불시위를 벌였다. 네티즌들은 미국 소고기가 광우병 위험이 높고 한국인은 유전적으로 광우병에 걸리기 쉽다고 믿고 거리로 뛰쳐나가 미국을 저주하고 이명박 정부가 비극을 막아 줄 것을 요구했다.
>
> 이러한 시위를 예상하지 못했던 당국은 시위의 두 가지 특징에 놀랐다. 첫째, 종래 한국 가두시위가 대학생이나 노동자에 의해 주도되었던 것과 달리 시위참여자의 절반 이상이 십대들이었다는 것이다. 교사들 중에는 시위를 찬성하는 사람도 있고, 비난하는 사람도 있는데, 그 어느 쪽이든지 간에 십대 학생들이 사이버공간에서 너무 많은 시간을 보낸다고 생각한다.

둘째, 온라인과 오프라인을 막론하고 나타나는 악의적인 외국인 혐오증이다. 한국의 새 대통령인 이명박 대통령은 외국인 친화적 인물이지만 상당한 반미정서가 있는 나라를 이끈다.

광우병 공포와 공황이 초래된 것은 한 달 전 이명박 대통령이 5년간 수입 중단됐던 미국 소고기의 수입재개를 허용했기 때문이다. 미국 소고기가 광우병을 보유한 것으로 나타난 후 한국은 2003년에 다른 아시아 국가들과 함께 미국 소고기 수입을 보류했다. 시위대는 정부가 수입중단조치를 너무 일찍 해제했으며 미국에 너무 많이 양보했다고 주장한다.

지난주에 생겨난 많은 광우병 관련 웹 사이트들을 보면 그 언어가 거의 감정적이다(hysterical). 광우병 관련 온라인 콘텐츠 중에는 사이비 과학, 반미주의, 그리고 십대들의 불안이 압도적으로 많다. "우리는 너무 어린 나이에 죽을 운명인 거죠?" "나는 단지 살아서 나의 꿈을 이루고 싶고, 미국 소처럼 미쳐서 죽고 싶지는 않아요."

실제로 지난 며칠간 서울의 십대들은 "다음 주 목요일 학교는 쉽니다."라는 똑같은 휴대폰 문자메시지를 받았다. 그것은 거짓말이지만 당국은 최대 규모 가두시위를 각오하고 있다. 주말까지 시위대 규모는 열 배까지 증가할 것으로 예상된다. 광우병 공포는 이미 실제적 효과를 나타냈다. 이명박 대통령은 두 달간의 밀월기간이 끝난 다음에 지지율이 30% 이하로 떨어졌다.

이 기사의 인터넷 판에는 "한국 사람은 원래 과장을 잘하는 성질이 있다(Cole younger).", "그럼 원래대로 개를 먹어라(Broasca)." 같은 미국 네티즌들의 비난 댓글이 이어졌다. 인터넷에는 처음부터 광우병과 관련하여 사실이나 논리와는 전혀 상관없는 정치적, 이념적, 감정적 선전과 선동이 난무했다. 2002년 반미촛불시위 때처럼 인터넷과 휴대폰이라고 하는 뉴미디어를 타고 헛소문은 삽시간에 퍼져 나가 기정사실이 되고, 범국민적 반미감정을 조장했다.

그 단적인 예가 영국 타임스 기사에서도 언급되었듯이 광우병 시위 동참을 촉구하는 휴대폰 문자메시지였다. 시위 하루 전날 전

국의 수많은 중고생 휴대폰에 "우리나라의 국민들이 미국의 개만
도 못합니까? 시위에 참여해 주십시오." 같은 문자메시지가 전달됐
다. 광우병에 관한 사실무근의 소문이나 주장들이 십대들의 인터넷
커뮤니티나 게시판에도 무수히 올랐다.

광우병 문제는 한미자유무역협정(FTA)과 직결된 사안이다. 한미
FTA의 유·불리에 관한 국민여론은 대략 반반으로 나타났다. 뉴스
위크 한국판이 이명박 대통령의 방미를 앞두고 2008년 4월 7일과
8일 한길리서치에 의뢰하여 조사한 결과, 응답자의 43.0%는 한미
FTA가 발효되면 이익보다 손실이 클 것이라는 의견을 보였고, 이
익이 더 클 것이란 의견은 39.3%였다. 표본오차 범위 안의 격차지
만 국민들이 한미FTA 효과를 긍정적으로 예상하지 않는다는 것을
알 수 있다. FTA 발효로 이익보다 손실이 더 클 것이란 응답은 여
자 쪽이, 나이가 젊을수록, 그리고 고학력층에 대체로 많았다(뉴스
위크 한국판, 2008년 4월 23일).

한미FTA 반대세력은 거의 사활을 걸다시피 하며 극력 반대한 반
면, 노무현 정부는 임기 말에 갑자기 한미FTA를 추진하면서 그 당
위성과 정책효과를 제대로 홍보하지 않은 것 같다.

한미FTA는 총체적으로 볼 때 미국보다 한국에 유리하다. 미국의
대한(對韓) 수출은 미국 전체 수출에서 2%밖에 차지하지 않는 반
면에, 한국의 대미수출은 전체 수출의 13%나 된다. FTA 비준으로
관세가 없어지면 한국은 더 많은 자동차와 철강, 반도체, 휴대폰을
미국에 수출하게 되고, 그에 따라 더 많은 일자리가 생긴다. 미국
은 그 반대다. 미국의 2006년 대한무역적자는 133억 6,200만 달러
였는데 그중 75.7%가 자동차와 그 부품 수입에 따른 것이다. 미국

의 자동차노조와 오바마 대통령이 한미FTA 비준에 반대하거나 자
동차관련 재협상을 요구하는 이유가 거기에 있다.

한미FTA협상이 타결될 수 있었던 것은 노무현 한국 대통령과 조
지 W. 부시 미국 대통령 둘 다 강성 리더십의 소유자였기 때문이
다. 그랬기 때문에 두 사람은 국내 농민, 영화인, 자동차노조의 반
발을 무시하고 협상 타결을 밀어붙일 수 있었다. 그리하여 한미
FTA는 한국에 유리하게 타결되었는데 그것을 한국 국회가 조기 비
준하지 않은 것은 큰 잘못이다.

그렇다면 대한민국의 국익이 한미FTA 찬반 중 어디에 있는지는
두말할 나위가 없다. 광우병 협상은 한미FTA와 직결되므로 한국
정부와 국민이 이 문제에 어떻게 대처해야 하는지도 명확하다. 그
런데도 MBC와 KBS, 그리고 일부 신문과 인터넷 매체들은 국익보
다 한건주의를 택했다. 나아가 '정치언론'을 자임했다. 거기에 십대
를 포함한 많은 국민들이 부화뇌동했다.

물론 이명박 정부도 광우병 소란의 빌미를 제공했다. 노무현 정
부가 광우병 문제의 민감성을 지나치게 의식하여 미국과의 협상을
오래 끌면서 다음 정부로 미뤄 버린 게 문제였다면, 이명박 정부는
사안의 미묘성은 생각지 않고 이명박 대통령의 방미를 앞두고 협
상을 지나치게 서둔 게 문제였다. 쟁점화 대책과 홍보도 부족했다.

노무현 정부 당시 수입 미국소고기에서 뼛조각이 발견되어 수입
중단조치를 취했을 때부터 광우병은 이미 쟁점이 되었다. 그렇다면
미리 대비했어야 했다. 이명박 정부는 사안의 민감성을 간과했다.
반미여론의 확산과 관련한 정보기술의 힘도 경시했다. 반미주의는
사실과 논리로 확산되는 게 아니다. 그보다는 근거 없는 소문과 감

정으로 온라인을 뒤덮어 여론의 대세를 장악하고 만다. 공권력만으로는 반미주의를 잠재울 수 없다.

언론의 속성은 크게 세 가지로 요약할 수 있다. 첫째, 좌파 혹은 진보 성향이다. 둘째, 폭로주의 혹은 선정주의이다. 셋째, 단순화 혹은 환원주의이다.

우선 언론인들의 이념성향에 대해 생각해 보자. 언론의 일반적 성향은 보수적일까 진보적일까? 언론이 보수적이라고 주장하는 사람들은 흔히 언론도 이윤을 내야만 하는 사업이라고 말한다. 그렇기 때문에 기자들은 보도할 때에 위축되게 되며 이념적으로 제한받는다고 말한다. 즉, 언론은 진보적이기 어렵다는 것이다.

그러나 언론인들 중에는 일반적으로 보수보다 진보, 우파보다 좌파성향의 사람들이 더 많다. 미국의 경우 1992년 대통령선거 당시 언론인들의 89%가 빌 클린턴 후보를 찍었다. 미국 언론인들의 정치적 성향은 다분히 진보적(liberal)이라고 할 수 있다(Flynn, 2002: 109). 장기적으로 볼 때, 기자의 이념적 성향이 사건 보도에 영향을 미친다. 특히 이념이 직업적 보상이나 언론계 내에서 인정받는 것에 도움이 될 경우 기자들의 정치적 성향은 보도에 영향을 준다.

한국의 언론인들도 마찬가지이다. 특히 요즘 한국 언론사에는 386세대가 중추세력을 이룬다. 386세대는 1980년대 민주화운동의 세례를 받았을 뿐 아니라 상당수는 마르크스레닌주의 혹은 김일성·김정일의 주체사상을 한때 수용했다. 그런 만큼 좌파적, 혹은 진보적 성향이 뚜렷할 수밖에 없다. 물론 나이가 들면서, 특히 마흔을 넘어서면서 보수적으로 바뀌는 경향이 있고, 언론사에 따라서는 회사의 논조에 자신의 이념성향을 맞춰야 하는 경우도 있기 때문에 일률적으로 말하기는 어렵지만, 전반적으로 볼 때 오늘날 한국의 386세대 언론인들은 이념적으로 좌파적, 혹은 진보적 성향을 띤다고 볼 수 있다. 그런 만큼 미국에 우호적인 콘텐츠나 논조보다는 미국에 비판적이거나 적대적인 콘텐츠 혹은 논조가 상대적으로 우세할 수밖에 없다.

둘째로 기자들의 폭로주의에 대해 생각해 보자. 왜 기자들은 폭로주의 혹은 선정주의의 보도경향을 띠게 되는 것일까? 많은 기자들은 직업적인 지위나 경력상의 목표에 관심을 갖는다. 따라서 기자들은 직업 면에서 가장 도움이 되는 기사를 쓰거나 사진을 찍도록 스스로 동기를 부여받는다. 경력을 쌓거나 직장 내의 지위를 향상시킬 수 있는 것이면 무엇이든지 이념에 상관없이 보도하게 되는 것이다.

기자가 언론계에서 주목을 받는 데 있어서 정치적 스캔들은 중요하다. 정치적 사건을 폭로하는 기자는 단기간에 두각을 나타낼 수 있다. 전술했듯이 미국의 경우 1992년 대통령선거 당시 언론인들의 압도적 다수가 빌 클린턴 후보를 지지했지만 그들은 클린턴 대통령의 스캔들에 대해서는 조금도 봐주지 않았다. 클린턴과 백악관이 화이트워터(Whitewater) 부동산개발 사기사건에 간여했느냐를 조사한 화이트게이트 사건, 그리고 클린턴이 백악관 인턴 여성과 가진 부적절한 성관계를 조사한 모니카 르윈스키(Monica Lewinsky) 사건을 신나게 취재하고 보도했다. 미국의 좌파 비평가들은 이것을 놓고 언론이 왼쪽으로 기울지 않은 증거라고 본다. 그러나 기자들이 언론인으로서 출세하려고 하는 경향(careerism)은 그들의 정당 선호 경향보다 때로 더 강하다.

정치인들이 자신들의 불법행위를 감추기 위해 국민에게 거짓말한 사건을 추적하면서, 기자들은 언론인으로서 성공할 기회를 잡는다. 권력자의 거짓을 폭로함으로써 자타가 공인하는 용기 있는 언론인이 되는 것이다. 부패한 기득권 정치세력을 비판하는 것은 언론의 원칙이 되었다.

그것은 1970년대 전반 닉슨 대통령을 권좌에서 끌어내렸던 워터게이트 사건에서도 잘 입증되었다. 닉슨 대통령의 거짓말을 폭로한 기자들은 큰 직업적, 금전적 이익을 획득하였다. 책 출판 계약, 영화 관련 거래, 퓰리처상, 그리고 영화배우에게나 가능한 명사(名士)의 지위 같은 것들이 주어졌다. 해당 기자들은 정치인이나 정부 관리들의 거짓말 이면에 감추어진 추악한 현실을 드러냄으로써 이러한 이익을 얻었기 때문에 전혀 비난받을 이유가 없었고, 오히려 국가와 사회 발전에 크게 기여한 것으로 미화되었다.

기자들은 매사를 의심하는 버릇이 있다. 사회적, 정치적 세노를은 본래 부패하는 속성이 있기 때문에 항상 감시해야 하고, 진리는 항상 수면 아래에 숨어 있다고 생각한다. 이는 포스트모던 시대 지식인들이 흔히 맹신하는 것이기도 하다(Thornton, 2004: 351－352). 기자들은 그런 생각과 태도를 가짐으로써 자신도 지식인의 대열에 들었다고 느끼며, 자신들은 일반 독자들이 모르는 최신 지식과 정보를 통달하고 있다고 믿는다. 워터게이트사건에서 보듯이 그렇게 의심하는 지식인들은 의심한 만큼 보상을 받는다.

셋째로 언론인들은 단순화 혹은 환원주의의 경향이 있다. 권력과 자본은 항상 악하거나 잘못되게 되어 있다고 생각하는 것이다. 이는 일종의 선입견이기도 하다. 그런가 하면 민주와 반민주, 정의와 부정의의 단순논리로 사안을 바라보기도 한다.

실제로 베트남 전쟁 당시 미국 언론은 정부와 국민이 민족주의적인 혹은 반공주의적인 환상에 빠져 있다고 생각했다. 따라서 기자들은 국민들에게 그 전쟁의 성격을 진실하게 가르쳐 주는 것이 자신들의 책무라고 여겼다. 많은 언론인들이 베트남 전쟁은 공산주의자들의 위협에 놓인 동맹을 지켜 주는 것이라고 보지 않았다. 사회주의 혁명을 깨부수려고 하는 우익 독재정권을 떠받쳐 주는 것이라고 간주했다. 많은 기자들이 미국은 잘못된 전쟁을 하고 있기 때문에 져야 하고 베트콩(Viet Cong)은 의롭기 때문에 승리해야 한다는 전제하에 전쟁을 보도했다. 베트콩은 처음에는 남베트남에서 자생한 공산게릴라집단이었으나 나중에는 북베트남의 지령에 따라 움직였던 베트남민족해방전선을 말한다.

미국의 많은 기자들이 미국은 악하고 베트콩은 선하다는 이념적인 각본에 따라 1968년 1월 북베트남이 구정 휴전을 깨고 개시한 구정 대공세(Tet Offensive)를 보도했다. 군사적 측면에서 보면 그 공세는 베트콩의 완전한 패배요, 미군의 대승이었다. 사망자 수를 단순 비교하면 베트콩과 북베트남 측은 85,000명, 연합군은 6,000명이었다. 수개월이 못 되어 북베트남군은 사이공(Saigon)과 후에(Hue)에서 쫓겨났고, 그들의 케산(Khesanh) 미 해병대 기지에 대한 포위도 풀 수밖에 없었으며, 남베트남 내의 베트콩 조직도 드러나고 궤멸됐다.

그러나 언론보도는 미군에 부정적인 기사 일변도였다. 카메라들은 미국 대사관 구내에 놓인 소수의 미국인 시체들을 클로즈업시켰다. 탱크와 곡사포들이 사이공 거리를 가득 메웠다. 언론들은 머리기사로 "전쟁이 사이공을 강타했다(War Hit Saigon)."고 보도했다. 즐비한 시체들을 담은 비디오, 그리고 전투 중 겁먹은 미군 병사의 인터뷰들이 전황을 압도했다. 즉, 언론에 의하면 북베트남의 구정 대공세는 성공했고 미군은 패했다는 것이었다. 미국 내에서의 언론 홍보전에서 승리하기 위해 베트콩이 세운 전략이 주효했다. 미군은 북베트남의 휴전을 깬 기습공세에 맞서 용감하게 싸웠고 승리를 거두었지만 언론에는 그다지 잘 반영되지 않았다. 언론인들은 자신들의 커리어를 쌓기 위해 선정적 보도를 일삼았으며, 그들 스스로의 반전감정을 숨기지 않았다.

미국 정부는 북베트남의 구정대공세 후 승리를 바탕으로 작전을 짜지 않고, 베트남에서 빠져나올 궁리를 하기 시작했다. 우파 신문인 월스트리트저널조차 "베트남에서의 모든 노력이 끝날 것 같다(the whole Vietnam effort may be doomed)."고 경고했다. 반전 기조의 언론보도는 국가적 전의(戰意) 상실을 가져왔다. 그 결과 서의 60,000명의 미군이 전사했고, 수백만 명의 베트남인들이 죽었으며, 수십만 명의 보트피플(boat people)이 혁명적 사회주의 사회에서 살 수 있는 특권을 버리고 조국을 떠났다.

기자들의 단순화 경향은 9·11 이후 아프가니스탄과 이라크 전쟁에서도 나타났다. 기자들은 민간인 사상자들에 초점을 맞추었다. 전쟁 보도에서 민간인 사상자들을 중시하는 것은 당연한 것처럼 생각되지만, 민간인 사상자들은 현대전에서 불가피한 현실이기도 하다. 엄밀히 말하면 전쟁에서 고의가 없다면 민간인 사상 자체는 큰 뉴스가 아니다.

그러나 신문방송들은 아프가니스탄과 이라크 전쟁을 보도하면서 민간인 사상자들을 줄곧 부각시켰으며, 때로는 1면에 민간인 사상 기사를 싣거나 혐오스러운 사체 사진을 실었다. 그러나 실은 두 전쟁 다 민간인 사상자들이 과거에 비해 현저하게 적었다. 민간인 사상자를 줄이기 위해 전례 없는 노력을 기울이고 그에 맞는 작전과 전략전술을 구사했기 때문이다. 경우에 따라서는 미군의 위험을 무릅쓰더라도 그렇게 했다. 그러나 기자들은 부패한 정부와 군은 무고한 시민에게 피해를 입히는 문제에 관심이 없다는 전제하에서 취재하고 보도하기 때문에 그러한 사실은 안중에도 없었다. 한국의 분쟁지역 전문기자로 통하는 김재명 기자의 중동 르포 기사도 전반적으로 같은 맥락이다.

물론 언론의 입장에서는 단지 감시견 노릇을 했을 뿐이고, 정부를 감시하고 시민들이 필요로 하는 정보를 제공했을 뿐이라고 주장할 수 있다. 언론이 정부를 감시하는 것은 마땅한 일이지만, 문제는 언론도 이윤을 추구하는 사기업이고 기자들은 상당수가 직업적 야심가이거나 편향된 이념의 소유자인데도 그런 미디어가 전쟁에 관한 국민여론을 좌우한다는 것이다.

정부로서는 전쟁에 돌입하자마자 온갖 무질서와 실수와 고통에 시달릴 수밖에 없다. 왜냐하면 언론은 그런 것들이 전쟁보도에서 다뤄야 할 기본정보이자 새로운 정보라고 생각하고 보도하기 때문이다. 신문방송이 온통 전쟁에 부정적인 뉴스만 쏟아내는 상황에서 전쟁이 긍정적 평가를 받기란 불가능하다.

전쟁의 목적이 분명하다면 그에 따르는 고통은 감내할 수 있다. 그러나 그러한 목적은 실종된 가운데 선정적인 참상 보도만 지속한다면 그것은 유용한 정보가 아니라 언론의 감정 배설 쇼밖에 되지 않는다. 언론의 이런 보도가 가져올 결과는 무엇인가. 베트남 전쟁 때도 그러했듯이, 그것은 의도했든 안 했든 간에 전쟁을 통해 목적을 달성하려는 의지의 상실로 나타난다. 전쟁의 고통을 되씹는 국민들의 마음은 불편해진다. 특히 전쟁이 가져온 그러한 고통에 죄의식을 가질 때 그렇다. 그런 감정은 전쟁의 목적이나 국익, 진실을 능가한다. 미사일에 피격된 시체들을 자꾸 보다 보면 감정이 악화되면서 9·11 당시 죽어 간 3,000명 가까운 사람들은 잊어버리게 된다. 언론의 전쟁보도는 객관적 외양을 띠지만 실은 전쟁에 반대하는 '보이지 않는 손'에 의해 이뤄지는 셈이다.

CNN 출신 피터 아넷(Peter Arnett) 기자의 경우 이라크 전쟁을 민간인 사상자에 초점을 맞추어 보도한 전형적 사례에 속한다. 그는 1991년 걸프전을 바그다드 현장에서 보도함으로써 명사(名士)의 지위를 확보했고 텔레비전 드라마의 실제 주인공이 되기도 했다.

아넷은 NBC기자로서 2003년 3월 이라크 텔레비전에 방영된 인터뷰에서 "미국의 전쟁 계획은 이라크의 저항 때문에 실패했다. 현재 미국은 다른 전쟁 계획을 짜고 있다. 미국 전쟁 계획자들은 분명 이라크군의 결의를 잘못 판단했다."고 말했다. 그는 군복을 입은 이라크 텔레비전 진행자에게 "미국 내에서 부시 대통령의 전쟁 지휘에 대한 의구심이 증폭되고 있다."고 했다. "부시 대통령은 본인이 이라크국민들에 대해 걱정하고 있다고 말한다. 하지만, 이라크국민들이 대량 살상된다면 미국의 정책은 매우 강한 도전을 받게 될 것"이라고도 했다. 또 "바그다드에서 촬영한 민간인들이 죽어 가는 모습을 담은 화면이 미국 내에서 방영되고 있으며, 이는 미국 정책에 이의를 제기할 때 전쟁을 반대하는 사람들의 입지를 강화해 주는 역할을 할 것"이라고 주장했다(중앙일보, 2003년 4월 1일).

물론 이라크의 전후 안정은 오랫동안 이뤄지지 못했고, 이슬람 내부 수니파와 시아파의 끊임없는 종파싸움과 그에 따른 대규모 사상자 발생을 비롯하여 많은 문제점을 드러내었다. 하지만 미국과 영국이 2003년 3월 20일 이라크 전쟁을 개시한 후 4월 9일 바그다드를 함락하고, 조지 W. 부시 미국 대통령이 5월 1일 주요작전 종료선언을 한 것에 비춰 보면, 바그다드 함락을 1주일 앞둔 시점에서 나온 아넷 기자의 그와 같은 발언은 사실과도 어긋날 뿐 아니라 이념적으로 편향된 것이었다.

피터 아넷 기자는 서방 기자 중 오사마 빈 라덴과의 최초 인터뷰, 그리고 사담 후세인과의 최후 인터뷰로 유명하다. AP통신의 베트남 특파원 시절인 1966년 라오스 쿠데타 발발 보도로 퓰리처상을 수상했다. 이후 아프가니스탄, 니카라과, 엘살바도르, 앙골라, 베이루트 같은 전 세계 주요 분쟁지역을 누비면서 종군기자로 활약했다. 1981년 CNN에 입사하여 1991년 걸프전 때 불타는 바그다드의 광경을 전 세계에 생생하게 보도하고, 이어 사담 후세인 대통령과 단독 인터뷰를 함으로써 CNN을 세계적 매체로 부각시키는 데 일등공신이 되었다. 미군의 베트남 전쟁 당시 신경가스 사용 여부 보도로 경영진과 마찰을 빚은 뒤 1999년 4월 CNN을 떠났다. 케스트 뉴스 기자로 2001년 아프간 전쟁을 취재한 뒤 NBC방송에 합류했다.

아넷은 이 인터뷰 10여 일 후에 NBC에서 해고됐다. 그는 인터뷰 발언 때문이라기보다는 그가 그 회사에 대하여 일으킨 홍보상의 문제(public relations problems) 때문에 해고되었다고 한다 (Thornton, 2004: 355). 그 후 그는 영국의 데일리 미러지에 고용되어 종군취재를 계속했다. 그는 이라크 텔레비전에 방영된 인터뷰에서 "내가 이곳에 온 지 12년이 됐으며 그간 늘 끊임없는 호의와 협조를 받아 왔다는 점을 먼저 얘기하고 싶다. 이라크 국민들의 호의와 이라크 정보부의 협조를 받아 왔다."고 말했다(중앙일보, 2003년 4월 1일). 이라크를 오랫동안 취재하면서 이라크 제공 정보에 오염되어 친이라크, 반미 편향을 갖게 된 것이다.

한국 언론도 반미주의를 부추겨 왔다는 지적을 받는다. 한국 언론은 미국의 부정적 이미지를 비추었는데 2002년 동계올림픽에서의 김동성 사건도 그러한 예에 속할 것이다. 평택미군기지확장반대 시위에 관한 방송보도에서도 언론의 반미 편향성이 드러났다. KBS는 2005년 7월 12일 '생방송 시사투나잇'을 통해 이틀 전(10일) 경기도 평택에서 열린 '미군기지 확장 저지와 한반도 전쟁반대 평화대행진' 집회를 보도했는데 상당수 시청자들에게서 "시위대의 폭력행사는 전혀 보도하지 않고, 경찰의 과잉 진압 부분만 부각시켰다."는 비판을 받았다.

당시 많은 시청자들은 집회 현장에서 시위대에 맞아 피투성이가 된 경찰의 사진들을 인터넷에 올리고, "이게 어떻게 평화시위냐?"며 제작진에 항의했다. '시사투나잇'은 방송에서 "평택 시위 현장에서 경찰이 과잉 진압을 했고, 경찰(방송차량)의 시위 진압 방송이 물의를 빚고 있다."고 말했다. 경찰이 "폭력을 행사하면 그대로 받아쳐라." "논바닥으로 쓰러뜨려 버려라." "왜 뒤로 물러나느냐?"며 강경진압을 지휘하는 장면을 주로 내보냈다.

반미주의를 부추기는 것은 비단 언론뿐이 아니다. 영화나 텔레비전 쇼, 록 음악 같은 대중문화 분야도 마찬가지이다. 미국 사회를 의심하는 타성은 이 분야에서도 똑같다. 영화나 텔레비전 쇼도 예술이라고 불러 주기는 하지만, 그 대다수는 자질구레한 오락거리일 때가 많다. 그렇기 때문에 영화나 텔레비전 쇼 같은 것을 만드는 사람들은 신문방송 기자들보다 스스로의 지적 진정성에 대한 콤플렉스가 더 크고, 그래서 더 매사를 비판적으로 보고 비틀려고 하고 꼬집으려고 한다. 그리하여 소위 양심적 내지는 진보적 지식인의 대열에 합류하려고 하는 것이다.

그리하여 영화, 텔레비전, 록 스타, 그리고 자신을 허접한 오락 프로그램이나 제공하는 사람이 아니라 좀 더 비중 있는 사람으로 비치게 하고 싶은 각 분야 명사들은 자주 반미주의자들을 흉내 내곤 한다. 그들은 또 자신들이 미국 사회의 불평등을 비판하는 사람들의 선봉에 서야 한다고 스스로를 확신시킨다.

일례로 영화배우 숀 펜(Sean Penn)은 이라크 전쟁이 일어나기 넉 달 전쯤인 2002년 12월에 마치 성지를 순례하듯 바그다드를 다녀왔는데 그 결과는 그 스스로가 나중에 시인한 것과 같이 후세인의 선전·선동에 이용되고 만 것이다. 그런 그가 BBC와의 인터뷰에서, 자신이 이라크를 여행한 것은 언론의 집중포화 속에서 언론의 관점에 속을 수 있다는 우려에서였다고 말한 것은 아이러니라고 하지 않을 수 없다(BBC, 2002년 12월 16일). 그는 언론에 속는 것만 생각했지, 반미 선전·선동가나 살인적인 독재자에게 속을 가능성은 염두에 두지 않았던 것이다.

숀 펜은 2003년 8월 촬영예정이던 코미디 '왜 남자들은 결혼하면 안 되는가'에서 10만 달러를 받기로 되었는데, 자신이 이라크 전쟁 반대 입장을 밝힌 후 돌연 출연료를 못 받게 되었다고 주장하면서 제작자인 스티브 빙을 고소했다. 스티브 빙 측에서는 물론 그런 일이 없다고 밝혔다. 미국배우인협회는 2003년 3월 '제2의 매카시선풍'을 우려하는 성명서를 발표했다. 그러나 NBC 인기 드라마 '웨스트 윙'에서 미국 대통령으로 출연하는 마틴 쉰(Martin Sheen) 또한 그 무렵 이라크 전쟁 반대 입장을 밝혔으나 계약을 파기당하지 않았다.

할리우드 스타들 중에는 그처럼 정치적 발언을 통해 자신의 지적, 도덕적 수준을 높이고 자신들이 제공하는 오락 프로그램의 속물성과 천박성을 감추려는 사람들이 적지 않다. 그러다가 보면 숀펜처럼 멀리 내다보지 못하고 단견(短見)을 드러내거나 앞뒤가 맞지 않는 어리석음을 노출하게 된다. 에드 애스너(Ed Asner), 바바라 스트라이샌드(Babara Streisand), 마틴 쉰 같은 사람들도 그런 부류에 속한다. 마틴 쉰은 프란시스 코폴라의 '지옥의 묵시록'으로 유명해졌다. 그 전에 실화를 영화화한 테렌스 멜릭의 '황무지'에 출연했고, '간디', '7일간의 사랑', '월 스트리트'에도 등장했다.

때로는 신문방송 기자들이 연예인들에게 중요사안에 대한 정치적 입장을 묻는 질문공세를 퍼부어 스타들을 정치에 끌어들이기도 한다. 2003년 2월 베를린영화제에서는 독일 기자들이 미국 출신을 비롯한 각국 배우들에게 부시 대통령의 이라크 전쟁 방침에 대해 어떻게 생각하는지를 묻고 늘어져, 특히 미국 배우들이 곤욕을 치렀다. 비정치적인 영화제에서 뜻하지 않게 반전이 이슈가 된 것이다.

언론은 인기인을 일방적으로 선호하는 젊은 층의 취향에 영합하여 스타들을 지나치게 부각시키는 명사(名士) 저널리즘의 경향도 띤다. 한국의 포털사이트들과 마찬가지로 야후를 비롯한 미국 포털사이트들도 명사들(celebrities)에 관한 뉴스를 너무 많이, 그리고 지나치게 부각시켜 내보낸다는 지적을 받는다.

할리우드 여배우 제인 폰다(Jane Fonda)는 반전시위의 상징적 존재이다. 그는 1960년대 베트남 전쟁 당시 반대시위에서부터 2000년대 이라크 전쟁 반대시위에 이르기까지 반전시위마다 등장했다. 그는 베트남 전쟁 중에 북베트남의 하노이를 방문하여 많은 미국인들을 화나게 했다. 제인 폰다를 비롯한 반전시위대는 2007년 1월 27일 미국 워싱턴 D.C. 국회의사당 주변을 행진하며 이라크 전쟁 중단을 요구했다. 현수막을 든 시위대 앞줄에는 제시 잭슨 목사와 영화배우 숀 펜, 팀 로빈스(Tim Robbins), 수잔 서랜든, 제인 폰다가 나란히 함께했다.

팀 로빈스는 1981년 UCLA를 졸업하면서 그해에 유럽 아방가르드 형식의 실험적이고 정치적인 공연을 하는 액터스 갱(Actors' Gang)이라는 극단을 만든다. 이처럼 일찍이 정치적인 색채가 강했고 그 후에도 강한 정치적 발언을 많이 하여 할리우드에서 반골로 통한다. 애드리안 라인의 '야곱의 사다리'에서는 베트남전의 악몽에서 벗어나지 못하는 주인공 야곱으로 등장한다. 그의 부인 수잔 서랜든이 주인공으로 출연한 영화 '데드 맨 워킹'은 사형제도에 의문을 던진다. 수잔 서랜든은 남편이 감독한 이 영화로 오스카 여우주연상을 거머쥔다.

제인 폰다를 비롯한 시위대는 '부시는 거짓말쟁이'라고 쓴 검은 피켓을 치켜들었다. 이라크 전쟁에서의 미군 사망자들을 부각시키기 위해 성조기로 둘러싼 관과 함께 한 켤레의 군화도 진열하였다. 또, 큰 상자에, 이제까지 사망한 이라크 사람들의 이름들을 적은 종이 꼬리표들을 채웠다. 그 인근에서는 반전시위대에 비해서는 규모가 작은 반(反)반전시위대(counter-protest)가 폰다 인형과 '제인 폰다 미국 반역자'라고 쓴 표어를 들고 시위했다.

제인 폰다를 비롯한 반전시위대는 의회 다수파인 민주당을 향해 조지 W. 부시 대통령의 새 전략에 대한 자금지원을 봉쇄할 것을 요구했다. 제인 폰다는 군중들에게 "나는 34년 동안 반전집회에서 말한 적이 없다. 그러나 침묵은 이제 더는 선택 방안이 아니다. 우리가 오늘 서 있는 동안, 우리의 동료 미국인들은 죽어 가고 있다. 나는 우리가 아직도 이것을 해야 하는 것이 슬프다."고 말했다. 민주당 의원들 중에서는 데니스 쿠치니치(Dennis Kucinich), 맥신 워터스, 린 울시 같은 극소수의 반전 국회의원만이 참석했다.

부시 대통령의 이라크 전쟁 증파 계획에 대해서는 거의 모든 민주당 의원들이 반대하고, 공화당 의원들 중에서도 반대하는 숫자가 늘어나면서 하원이 증파 반대 결의안을 통과시키기도 했지만 그것은 구속력이 없고, 상원은 하원과 사뭇 다른 태도를 보임으로써 반전시위대의 요구는 충족되지 못했다(BBC, 2007년 1월 27일).

미국의 좌파 논객이자 작가, 영화제작자인 마이클 무어의 영화와 책들은 온갖 종류의 노골적인 반미주의를 드러낸다. 그런 영화와 책들이 서유럽에서 큰 성공을 거두었다. 영국에서도 마찬가지였다. 그의 작품 가운데 총기 규제에 찬성하고 자본주의에 반대하는 영화인 '볼링 포 콜럼바인(Bowling for Columbine)'은 놀랍게도 흥행 면에서 대대적 성공을 거두었다. 그처럼 정치성을 물씬 풍기는 논객의 작품이 그런 성공을 거두리라고는 예상을 못했던 것이다.

무어가 미국 기업과 조지 W. 부시 대통령을 격렬하게 비난하는 책인 『멍청한 백인들(Stupid White Men)』은 영국에서 60만 권 이상이 팔렸다. 이는 『앳킨스 박사의 다이어트 혁명(Dr. Atkins' Diet Revolution)』의 인기와 맞먹는 것이었고, 유일하게 J. K. 롤링의 『해리포터』에만 밀리는 것이었다(Mosbacher and Anderson, 2004: 87).

마이클 무어의 '볼링 포 콜럼바인' 영화는 제75회 아카데미 영화제에서 다큐멘터리 부문상을 받았다. 그는 2003년 3월 24일 수상 소감에서 "우리는 전쟁을 반대한다. 부시 대통령, 당신은 부끄러운 줄 알아야 한다."라고 말했다. 이라크 전쟁이 시작되었지만 전쟁과는 아무런 상관도 없는 듯이 태평하게 열리던 아카데미 시상식에서 그의 발언은 그야말로 돌출 그 자체였다. 이 영화는 총기규제처럼 찬반논란이 뜨거운 이슈가 어떻게 반미주의를 심화하는 데 사용될 수 있는지를 잘 보여 준다.

'볼링 포 콜럼바인'은 다큐멘터리 영화로 분류되었지만 실제는 허구로 가득 차 있다. 많은 장면이 다른 시간과 장소에서 찍은 조각들을 조잡하게 기워 맞춰 놓은 것이다. 그렇게 함으로써 1999년 4월 20일 콜로라도 주의 컬럼바인 고등학교 살인사건은 미국 전국 총기협회(National Rifle Association: NRA)와 무기 산업이 부추기는, 지나친 신경과민이며 미국에만 특별하게 있는 폭력 강박관념에서 비롯된 것이라는 편향된 주제가 옳은 것처럼 비치게 한다.

무어는 NRA와 당시 그 회장이던 찰톤 헤스톤(Charlton Heston)이 그 사건 후 콜로라도에서 예정돼 있었던 회의를 개최함으로써 그 비극에 대해서는 냉담할 정도로 무관심했다는 것을 보여 주기 위해 헤스톤의 연설을 짜깁기했다. 헤스톤의 두 가지 다른 연설 가운데 다섯 개의 분리된 부분에서 취한 일곱 문장의 목소리를 이어 붙이고, 각각의 이어 붙인 부분을 정지 사진이나 동영상으로 감춤으로써 마치 한 연설인 것 같은 환상을 불러일으켰다. 두 연설 중 하나는 콜럼바인 사건 1년 후의 것이었다. 무어는 이런 속임수를 사용함으로써 NRA와 헤스톤이 마치 사건 후 열흘도 지나지 않은 시점에 비극의 현장에서 NRA 총회를 강행하여 총기가 필요하다고 열변을 토한 듯이 보이게 한다.

'볼링 포 콜럼바인' 영화에는 또 하나의 학교 총기사건이 나온다. 콜럼바인 사건 후 11개월쯤 지난 2000년 3월 1일에 바로 무어의 고향인 미시간 주의 플린트에서 여섯 살짜리 초등학생이 총기로 급우를 쏘아 죽인 것이다. 헤스톤은 이곳에도 사건 며칠 후에 나타나 총기 필요를 역설한 것처럼 영화는 보여 준다. 그러나 헤스톤이 플린트를 찾은 것은 그 사건 8개월 후였으며, 방문 목적도 투표율 높이기 집회(get－out－vote rally)였지 NRA 용무가 아니었다. 헤스톤은 영화에서 초상집 분위기인 지역사회 형편은 아랑곳없이 "딱 다섯 마디만 하겠소. 내 총은 죽어도 못 줘! 우린 미국 어디든 다닐 자유가 있어!"라고 외치는 것으로 나온다.

무어가 이처럼 사실과 진실성을 무시해도 그것이 반미주의 지식인과 그 추종자들에게는 아무런 문제가 되지 않는다. 왜냐하면 오늘날과 같은 포스트모던 시대에는 많은 사람들이 진리란 애초에 존재하지 않는다고 생각하기 때문이다. 무어는 미국의 병리현상들을 줄기차게 파헤쳐 다큐멘터리로 만들고, 미국 내 좌파들과 전 세계의 많은 사람들이 그것을 즐긴다.

무어는 2009년 가을, 이번에는 글로벌 금융위기의 진원지로 지목받는 미국의 월스트리트 금융가를 비판하는 영화 '자본주의: 사랑 이야기(Capitalism: A Love Story)'를 만들어 내놓았다. 무어는 가톨릭 가정에서 자라났는데, 그런 무어는 이 영화에서 가톨릭 신부들과 일련의 인터뷰를 한 뒤 신부들이 한결같이 자본주의를 거부하는 것을 발견했다고 한다. 무어는 "나는 이런 나라(미국)에는 살고 싶지 않아. 그러나 떠나지도 않을 거야."라고 말했다(The Seattle Times, 2009년 9월 29일, 10월 2일).

한국의 반미주의자들에게 대한민국은 살 만한 곳이 못 되는 것처럼, 미국 내부의 반미주의자들에게도 미국은 살고 싶지 않는 나라인 것이다. 하지만 그런 말을 하는 것은 사실 그 나라에 애정이 남아 있음을 의미한다. 전혀 애정이 없다면 아무 말도 하지 않고 아예 무관심으로 일관할 것이기 때문이다. 따라서 한국의 반미주의자들이 반대한민국 경향을 보이는 것에 대해 과잉반응을 보일 필요는 없다.

미국의 대중문화 때문에 반미주의가 심해졌다는 주장에 대해서는 반론도 있다. 9·11테러 이후, 미국에서는 반미 감정의 원인을 할리우드에서 찾는 사람들이 있었다. 즉, 미국의 대외 이미지가 할리우드 영화들에 의해 손상되었고, 이 영화들이 미국의 진실을 보여 주지 못하였다는 것이다. 이에 대해 토비 밀러(Miller, 2005)는 반미 감정은 미국의 대중문화 그 자체보다는 미국의 전 세계적 문화 지배 현상에서 비롯된다고 지적한다.

밀러는, 반미 감정은 경제, 군사, 정치, 문화의 네 가지 분야와 관련된다고 분석한다. 밀러는 문화 제국주의 담론을 다시 거론하면서, 미국의 대중문화가 세계 시장을 점유하게 된 원인이 단순히 문화적 생산물의 내용에 있는 것이 아니라 미국 정부의 경제, 군사, 정치적 노력과 연결돼 있다고 주장한다. 그에 의하면 미국의 대중문화 그 자체가 반미 감정의 주요 원인이 아니며, 대중문화는 오히려 외국인들의 미국 인식에 긍정적인 영향을 미친다. 미국이 세계의 문화 시장을 지배할 수 있게 된 데에는 미국 정부가 흔히 생각하는 것 이상으로 크게 기여했다. 미국 대기업의 활동, 군사주의와 긴밀히 연결된 미국의 대외산업 정책과 전략이 반미 감정을 유발하는 주요 원인이다.

미국 정부와 미국인들은 왜 다른 나라 사람들이 미국 대중문화의 전 세계적 지배를 우려하는지 그 이유를 알아야 한다고 밀러는 말한다. 그것은 바로 문화적 주권 침입에 대한 우려이며, 미국은 다른 문화를 잠식하고 파괴하기보다는 공생의 관계를 찾도록 정책적 대안을 마련하여야 할 것이라고 밀러는 제안한다.

미국의 대중문화는 미국의 이른바 소프트파워(soft power)로서 미국의 이미지에 긍정적 영향을 미칠 수도 있고, 그 상업성과 세속성으로 인해 미국 자체에 대한 반감을 초래할 수도 있다. 그렇다면 한국에서는 대중문화가 한국의 반미주의에 어떠한 영향을 미칠까?

최근 한국의 대중문화는 반미감정 확산에 기여했다. 일례로 어느 일본신문의 서울특파원 눈에 비친 한국영화 히트작들은 한결같이 '반미·반일·친북'으로 비쳐졌다. 반미영화 '괴물'이 일본에 진출했으나 흥행에 실패한 원인 중의 하나는 이 작품이 말하는 '미국의 음모'에 일본 관객이 반응하지 않은 데 있다는 것이다. 구보다 루리코는 이렇게 지적한다.

영화는 그 나라의 사회를 보는 매우 중요한 대상이다. 여기 (특파원으로) 와서 화제에 오른 영화를 여러 개 보았는데 언제나 이상하게 여겨지는 것은 한국영화의 「고도의 정치성」이다. 영화는 서브컬처(Sub - Culture: 하위문화)로서 시대의 공기를 전해 주고 있다.

또한 사회의 모순이나 불만의 카타르시스이므로 反(반)권력을 지향하는 것은 세계 공통이다. 그렇지만 나는 생각한다. 크게 히트한 한국영화들은 왜 그리도 '반미', '반일', '친북'이 많은 것일까 하고 ……

「웰컴투 동막골」도 재미있게 봤지만 그 콘셉트는 「태극기 휘날리며」와 같았다. 북한의 군인도 같은 민족이며 피도 눈물도 있는 좋은 사람이다. 압도적인 군사력으로 참전한 미국은 남쪽의 순진무구한 소녀나 북의 좋은 인간(군인)도 가차 없이 공격의 대상으로 삼는다. …… 미국 부시 정권의 이라크에의 공격을 연상시키는 미국 비판 메시지가 번뜩이는 느낌도 들었다. ……

한국영화는 反(반)군사정권, 민족공조, 반일, 반미 등 메시지가 매우 분명하다. 그리고 그러한 작품이 많은 젊은 관중을 끌어들이고 있다. 영화가 현실정치, 현 정권의 코드에 이렇게까지 가깝다고 느껴지는 것이 외국인의 눈으로 보면 이상한 것이다(구보다, 2006).

제4부

세계 반미주의의 유형

1. "미국은 위선적이다": 자유주의적 반미주의

흔히 미국은 그 이상(理想)대로 행동하지 않는다고 비판받는다. 미국이 대외적으로 표방하는 이상을 공감하지만 그 행동을 개탄하는 사람들은 미국의 그와 같은 행동들을 위선이라고 비난한다. 미국이 입으로 외치는 것과 손으로 행하는 것 사이의 모순을 꼬집는다. 미국은 대내적으로는 지킬 박사이지만, 대외적으로는 하이드 씨라는 것이다.

미국은 언필칭 민주주의와 자결(self-determination)을 표방하면서도 냉전 기간 동안 독재를 지원했고, 중동에서는 냉전이 끝난 뒤에도 계속 그렇게 했다. 테러와의 전쟁을 수행함에 있어서는, 그렇지 않았으면 지원하지 않았을, 매력 없고 심지어는 적대적인 체제와 정치관행까지도 지지하였다. 경제적으로는 자유무역을 주장하면서도 그 자신의 농업에 대해서는 다른 개발도상국들이 미국 국내

시장을 잠식하지 못하도록 보호하며, 미국 제약회사와 지적 재산 소유자들을 위해 특허와 지적재산권의 보호를 확대하려고 한다.

미국이 위선적이라는 비난은 미국 스스로가 자초한 것이기도 하다. 특히 미국 예외주의(American exceptionalism)는 자주 미국의 오만과 둔감성의 원인이 되고, 그것은 다시 미국에 대한 상당한 불만을 초래한다. 물론 미국 예외주의가 반미의 원인이기도 하다는 주장에는 반론도 있다. 타이렐(Tyrrell, 2007)은 미국 예외주의라는 말을 사용하여 미국의 본질을 설명하려는 것을 비판한다. 미국 예외주의라는 말은 미국을 격렬히 비난하거나 찬양하기 원하는 사람들이 즐겨 사용함으로써 하나의 이데올로기가 되어 버렸다는 것이다. 미국은 국제적 행동 특성의 스펙트럼 밖이 아니라 안에 폭넓게 자리 잡고 있다고 보아야만 국제정치사를 더 잘 이해할 수 있다고 한다.

그러나 미국 예외주의는 미국이 그 국가적 신조나 역사적 발전 과정, 혹은 독특한 정치적, 종교적 제도로 말미암아 다른 선진국들과는 질적으로 다르다는 신념을 말한다. 미국인들 사이에서 그 차이는 종종 일부 범주에서의 우월성으로 표현된다. 이러한 미국 예외주의는 일종의 선지자적 이상주의로서 미국 정체성의 핵심을 이루는데 그 바람에 미국주의(Americanism)는 매우 이념적인 용어가 되고, 그 미국주의에 반대하는 반미주의(anti-Americanism)도 단순히 외국인들이 미국의 압도적 힘에 자연스럽게 반응하는 것 이상의 어떤 것이 되어 버린다.

그 결과 반미주의는 단지 미국의 행동에 대한 반응이라기보다는 미국과 관련된 일련의 가치와 신념에 대한 반응이 되곤 한다. 그러한 반응은 총체적 반대가 아니라 미국이 그 이상과 약속대로 살지 못한 데 대한 좌절감일 때가 많다(Kane, 2007).

미국주의의 핵심은 종교, 개인주의, 그리고 애국주의(patriotism)
로 요약할 수 있다(Crockatt, 2007). 프랑스의 문명비평가 기 소르망
은 미국의 정치, 사회, 경제, 문화를 분석한 뒤 이것들을 관통하는
메커니즘의 가장 중심부에 국가나 사회보다 우선하는 적극적인 개
인주의가 있다고 말한다. 그리고 캘빈주의를 바탕으로 한 종교성,
민주주의와 민주주의의 세계 전파라는 열망, 자유주의와 보수주의
의 대립, 인종의 융합 같은 것들이 자리 잡고 있다는 것이다(소르
망, 2004). 미국의 개인주의 혹은 사유재산 중시 풍조는 호숫가나
해변을 개인들이 차지하고 있고, 일반인들을 위한 산책로는 아예
없는 경우가 많은 데서도 확인할 수 있다.

민주주의 국가로서의 미국의 탄생도 미국주의를 이해하는 데 있
어서 가장 기본적인 출발점이다. 미국의 건국자들은 미국을 국민에
의한 정부(populist government), 즉 민주정부의 근대적 실험장으로
인식했다. 미국은 근대적 공화주의(modern republicanism)의 시범 케
이스였던 것이다. 실제로 미국은 영국 치하에서 독립(1774)하면서
민주주의를 시작했기 때문에, 미국 민주주의의 역사는 민주주의의
상징인 프랑스혁명(1789)보다도 더 오래다. 그런데 반미주의자들은
바로 그러한 미국의 정치 실험이 실패했다고 입을 모아 지적한다
(Patapan, 2007).

미국이 표방하는 이상과 현실의 괴리가 반미주의를 낳는데 그것
이 바로 자유주의적 반미주의이다. 자유주의적 반미주의는 선진 산
업국가들, 특히 과거 영국의 식민지로 있었거나 영국의 영향을 크
게 받은 나라들에서 뚜렷하게 나타난다.

유럽 우파들은 미국이 그 본질적으로 천박한 성격 때문에 서구 백인중심 자유세계의 지도자가 될 수 없다고 주장했다. 미국은 전통적 엘리트나 관용성이 결여되었기 때문에 미국의 정치체계는 질서가 문란하고 혼란스러워 세계는 고사하고 미국을 다스리기에도 완전히 부적절하다는 것이다. 미국은 구조적으로 그리고 역사적으로 진지한 정치적 지도력을 갖출 수 없기 때문에 유럽인들은 미국을 신뢰하지 않는 것이 좋을 것이라고 한다. 미국은 약하고 얇으며 순진하고 서툴러서 자유세계의 적들의 상대가 못 된다는 것이다(Markovits, 2007a: 37).

중동지역에서도 서구에서 교육받은 비종교 분야의 엘리트 사이에서 미국의 위선을 지적하는 자유주의적 반미주의가 오랫동안 풍미했으나, 그러한 집단의 영향력이 약해지면서 좀 더 급진적인 형태의 반미주의가 지배하게 되었다.

자유주의적 반미주이자 중에서 미국 사람에게 폭탄을 터뜨리거나 미국 공격 계획을 세웠던 사람은 없다. 자유주의적 반미주의자들은 미국을 물리적으로 공격하려고 하지 않고 미국의 정책을 덜 지지하려고 할 것이다. 미국이 민주주의와 인권을 진실하게 실천하는 것이 아니라 말로만 떠들면서 실제로는 자국의 이익을 추구하는 강대국으로 비칠수록 자유주의자들 중에서도 미국을 방어해 주는 사람이 줄어든다.

자유주의적 반미주의는 미국의 위선을 싫어하므로 미국의 정책을 덜 위선적으로 바꾸면 약해질 것이다. 그러나 위선이라는 것은 보편주의적 이상을 공언하는 초강대국의 상황에서는 내재돼 있다. 쉽게 말하면 타인을 위해 좋은 일을 하겠다고 나서는 사람에게 위선이 문제가 되지, 그렇지 않고 가만히 개인적 삶을 영위하거나 나쁜 일을 하는 사람에게는 위선도 있을 수 없다. 냉전 시기의 미국과 소련을 비교하여도 미국이 위선이라는 비난을 더 많이 받았다. 민주주의에는 늘 위선의 문제가 따른다.

미국은 테러와의 전쟁 차원에서 아프가니스탄 전쟁에 이어 이라크에서도 전쟁을 시작하였는데, 전쟁이 계속되는 동안에는 언론의 자유가 일부 제한받기 마련이어서, 그러한 상황은 미국 대외정책에 대한 불만요인으로 작용할 수밖에 없었다. 본래 언론의 자유를 비롯한 시민적 자유는 미국의 트레이드마크였으나 테러와의 전쟁 이후에는 오히려 스칸디나비아반도의 사회민주복지국가나 유럽 대륙의 기독교민주복지국가들에서 그런 시민적 자유가 더 잘 보호받게 된 것이다. 그러다 보니 9·11테러 이후 미국 바깥에서는 물론이고 미국 안에서도 반미주의가 고양되었다.

나아가 미국은 다원적 민주주의 사회이기 때문에 지도자들은 한 편으로는 끊임없이 민주적 이상에 따라 행동하려고 하면서도 다른 한편으로는 자기들 자신만의 이익을 추구하는 국내집단들에 대해서도 호응하지 않을 수 없게 된다. 이는 대외정책에 대한 일종의 국내정치적 제한이라고도 할 수 있다. 현실에서는 정치적으로 입김이 센 집단의 이익이 잘 반영되기 마련인데 만일 이익집단의 이익이 민주적 이상과 조화를 이루지 못할 경우 그 이상은 훼손된다. 그럴 경우 위선이라는 비난이 제기되는데 자유주의 국가에서뿐 아니라 비자유주의 국가에서도 비난의 목소리가 나온다.

존스턴과 스톡만(Johnston and Stockmann, 2007: 157 − 195)에 따르면 중국의 대중들은 걸핏하면 미국이 대외정책, 특히 테러와의 전쟁에서 이중 잣대를 적용한다고 비난한다. 미국 대외정책에 있어서의 위선은 미국 지도자들의 윤리적 실패의 결과라기보다는 국제정치무대에서, 그리고 국내정치무대에서 미국이 수행한 임무에 따른 부산물이다. 그러므로 그것은 근절될 수 없다. 자유주의적 반미주의는 그러한 정치적 위선을 소재로 삼아 계속 생겨날 것이다(Katzenstein and Keohane, 2007: 29 - 31).

한국 반미주의도 자유주의적 반미주의의 성격을 지닌다. 미국 대외정책의 이상과 현실 간 괴리는 한국 근현대사에도 어두운 그림자를 짙게 드리웠다. 한국의 구한말 개화파 지식인들도 미국에 환상을 품었다가 실망하거나 미국의 언행 불일치에 실망감을 드러냈다. 대표적 개화파 관료로 외무대신을 역임하면서 미국과의 교섭에 나선 김윤식(金允植)은 이미 1895년에 "미국 사람들은 말만 떠벌리지 하나도 행동으로 우리를 도와주지 않는다."고 불만을 표시했다. 그 후에도 미국에 대한 기대아 실망, 깍시링과 배반은 반복됐다.

매닌(Manyin, 2003: 8 - 9)은 한국 반미주의자들을 세 집단으로 분류하는 가운데 세 번째 범주로서 "한미동맹은 지지하지만 특정 쟁점과 관련하여 미국 정책을 반대하는 개인들"을 꼽는다. 이들을 반미주의의 이념 스펙트럼상에 위치시키면 바로 자유주의적 반미주의자들이 된다. 예를 들면 이들은 주한미군 자체에 반대하기보다는 미군 범죄를 규탄한다. 주한미군의 명분(한국의 안보)과 현실(미군의 범죄)이 어긋나는 것, 즉 미국의 위선을 공격하는 것이다.

매닌이 말하는 한국 반미주의자들의 첫 번째 범주는 급진 좌파, 두 번째 범주는 민족주의자들이다. 매닌에 의하면 한국 사회에서는 이 셋 중에서 세 번째 범주, 즉 자유주의적 반미주의자들이 가장 많다. 이 그룹의 관심사를 잘 다루지 못하면 한미동맹에 대한 민족주의적, 혹은 이념적 반대의 차원으로 비화한다.

이숙종(Lee Sook – jong, 2005: 92)도 오늘날 한국 사회의 반미감정이 "일관된 이념이라기보다는 대중적 감정 표현"이라고 하면서, "그럼에도 불구하고 2002년 촛불시위에서 보듯이 (그것은) 강력한 정치적 행동으로 나타날 수 있다."고 강조한다. 2008년 광우병 시위도 마찬가지다.

뉴스위크 한국판(2008년 4월 23일)이 이명박 대통령의 방미를 앞두고 2008년 4월 7~8일 한길리서치에 의뢰하여 조사한 결과, 한국인들에게 미국은 강하고(85.1%) 자유로운(73.6%) 나라지만 선하지 않을(69.9%)뿐더러 공정하지 않다(63.1%). 또 일방적이고(67.8%) 오만하고(65.4%) 편파적이지만(51.6%) 천박한 나라는 아니다(76.0%). 미국이 말로는 자유와 평화, 그리고 공정한 무역을 표방하지만 실제 행동에 있어서는 그렇지 않다고 보는 한국인들이 많은 것이다.

운동권이 아닌 일반 한국인의 반미감정은 주로 미국의 위선에 대한 반감임을 알 수 있다. 미국과 기본가치(시장경제와 민주주의)를 공유하면서도 미국의 잘못된 정책과 행동에 분노의 감정을 표현하는 것인데, 이러한 반미감정이 심해지면 자유주의적 반미주의가 된다.

2. "미국은 복지가 없다": 사회적 반미주의

2006년 미국의 국민 1인당 조세부담률은 21.3%이다. 한국(21.1%)

과 비슷하며, 선진국 동아리인 개발협력기구(OECD) 평균(26.8%)보다는 많이 낮다. 덴마크(48.1%)나 스웨덴(36.6%) 같은 북유럽 복지국가들에 비하면 절반 혹은 3분의 2 이하 수준이다.

미국은 세율이 낮은 반면에 국가가 제공하는 복지가 미흡하다. 국가가 메우지 못하는 복지의 공백은 민간부문 혹은 시민사회의 몫이다. 미국의 이런 현실도 반미의 원인이 된다. 미국은 복지가 없는 나라라고 많은 반미주의자들이 비난하는 것이다.

민주주의에도 여러 유형이 있기 때문에 미국식 민주주의가 전부라고 생각하면 오산이다. 선진산업국가와 복지사회에도 다양한 유형이 있고, 자본주의에도 여러 종류가 있으며, 대의민주주의에도 많은 다른 형태가 있다. 비교정치학자들이 지난 30년간 주로 연구했던 분야가 바로 그것이다.

미국에서는 시장의 자율성을 좀 더 강조하는 반면에, 또 어떤 나라들에서는 자유주의의 기본 틀을 유지하는 가운데 시장의 기능을 좀 더 제한한다. 후자는 자유주의의 한 변종이라고 할 수 있다. 그런 나라들은 다양한 사회복지 프로그램들을 가지는 것이 특징이다. 그런 나라들의 사회복지제도는 미국에서 정치적으로 그리고 사회적으로 용인되는 사회복지제도보다 폭이 더 넓다. 그런 나라로는 스칸디나비아의 사회민주복지국가들, 유럽 대륙의 기독교민주복지국가들, 그리고 일본을 비롯한 아시아의 산업 국가들을 들 수 있다.

유럽대륙의 복지국가들은 테러와의 전쟁 와중에서 미국보다 시민 자유를 더 잘 보호했다(Katzenstein and Keohane, 2007: 31). 캐나다는 미국식과 유럽식의 두 가지 특징을 함께 지니는 경우이다. 북미자유무역협정(NAFTA)의 영향하에 미국식 시장 자유주의를 지향하면서, 그와 동시에 유럽식 복지국가도 추구한다.

사회적(social) 반미주의는 인간의 생명과 자유, 그리고 행복추구와 관련된 삶의 영역에서 일어나는 가치충돌의 산물이다. 미국이 채택하는 제도나 미국이 국내외적으로 보이는 행태가 지나치게 개인주의적이고 물질주의적이며 일방주의적이라고 하는 불만이라고 할 수 있다.

말하자면 사회적인 관계보다 개인의 자유, 인간생명의 존엄성보다 사회기강과 법질서의 확립, 정신적 가치보다 물질적 풍요, 환경보다 개발, 분배보다 성장, 보호무역보다는 자유무역, 다당제보다 양당제, 그리고 다자주의보다 일방주의를 선호하는 미국의 경향이 유럽을 비롯한 해외에서는 물론이고 미국 국내에서도 반감을 불러일으킨다는 것이다. 구체적으로는 사형제도 반대, 사회보장정책 확대의 필요성, 일방주의가 아닌 다자주의적 접근에 대한 선호, 그리고 국제조약의 준수 의무와 같은 현안들을 둘러싸고 반미주의가 생겨난다.

미국의 일방주의를 현실주의라고 한다면 유럽의 다자주의는 이상주의라고 할 수 있다. 『미국의 정치문명』 저자인 권용립(경성대학교 교수)은 미국의 일방주의에 대해 이렇게 말한다.

미국의 보수 외교정책 전문가 로버트 케이건은 미국이 유럽보다 군사와 경제에서 훨씬 우위에 있기 때문에 현실적 외교 노선을 갖는 것이고 그렇지 못한 유럽은 이상주의로 간다고 주장한다. 하지만 미국 역사학과 사회과학의 주된 전통은 미국 역사의 예외성을 은근히 믿는 것이며, 미국인의 집단 자의식 또한 이런 우월적 자화상을 갖고 있다. 신이 선택한 '아메리카의 신세계'라는 신념은 서구의 세속 외교에 바탕을 두면서도 서구와는

미국의 일방주의는 군사력이나 경제력의 산물이 아니라 미국 예
외주의 혹은 미국주의의 산물이라는 것이다.

사회적 반미주의는 급진적 반미주의와 달리 미국과 많은 민주적
가치들을 공유한다. 사회적 반미주의는 자유주의적 반미주의와 다
르다. 자유주의적 반미주의가 미국 대외정책의 위선을 비난하는 반
면에, 사회적 반미주의는 미국의 정책이 빈자보다 부자에 유리하다
고 보고 그 부정의를 비난한다.

멕시코와 아시아, 아르헨티나 사람들은 1984, 1994, 1997, 2001
년에 금융위기를 경험하면서 미국의 시장일변도 정책이 지나치다
고 비판의 목소리를 높였다. 독일에서도 냉전이 끝나면서 공통의
외부 위협에 대한 인식이 부재한 상황에서 미국의 대외경제정책이
오로지 시장논리로만 전개되는 데 대해 많은 사람들이 불만스러워
했다. 시장 자본주의(혹은 그 지구적 확산인 세계화)의 그늘인 소외
계층과 취약산업을 돌보지 않는 국가의 무관심을 지적하는 것이다.
미국은 시장 논리만 앞세워 사회복지를 경시하며 그 결과 미국에
는 사회 프로그램다운 사회 프로그램이 없다고 사회적 반미주의자
들은 주장한다.

그러나 미국의 복지제도가 흔히 주장하는 것처럼 그렇게 왜소하
지 않다는 분석도 있다. 미국 복지국가는 사적 복지의 비중이 다른
어떤 나라들에서보다도 높은 특징을 보여 준다. 사적 복지의 비중

이 높을 뿐 아니라 그 비중은 시간이 갈수록 커진다. 미국은 토크빌이 말하는 이른바 자발적 결사체(voluntary association)가 강하고 기부문화도 발달해 그것이 가능하다. 복지를 제공하는 통로가 국가, 가족, 공동체, 시장이라면 미국의 복지는 시장경제에 크게 의존한다.

복지정책에는 첫째, 사회보장과 같은 직접 지출 방식, 둘째, 사용자(고용주, employer)가 지원하는 직업복지(occupational welfare), 셋째, 눈에 보이지 않는 조세지출 같은 방식이 있다. 미국의 사회정책이 공적 수단보다는 사적 장치에 의존하게 된 것은 미국 사회가 처한 역사적 조건 때문이다. 흔히 공적 복지가 발달되지 않은 요인들로는 미국 정치제도의 특성(삼권분립, 연방제), 노동의 취약성(사회당 부재와 노조조직률 미약), 역사적인 남부와 흑인문제, 그리고 정당정치의 특성(때로는 분점정부, 때로는 단일정부)을 든다. 최근 연구자들은 미국의 공적 복지 외에 숨겨진 복지를 발굴해서 왜 숨겨진 상태로 복지제도가 진행됐는지를 분석한다.

미국은 오바마 행정부 출범 후 건강보험 개혁에 한창이다. 선진국 중에서 가장 많은 국내총생산(GDP)의 17%를 건강에 쓰면서도 보험회사의 횡포 같은 것들로 인하여 건강보험 없는 사람이 수천만 명에 이르고, 많은 국민이 비싼 보험료로 신음하는 모순을 없애보겠다는 것이다. 건강보험 개혁안은 그 재원을 마련하기 위해 앞으로 노인보험에서도 일정액을 빼내 보험이 없는 사람들과 젊은 사람들에게 건강보험을 제공하는 내용을 담고 있어 노인들의 반발을 샀다. 노인들은 현재 노인보험(메디케어)이 더할 나위 없이 좋다며, 기득권 침해를 우려한다.

이에 앞서 마이클 무어 감독은 2008년 미국 건강보험제도를 혹독하게 비판하는 영화 '식코(Sicko)'를 내놓았다. 이 영화는 한국에서도 개봉되어 한 달여 동안에 관객 5만 명을 기록하고, 인터넷에서도 화제가 되었다. 그러나 이 작품 역시 과장된 것이어서 미국 내에서도 큰 호응을 얻지 못했다. 미국 건강보험제도의 장단점은 무엇이며, 영화 '식코'의 진실은 무엇이고 과장은 무엇인가?

최근 온라인에서 미국 의료시스템을 비판했다는 마이클 무어 감독의 영화 ≪식코≫가 화제다. 이 영화에서는 보험에 들지 못한 실업자가 독한 술을 마시고 찢어진 무릎을 직접 꿰매는 장면, 신문사 편집장이 보험에 가입했지만 진료비를 감당하지 못해 파산하는 얘기 등이 충격적으로 이어진다.

≪식코≫가 그리는 모습은 있을 법한 일이지만, 미국 의료계의 객관적 현실은 아니다. 이 영화는 대부분의 미국 시민이 과장됐다며 시큰둥한 반응을 보이고 있는 영화다. 최근 힐러리도 유세장에서 ≪식코≫식의 극단적인 사례를 얘기했다가, 병원 측으로부터 "사실이 아니다."라는 반발을 받고 머쓱해졌다.

우리나라의 의료현실에서 극단적인 것만 모으면 ≪식코≫ 이상이다.

뇌출혈이 일어났어도 중환자실이 없어서 앰뷸런스로 병원을 떠돌다 죽는 환자, 응급실 바닥에서 의사가 오기만을 기다리는 중환자, 병원 로비에서 시신을 놓고 시위하는 보호자, 응급실에서 깡패들이 난동을 부려도 누구도 제어하지 못하는 현실 ……

미국 의료시스템이 고비용, 저효율로 비난받고 있지만 식코가 그리는 것처럼 수많은 사람이 죽어 나가는 그런 시스템은 아니다. 메디케어, 메디케이드를 비롯해서 국가어린이건강보험프로그램(SCHIP), 군인의료보험(TRICARE), 소수민족 의료보험과 주 정부의 각종 공적 의료보험이 민간 보험의 빈틈을 메우고 있다. 또 응급실에서는 환자에게 의료보험 가입 여부를 묻는 것이 불법이어서 응급실에서 비보험 환자가 진료를 못 받고 죽는다는 것은 명백한 거짓말이다. 미국에서 응급실은 '빈자의 병원'으로 불린다. 또 보건소와 지역병원, 종교재단의 병원 등이 미국 사회의 버팀목으로 작용하고 있다.

한국의 식자들은 영화 '식코'의 논거에 따라 공화당의 리처드 닉
슨이 미국 의료시스템을 피폐화한 주범이고, 클린턴 정부 시절 성
안되었던 힐러리의 의료개혁안이 국민의 지지를 받았지만 의회에
서 보험회사의 로비 때문에 입법화에 실패한 것으로 여기는데 이
또한 사실과 한참 거리가 멀다.

미국에서는 1920년대부터 블루 클로스, 블루 쉴드 같은 공공성
이 강한 의료보험 시스템이 도입됐고, 1930년대에 민간 보험회사가
의료보험 영역에 본격적으로 뛰어들었다. 민간보험은 건강한 사람
에게 요율을 낮추고 상품을 차별화함으로써 '공동체적 보험'을 대
체했다. 1, 2차 세계대전 때 정부가 임금억제책을 유지하자 기업들
이 근로자 확보 차원에서 서비스가 좋은 민간보험을 앞다투어 도
입했고 노조가 기업의 민간의료보험 도입을 독려했다.

그 후 의료비가 꾸준히 오르고 보험료가 덩달아 상승하자 의료
보험이 미국 가계의 부담으로 작용했고 이때 닉슨이 정부가 민간
의료 부문에 개입하는 '관리 의료' 시스템을 도입했다. 관리 의료
체계에서는 새 형태의 보험기구인 HMO(Health Maintenance Orga-
nization)가 병원이나 의사와 계약을 맺어 의사 네트워크를 형성하

고 보험가입자와 연결시켜 주면서 병원과 의사에 직간접적으로 제재를 가한다. HMO는 병의원의 서비스 품질을 평가하고 진료비도 실사한다. 대학병원을 비롯한 민간부문 의사들 중에는 "품질 평가 때문에 진료에 지장이 많다."고 불평하는 사람들도 있다.

힐러리는 1993년 남편 빌 클린턴이 대통령으로 재임하는 동안에 '클린턴 건강보험계획'의 입안을 추진했다가 좌초했다. 당시 이 법안은 고용자가 피고용인의 건강보험을 100% 보장하게 하고, 모든 국민을 의료보험에 가입하게 하는 혁신적인 방안을 담았지만 오히려 국민의 저항에 부딪혀 상, 하원 선거에서 모두 참패하는 빌미를 제공했다. 오바마는 클린턴의 전철을 밟지 않기 위해 정부 주도가 아닌 의회 주도로 건강보험 개혁을 추진 중인데 그러다 보니 이익집단들에게 지나치게 휘둘리는 문제점을 드러낸다.

미국 국민들은 연방국가가 일률적으로 모든 것을 강요하는 데 대해 저항감을 갖는다. 열심히 일하고 자신이 건강을 챙기는 사람이 '마약쟁이'의 의료비를 대신 내야 하는지에 대해 회의를 표시하는 사람이 많다. 의료시스템은 그 나라의 사회 문화와 밀접한 관계가 있기 때문에 섣불리 외국 것을 도입해서는 안 된다. 한국은 이미 의약분업제도를 성급히 도입하는 바람에 아직도 그 후유증을 앓는다.

타국의 의료시스템을 제대로 알지도 못한 채 비판만 일삼는 것도 곤란하다. 미국이나 유럽 의료시스템의 극단적인 측면을 떼어내서 왈가왈부할 것이 아니라, 각국의 시스템이 각국의 현실에 접목하는 원리를 하나하나 규명하는 것이 우선이다. 각국 의료 시스템 중에 한국 의료제도를 개선하는 데 도움이 되는 것이 있으면 그것을 도입하는 데에도 인색하지 않아야 한다(이성주, 2008).

3. "미국 자체가 싫다": 급진적 반미주의

반미주의자들 중에는 미국 자체를 싫어하는 사람들이 있다. 예를 들면 북한에서는 반미주의가 곧 그 나라의 정체성이요, 존재이유이다. 북한은 미국을 미워하는 힘으로 체제를 유지한다. '철천지원수' 미국을 향한 증오심이 북한 사회를 움직이는 원동력인 것이다.

김일성과 김정일의 주체사상은 북한 주민들을 그렇게 세뇌했다. 이와 같이 어느 나라나 집단이 스스로의 이념에 입각하여 미국을 반대하는 것을 급진적 반미주의라고 한다. 이러한 현상은 알카에다나 탈레반, 하마스 같은 이슬람 극단주의자들이나 이란 같은 이슬람 신정(神政) 국가에서도 동일하게 발견된다.

급진적 반미주의는 미국이 전 세계에서 실제로 행하는 것들(doings), 즉 미국의 정책이나 행동이 아니라 미국이라는 존재 그 자체(being), 그리고 미국이 옹호하고 내세우는 가치체계와 이념을 반대한다. 미국의 경제적, 정치적 권력관계(power relations)와 제도적 관행에서 드러나는 미국의 정체성으로 미루어 볼 때 미국은 세계의 다른 곳에 있는 좋은 가치나 관습, 제도들을 촉진하는 것이 아니라 반대하는 쪽으로 행동할 것이라는 믿음에서, 급진적 반미주의는 생겨난다.

미국이 급진적 반미주의 신봉자들을 만족시키려면 미국 정치경제 체계의 성격을 바꿔야 한다. 그들이 보기에 더 좋은 세계를 향한 진보가 이루어지기 위해서는 미국의 경제와 사회가 내부로부터든지 외부로부터든지 간에 바뀌지 않으면 안 되는 것이다.

급진적 반미주의는 흔히 이념적 반미주의라고도 불린다. 반미주의의 이면에 모종의 이념이 도사리고 있는 것이다. 예를 들면 마르크스주의 원칙에 입각하여 미국 사회의 현저한 특징인 자유시장, 왕성한 중산층, 그리고 자유민주주의를 반대한다.

미국은 중산층과 그 가치가 승리한 대표적인 나라이다. 그러한 미국에 대해 단순히 그 단점이나 실패를 풍자하는 데 그치지 않고 중산층의 사상을 공격하고 미국 그 자체를 비난한다면, 그것은 급진적 반미주의 혹은 이념적 반미주의라고 할 수 있다. 개인주의(individualism)와 자립(self-reliance) 정신은 미국 역사와 국가적 이상(理想) 속에 깊이 뿌리박고 있기 때문에 그것을 공격한다는 것은 미국 사회의 기초를 무너뜨리는 것과 같다(Thornton, 2004: 347-348).

급진적 반미주의는 소위 악마론, 그리고 '사악한 미 제국주의론'과 연결된다. 미국은 한마디로 만 악의 근원인 것이다. 급진적 반미주의가 다 폭력을 주창하는 것은 아니지만, '급진적'이라는 접두어를 붙여도 넉넉히 좋을 정도로, 미국의 정치적, 경제적 제도를 약화시키거나 파괴하거나 혁신할 것을 요구한다. 급진적 반미주의는 때로 미국인을 임의로 죽이고 미국의 소유물을 대상으로 폭력을 행사하는 것으로도 나타난다. 거기에는 다른 이유가 없다. 단지 미국이라는 이유만으로 폭력을 가한다(Messitte, 2004: 7-8).

급진적 반미주의는 냉전 시기 소련과 같은 마르크스레닌주의 국가의 특징이었지만, 지금도 여전히 쿠바나 북한이 어떤 나라인지를 말해 주는 바로미터이다. 쿠바에서는 반미주의가 카스트로의 지배 이데올로기로서 공산주의를 능가했다고 많은 사람들이 지적한다

(Falcoff, 2004: 197).

마르크스주의적인 혁명적 열정이 대단했을 때에 급진적 반미주의는 미국 그 자체는 아니라고 하더라도 제3세계 나라들의 권위주의 정부를 미국이 지원하는 것에 반대하여 폭력혁명을 일으키는 것과 결합되었다.

제3세계의 폭력혁명 세력 중에는 자생적 혁명세력도 있었지만 상당수는 소련의 지원을 받고 그 지령을 따르는 소련 추종세력이었다. 소련은 그들의 충성을 시험하였는데 그 시험에 합격하기 위해서는 미국을 가장 극단적으로 공격할 수밖에 없었다. 미국의 후원을 받은 제3세계 권위주의 정부들의 친미일변도 정책이 반미주의라는 반작용을 초래한 측면도 있다. 냉전은 세계를 두 개의 진영으로 나눴으며, 그에 따른 각 진영 내에서의 충성 시험은 반미주의를 강화하였다(Chiddick, 2007).

마르크스레닌주의 신봉자들의 세력은 이제 아주 약해져서 그들에 의한 반미주의는 이제 주로 수사(修辭)의 영역에 한정되었다. 중국에서도 이념적 반미주의는 사라지고 그 대신 미국에 대한 긍정적 인식과 부정적 인식이 공존하는 양면성(ambivalence)이 증가하였다(Wang, 2007). 미국은 공식적으로는 중국의 군사적 경쟁자이지만 그와 동시에 중국의 근대화에 하나의 모범과 영감도 제공한다는 것이다. 중국의 반미주의는 사건에 의해 크게 좌우되며 중화사상을 바탕으로 한 반미주의의 성격을 지닌다고 한다.

칼라한(Callaghan, 2007)은 21세기에 들어 사회주의적 반미주의는 최하점에 이른 반면에 좌파 반미주의(left - wing anti - Americanism)는 절정에 달했다고 말한다. 칼라한은 "오늘날 반미주의는 사회주의 사상이 아니라 그보다 더 오랜 두 가지 전통의 결합에 의해 활기를 띤다."고 말한다. 그가 말하는 두 가지 전통은 첫째, 권력과 비밀외교와 군사주의에 대한 급진적 사상이고, 둘째, 간섭, 문화유산, 그리고 미국의 속물근성과 무지에 대한 보수적 관념인데 이 두 가지 전통이 결합하여 반미주의를 고취한다는 것이다. 전자가 좌파적 반미주의라면, 후자는 우파적 반미주의라고 할 수 있다.

이데올로기가 종언을 고한 21세기에도 급진적 좌파에게 있어서는 반미주의가 몰락한 사회주의의 대체물로서 하나의 생존 가능한 이념으로 기능한다. 오칼라한(O'Callaghan, 2007)은 촘스키(Noam Chomsky), 비달(Gore Vidal), 알리(Tari1q Ali), 필저(John Pilger) 같은 지식인과 영화감독 무어(Michael Moore)의 작품을 분석한 뒤 그와 같은 결론을 내렸다. 이들이 미국의 대외정책에 비판적인 일반 대중과 지식인들에게 미치는 영향력은 지대하며, 그만큼 해악도 크다. 왜냐하면 이들의 반미주의로 인해 다른 미국 정책 비판론자들은 미국 대외정책의 어떤 긍정적인 측면도 보지 못하게 되기 때문이다. 그들의 지나친 반미주의로 인해 그들 스스로의 도덕적 분노도 정치적 설득력이 감소된다.

유럽 좌파의 반미주의도 급진적 반미주의에 해당한다. 그들은 미국이 세계에서 제일가는 자본주의 국가로서 제국주의 노릇을 하고, 따라서 세계적 반동의 괴수라고 주장했다. 미국은 세계를 총체적을 지배하려고 하는 포식자와도 같은 강대국이라는 것이다(Markovits, 2007a: 37).

마갤릿과 바루마(Avishai Margalit and Ian Bruma)는 오늘날 급진적 반미주의의 또 다른 변형을 반서양주의(Occidentalism)라고 명명했다. 반서양주의는 대개 고정관념을 가지고 유럽, 미국, 호주를 포함하는 소위 서구 세계를 바라보고 때로는 서구인의 인간성 자체를 인정하지 않는 견해를 말한다. 이 개념은 마갤릿과 바루마가 2004년 자신들의 저서인 『반서양주의: 그 적들에 눈에 비친 서구』(민음사, 2007)에서 사용함으로써 유명해졌다. 이 용어는 오리엔탈리즘(Orientalism)의 반대 개념이다. 오리엔탈리즘은 에드워드 사이드(Edward Said)가 서구인의 동양에 대한 고정관념에 붙인 이름이다.

반서양주의의 뿌리는 독일 낭만주의에서 발견된다. 제1차 세계대전 발발 이듬해 독일 사회과학자인 베르너 좀바르트는 자신의 저서 『상인과 영웅』에서 "상점주와 상인의 나라인 영국과, 공화국 프랑스는 '서구 문명', '1789년의 이념', '상업적 가치'를 대변하는 반면, 영웅의 나라인 독일은 더 높은 이상을 위해 자기를 희생할 준비를 갖추고 있다."고 썼다. 반서양주의자들은 서구 정신을 "영혼이 없는 계산기처럼 능률적이지만, 인간적으로 중요한 일을 하는 데 무의미하다."고 본다. 서구 정신에 대립되는 러시아 정신이 있고, 러시아 슬라브주의자들은 독일 낭만주의에 뿌리를 둔다.

반서양주의가 가장 극단적으로 치달으면 서구문명은 야만적이므로 서구사회에 사는 사람들을 물리적으로 파멸시킬 필요가 있다고 말할 정도에 이른다. 서구사회와 서구문명, 그리고 서구인에 대한 원천적인 부정이요, 혐오라고 할 수 있다. 거기서 미국은 서구를 이끄는 국가이고 그러므로 악의 근원이 된다. 이 악은 여성평등에서부터 인간신체의 공공연한 노출, 기독교의 우월성 확신에 이르기까지 다양한 형태를 취한다. 가장 극단적인 반서양주의에 사로잡힌 사람들은 결국 서구, 특히 미국은 구제불능의 악이므로 멸망해야 한다고 말한다. 서구사회에 사는 사람들은 의와 진리의 길을 따르기를 거부하므로 공격해서 말살시켜 버려야 한다는 것이다.

같은 급진적 반미주의라고 하더라도 상이하거나 상반되는 주장을 할 수 있다. 이슬람의 급진적 반미주의자들은 성을 상업화하고 남성의 통제에서 해방된 여성을 보여 주는 대중문화에 반대하고, 그 밖에 세속적인 자유주의적 가치들도 비판한다.

그에 반해 세속적인 급진적 반미주의자들은 마르크스주의자들이 그렇게 했듯이 미국의 자본주의를 반대하지만 과학적 합리주의와 성 평등, 그리고 세속주의는 용인할 수도 있다. 오사마 빈 라덴도 이슬람주의를 표방하지만 속으로는 어쩌면 세속적인 급진적 반미주의자에 해당하는지 모른다. 언론보도에 의하면 오사마 빈 라덴은 미국 대중 가수들에 심취하여 자신의 여가 시간을 보내기도 하는 데 특히 휘트니 휴스턴(Whitney Houston)을 좋아한다고 한다(O'Conor, 2007a; vii).

이슬람의 급진적 반미주의와 서구 좌파의 급진적 반미주의 간에는 유사성이 있다. 이슬람의 급진적 반미주의는 세계혁명을 추구하는 반서구적 관점과 결합함으로써 과거 아랍의 반제국주의와 유럽의 뉴레프트, 심지어는 오늘날의 반세계화운동까지도 반영한다. 알카에다도 반제국주의 뉴레프트와 마찬가지로 미국을 가장 주요한 적으로 설정하면서 지구적 차원의 혁명을 마음에 품는다(Hollander, 2004: 23).

이슬람의 급진적 반미주의는 공산권 붕괴 후 두드러진 현상이다. 2005년이 되면 세계 반미주의 중에서 이슬람의 급진적 반미주의가 가장 현저해진다.

　이슬람 근본주의는 그 본질이 사실은 극우적이다. 그들은 자유주의건, 사회주의건, 민족주의건 그 무엇이건 관계없이 이슬람 원리와 대립되는 모든 외세의 이념은 악이라고 간주하며, 현재 이슬람 사회의 고통은 이슬람의 신(알라)이 명시해 준 율법이 아닌 다른 외세의 법을 따른 데서 비롯되는 필연적인 결과라고 여긴다. 이슬람 근본주의, 즉 이슬람 원리주의는 본래 전통과 문자적 교리 준수로 이슬람 공동체의 순수성을 지키려고 하는 종교적 원리주의를 말하지만, 일반적으로는 이슬람 과격 단체나 폭력주의 조직을 설명할 때 이슬람 원리주의라는 용어를 사용한다(위키백과).

　북한의 반미주의도 김일성·김정일의 주체사상과 선군정치노선에 입각한 급진적 반미주의에 속한다. 최영송은 주체사상과 선군정치의 관계에 대해 "인민대중의 자주성을 위한 주체사상의 근본요구를 가장 철저히 옹호하고 실현하는 정치가 바로 선군정치이다. 그것은 선군정치가 주체사상에 기초한 정치방식이기 때문이다."라고 말한다.

　물론 북한의 반미주의를 역사적 반미주의로 해석하는 사람도 있다. 한국전쟁 당시 미군의 폭격을 비롯한 미군의 군사행동으로 인해 북한주민들이 입었던 피해, 그에 따른 분노가 북한 반미주의의 근본원인이라고 한다.

　예컨대 이재봉은 북한 황해남도 신천박물관을 구경한 뒤 1998년 12월 『말』지에 기고한 기행문에서 "신천박물관은 북한에서의 '반미'가 이데올로기로 무장된 '반미'만이 아님을 보여 주고 있다. 북한 사람들은 그들이 '학살자'라고 부르는 이들에 대한 '원초적' 분노를 가지고 있었다."라고 말한다. 한국전쟁 당시 미군의 양민학살 같은 범죄와 악행이 누적되어 북한의 반미주의를 초래했다는 것이다.

물론 북한의 반미주의는 역사적 반미주의의 성격도 지닌다. 그러나 그보다는 북한 정권이 지배 이데올로기에 근거하여 북한 주민을 끊임없이 세뇌하여 반미의식으로 무장하게 한 데 더 큰 원인이 있다고 보아야 한다. 신천박물관에 전시된 미군의 북한 양민학살 자료라는 것부터가 다 거짓임이 백일하에 드러났다. 신천 지역 좌익과 우익 주민 간의 살육과 보복을 미군의 양민학살로 둔갑시켜 놓은 것이다.

주체사상은 마르크스레닌주의의 변종이라기보다는 세계적으로 유례가 없는 개인숭배를 합리화하는 일종의 국가종교이자, 밖으로는 반제와 자주를 지고의 가치로 내거는 지극히 폐쇄적인 민족주의 이념인 것이다. 주체사상을 제외하고는 심지어 마르크스의 『자본론』조차 금서가 된 북한체제는 사회주의라고 할 수도 없다(류근일·홍진표, 2005: 301).

한국 반미주의도 급진적 반미주의의 성격을 지닌다(Manyin, 2003: 8-9). 한국의 급진적 반미주의자들은 한미동맹을 이념적으로 거부한다. 그 다수가 북한 정권을 추종한다. 학생운동권을 비롯한 민주화세력이 반독재투쟁 과정에서 마르크스레닌주의와 김일성·김정일의 주체사상을 수용하여 반독재민주화, 반미자주화 운동을 전개하면서, 한국 반미주의는 급진적 반미주의 성향을 띠게 되었다.

4. "미국은 간섭 마라": 주권 민족주의형 반미주의

한 나라의 위상이 높아질 때 그 나라 국민의 정체성도 고양된다. 예를 들면 한국은 경제성장과 민주화, 올림픽과 월드컵 개최로 국제적 위상이 높아졌는데 그에 따라 한국 국민의 정체성도 높아졌다.

국민 정체성은 외부의 위협을 받을 때도 높아진다. 2002년 신효순·심미선 사망사건과 2008년 광우병 파동은 한국인들에게 위협으로 다가왔고, 한국인의 국민 정체성은 반미촛불시위로 폭발했다. 신효순·심미선 사망사건에서는 대한민국의 사법 주권이, 그리고 광우병 파동 때는 '먹을거리 주권'이 침해당한다고 생각했다. 한국 국민들의 민족감정이 분출한 것이다. 민족주의도 국민 정체성의 한 요소이다.

민족주의는 자국의 정치적 독립과 민족 자결을 추구한다. 이런 민족주의도 하나의 이데올로기이기는 하지만 마르크스레닌주의나 김일성·김정일의 주체사상, 혹은 이슬람 근본주의 같은 것에 비하면 강도가 약하다. 민족주의는 이데올로기들 가운데 가장 보편적이지만, 다른 이념 체계에 쉽게 흡수되어 버리는 경향이 있다. 민족주의를 오목렌즈(thin – centered lenses)에 비유하여 '중심이 얇은 이념(thin – centered ideology)'이라고도 부른다. 오목렌즈가 빛을 퍼지게 하듯이 민족주의도 응집력이 강하지 못하다는 뜻이다.

베네딕트 앤더슨은 『상상의 공동체: 민족주의의 기원과 전파에 대한 성찰』(나남, 2002)이라는 책에서 "민족주의가 '정치적'으로는 위력이 있는 반면 철학적으로는 그 내용이 빈곤하고 일관성마저 결여하고 있다. 다른 말로 하면 대다수의 다른 주의들(isms)과는 달리 민족주의는 자신의 대사상가를 배출해 내지 못했다."고 주장한다.

민족주의는 원래 매우 비합리적이고 다의적인 개념이기 때문에 이것을 일률적으로 정의 내리기는 어렵다. 민족주의에는 좌파 민족주의도 있고 우파 민족주의도 있다. 그렇기 때문에 주권 민족주의형 반미주의를 급진적 반미주의와 분리하여 검토할 필요가 있다.

주권 민족주의형 반미주의는 정치권력에 초점을 맞춘다. 주권 민족주의자들은 두 가지 가치를 중시한다. 하나는 자기 나라가 세계 정치에 편입되는 조건에 대한 통제력을 잃지 않는 것의 중요성이다. 다른 하나는 집합적 국민 정체성이 내포하는 중요성과 가치라고 할 수 있다. 이러한 정체성에는 미국의 가치와는 다른 가치들이 자주 포함된다.

주권 민족주의자들은 그 강조점에 따라 대략 세 부류로 나눠 볼 수 있다. 첫째, 민족주의와 집합적 국민 정체성을 강조함으로써 긍정적 일체감(positive identification)의 원천을 확보하는 경우이다. 국민 정체성(national identity)은 오늘날 세계 정치에 있어서 가장 중요한 정치적 가치들 가운데 하나이며, 그 점에 있어서는 거의 변화가 있을 것 같지 않다. 그러한 정체성은 반미주의를 불러일으킬 잠재력을 지닌다. 국민 정체성이 강할 때에는 그것이 미국과 적극적으로 맞서려고 하는 가치(positive countervalues)가 되기 때문이며, 국민 정체성이 약할 때에는 긍정적 가치가 부재한 상황에서 반미주의가 그 대체물이 될 수 있기 때문이다.

둘째, 주권을 강조하는 경우이다. 아시아, 중동, 아프리카의 많은 지역에서는 국가주권을 강고한 민족해방 전쟁 끝에 획득했기 때문에, 주권은 수호해야 하는 대단히 소중한 자산이다. 남미에서는 주권의 가치에 대한 인식이 매우 강렬한데 그것은 이 지역의 역사가 매우 다를 뿐 아니라 미국의 지배를 받았기 때문이다. 유럽에서는 세계 다른 지역에 비해 주권에 뿌리박은 반미주의가 덜 일반적인데 거기에는 한 가지 단순한 이유가 있다. 유럽 정치는 지난 반세기 이상 유럽연합이라는 하나의 새로운 정치적 조직체에 주권을 부분적으로 통합하는 공동 프로젝트에 헌신해 온 것이다.

셋째, 반미주의를 통해 자국을 강대국으로 위치 지우려는 경우이다. 그 경우 부분적으로는 지배적 국가에 대해 반대하는 것에서 자기 위상을 설정할 수 있다. 독일인들 가운데에는 1차 세계대전 전에 영국을 매우 싫어하게 된 사람들이 있다. 왜냐하면 독일이 마땅히 있어야 할 자리에 들어가는 것을 영국이 방해한다고 보았기 때문이다.

영국과 독일의 경쟁관계는 1차 세계대전 전에 특별히 두드러졌는데 그것은 두 나라가 고도로 산업화하고 부분적으로는 민주적인 사회라는 점에서 비슷했을 뿐 아니라 그들의 왕가가 연결돼 있었기 때문이다. 그들의 정치적 경쟁관계는 체계적이었고, 그로 인하여 19세기의 지배적 해양강국인 영국은 급속히 떠오르는 대륙 강국과 맞붙지 않을 수 없었다. 그에 따라 상호 적대감이 늘어난 것은 당연했다.

주권 민족주의형 반미주의는 강한 국가 전통을 가진 나라에서, 그리고 미국의 행동이 민족주의, 주권, 혹은 국가권력 사용에 해를 끼친다고 생각하는 나라에서 성행한다. 특히 국내문제를 다스리는 전통이 있는 나라가 국가주권을 침해당할 경우 분개한다. 동아시아 국가들이 거기에 해당한다. 국제정치에 있어서 상호 존경이나 체면의 문제가 제기되면 민족주의적 열정을 불러일으키기 때문에 반미주의는 극히 악화할 수 있다.

중국의 경우 반미주의로 국민 정체성을 강화함으로써 내적 일체감을 강화하고, 반제민족해방투쟁의 역사적 경험 속에 국가주권을 강조하며, 강대국으로서의 자기 위상을 확고히 하려고 한다. 즉, 중국은 위에서 언급한 주권 민족주의형 반미주의의 세 가지 요소를 다 가지는 셈이다. 중국의 엘리트와 대중들은 굉장히 민족주의적이며 중국 주권 위협에 매우 민감하다.

중국은 이미 강대국이며 훨씬 더 강력한 나라가 되려는 열망을 가졌다. 그러나 미국보다는 여전히 약하다. 그러므로 미국의 우월한 군사력, 그리고 중국이 대만을 공격하면 미국이 군사력을 사용하겠다고 밝힌 것과 같은 미국의 군사력 사용 의지 표현은 중국 반미주의의 잠재적 요인으로 작용한다. 1999년 북대서양조약기구(NATO)의 유고슬라비아 공중폭격전에서 베오그라드의 중국대사관이 폭격을 맞은 것과 같이 미국이 중국을 공격하거나, 2001년 EC－3 정찰기 사건에서와 같이 미국이 중국을 위협하는 것으로 보일 때에 중국 반미주의는 급속히, 그리고 공공연하게 그 모습을 드러낸다(Katzenstein and Keohane, 2007: 32－33).

주권 민족주의형 반미주의는 남미에서도 전형적으로 나타난다. 미국의 침략과 간섭의 역사, 그리고 미국의 경제적 지배의 역사가 남미의 민족주의를 자극하여 반미주의로 나타나는 것이다.

주권 민족주의형 반미주의는 한국에서도 두드러진다. 최근 한국인들이 표출하는 미국에 대한 분노는 무엇보다도 민족자긍심의 대

두에 따라 한미 양국 관계의 불평등성, 그리고 그동안 미국이 보여
준 고압적 태도를 용납하지 않으려는 데서 비롯된다(김진웅, 2003:
59). 한국은 역사상 미국의 도움을 많이 받았지만 그러한 도움에
감사하기보다는 오히려 강한 민족주의적 반응을 보인다.

한국 반미주의도 민족주의의 요소를 지닌다고 많은 학자들이 말
한다. 라슨(Larson, 2004: xv)은 한국인의 미국에 대한 태도가 주권
침해에 따른 피해의식, 그리고 한미관계의 불평등성에 따른 민족주
의적 감정에 의해 주로 결정되었다고 분석한다. 매닌(Manyin, 2003:
8 - 9)도 한국에는 미국의 내정간섭을 비판하는 민족주의자들이 있
고, 이들이 한국 반미주의자들 중 한 부류를 형성한다고 말한다.

이숙종(Lee, 2005: 92 - 101)도 반미감정 대중화의 한 요인으로
신민족주의(new nationalism)를 든다. 신민족주의란 한국의 경제성
장과 더불어 새롭게 등장한 민족주의를 말한다. 신기욱(Shin, 1996)
도 1990년대 한국의 반미주의를 민족적 자긍심의 한 표현으로 설
명한다.

장달중(1988: 133 - 134)도 1980년대 후반 한국의 반미운동을 후
진성과 국제적 불평등을 극복하는 과정에서 발생한 민족주의 운동
의 차원에서 파악하였다. 한민족은 어느 민족보다도 외세의 영향을
많이 받아 왔기 때문에 한국의 현실을 외세의 책임으로 돌리는 경
향이 강하다. 한국만큼 후진성을 극복하기 위해 대외의존형 발전
모델을 추구해 온 나라도 드물다.

한국 반미운동의 뿌리는 대외의존이 불가피한 한국의 운명과 연
관되었다고 장달중은 말한다. 그러면서 그는 4·19 직후의 학생운
동과 1980년대 후반의 학생운동이 유사한 패턴을 지니는 것으로

보았다. 그에 따르면 한국에서 민족주의적 급진운동으로서의 반미운동이 탄생하게 된 것은 광주사태 때문이다. 광주사태는 한국정치에서 미국의 카리스마, 신화, 혹은 도덕적 권위가 급격히 쇠퇴하는 계기를 제공했다.

제 5 부

한국 반미주의의 정치적 성격

1. "미국 없이 오순도순": 동북아시아 공동체론

미국의 영향력은 동북아시아에서도 압도적이다. 동북아시아에는 주한미군과 주일미군을 합쳐 미군도 대규모로 주둔한다. 그렇기 때문에 그러한 미국의 그늘에서 벗어나 동북아시아 역내 국가들의 자율성 회복과 상호협력을 모색하려는 움직임이 있다. 그것이 바로 동북아시아 공동체론 또는 동북아시아 공동안보론이다.

동북아시아 공동체론이란 동북아시아도 유럽연합(EU) 같은 지역공동체를 구성하여 경제를 비롯한 제반 부문을 통합적으로 영위해 나가자는 것을 말한다. 동북아시아 공동안보론은 그보다는 낮은 단계로서 동북아시아의 국가들이 힘을 합쳐 공동의 위협에 대처하는 것이다.

지역공동체 형성은 세계화 시대의 한 패턴이기도 하다. 냉전 후 자본주의가 전 지구적으로 확산되면서 세계경제가 점점 통합되어

가는 것을 '세계화(globalization)'라고 한다면, 지역경제의 통합인 지역공동체 형성은 '지역화(regionalization)'라고 할 수 있다. 지역화는 세계화를 진전시키는 촉진제이기도 하고, 세계화의 파고에서 지역경제 혹은 국가경제를 지켜 내는 보호기제이기도 하다.

동북아시아 공동체론은 좌파만 주장하는 게 아니라 우파도 주장한다. 우파 학자들도 동아시아 지역 통합에 관한 비전을 제시하는 것이다. 일례로 우파학자인 하영선은 자신이 편집한 『동아시아 공동체: 신화와 현실』(동아시아연구원, 2008)에서 '동아시아 네트워크 복합체'를 제안한다. 지역의 행위자들이 경제, 안보, 문화, 에너지, 환경, 정보와 지식 같은 여러 분야에서 나타나는 갈등과 협력의 양상을 거대한 그물망에 포괄하자는 것이다. 하영선은 그것을 '복합 그물망 짜기'라고 부른다.

『동아시아 공동체: 신화와 현실』은 동아시아연구원(EAI)의 국가안보패널 소속 학자들이 1년 반 동안 난상 토론한 결과라고 한다. 하영선 외에 김성한(외교안보연구원), 김현진(서울과학종합대학원), 민병원(서울산업대학교), 배영자(건국대학교), 손열(연세대학교), 신범식(시립인천대학교), 신성호(서울대학교), 오승렬(한국외국어대학교), 이상현(세종연구소), 이태환(세종연구소), 전재성(서울대학교)이 참여했다.

따라서 동북아시아 공동체론 그 자체는 반미가 아니다. 그 내용에 미국배격론이 포함되었는지, 그 강도는 어떠한지에 따라 반미일 수도 있고 아닐 수도 있다. 겉으로는 미국을 포함하자고 하지만 그것은 수사(修辭)일 뿐이고 실제로는 반미적 색채를 짙게 띠는 동북아시아 공동체론도 있다. 여기서는 반미성향이 뚜렷한 동북아시아 공동체론을 중심으로 서술한다.

동북아시아 공동안보론은 한미동맹 병행론과 한미동맹 탈피론으로 나눌 수 있다. 전자가 한미동맹을 전제로 동북아시아 차원의 다자주의를 지향하거나 혹은 한미동맹의 양자주의와 동북아시아 차원의 다자주의를 병행하는 것이라고 한다면, 후자는 한미동맹의 대안으로 동북아시아 차원의 다자주의를 추구하는 것이라고 할 수 있겠다. 한반도 문제에 접근하는 방법으로서 지금까지 한미동맹 중심의 '국제적' 접근과 남북한관계 중심의 '민족적' 접근이 있었다면, 동북아시아 공동안보론은 '지역적' 접근이라고 할 수 있다.

평화는 흔히 적국에 대한 억지력을 가질 때 보장된다고 말한다. 억지력이란 단순히 적을 이길 수 있느냐의 차원이 아니라, 적이 나를 침략하면 그 침략으로 얻으려는 이득보다 훨씬 더 큰 피해를 안겨 줄 수 있는 힘, 즉 침략자를 격퇴하고 나아가 괴멸시킬 수 있을 정도의 전력을 말한다. 주한미군이나 주일미군은 냉전 시기 소련과 중국, 그리고 북한의 위협에 대한 억지력으로 매우 훌륭하게 기능하였다.

그러나 각국이 서로에 대하여 억지력을 갖추려다 보면 군비경쟁이 더욱 격해지고 평화는 요원해진다. 그러지 말고 같은 지역의 국가끼리 협력하자는 동북아시아 공동체론이나 동북아시아 공동안보론은 그렇게 할 수만 있다면 대단히 바람직하다. 그 이상이 좋은 만큼 실현 가능성도 있느냐 하는 것이 문제이다. 최근 들어 동북아시아 차원에서도 공동안보 혹은 지역공동체에 대한 논의가 부쩍 활발하다(와다, 2005; 강상중, 2002; 박건영 외, 2002; 백낙청 외, 2004).

그런데 공동안보 혹은 지역공동체의 범위로서 '동아시아'와 '동북아시아’가 자주 혼용되는데 구분할 필요가 있다. 양자 간에는 상당한 차이가 있다. 와다 하루키(和田春樹, 일본 도쿄대학교 명예교수)는 양자를 엄밀히 구분하여 사용한다. 동아시아는 동북아시아와 동남아시아를 포괄하는 개념이다. 동북아시아에는 남한과 북한, 중국, 일본, 몽골, 러시아, 미국, 타이완, 오키나와, 사할린, 쿠릴, 하와이까지 포함된다. 동남아시아는 사실상 아세안(ASEAN)과 동일시된다. 이와 같은 구분은 단순히 지역의 차이를 넘어 양 지역의 역사적, 현실적 차이를 반영한다. 일본이 동북아시아를 경시하는 반면 동아시아라는 더 넓은 단위를 주목하는 까닭이 바로 그 차이 때문이라고 와다 하루키는 진단한다.

일본의 입장에서 동남아시아는 지역협력체의 틀을 짜기 쉬운 상대로 간주된다. 태평양전쟁 당시 일본은 동남아시아를 지배하던 구미 제국주의와 싸웠던 까닭에 동남아시아 국가들이 일본의 전쟁 역사를 그다지 비난하지 않았고, 또한 전후에 일본은 유일하게 동남아시아 국가들에 배상하였을 뿐 아니라 이 지역의 외국투자 중에서 일본의 투자가 가장 많다. 그 때문에 동남아시아 국가들과 일본의 관계는 원만하다고 여겨진다.

반면에 동북아시아는 일본에 매우 까다로운 지역이다. 중국과 남북한은 장기간에 걸쳐서 일본의 침략과 부분적(중국), 혹은 전면적(남북한) 식민지 지배를 받았으나 배상 또는 보상을 받지 못했고, 역사 평가를 둘러싼 분쟁이 계속된다. 게다가 일본은 한국, 러시아, 중국과 영토문제로 분쟁 중이다. 일본의 입장에서는 쉬운 상대들과 협력 체제를 구축한 후 거기에 까다로운 상대들을 끌어들이고 싶은 마음에서 동북아시아보다는 동아시아라는 개념을 선호한다.

일본의 정부와 재계 쪽에서 나오는 동아시아 구상은 중국의 동남아시아 진출을 견제하기 위한 군사적, 정치적 필요에서 제기되는 측면이 있다. 이것은 일본이 동남아시아 시장을 두고 중국과 쟁탈전을 벌이면서 이 지역에 대한 군사적, 정치적 리더십을 확보하려고 하는 것이라고 볼 수 있다. 일본의 동아시아 구상은 새로운 것이 아니다. 일본은 1980년대부터 엔 기축 통화를 기반으로 한 동아시아 엔 블록 형성을 모색 중이다. 고이즈미 총리는 미일동맹 강화를 대외정책의 기본노선으로 견지하면서도 2004년 11월 일본·아세안 특별 정상회담에서 동아시아 공동체 구상을 제창했다.

논의가 동남아시아에서 동북아시아로 넘어오면 일본의 반응은 달라진다. 단적으로 일본의 극우파는 동북아시아론에 비판적 입장을 취한다. 특히 노무현 정부의 동북아 구상에 반발했다. '중국 중심의 일본 때리기'의 일환으로 해석한 것이다. 중국 중심의 일본 포위 전략에 대응하기 위해 일본은 미국과의 동맹을 강화해야 한다고 주장한다.

이 책에서 관심을 가지는 것은 일본 정부와 재계의 동아시아 구상이 아니다. 와다 하루키와 재일 한국인 학자 강상중(姜尙中, 도쿄대학교 교수)을 비롯하여 한국과 일본의 상당수 학자와 시민단체들이 지지하는 동북아시아 공동체론이다. 와다 하루키와 강상중은 궁극적으로 동아시아 공동체를 지향하지만 일단 동북아시아 공동체론('동북아 공동의 집')으로 시작한다(와다, 2005; 강상중, 2002). 일종의 단계적 전략이라고 할 수 있다.

일본은 2003년 12월 12일 도쿄에서 일본·동남아국가연합(ASEAN) 정상회담을 열어 '새 세기의 약동적이고 영속적인 일본과 아세안

파트너십을 위한 도쿄선언'을 채택했다. 그 내용은 아세안이 안전 보장 공동체, 경제 공동체, 문화 공동체가 되는 것을 일본이 전면적으로 지지하고, 일본도 동남아시아 우호협력조약에 가입할 의지를 표명함과 아울러 '동아시아 공동체 구축'을 위한 '중요한 경로'로 '아세안＋3'의 프로세스를 인정한 것이다. 곧, 한국·중국과 함께 '동아시아 공동체'를 구상해 간다는 아세안의 뜻을 일본이 받아들였다. 또 도쿄선언은 동아시아 공동체의 성격에 대해 "보편적인 룰과 원칙을 존중하면서, 외향적이고, 풍부한 창조성과 활력에 차고, 상호이해 및 아시아의 전통과 가치를 이해하는 공통의 정신을 갖는 것"으로 설명했다.

그러나 이 정상회담은 일본이 아세안과의 연대를 획기적으로 강화하려는 속셈으로 마련한 것이었다(한겨레, 2004년 1월 19일). 와다 하루키의 도쿄선언 비판을 들어 보자. 그는 2004년 1월 19일 한겨레에 기고한 "동북아 공동체 미심쩍은 일본이 꿈"이라는 글에서 고이즈미 정부가 2003년 아세안(ASEAN)과의 정상회담에서 동아시아 공동체 추진에 합의하고서도 이를 국민에게 설명하지 않은 것을 비판하면서 이렇게 말했다.

> 동남아시아 공동체 결성을 지지하고 그 위에 동아시아 공동체를 만들려고 한다면, 한·중·일이 동북아시아의 지역협력을 추진해 동남아시아 공동체와 비슷한 또 하나의 토대를 만들어 내는 일을 생각해야 한다. 그렇게 해야만 동아시아 공동체를 건실한 것으로 만들 수 있다. 도쿄선언(일본·아세안의 동아시아 공동체 선언)을 내놨다면 동북아시아 '공동의 집' '공동체'의 필요성을 국민에게 설명해야 마땅한 것이다.
> 동북아시아 공동의 집은 꿈만은 아니다. 6자회담에서는 북한이 핵개발을 포기하는 것과 미국이 북한을 공격하지 않는다고 약속하는 것을 최종

적으로 문서, 곧 협정 내지 의정서로 확인하는 것이 목표다. 이런 문서에
는 한국·북한·미국·중국·일본·러시아의 정상이 조인하는 것이 바
람직하다. 약속 이행의 검증을 위해, 1년 뒤에 정상이 재회하도록 정해 놓
는 것이 합목적적이다. 그렇게 되면 동북아시아 국가연합(ANEAN) 정상회
담으로의 비약도 가능하다.

일본 정부가 동남아시아와 협력하여 동아시아 공동체를 형성하
려면 동북아시아 공동체부터 이룩해야 한다는 것이 와다 하루키의
주장이다. 그는 동북아시아 공동체의 단초로서 북한 핵문제를 해결
하기 위한 6자회담, 그리고 2002년의 일·북평양선언에 주목한다.

동북아시아 혹은 동아시아 공동체의 내용은 공동의 안보, 공동의
성장, 공동의 환경보호, 공동의 복지를 추구하는 것이다. 그중에서
도 안보와 환경이 중요하다. 이는 일종의 지역주의(regionalism)라고
할 수 있다. 2004년 국내에 번역 출간된 와다 하루키의『동북아 공
동의 집』이라는 책의 부제가 '신지역주의 선언'인 데서도 그 점은
명확하다. 그러니까 동북아시아 혹은 동아시아 공동체론은 동북아
시아주의 혹은 동아시아주의라고 해도 무방하다.

강상중(2002)은 동북아시아 공동의 집의 구체적 내용을 이렇게
설명한다.

먼저 첫 단계로서 북한과 미국 사이의 교섭에 따른 양국관계의 정상화
가 이루어져야 합니다. 동시에 한국과 중국이 낀 4자회담에 의해 휴전협
정을 평화협정으로 바꾸고 러시아와 일본이 옵저버로 참가하는 다국적 포
럼의 설치를 생각할 수 있습니다. 북한의 통상전력과 대량살상무기, 그리
고 핵개발을 둘러싼 문제에 있어서는, 주한미군의 철수도 시야에 두면서
한반도 전체의 비핵/군비관리 등을 협의하는 포괄적인 군축회의에 의한
대응이 전개되어야만 합니다.

둘째로, 이것과 연동하여 북한과 일본 간의 국교정상화가 추진되고, 남북한을 둘러싼 사실상의 크로스 승인이 가능한 상황을 만들어 내는 것이 필요합니다. 그리고 일본과 남북한을 하나의 존으로 하는 동북아시아 비핵지대가 성립되면, 그것은 미국과 중국, 러시아 등 핵 대국 사이에 형성된 핵의 일대완충지가 될 것입니다. ……

셋째로, 국가연합의 단계를 거쳐 연방제로 이행하여, 최종적으로는 통일국가로 향하는 남북한의 단계적인 평화공존과 통일의 과정을, 미·중·일·러를 포함한 6개국에 의한 다극적인 신뢰양성기구의 구축에 의해 담보해 나가는 것을 들 수 있습니다. ……

넷째로, 이상과 같은 과정을 거쳐서 미국까지도 포함한 동북아시아 집단안전보장기구의 창설이 현실감을 갖게 되는 것이 아닐까요(강상중, 2002).

이처럼 동북아시아 공동체론은 주한미군 철수와 동북아시아 비핵지대화, 그리고 남북한 연방제통일과 같은 북한의 주장을 그대로 담고 있기 때문에 이는 한국 반미주의의 정치적 성격 중의 하나로 볼 수 있다. 동북아시아 비핵지대화는 6자회담이 말하는 '한반도 비핵화' 차원을 넘어서는 주장으로, 중국과 러시아의 핵은 문제 삼지 않으면서 주일미군의 핵을 없애자는 주장이어서, 동북아시아에 핵 기득권을 가진 미국에 일방적으로 불리하다.

그러한 동북아시아 비핵지대화가 동북아시아 공동체론자들에게 있어서 동북아시아 비핵지대는 동북아시아 공동안보로 가는 첫걸음이다. 한국의 평화운동단체인 '평화네트워크'와 일본의 평화운동단체인 '피스데포(평화자료협동조합)'는 2005년 『동북아시아 비핵지대』(살림, 2005)라는 책을 공동 출판했다. 이 책은, 동북아시아는 미국이 주도하는 한·미·일 삼국의 연합안보 체계와 냉전시대의 대립적 구조가 여전히 지속되고 있다고 지적하고, '공동안보'의 개념을 기초로 지역안보기구의 필요성을 강조한다.

『동북아시아 비핵지대』에서 이삼성은 동북아시아 비핵지대는 "동아시아 민족 간의 역사적인 화해와 공동 안보의 비전, 제도의 창출로부터 가능하며, 동시에 이 과정은 미국 주도의 군사동맹 정치로부터의 점진적인 탈피를 의미"한다고 말한다. 이 책에서 우메바야시 히로미치(일본 '피스데포' 대표)는 "동북아시아 안전보장을 '미군을 기축으로 하는 구조'로부터 '지역민중들의 협력으로 창출하는 협조적 안전보장의 구조'로 전환하며, 비핵지대 설립운동을 축으로 지역적 차원에서의 NGO 연대를 진전시켜" 갈 것을 주장한다.

동북아시아 공동체론의 연원을 거슬러 올라가 보자. 와다 하루키는 일찍이 공산권이 붕괴하는 것을 목격하면서 '동북아 공동의 집'을 구상하고 제창하였다. 그는 1990년 동아일보가 주최한 '21세기의 세계와 한일관계'라는 심포지엄에서 동북아시아의 구소련, 중국, 남북한, 미국, 그리고 일본이 '인류 공동의 집'을 만들 필요가 있다며, 한국인이 그 선두에 서는 것이 바람직하고 일본은 그것에 협력해야 한다고 말했다. 1995년에는 『창작과 비평』에 기고한 "동북아 공동의 집과 한반도"라는 논문에서 다시 한 번 한국이 동북아시아 공동의 집의 중심이 되어 그것을 추진해 줬으면 좋겠다고 언급했다. 한국이 동북아시아 공동체 형성의 구심점이 되려면 남북한 협력을 바탕으로 해야 하고, 일본은 과거 대동아공영권 구상이 실패했기 때문에 그 중심이 될 수 없다고 했다.

와다 하루키의 '동북아 공동의 집' 꿈은 2000년 6월 남북한정상회담 이후 크게 진전됐고, 2002년 고이즈미 총리의 방북과 일·북 정상회담으로 한 발 더 나아갔다. 2005년에는 북한 핵문제를 해결하기 위한 6자회담에서 9·19공동성명이 채택됐는데 와다 하루키는 이를 '동북아 평화 구상'이라고 평가한다. 그 후 6자회담은 난항을 거듭하면서도 한 걸음씩 전진했는데 와다 하루키는 이것이 계속 발전하면 동북아시아 공동체 건설이 가능하다고 본다.

와다 하루키는 일본이 동북아시아 공동체 형성에서 중심이 될 수 없는 이유로 과거 일본의 대동아공영권 구상의 실패 외에 두 가지를 더 든다. 하나는 북한의 일본 민간인 납치문제를 둘러싼 일본과 북한 간의 갈등이고, 다른 하나는 일본의 우경화이다. 그는 "일본은 납치 문제의 함정에 빠져 버린 상태여서 큰 기대를 하기는 어려운 상황이다. 우경화도 강화되고 있어 동아시아 평화에 협력적으로 나오지 못하고 있다. 동북아에서 일본의 지위가 있긴 하지만 일본 정부는 어떤 역할도 못 할 것이라고 본다."고 말했다(경향신문, 2007년 5월 17일).

이러한 동북아시아 공동체론을 한국 반미주의의 정치적 성격 중 하나로 주목하는 것은 그것이 현 단계에서는 한미동맹론 혹은 미국 중심의 세계화론과 대척점에 서 있기 때문이다. 와다 하루키나 강상중을 비롯한 한일 양국의 학자와 시민단체들이 주장하는 동북아시아 공동체론은 냉전종식 이후 미국 중심으로 진행되는 세계화(그리고 한미동맹과 미일동맹 중심의 양자주의)와, 그리고 일본 정부가 아시아의 새로운 질서를 구축하면서 보이는 친미보수주의와 군사주의 경향에 대한 일종의 이의제기 성격을 지닌다.

물론 와다 하루키나 강상중도 동북아시아 공동체의 범위에 미국을 포함한다. 그것은 미국이 동북아시아에서 차지하는 비중에 따른 현실적 고려이면서, 동시에 미국이 일본의 군사대국화를 제어하는 측면을 고려한 것이다. 종래 좌파가 동북아시아의 평화와 번영에 있어서 미국의 부정적 측면에 주목했던 것과 달리 이제 그 긍정적 측면에 초점을 맞추어 미국을 재평가하는 것이라고 볼 수 있다.

와다 하루키는 "6자회담에는 미국이 들어가 있는 상황이고, ASEAN + 3에는 미국이 빠져 있다. 미국은 사실상 '동북아' 공동의 집에 들어와 있지만, '동아시아' 공동의 집에는 들어오지 않은 상태다. 하지만 미국이 빠져 있는 상태에서 아시아 국가들이 무언가를 도모하기보다는 미국을 끼워서 함께하는 게 현명하지 않을까 한다."고 말한다(경향신문, 2007년 5월 17일).

동북아시아 공동안보론을 주창하는 학자는 누구이고 시민단체는 어떤 단체인지는 한국 인권재단이 2003년 개최한 제주평화회의에 참가한 시민단체, 그리고 이 평화회의 논문집에 글을 실은 학자들의 명단을 보면 쉽게 알 수 있다. 이 회의에는 평화네트워크, 평화를 만드는 여성회, 참여연대, 민주노동당 평화군축운동본부, 주한미군범죄근절운동본부가 참여했다. 이 회의에서는 '한반도의 평화를 위하여 …… 대안담론과 대안정책'을 주제로 토론한 뒤 나중에 그것을 책으로 엮어 냈다. 『한반도 평화는 가능한가?』(한국인권재단 편, 아르케, 2004)가 그것이다.

이 책에는 서재정(코넬대학교 정치학과 교수), 서보혁(국가인권위원회 전문위원), 정욱식(평화네트워크 대표), 백낙청(서울대학교 영문과 명예교수, 계간 『창작과 비평』 편집인), 이남주(성공회대학교 중국학과 교수), 이일영(한신대학교 국제학부 중국지역학과 부교수), 박명림(연세대학교 국제대학원 교수), 함택영(경남대학교 북한대학원 교수), 배종진(미군기지반환운동연대 사무처장)의 글이 실렸다.

이 책에서 필자들은 '국가안보'를 대체하는 '공동안보'를 주장한다. 구조적으로 군비경쟁과 같은 소모적이고 반평화적인 정책경쟁을 낳는 국가안보 대신에 미래지향적이고 평화지향적인 공동안보를 추구하는 것이 평화체제 구축을 위해 유리하다는 것이다. 이들은 동북아시아 평화를 위해 '동북아 경제 공동체 건설'과 군축이 필요하다고 말한다. 경제공동체를 건설하면 각국의 이해관계가 촘촘하게 연결되기 때문에 섣불리 반평화적인 정책을 추구할 수 없으며, '절대안보'는 불가능한 만큼 군비통제와 군축을 통해 군사부문의 평화노력을 수반하면 동북아시아의 평화와 한반도의 평화가 안정적으로 실현될 수 있다고 한다.

동북아시아 공동체는 분명히 위대한 이상이다. 20세기식 일국주의 혹은 국가이기주의의 틀에서 벗어나 동북아시아라는 지역 차원에서 새로운 협력의 시대를 열자는 데 누가 반대할 사람이 있겠는가.

동북아시아의 범위를 한 단계 더 넓히면 동아시아가 되는데, 동아시아 공동체의 모색은 '국가'로서의 동아시아에서 '문명'과 '지역'으로서의 동아시아로 탈바꿈하는 탈근대의 지향이라고 한다(조성환, 2005: 182). 우물 안 개구리 혹은 골목대장 노릇일랑 그만두고 드넓은 세상으로 나와 더 큰 목표를 향해 함께 노력하자는 것이다. 일종의 시대 전환이요, 패러다임 이동(paradigm shift)이라고 할 수 있다. 그런 차원에서 보면 북한의 조선민족제일주의나 한국 좌파의 민족지상주의는 복고풍 중에서도 복고풍이라고 할 수 있다. 흘러간 노래를 다시 트는 격이다.

유럽도 근대 시기의 극단적인 전쟁과 혁명의 상흔을 딛고 지역공동체를 탄생시킨 만큼, 아시아의 상황이 유럽에 비해 결코 열악한 것은 아니라는 주장도 있다. 유럽과 동북아시아는 어떻게 서로 다른가? 유럽은 같은 기독교문명과 민주주의, 시장경제의 가치를 공유했다. 동북아시아도 같은 유교문명을 공유했다고 할 수 있지만, 전후 국가체제에 있어서는 자본주의와 공산주의라는 양극단으로 분열됐다.

동북아시아에는 동질적 요소도 있지만 그에 못지않은 이질적 요소도 있다. 무엇보다도 유럽에서는 20세기 초부터 '유럽운동'의 씨앗을 뿌린 선구자들이 있었고, 그것이 유럽석탄철강공동체(ECSC)와 유럽경제공동체(EEC)를 거쳐 유럽연합(EU)에 이르렀다. 무려 한 세기 가까운 기간 동안에 단계적으로 함께하는 경험을 거듭한 끝에 유럽연합이라는 옥동자가 탄생했다. 유럽에 비한다면 아시아는 이제 겨우 '아시아운동'의 씨앗을 뿌리는 단계이다.

동북아시아에서 안보협력체, 나아가 지역공동체를 이룩하는 데에는 장애요인이 많다(김명섭·이동윤, 2005: 16 - 21). 우선 동북아시아 국가들은 서로 이웃이지만, 오랜 역사를 거쳐 오는 동안에 형성된 뿌리 깊은 불신과 반감으로 인해 서로를 혐오하거나 적대시한다. 한일 간, 일중 간 역사와 영토 문제를 둘러싼 갈등은 군사안보문제 이상으로 첨예하고 뜨겁다.

동북아시아 지역은 문화적으로도 유교문화권 혹은 한자문화권으로 단순화할 수 없다. 근대화 과정에서 많은 문화들이 이질적으로 바뀌었다. 심지어 일본은 근대화 과정에서 자신들은 아시아에서 벗어나 유럽을 지향한다는 이른바 탈아입구(脫亞入歐)의 구호를 내걸기도 했다. 한, 일, 중 3국 중에서 가장 먼저 근대화에 성공한 일본에는 실제로 서구형 개인주의 문화가 한국이나 중국에 비해 강하다.

제2차 세계대전 후에 자본주의의 길을 걸은 한국·일본과, 공산주의의 길을 걸은 중국·북한·몽골 사이에도 상당한 가치관의 이질성이 존재한다. 한, 일, 중 세 나라는 사람들의 피부색만 같을 뿐 종족이나 언어는 각기 다르다. 하물며 동북아시아 3국이 이렇게 다를진대, 동남아시아까지 합친 동아시아라는 더 넓은 영역에서의 차이는 말할 필요도 없을 것이다.

동북아시아는 냉전 후에도 군사안보문제를 둘러싼 상호불신이 심할 뿐 아니라 일본과 중국, 한국과 북한 사이에는 군비경쟁도 치열하다. 대만과 중국, 한국과 북한은 군사적으로 대치하고 있어 위기가 상존한다. 미국의 동북아 전략에 대해서도 동북아시아 국가들은 입장과 태도를 달리하며, 거기서도 긴장요인이 발생한다. 일본과 대만이 항상 미국의 동북아 안보전략을 지지하는 반면에, 중국과 북한은 대체로 그것을 견제하는 편이다. 한국의 이명박 정부는 미국의 동북아 전략을 지지하지만, 그 이전의 김대중 정부와 노무현 정부는 미국을 부분적으로는 지지하고 부분적으로는 견제하는 바람에 한미갈등이 초래되었다.

미국은 세계전략에 있어서 반테러, 반확산과 함께 대중국 견제를 가장 중시하기 때문에 오늘날 동북아시아에는 미중 대치전선의 그림자가 짙게 드리워 있다. 미국이 없다고 하더라도 일본과 중국 관계는 역사적 유산으로 인하여 그 개선에 구조적 한계가 있다. 한반도는 남북대치구조를 넘어 북핵문제로 소용돌이치면서 전 세계에서 중동 다음으로 위험한 지역으로 꼽힌다.

그에 비하면 동북아시아의 역내경제는 그 상호의존도가 날로 높아진다. 중국이 2003년 일본의 무역총액에서 차지하는 비중(20.1%)은 미국의 그것(18.6%)을 넘어섰다. 중국이 일본의 제1교역상대로 떠오른 것이다. 한국의 제1수출 파트너도 벌써 미국에서 중국으로 바뀌었다. 대만도 중국과 군사안보 면에서는 대립하지만, 경제 면에서는 중국과 매우 밀접하다. 대만자본이 대거 대륙으로 들어갔다. 북한은 경제적 자립을 이루지 못했기 때문에 식량과 에너지를 중국에 의존한다. 북한은 한국과 군사적으로 첨예하게 맞서 있으면서도 한국의 식량 지원을 받아들이고 향후 에너지 지원도 기대한다. 동북아시아 지역공동체가 형성된다면 아마도 그 경제적 실익이 가장 클 것이다.

그러나 경제적 측면에서도 동북아시아에는 이질적 요소가 남아 있다. 한국과 일본이 철저한 시장경제를 지향하는 반면에, 중국은 이른바 개혁개방 이후 30년이 넘었는데도 여전히 사회주의적 요소가 많이 남았다. 북한은 냉전 후 세계화 시대에도 사회주의 계획경제를 고수하는 '시대의 이단아'이다.

게다가 일본과 중국은 동북아시아의 지역경제 통합보다는 세계 경제무대에서 주도권을 잡기 위해 각개약진하는 양상을 보인다. 특히 동남아시아는 일본과 중국 경제의 대표적 각축장이다. 동남아시아 진출에 있어서 중국은 시기 면에서 후발주자이다. 하지만 동남아시아에 광범위하게 분포된 화교자본의 영향력은 중국에 유리하다. 중국은 아프리카에서도 경제적 영향력을 적극적으로 확대하고 있다.

냉전 후 동북아시아에서 각국의 민족주의가 더 강화되었다는 점도 안보협력체 혹은 지역공동체를 형성하는 데 걸림돌로 작용한다. 동북아시아 국가들의 민족주의는 과거의 유산으로 인해 상호 민족적 반감이 고조되는 측면도 있지만, 각국이 냉전 후 국가정체성을 새롭게 확립해 가는 과정에서 민족주의를 동원하기 때문에 강화된다(조성환, 2005: 173 - 175).

한국에서는 건국 50년 만인 1998년에 여야 간 수평적 정권교체가 이뤄지고 김대중, 노무현 정부가 등장하면서, 반공 이데올로기를 극복하고 민족통일국가를 지향하는 국가정체성을 확립하려고 하는 과정에서, 민족주의가 건국 이래 최고조로 분출했다. 이명박 정부로 바뀌면서 민족주의는 한풀 꺾인 듯하지만 그것은 외양상의 변화일 뿐 내면적으로는 여전히 강하게 남아 있다. 한국은 그동안 산업화와 민주화를 이룩했기 때문에 국민들의 민족적 자긍심이 그 어느 때보다도 높아졌고, 그렇게 고양된 국민 정체성으로 인해 미국, 일본, 중국 어느 나라에서도 불공정한 대우 또는 역사적, 영토적 주권침해를 당하려고 하지 않는다.

일본은 냉전 후 국제무대에서 자신의 경제력에 걸맞은 정치적 영향력을 확보한다는 방향으로 국가정체성을 새롭게 정립하려고 하며, 그 과정에서 민족주의를 동원했다. 일본의 우파진영은 평화헌법 개정을 통한 보통국가로의 전환을 꿈꾸는데 그것이 현실적으로 이뤄지기는 어렵지만 그러한 논의 자체가 민족주의를 내포한다.

일본 우파의 꿈은 비록 헌법의 평화조항 삭제와 군대 창설을 통한 재무장 형식은 아니지만, 실질적인 군사력 강화와 유사시 법제를 통해 상당부분 이루어졌다. 미국이 동북아시아 지역안보를 일본에 분담시키면서 일본은 더욱더 빠르게 군사력을 강화했다. 동북아 안보 분담을 통한 미일동맹 강화는 반중연합전선으로 비쳐져 중국의 반감을 샀다. 한국으로서도 일본의 군사력 강화는 전혀 반가운 소식이 아니다.

중국은 냉전 후 안보부담이 반감된 상황에서 오직 경제성장에 매진하였고, 이제 그 놀라운 성과를 바탕으로 '평화대국'으로서의 국가정체성을 새로이 확립하는 과정에서 민족주의를 동원한다. 특히 중국은 일부 소수민족의 반란을 잠재우고 국가통합을 이루기 위해, 그리고 경제성장과 더불어 날로 높아지는 국민들의 민주화에 대한 관심과 빈부격차 확대에 따른 불만을 외부로 돌리기 위해 민족주의가 절실하게 필요하다. 한, 일, 중 3국에서의 이러한 민족주의의 고양은 지역공동체 형성의 걸림돌이 될 수 있다.

동북아시아에서도 유럽연합(EU)과 같은 지역공동체, 그리고 북대서양조약기구(NATO)와 같은 안보협력체를 형성할 수 있을까? 그것은 좌파와 우파, 반미와 친미를 떠나 대한민국이 앞으로 그 실현을 위해 노력해야 할 목표이다. 그러나 그것은 장기적 과제이다. 오랜 기간에 걸쳐 크고 작은 경험의 축적과 수많은 시행착오를 통해 이룩될 수 있을 것이다. 북한 핵문제 해결을 위한 6자회담과 같은 경험의 공유가 중요하다.

우선은 민간부문의 다양한 교류와 협력을 확대해 나갈 필요가 있다. 실제로 동북아시아 사람들 사이에서는 초등학생 교환방문 프로그램에서부터 각 지방자치단체 차원의 교류, 시민단체와 학자들 사이의 만남에 이르기까지 수많은 접촉이 이루어진다. 이런 접촉을 통한 상호이해의 확대는 장차 지역공동체의 소중한 기반이 된다. 지금은 지역공동체의 저변을 넓힐 때인 것이다.

물론 한, 일, 중 3국 정상회담의 상설화와 같은 상층부 접촉도 필요하다. 초보적 차원에서나마 군사안보 방면에서의 상호교류를 통해 상호 간 군사적 신뢰를 차츰차츰 구축해 가는 것도 의미가 있다. 한, 일, 중 3국이 공동연구로 역사교과서를 펴낸 것도 높이 평가할 만하다.

동북아시아 안보협력체에 미국을 포함시킬 것인가, 말 것인가? 동북아시아 공동체의 모색이 미국을 배제하기 위한 정치적 목적의 연대로 흘러가서는 안 된다. 아직도 이 지역에서 압도적인 미국의 영향력을 고려하면 미국의 참여는 오히려 필수적이며 긍정적이라고 할 수 있다. 왜냐하면 미국을 배제하고는 해결할 수 없는 문제가 많기 때문이다. 북대서양조약기구가 냉전 후에도 미국을 배제하지 않고 함께하는 데서 교훈을 얻어야 한다.

동북아시아 지역공동체 혹은 안보협력체에 있어서 한국은 어떤 지위를 가지고 어떤 일을 할 수 있을까? 노무현 정부는 동북아시아 중심국가라는 기치를 들었으나 그러한 경쟁의식은 바람직하지 않다. 일본과 중국의 동북아시아 패권경쟁구도를 생각하면 한국이 중재자 내지 가교로서 기능할 수는 있을 것이다.

이른바 한류의 인기를 들어 한국이 동아시아의 문화적 중심, 혹은 문화적 주도권을 쥐고 나갈 수 있을 것처럼 말하기도 하지만, 한류의 지속성이나 대표성은 더 지켜보아야 한다. 일부 현대 대중문화의 차원을 넘어선 영역에서도 과연 한국이 일본이나 중국보다 문화적 우위에 있다고 할 수 있을지는 극히 의문이다.

2. "미국은 평화파괴범": 반전평화론

반미주의자들은 미국을 '평화파괴범'으로 인식한다. 미국의 어떤 정책이 한국에서 반전평화론을 불러일으키는가?

우선 미국은 동북아시아에서 중국을 견제하기 위해 일본과의 군사안보동맹을 강화한다. 북한이 핵을 포기하도록 하기 위해 대북한 강경정책도 쓴다. 동북아시아 지역에 주둔 중인 미군과 동맹국들을 북한 핵 위협에서 보호한다는 명분으로 미사일방어(MD) 체계 구축을 모색하기도 한다. 동맹국인 한국과 일본으로 하여금 이라크와 아프가니스탄에 파병하도록 압력도 가한다. 이러한 미국의 동북아시아 전략이 반전평화론을 불러일으키는 것이다.

반전평화론 그 자체는 반미주의가 아니다. 반전평화론은 좌파만 주장하는 것이 아니라 우파도 주장한다. 예를 들면 클린턴 미 행정부가 1994년 북한 핵시설 공격을 준비했을 때 한국의 김영삼 대통령은 강력하게 반대했다. 우파 반전평화론의 전형적 사례라고 볼 수 있다. 반전평화운동을 벌이는 사람 중에는 극좌에서부터 극우까지 이념적으로 다양한 사람들이 있을 수 있다.

반전평화론이 반미가 되는 것은 그 내용에 감정적, 정치적, 이념적 차원의 반미주의가 포함되었을 때이다. 반미적 반전평화론도 그 내용과 강도에 따라 여러 부류가 있을 수 있다. 반전평화론은 급진적 반미주의자들만의 주장이 아니다. 자유주의적 반미주의자, 사회적 반미주의자, 주권 민족주의형 반미주의자들도 반전평화론을 전개하고 반전평화운동을 벌인다. 이는 '반전'과 '평화'라는 개념이 그만큼 포괄적이고 보편적임을 말해 준다.

한국 반미주의자들이 반전평화론을 제기하는 계기는 크게 세 가지다. 첫째, 미국의 대북강경정책이고, 둘째, 주한미군의 존재이며, 셋째, 미국의 요청 혹은 압력에 의한 한국군의 해외파병이다. 한국인들은 북한의 핵개발에 반대하는 것만큼 혹은 그 이상으로 미국의 대북강경정책에 반대한다. 주한미군의 철수를 점점 더 선호하며, 한국군 전투병의 해외파병을 점점 더 반대한다.

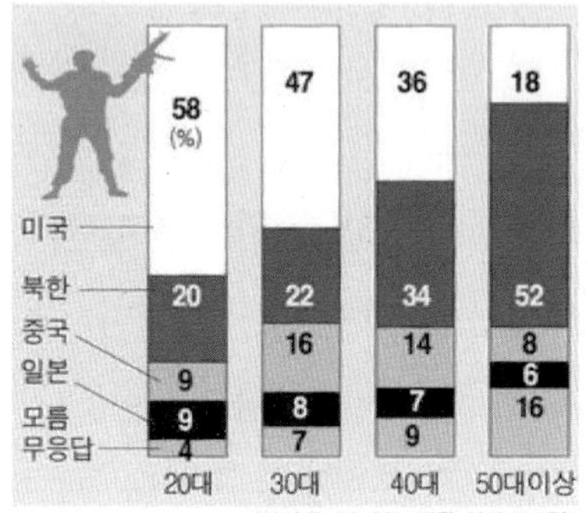

출처: 조선일보 2004년 1월 15일.

〈그림 5〉 한국의 안보에 가장 위협적인 국가

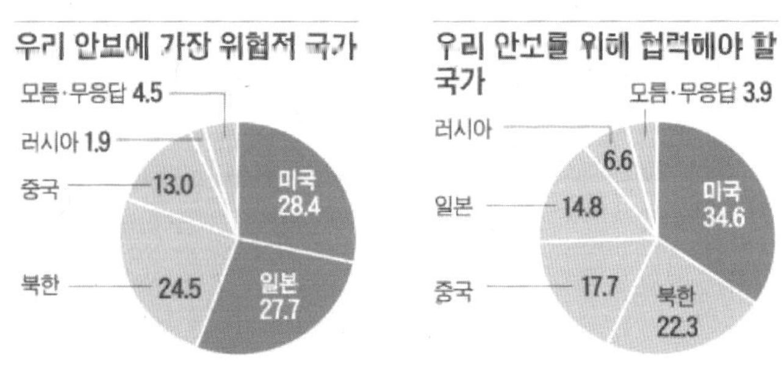

출처: 조선일보 2008년 6월 24일

〈그림 6〉 '안보에 위협적인 국가'와 '안보를 위해 협력해야 할 국가'

먼저 미국의 대북강경정책에 대한 한국 사회의 거부감이 어느 정도인지 알아보자. <그림 5>에서 보듯이, 2004년 1월 리서치앤리서치 조사에서 응답자들은 한국 안보에 가장 위협적인 국가로 미국(39%)을 북한(33%)보다 더 많이 꼽았다(조선일보, 2004년 1월 15일). 김대중, 노무현 정부의 햇볕정책, 즉 대북포용정책이 조지 W. 부시 미국 행정부의 대북강경정책과 엇박자를 보이는 동안, 한국인들의 여론은 반미로 급속히 기울었다. 미국이 한반도 문제에 끼어들어 문제의 실타래를 풀기보다는 더 꼬이게 한다고 본 것 같다.

당시 국민들은 한미공조냐 남북공조냐의 선택에 있어서도 양자를 비슷하게 선호하거나 오히려 남북공조를 더 선호했다. 반미주의자들은 한미공조를 '전쟁공조'로 비하하면서, 미국이 남북화해를 방해한다고 선동했다. 그렇다고 해서 일반 한국인들이 북한의 핵개발을 지지하는 것은 아니다. 북한의 핵개발은 잘못됐지만 거기에는 미국의 대북강경정책이 하나의 원인으로 작용했다는 것이다. 그러한 여론은 심지어 북한의 1차 핵실험 후에도 나타났다. 때리는 시어미(북한)보다 말리는 시누이(미국)가 더 미운 격이다.

2000년 6·15 남북한정상회담 이후 한국인들의 안보관은 급변했다. 북한에 대한 두려움은 급감한 대신에 미국에 대한 두려움 내지 적개심은 급증했다. <그림 6>에서 보듯이 한국 중·고교생들은 미국을 '우리나라 안보에 가장 위협적인 국가'이면서도 '가장 협력해야 할 나라'라고 생각한다. 이처럼 한국 청소년들의 안보의식은 매우 혼란스럽다. 이는 행정안전부가 여론조사기관 리서치앤리서치에 의뢰하여 2008년 6월에 실시한 여론조사 결과이다.

청소년들이 미국(28.4%) 다음으로 한국 안보에 위협적이라고 생각하는 나라는 일본(27.7%), 북한(24.5%)의 순서였다. 미국(34.6%) 다음으로 안보를 위해 협력해야 한다고 생각하는 나라로는 북한(22.3%), 중국(17.7%), 일본(14.8%)을 차례로 꼽았다. 이 조사에서

6·25가 발발한 연도를 1950년이라고 정확히 응답한 청소년은 10명 중 4명꼴인 43.2%에 불과했다. 북한의 남침으로 6·25가 시작됐다는 사실을 알고 있는 청소년도 48.7%였다. 북한의 군사력 증강에 대해서는 55.8%가 위협을 느끼고 있으나, 북한이 전쟁을 다시 일으킬 가능성에 대해서는 64.2%가 '낮다'고 응답했다(조선일보, 2008년 6월 24일).

타임지 2004년 6월 14일자는 한국 젊은이들의 미국관과 북한관을 다음과 같이 기술한다.

> 한국 젊은이들은 한국전쟁을 경험하지 못했고 한국이 절대빈곤에서 벗어나기까지 얼마나 힘들었는지를 거의 알지 못한다. 그들은 군사독재정권 시절 성장하였으며, 미국이 박정희와 전두환 같은 군 출신 독재자들을 지원한 것을 비난한다(노무현 대통령 자신이 인권 변호사로서의 경력을 가지고 있다.). 한국의 많은 젊은이들은 북한보다 오히려 미국에 더 분노를 표출한다. 미국은 오직 자국의 안보이익만을 위해 미군을 한국에 주둔시키고 있고, 그 때문에 한반도는 분단의 아픔을 겪고 있다고 그들은 생각한다. 그들은 북한을 두려워하면서 동시에 미국을 미워하는 것 같다(Spaeth, 2004).

다른 조사에서도 한국 국민들의 생각은 크게 다르지 않다. 뉴스위크 한국판이 이명박 대통령의 방미를 앞두고 2008년 4월 7~8일 한길리서치에 의뢰하여 조사한 결과, 응답자의 74.1%가 "대북 지원에 앞서 북한의 핵무기가 폐기되어야 한다."고 답했다. 그러나 북핵 문제를 풀어 가는 과정에서 미국과의 한미 공조와 북한과의 남북공조 중 어느 쪽을 우선시해야 할 것인지를 묻는 질문에는 한미 공조를 우선해야 한다는 의견이 26.9%, 남북공조를 우선해야 한다는 의견은 28.5%였다. '어느 쪽이 우선순위가 높다고 말하기 어렵다'는 응답이 42.3%로 가장 많았다.

2005년 월간중앙 여론조사에서는 45.2%가 남북공조를, 39.1%가 한미공조를 꼽았다. '어느 쪽이라고 말하기 어렵다'는 응답은 15.6%였다. 2005년과 2008년을 비교할 때, 남북공조 선호율이 낮아지긴 했지만 여전히 강세임을 볼 수 있다. 즉, 미국의 대북강경정책에 반대한 여론이 아직도 만만찮다는 이야기이다.

2008년 월간중앙 여론조사에서 주한미군에 대해서는 응답자의 61.7%가 남북관계의 진전에 따라 단계적으로 철수해야 한다고 답했다. 25.6%는 남북통일 때까지, 5.9%는 통일 후에도 주둔해야 한다고 답했다. 주한미군을 동북아시아 지역의 균형자라는 적극적 차원에서 바라보지 않고, 대북억지라고 하는 소극적 차원에서 바라보면서 북한 위협만 사라지면 철수해야 할 존재로 인식하는 것이다.

미국이 안보전략상의 필요에 따라 주한미군을 한반도 외 분쟁 지역에 투입하는 것, 이른바 주한미군의 전략적 유연성에 대해서는 찬반이 엇갈렸다(찬성 43.7%, 반대 44.7%). 미국과 더불어 지역 또는 세계 차원에서 발생하는 포괄적 안보 사안들에 공동 대처함으로써 한국의 위상을 높이려고 하기보다는 미국 때문에 역내의 분쟁에 연루(entrapment)되는 것을 우려하는 것이다. 한미 두 나라는 2006년 초 주한미군의 전략적 유연성에 합의했지만 참여연대와 민중연대를 비롯한 상당수 시민사회단체는 한반도와 주변 동북아 지역 간의 갈등을 심화할 것이라며 반대한다. 주한미군의 행동반경이 넓어지는 것을 중국이 반기지 않는 것을 의식하고, 또 자칫 한국이 중국과 대만의 양안분쟁에 휘말릴 것을 우려하는 것이다.

이 여론조사의 시점인 2008년 봄까지만 해도 이라크에 나가 있었던 자이툰부대에 대해서도 국민의 3분의 2 가까이(64.1%)가 단계적으로 철수해야 한다고 대답했다. 3년 전인 2005년 봄 월간중앙 조사에서도 64.9%가 단계적으로 철수해야 한다고 응답했다. 한미동맹 때문에 명분 없는 전쟁에 연루되었으므로 가급적 조기 철수가 바람직하다고 생각한 것 같다. 한국이 미국과의 동맹을 어느 수준에서 맺을 것인지에 대해 응답자의 33.2%가 '지금보다 한미동맹을 더 강화해야 한다'고 답했지만 '지금이 적당하다'(30.5%)거나 '지금보다 더 독자적인 노선을 걸어야 한다'는 응답(30.3%)도 비슷했다(뉴스위크 한국판, 2008년 4월 23일).

항상 미국의 한국에 대한 방위공약 재확인에 의미를 부여하며 오직 한미동맹에만 매달리던 과거에 비하면 이른바 동맹피로가 많이 누적됐음을 이러한 여론조사에서 엿볼 수 있다. 이와 같이 미국의 대북강경정책을 반대하고(즉 한미공조보다 남북공조를 더 선호하고), 주한미군이 철수를 선호하며, 한국군의 해외파병에 반대하는 여론은 반미주의자들의 반전평화운동을 위한 좋은 토양이 된다.

한국 사회 반미세력의 주력부대는 1980년대에 대학을 다니며 반독재 민주화운동을 경험한 이른바 386세대인데 이들에게 이념적으로 가장 큰 영향을 주었던 지식인이 네 명 있다. 강만길, 리영희, 백낙청, 한완상이다.

한국의 대표적 좌파 지식인 중 한 사람인 한완상의 반냉전 평화론을 살펴보자. 그는 통일부총리 재직 시인 1993년 비전향 장기수 이인모 노인의 북한 송환 직후 북한이 핵확산금지조약(NPT)을 탈퇴해 안보위기를 조성하였고, 이에 대해 '(비전향 장기수를 일방적으로 송환했는데도) 북한의 태도에 변화가 없지 않느냐'는 비판이

제기되자, "비난 들은 것을 (오히려) 영광으로 생각"한다고 맞받아 치고, 송환 결정을 "냉전 대결의식을 뛰어넘는 역사적 판단"이라고 계속 옹호하며, "북한 퍼 주기 주장과 속도 조절론은 한반도 평화를 원치 않는 사람들이 만들어 낸 것"이라고 말했다(조선일보, 2001년 2월 1일). 무조건적 대북지원을 비판하거나 신중한 대북접근을 주장하는 사람은 반평화세력이라는 논리이다.

남한이 해방 이후 김영삼 정부에 이르기까지 대북강경정책을 폄으로써 결과적으로 북한이 군사력을 강화하도록 했다고도, 한완상은 주장했다. 그와 같은 맥락에서 북한 핵개발도 일방적으로 비호했다. 노태우 정권의 대북정책은 "북한과는 기본합의서를 체결해놓고, 소련, 중국과 수교하며 북한을 목 조르기 했던 것"이고, 북한은 이에 할 수 없이 "NPT를 탈퇴하고 핵개발을 선택한 것"이며, 북한의 핵개발은 "미국중심의 핵 정치에 대해 반발"한 것이기 때문에 정당하다는 것이다. 북한 핵문제가 터지는 바람에 그 자신이 냉전 수구세력들에게 괴롭힘을 당했다며, 안보를 걱정하는 사람들을 냉전 수구세력이자 반통일 세력으로 매도했다. 그러나 6공화국의 노태우 정부가 당시 소련과 중국 같은 공산권 국가들과 수교한 이른바 북방정책을 '북한 목 조르기'라고 비난하는 것은 말이 안 된다.

그는 반미주의 경향도 드러냈다. 그는 "아, 부끄러운 40년의 짝사랑"이라는 글에서 "한 40년 짝사랑했으면 이제 철이 들 때도 되지 않았소. 이제 참담할 정도가 아닌 참렬했던 40년간의 이 수치를 씻을 때가 온 것 같소."라며 미국에 대한 '짝사랑'을 거둬들이자고 주장했다. 그는 "우리는 주한미군에게 너무 많은 특권을 주어 왔고, 미국은 우리가 그들을 좋아하는 것만큼 우리를 좋아하지 않는다."

고 미국을 비판했다. 팀스피리트(Team Spirit) 같은 한미군사훈련에 대해서도 "대규모 군사훈련이나 군비 경쟁 등으로 인한 긴장고조는 세계평화를 위협"할 것이라고 반대의사를 표시했다.

그는 한민족만이 냉전체제라는 20세기 '역사 감옥'에 갇혀 있고 '국제적인 웃음거리'가 되었다며, 이는 "오직 자기 민족을 증오하는 냉전적 대결의식을 가진 수구냉전세력 때문이다."라고 말했다. 전쟁과 도발을 일삼아 온 북한에는 아무런 책임을 묻지 않고 모든 책임을 한국의 우파세력에 떠넘기는 것이다. 국방부가 북한을 주적(主敵)으로 규정하는 것과 관련하여 논란이 일자, "주적을 우리의 동반자로 바꾸는 그런 교육을 할 생각"이라고 단언했다.

그는 "분단을 확대 재생산시키는 냉전 이데올로기, 냉전제도, 냉전사고(思考)는 정말 우리를 원통케 하는 악의 유제"라며 '남북 간에 평화가 한강 물처럼 흐르게 하는 것'이 자신의 남은 생애의 과제라고 하였다(김성진, 2005) 한반도에 긴장을 조성하는 것은 언제나 미국 아니면 남한의 우파 냉전세력이고, 북한은 미국이나 남한 우파정부의 대북강경정책에 대응하여 방어적 차원에서 군사력을 강화하거나 핵을 개발하였다는 것이다. 한완상의 반냉전 평화론에 의하면 평화를 위해서는 비전향 장기수도 조건 없이 보내 주고 대북지원도 무조건 계속하며 북한을 자극할 수 있는 행동은 일체 하지 말아야 한다.

권위주의 정부 시절 한국에서 평화운동은 금기(taboo)였다. 이승만 정권은 북진통일론을 내걸었기 때문에 '평화'는 곧 '친북'이요, '친공'(親共)으로 몰렸다. 1960년 4·19혁명 이후 평화통일운동이 분출했으나 박정희 정권 등장 후 탄압을 받으면서 그 흐름이 끊어

졌다. 1980년대 중반 이른바 학생운동권 주사파에 의해 '반전반핵'
의 구호가 한때 외쳐졌으나 그것은 반미통일운동의 도구에 그쳤으
며, 그나마 북한 핵문제가 불거진 1990년대 전반 이후로는 '반핵'
이라는 구호가 슬그머니 사라져 버렸다. 운동권은 한미동맹을 파탄
내는 '반미', 그리고 반공 이데올로기를 깨는 '통일'과 '민족'이 더
급선무였기 때문에, '평화'라고 하는 고상한 구호에 매달릴 마음의
여유가 없었다.

'평화'를 전면에 표방하고 나온 이른바 평화운동단체들은 대개
1990년대 후반 들어 생겨났다. '평화를 만드는 여성회'는 1997년,
'평화와 통일을 여는 사람들'(약칭 평통사)은 1998년, '평화네트워
크'와 '한국대인지뢰대책회의'와 '평화인권연대'는 1999년에 출범
했다. 그 후 '평화통일시민연대'(2002년), '다함께'(2002년), '비폭력
평화물결'(2003년), '참여연대평화군축센터'(2003년) 같은 단체들이
등장했다.

2001년 9·11테러 이후 미국이 아프간 전쟁과 이라크 전쟁을 일
으키면서부터는 재야운동권단체 연대기구인 민중연대는 물론이고,
한국여성단체연합과 환경운동연합과 녹색연합 같은 시민단체, 그리
고 민주노총과 한국노총 같은 노동단체들까지 '반전평화'를 핵심
사업으로 삼으면서 이른바 반전평화운동은 거세지기 시작했다.

반전평화론은 반미운동권 차원에 머물지 않았다. 김대중, 노무현
정부의 대북기본정책인 대북포용정책(햇볕정책) 자체부터가 반전평
화론에 바탕을 둔 것이었다. 그 결과 김대중, 노무현 정부 시절에
한미 양국은 북한 핵문제에 대한 접근방식에서 합의를 보지 못하
였다. 미국은 북한에 대하여 당근과 채찍을 함께 구사하려는 데 반

하여, 한국의 김대중 정부와 노무현 정부는 당근만을 고집했다.

햇볕정책 옹호자들은 2000년 6·15남북한공동선언 덕분에 한반도평화가 보장된다고 주장한다. 일례로 안병직과 백낙청의 논쟁을 살펴보자.

안병직은 『시대정신』 2006년 가을호에서 김대중, 노무현 정부가 채택한 민족공조 노선의 폐기를 주장했다. 그는 한국의 현대사적 과제는 선진화와 통일로 이해되고 있으나, 선진화는 국제협력노선으로써만 수행될 수 있고, 통일은 김정일 체제를 전제로 하는 자주노선으로 추구되기 때문에 두 과제는 필연적으로 모순될 수밖에 없다면서, 대한민국의 유일한 국정과제인 선진화의 달성을 위해 '우리민족끼리' 노선(6·15남북공동선언)을 폐기할 것을 주장하였다.

이에 대해, 백낙청은 2006년 9월 29일 민족화해범국민회의와 한겨레통일문화재단이 공동주최한 '2006 한반도 평화와 상생을 위한 하슬히이'에서 "(6·15남북한)공동선언 발표와 이에 내한 국제사회의 전폭적인 지지가 아니었던들 한반도의 전쟁위협이 고조되고 북의 모험주의적 행동이 강화되며 서해교전 같은 충돌사태만 벌어져도 주식시장이 폭락하고 외국자본이 철수하는 '제2의 IMF 사태'를 초래하기 십상이지 않았겠는가."라고 비판했다. 남북화해가 미국과 북한의 군사행동을 막고 한국경제의 대외신인도를 높여 경제위기를 예방했다는 것이다.

그러나 6·15남북한공동선언은 북한 핵실험을 막지 못했다. 백낙청의 그 발언으로부터 정확히 열흘 뒤에 북한은 핵실험이라고 하는 사상최대의 모험적 군사행동을 감행했다. 북한은 오바마 미 행정부 출범 이후인 2009년 5월 25일 2차 핵실험도 강행했다. 반미주의자들은 한때 조지 W. 부시 대통령만 물러나면 미국과 북한 관계가 달라질 것처럼 부시를 공격했지만 그것은 미국 민주당을 잘 모르는 소치이다. 안보문제에 있어서는 공화당이 오히려 더 여유가 있다. 조지 W. 부시 정부 말기에 크리스토퍼 힐 국무부 차관이 6자회담과 미북 양자대화를 주도한 결과, 북핵 불능화로 나아갔던 것이 그 대표적 사례이다.

민주당은 안보문제에 있어서 공화당보다도 더 큰 여론의 부담을 느끼기 때문에 북한을 결코 부드럽게만 대할 수 없다. 민주당은 전통적으로 인권 외교를 강조하는 정당이기도 하다. 따라서 민주당은 북한 핵문제뿐 아니라 북한의 체제문제, 인권문제까지 다루려는 입장이다. 2008년 취임한 이명박 한국 정부는 6·15와 10·4 남북한 공동선언의 계승에 부정적이다. 이러한 이명박 정부의 대북강경자세는 반미세력들의 거센 반발을 초래하였다.

한국의 반미세력들은 이라크파병반대투쟁을 줄기차게 전개했다. 당시 한국 국민들 사이에서도 반전여론이 높았다. 그러나 국민들은 2002년 신효순·심미선 사망 사건 당시의 반미촛불시위 때와 달리 시위에는 동참하지 않았다. 국민들은 파병을 싫어하면서도 이라크 전후 재건을 돕는 파병이 한국의 국익에는 보탬이 될 것이라고 보았다. 파병에 대한 이중적 태도를 드러낸 것이다.

이라크파병반대시위에는 대개 2천~7천 명이 참여했다. 운동권이 총집결하고 거기다가 민노당과 같은 일부 정당, 그리고 참여연대 같은 일부 시민단체들까지 가세한 것을 고려하면 많지 않은 숫자였다. 2002년 당시 반미촛불시위에 수만 명씩 모였던 것에 비해서도 규모가 작았다. 그러나 요즘 대학가 집회에는 고작 수십 명이 모이는 것을 생각하면, 수천 명이라는 시위 규모는 결코 경시할 수 준이 아니었다. 그것도 두 달 동안 거의 날마다 줄기차게, 끈질기 게 시위가 계속됐다. 이라크 1차 파병안이 통과된 이후에도 추가파 병을 반대하고 조기철군을 요구하는 시위는 수년간 지속됐다.

이라크파병반대투쟁은 국민의 동참을 끌어내지 못했지만 파병 시기를 늦추고 파병 장소를 바꾸고 파병 규모를 줄이고 파병 성격 을 제한하는 성과를 거두었다. 이라크 추가파병 반대투쟁의 와중에 제17대 국회의원 총선거가 치러졌는데 노무현 대통령 탄핵에 반대 하는 이른바 '탄핵 돌풍'이 불어, 당시 집권당인 열린우리당이 국 회 과반의석을 차지하는 '선거혁명'이 일어났다. 비록 '반전평화의 바람'은 아니었지만 탄핵반대촛불시위 주력부대와 파병반대운동 주 력부대는 거의 일치했다고 본다면 그들의 정치적 목적은 십분 달 성된 셈이다. 그러나 그 과정에서 한국 사회 좌우 이념대결, 즉 이 른바 남남대결은 극심해졌고, 한미동맹은 멍이 들었으며, 한미관계 는 사상 최악의 상태로 치달았다.

이라크 전쟁은 조기에 미국의 승부로 결판났지만, 이라크 전후 평화정착이 지연되면서 반전여론은 전 세계적으로 확산됐고, 반미 주의가 세계 곳곳에 풍미했다. 한국의 반전평화세력은 국제연대에 도 적극적이어서 '국제공동 반전행동의 날'과 같은 전 세계적 행사 에 동참하고 해외에서 진행되는 회의, 세미나, 시위에도 대표를 파 견하는가 하면 외국의 반전단체 사람들을 국내로 초청하기도 한다. 아직은 언어소통능력이나 전문성, 재정의 부족으로 한국 반전평화 운동세력의 국제연대가 초보적 수준에 머물러 있지만 앞으로는 달 라질 수 있다. 전 세계적 반전반미의 물결은 미국을 갈수록 궁지로 몰아넣었다.

미국 내 반전여론도 날이 갈수록 높아졌다. 부시의 공화당은 2006년 중간선거와 2008년 대통령선거에서 패했다. 민주당이 이라크 전쟁 반전 여론과, 미국발 글로벌 금융위기를 초래한 공화당 책임론을 업고 상하 양원의 다수를 차지했을 뿐 아니라, 미국 정치사상 최초로 흑인 대통령을 탄생시켰다.

새로 등장한 오바마 행정부는 이라크의 미군을 전면 철수시키기로 했지만, 아프가니스탄에는 병사를 추가 파견했다. 아직도 아프가니스탄과 파키스탄 국경지대 산악에 숨어 암약하는 오사마 빈 라덴의 알카에다 조직망의 확산을 막기 위해서는 아프가니스탄 전선이 절체절명의 중요성을 갖는다는 것이다.

미국은 2003년 이라크 전쟁 이후 우선순위를 아프가니스탄에서 이라크로 옮겼는데 그 바람에 2006년 이후 아프가니스탄의 상황이 나빠졌다. 탈레반 잔당이 이끄는 반군들이 조직을 재건하고 세력을 강화한 것이다. 탈레반은 군대라기보다는 종교적, 문화적 운동단체의 성격을 지니고 일부 아프간 주민들의 지원을 받기 때문에 쉽게 소탕되지 않는다. 탈레반의 끈질긴 생존력에 비할 때, 미국의 동맹인 아프가니스탄 정부나 파키스탄 정부는 취약하다.

아프가니스탄의 카르자이 정부는 부패할 뿐 아니라 대통령 재선 과정에서 부정선거 비난에 휩싸였다. 미국과 파키스탄 정부의 이해가 불일치하는 측면도 있다. 미국은 파키스탄 서부지역의 탈레반 잔당과 이슬람 무장세력 소탕을 급선무로 생각하는 반면, 파키스탄은 숙적 인도를 견제하기 위해 동부 국경지대를 튼튼히 하는 데 우선순위를 둔다. 미국이 탈레반 잔당 소탕용으로 파키스탄에 지원한 군사 장비를 인도 견제용으로 전용했다고 무샤라프 전 파키스탄 대통령이 시인했다. 파키스탄은 워낙 반미여론이 높아 정부가 탈레반과 알카에다 소탕에 전력을 다할 경우 그 역풍으로 정부 자체가 흔들릴 수도 있다. 아프간에서 9년째 싸우는 미국과 유럽 연합군의 어려움이 거기에 있다

오바마 대통령은 취임 후 아프가니스탄에 병력 2만 명 이상을 증파하여 아프가니스탄 주둔 미군 숫자가 6만 1천 명이 되었으나 전세는 호전되지 않았다. 오바마가 취임 후 새로 임명한 현지 미군 사령관 맥크리스털(Stanley McCrystal) 장군은 최소 1만 명에서 최대 4만 명까지 병력을 증파하지 않으면 반군의 승기(勝機)를 꺾을 수 없고 전쟁에서 지게 된다고 경고했다. 하지만, 오바마는 취임 초의 강경자세에서 크게 후퇴했다. 그는 미국의 전략이 분명해질 때까지 증파하지 않겠다면서, 작전대상에서 탈레반 무장세력은 제외하고 오직 알카에다에만 초점을 맞추자는 입장을 보였다. 자신의 민주당 당내에서 아프간 전쟁 회의론이 점증하기 때문이다.

전쟁 발발 후 지금까지의 미군 사상자 누계도 급증했다. 2009년 9월 20일 현재 아프간 주둔 미군 사망자는 764명이고, 여기에 이라크 주둔 미군 사망자(4,334명)를 합치면 5천 명이 넘는다. 미국을 도와 아프간에서 싸우는 북대서양조약기구(NATO) 동맹국들 사이에서도 전쟁 회의론이 증대되었다. 이탈리아는 2009년 9월 자국 병사 6명이 이슬람 무장세력의 자살폭탄테러에 의해 숨지자, 조기 철수를 선언했다. 아프간 전쟁 회의론은 미국의 제1동맹국인 영국 내에서조차 높아졌다(The Seattle Times, 2009년 9월 14, 18, 20, 21일). 반전평화론자들 중에는 미국이 '피에 굶주려' 전쟁을 일삼는다

고 하지만 실제 미국은 심각한 전쟁 피로 현상을 노정하고 있다고 보는 것이 정확하다.

한국군은 이라크와 아프간에서 완전 철수했다. 이라크와 쿠웨이트에 파견됐던 자이툰부대와 다이만 부대는 2008년 12월 19일 파병 4년 3개월 만에 완전 철수했다. 자이툰부대는 2004년 9월 쿠르드 자치구인 이라크 북부 아르빌에서 공식 임무를 수행하기 시작한 이래, 연인원 1만 9천5백 명이 지역 재건사업과 함께 현지인 8만 8천 명을 진료했다. 같은 기간 쿠웨이트에 주둔했던 다이만 부대도 병력 4만 3천 명, 물자 4,500톤을 실어 나르며 이라크 재건에 기여했다. 자이툰부대는 베트남 전쟁 파병 이후 최대 규모였고, 반전단체들이 파병반대운동을 지속하는 가운데 4차례 병력 감축, 4차례 국회 연장동의안 채택이라는 기록을 남겼다(MBC 뉴스투데이, 2008년 12월 20일; 조선일보, 2008년 10월 29일).

아프가니스탄에 파견됐던 동의부대와 다산부대도 5년 10개월 동안의 임무를 마치고 2007년 12월 14일 완전 철수했다. 그에 앞서 같은 해 2월에는 한국군 하사 한 명이 폭탄테러로 숨지고, 이어 7월에는 탈레반 무장세력에게 한국인 23명이 피랍되어 한국군 즉각 철수 주장도 제기됐으나 당초 일정대로 연말에 철수했다. 당시 납치됐던 한국인 구출에는 미군의 도움이 컸으며, 그러한 미군의 도움은 한국의 파병에 대한 일종의 보답으로 평가되었다. 두 부대는 공병기술과 의술로 아프간의 전후 재건을 도왔다(연합뉴스, 2007년 12월 14일).

반전평화론자들은 미국만 군사력을 늘리지 않고 전쟁을 일삼지 않으면 세계평화가 보장될 것처럼 말하지만 과연 그러할까? 냉전 이후 전쟁 양상은 종족 간, 종파 간 분쟁이 압도적이다. 러시아는 미국과 북대서양조약기구(NATO)의 코소보 개입에 몹시 반대했지만 코소보의 민족 간 폭력충돌사태는 극심한 인권유린과 학살을 초래했고, 따라서 인도주의적 개입은 필수적이었다. 그 경우는 개입하지 않는 것이 오히려 잘못으로 비판받는다.

이런 일은 냉전 후 세계에서 비일비재하다. 미국이 한편에서는 지나치게 개입해서 욕을 먹지만, 다른 한편에서는 개입하지 않는다고 욕을 먹는다. 예를 들면 전략적 가치가 있는 소말리아에는 개입하면서(비록 실패하여 불명예 퇴각을 했지만), 수단을 비롯한 다른 나라에는 왜 개입하지 않느냐고 묻는다. 이러한 분쟁의 경우 미국의 개입이 문제가 아니라 종족 간, 종파 간의 민주적 공존을 실현하지 못하는 분쟁국가 내부의 후진적 국내정치가 문제이다.

사우디아라비아 귀족 출신인 오사마 빈 라덴이 알카에다의 두목이 된 것도 사우디 국내정치가 민주화되지 않아 그가 성지적 뜻을 펼 수 없었기 때문이다. 이슬람 극단주의 세력은 미국이 군사적 대외개입을 하지 않더라도, 무슬림 세상 만들기라는 자신들의 목적이 달성되기 전에는 성전을 멈추지 않을 것이다.

평화는 미국을 몰아내기만 하면 이루어지는 게 아니다. 미국이 한국에서 군대를 철수시키고 핵우산을 제거하더라도 북한 정권은 체제와 정권을 유지하기 위해 핵과 미사일 개발을 비롯한 군비증강을 멈추지 않을 것이다. 2007년 남북한정상회담에서 발표된 10·4남북평화번영선언은 남북평화선언을 통해 평화협정 체결의 분위기를 조성했다는 평가를 받지만, 평화선언으로 평화가 보장되지 않는다. 2009년 북한의 2차 핵실험과 미사일 발사, 그리고 제3차 서해교전으로 2007년의 평화선언은 사실상 휴지조각이 되고 말았다.

평화는 단지 전쟁 없는 상태(소극적 평화)만을 의미하지 않는다. 평화는 전쟁부재 상태에서 한 걸음 더 나아가 개인의 자유와 창의가 보장되는 가운데 공동체 전체가 안전과 행복을 누리는 것(적극적 평화)을 포함한다. 흔히 평화를 모든 형태의 공포와 결핍과 차별과 공해에서 해방되는 것이라고 말하는 이유가 거기에 있다.

좁은 의미의 평화운동은 반전, 반핵, 군축 운동 같은 것을 가리킨다. 그러나 넓은 의미의 평화운동은 그보다 범위가 훨씬 더 넓다. 평화운동은 빈곤, 차별, 환경파괴, 가부장제와 같이 인간의 생존권을 억압하는 모든 구속에서의 자유를 추구하는 것이다. 평화운동 속에는 인권운동, 환경운동, 여성운동, 빈곤추방운동이 포함돼 있다.

따라서 북한인권운동과 탈북자인권운동, 이슬람여성해방운동도 넓은 의미에서는 평화운동이다. 2001년 『여성의 신문』과 여성과 인권연구회, 여성단체, 학생들로 구성된 전쟁반대여성연대는 온라인에서 전쟁과 여성 관련 자료를 모으고 아프간여성영상제, 아프간여성지원모금행사를 가졌다. 그러나 한국의 반전평화운동가들이 북한 주민과 탈북자, 이슬람 여성 인권에 관심을 갖는 일은 극히 드물다. 오히려 일부 반미주의자들은 북한인권운동을 방해한다. 북한인권운동을 북한무너뜨리기운동으로 간주하고 그것을 막는 것이다.

반전평화운동도 전문성을 지녀야 하고 분야별로 자기 특성에 맞는 운동을 전개할 필요가 있다. 그리고 이제는 반전평화운동이 정치적, 이념적 편향성에서 탈피하여 균형 감각을 회복할 때이다. 한국의 환경운동단체들은 위도 핵폐기장 건설을 반대하면서 북한 핵에 반대하는 반핵운동은 벌이지 않는데 그것은 일관성이 없는 것

이다. 반전평화운동가들이 국제반핵집회에는 참여하면서 국내에서
는 반핵운동을 벌이지 않는 것도 모순이다.

평화는 무엇을 반대함으로써가 아니라 항구적, 제도적 전쟁억제
장치를 만듦으로써 이룩하는 것이다. 그 내용 중에는 당연히 평화
협정 체결도 포함되지만, 그보다 더 중요한 것은 남북한 간의 군사
적 신뢰구축이다. 군사적 신뢰가 구축되면 서로가 군사 정보를 공
유하고 상호훈련을 참관함으로써 불필요한 오해나 불신을 제거하
기 때문에 우발적 전쟁의 소지를 없앨 수 있다. 군사적 투명성이
보장되므로 상대의 어떠한 군사적 움직임도 두려워하지 않게 되는
것이다.

북한은 과거 군사적 신뢰구축을 남북대화의 선결조건으로 제시
했으나 지금은 그것을 언급하지 않은 채 교류협력만 주장한다. 현
재는 한국이 오히려 군사적 신뢰구축을 더 중시한다. 그러나 6·15
남북공동선언에는 군사적 신뢰에 관한 내용이 전혀 없다. 군사적
신뢰 구축 없이는 일체의 교류협력을 할 수 없다고 주장하는 것은
잘못이지만, 군사적 신뢰 구축 없이 진정한 평화가 이룩될 수 없다
는 것만은 반전평화론자들도 명심해야 한다.

반전평화론은 대중의 피부에 와 닿을 수 없는 정치이데올로기이
다. 최장집은 평화나 인권 같은 거대담론들이 보통사람들의 삶에
기여하지 못한다고 비판했다. 2007년 5월 18~19일 전남대학교
5·18연구소를 비롯한 단체들이 전남대학교에서 개최한 국제학술
대회 '5·18과 민주주의, 그리고 한반도 평화'에서, 그는 '5·18과
한국의 민주주의'라는 제목의 논문에서 "(평화와 인권과 같은 거대
담론들은) 구체적 삶의 현실을 정치의 중심이슈로 두는 데 별로 도

움이 되지 않는다.”고 지적했다.

최장집은 거대 담론들이 “보통 사람들의 실생활에 직접 기여했고, 할 수 있는지는 확실하지 않다.”며 “거대담론은 삶의 현실에서 발생하는 미세하고 구체적인 문제를 다루기에는 지나치게 거시적이고 추상적”이라고 말했다. 한반도 평화는 그 어떤 쟁점보다 중요하지만 전쟁이 발생할 가능성을 일상적으로 강조하는 것은 현실이기보다 이데올로기일 경우가 많다는 것이다. 그는 “평화의 이슈가 진보파와 보수파 사이에, 대북강경파와 온건파 사이에 레토릭(수사, 修辭)의 수준에서 격렬한 대립을 불러일으킬지는 몰라도, 실제 이들의 정치 갈등이 평화 대 전쟁이라는 양자택일을 둘러싼 것일 수는 없다.”며, “평화의 이슈는 …… 과장된 현실에 기초한 갈등이 되기 쉽다.”고 했다(한겨레, 2007년 5월 16일).

반전평화론자들은 마치 미국이 대북강경정책만 포기하면 북한이 오늘이라도 당장 핵을 포기할 것처럼 주장하지만, 그것은 북한의 근본적인 핵 보유 의도를 간과하는 것이다. 빅터 차(Victor Cha) 미국 조지타운대학교 교수는 2009년 9월 18일 한국 국방부와 국방대학교 안보문제연구소가 공동개최한 세미나 사전 발표문에서, 북한 핵개발은 협상용이 아니며 인도처럼 핵무기 보유국으로 인정받기 위한 것이라고 분석했다. 김정일은 핵보유국으로서의 강화된 지위를 후계자에게 물려주길 원한다는 것이다(국민일보, 2009년 9월 18일).

북한은 2012년 강성대국 실현을 외치지만 그것을 들여다보면 핵 보유국이 되는 것 이외에 다른 내용은 없다. 사회주의 계획경제를 고수하면서 1인당 국민소득 2,500달러를 이루겠다고 하지만 그것은 불가능하다. 핵 보유로 3대 세습체제(김정운 후계구도)를 확립하고 살아남는 것이 북한 정권의 목적인 것이다.

북한이 핵을 포기하는 대가로 미국이 북한에 줄 수 있는 것은 미북수교, 무역협정 체결, 경제제재 완화, 국제금융기구 가입 허용, 에너지와 식량 지원, 개성공단 제품에 대한 특혜의 여섯 가지라고 미국 의회조사국(CRS)이 2009년 9월 16일 분석했다.

그러나 미국과 북한이 국교를 맺고 무역협정을 체결하고 북한이 국제금융기구에 가입한다는 것은 북한이 '개방'을 선택한다는 것인데 과연 북한이 그럴 의지가 있는지, 또 그러한 개방을 견뎌 낼 만한 체제 내구력이 있는지 의문이다. 북한이 6자회담이나 미북양자회담 합의문에서 그런 내용을 수용할 수는 있겠지만, 실제로 그와 같은 '개방'으로 나아가는 것은 요원하다고 봐야 한다. 1994년 미북제네바합의에 미북수교 내용이 들어가 있지만 북한은 평양에 미국외교관들이 상주하는 것을 썩 좋아하지 않았던 것 같다.

북한은 미국이 북한을 공격하려고 하기 때문에 핵개발이 불가피하다는 식으로 말하지만, 미국은 2003년부터 5년간은 이라크에, 그리고 2009년 이후는 아프가니스탄에 두 발이 깊이 빠져 있다. 북한이 두 차례나 핵실험이라는 도발을 일삼았지만 미국은 유엔을 통해 북한을 제재했을 뿐 직접 공격은 하지 않았다. 이라크 혹은 아프가니스탄에 발이 묶인 미국의 약점을, 북한은 어쩌면 교묘하게 이용하여 핵실험 도발을 반복하는지도 모른다.

한국은 2009년 5월 26일 대량살상무기 확산방지구상(PSI)에 전면 참여했다. 북한의 2차 핵실험 강행으로 더는 PSI 참여 확대를 미룰 수 없게 된 것이다. 미국이 2001년 9·11테러 이후 대량살상무기 확산 방지에 골몰하고 있을 때, 북한은 2002년 12월 스커드 미사일

15기를 몰래 예멘으로 실어 나르다 적발되는 이른바 서산호 사건을 일으켰는데, 이 사건이 PSI를 탄생시키는 결정적 계기가 되었다.

미국은 2003년 PSI를 출범하면서부터 한국의 참여를 요구했으나 김대중 정부와 노무현 정부는 남북한관계를 이유로 전면 참여를 거부한 채, 브리핑 청취와 참관단 파견이라는 제한적 참여 입장을 고수했다. 그러다가 2009년 북한이 2차 핵실험을 강행하자, 이명박 정부는 그 다음 날로 PSI 전면참여를 선언했는데, 이는 대량살상무기 확산이라고 하는 국제적 명분에 동참하는 당연한 조치이다.

반전평화론자들은 일체의 대북제재를 반대하지만 국제사회는 북한의 악행을 묵과할 수 없다. 2009년 5월 북한이 2차 핵실험을 강행하자, 유엔 안전보장이사회는 안보리 결의안 1874호를 발효했다. 그 후 북한 선박 강남호를 추적하고, 무산호를 나포하는 조치들이 있었다. 북한은 마치 강경에는 초강경으로 맞서겠다는 식으로 대륙간탄도탄(ICBM) 개발, 3차 핵실험 강행 같은 엄포를 연발하지만 과연 그렇게 할 수 있을지는 극히 의문이다.

북한은 특유의 기만과 집요함으로 핵개발을 추진하지만, 다른 한편으로는 미국의 공격을 극도로 두려워하면서 소위 치고 빠지는 교활함을 보인다. 이러한 북한을 너무 구석으로 몰아서 이판사판으로 덤벼들게 해서도 안 되지만 북한의 행동이 한계(red line)를 넘어설 때는 그에 상응하는 단호한 조치를 반드시 취하지 않으면 안 되는 것이다.

우파진영의 반핵운동이 곧 반북(反北)운동이라면, 좌파진영의 반전운동은 곧 반미(反美)운동이다. 반전평화론자들은 진정으로 평화를 이룩하는 것보다는 정치적, 이념적 차원에서 '평화'라는 명분을 선점하고 한국 사회의 우파를 냉전세력, 반평화세력으로 몰아세움으로써 정국의 주도권을 장악하는 것에 더 관심이 있는 것 같다.

반전평화운동은 지금까지 한국 사회를 지배했던 반공 이데올로기를 깨부수고 국가보안법을 비롯한 냉전의 성역을 무너뜨림으로써 좌파의 권력기반을 넓히려는 목적을 지닌다. 맥아더 동상 철거와 주한미군 철수 운동을 전개하여 한미동맹에 타격을 줌으로써 우파의 지배기반을 흔들려는 의도도 있다. 반전평화주의자들이 일반 국민의 지지가 없는데도 맥아더 동상 철거투쟁을 벌이는 것은 바로 그러한 정치적, 이념적 동기에 의한 것이다.

이들은 반전평화운동이 한반도 전체에서 들불처럼 일어나 우파 정권을 넘어뜨리고 미군을 몰아내는 날을 꿈꾼다. 2002년 신효순·심미선 사망사건 당시, 그리고 2008년 광우병 파문 때와 같은 대규모 반미촛불시위로 좌파의 선거 승리를 달성하거나 우파 정권에 신대한 타격을 입히려고 한다. 이들의 촛불은 '평화'의 촛불이 아니라 '전복'의 촛불인 것이다.

3. "반미로 뭉치자": 저항운동에서 집권전략으로

과거 독재정권 시절에는 '반독재'라는 구호 아래 많은 정치세력들이 하나로 뭉칠 수 있었다. 그러나 민주화 이후에는 잡다한 정치세력들을 하나로 묶어 줄 수 있는 '공통의 적(common enemy)'이 사라져 버렸다. 이처럼 과녁을 상실한 운동권 세력들에 있어서 '반미'만큼 좋은 연결고리는 없다.

반미주의는 미국에 대한 단순한 저항의 차원을 넘어 정치적으로 세력을 결집하거나 연합시켜 집권을 달성하는 수단으로도 활용된다. 반미주의는 마치 골리앗과도 같이 거대한, 미국이라는 멀리 있는 적(enemy afar)을 공동의 투쟁대상으로 삼으로써 운동세력 내부의 차이를 뛰어넘어 연합을 이룰 수 있게 하는 데 있어서 가장 효과적인 이념 중 하나이다.

북한의 대남전략 가운데 반미구국 통일전선전술은 바로 반미를 연결고리로 하여 남한의 정당, 정파, 단체, 계급과 계층, 기타 사회 정치세력들을 하나로 묶어 내는 것이다. 북한의 체제 이데올로기인 사회주의 이념으로 뭉치면 더욱 좋겠지만 처음부터 그렇게 하면 거부감이 커서 세력결집이 안 되므로 반미를 공통분모로 하여 연합을 모색한다. 한민족 누구에게나 잠재해 있는 반외세 민족감정을 십분 활용하는 것이다.

반미운동이 심해지면 정치지형의 변화를 초래하기도 한다. 예를 들면 미국에서는 베트남 전쟁 반대운동이 확산되면서 신좌파(New Left)가 민주당에 포섭되고, 대부분의 남부 백인들, 적어도 백인 노동자의 절반과 가톨릭 신자들이 공화당 지지층이 되었다. 남부사람들은 베트남 전쟁 반대운동이 지닌 엘리트주의와 반미주의에 염증을 느끼고 오히려 보수적으로 변했던 것이다. 전 세계적으로 미국을 비난하는 소리를 들으면 미국이 더 진보적인 나라가 될 것이라고 믿었던 사람들에게는 뜻밖의 결과였다고 할 수 있다. 실제 베트남 전쟁의 한복판에서 치러진 미 대통령선거에서 공화당의 닉슨이 당선됐다.

물론 베트남 전쟁은 전 세계적으로, 그리고 미국 내에서도 반미주의를 극도로 고조시켰다. 그 결과 미국은 제2차 세계대전 동안 여러 동맹국들과 함께 애써 확립해 놓았던 도덕적 자산(moral capital)의 많은 부분을 탕진해 버렸다. 베트남 전쟁으로 말미암아 미국의 국제적 신뢰성, 즉 국제문제에 있어서 선과 공정성을 실현할 수 있는 힘을 많이 상실한 것이다(Heineman, 2007). 그럼에도 불구하고 반미주의에 관한 주요저서들이 대부분 베트남 전쟁을 거의 언급하지 않았다.

한국 사회의 좌파세력은 공산권 붕괴 이후, 특히 북한이 남북한 체제경쟁에서 탈락한 후 대안이념과 대안체제를 상실하였다. 거기다가 좌파세력은 갈래가 나뉘고 내부적으로 분열하기도 하였다. 1987년 민주화 이후 30년, 여야 간 정권교체 이후 10년을 지나면서 한국의 시민사회는 급속히 분화했다. 박명림(2007)은 "노동·농민·빈민, 특히 민주노동당, 민주노총으로 내번뇌는 빈숭담론과 DJ, 노무현 정부, 시민단체의 분화가 유럽 등의 사회에 비해 너무 빨리 왔다."고 말한다. 이처럼 뚜렷한 이념이 부재한데다 좌파진영이 내부적으로 균열된 상황에서 반미주의만큼 용이하게 좌파를 하나로 묶어 낼 수 있는 이데올로기는 없다.

반미연합에는 좌파만 참여하는 것이 아니라 때로 우파의 일부도 동참한다. 예를 들면 우파 성향의 한국노총은 여중생 범대위와 평택 범대위를 비롯하여 반미연대에 거의 항상 참여한다.

북한핵실험 직후인 2006년 10월 19일 열린 라이스 방한 반대 기자회견 참여단체를 보자. 첫째, 남북공동선언실천연대와 우리민족연방제통일추진회의, 통일연대, 한총련, 21세기코리아연구소를 비롯하여 주사파(NL계열) 노선의 '강한 반미' 성향 단체들이다. 둘째, 다함께를 비롯한 비(非)주사파 PD계열 단체들이 참여했다. 셋째, 평화네트워크를 포함한 '온건 반미' 성향단체들이다. 넷째, 기독교 사회선교연대회의, 다산인권센터, 동성애자인권연대, 민족정기수호협의회, 불교인권위원회, 원불교인권위원회, 외국인노동자대책협의회, 장애우권익문제연구소를 포함하여 이름만 봐서는 비정치적 순수 시민단체로 보이는 단체들이 참여했다. 다섯째, 한국노총을 비롯한 일부 우파 성향 단체이다. 한국노총이 이처럼 반미연합에 거의 빠짐없이 참여하는 것을 보면 노동계 주도권을 놓고 민노총과 다툴 때 선명성에서 밀리지 않으려는 의도가 엿보인다.

한국정치에 있어서 반미는 '진보', '개혁' 혹은 '비타협'의 상징인 것이다. 즉, 반미는 문자 그대로 미국을 반대하는 것만이 아니라 상황에 따라 다른 정치적 의미를 지니게 된다. 그와는 달리 조직이 약하거나 정치적 영향력이 미미한 단체의 경우 나중에 자기 단체가 집회를 하거나 성명을 발표할 때 다른 단체의 동참을 보장받기 위해 품앗이로 단체 이름을 빌려 주거나 참여해 주기도 한다. 여기서 정치적 반미주의 혹은 도구적 반미주의의 한 유형을 확인할 수 있다.

좌파 정치세력은 김대중, 노무현 정부 10년 동안 우파의 한미공조론을 배격하고 민족공조론을 관철하는 데 힘을 합쳤는데 그것이 바로 반미연합전선이었다. 김대중, 노무현 정부 10년 동안 반미연합전선의 민족공조론은 득세했고, 우파는 수세에 몰렸으며, 미국의 한반도정책은 큰 차질을 빚었다.

이명박 정부 취임 후 좌파 정치세력이 광우병 시위에 총집결한 것은 정국 주도권 탈환을 위한 것이었고, 거기서 반미는 반우파연합전선의 훌륭한 연결고리 구실을 했다. 반미주의가 확산되는 것은 좌파 정치세력에 있어서 집권에 유리한 상황이 된다. 2002년 신효순·심미선 사건 이후 반미촛불시위가 그 단적인 예이다.

김대중 정부 출범 이후 햇볕정책 찬반 논란, 그리고 반미친북운동권의 행태를 둘러싼 남남대결이 벌어지면서 그동안의 민주 대 반민주 구도는 반미 대 친미, 통일 대 반통일, 혹은 민족 대 반민족의 구도로 바뀌었다(조성환, 2007a: 18 - 20).

반미 통일운동세력들은 한나라당과 우파언론, 우파 시민단체, 복음주의 우파 개신교 집단을 반통일, 반민족 수구세력으로 단정하고, 우파수구세력을 고립시키기 위해 남한 좌파와 북한 그리고 좌파 해외동포들이 결합하는 반미대연합을 추구하였다. 반미친북의 통일지상주의가 새로운 유형의 좌파연합을 창출한 것이다. 햇볕정책가 6·15남북공동선언을 지지하는 성낭과 성지인, 지식인, 민주노총과 전교조와 한총련을 비롯한 각종 이익단체, 그리고 각종 시민단체를 망라하는 반미좌파세력의 연합이 이루어졌다.

이 연합은 2002년 대통령선거를 6개월 앞두고 발생한 신효순·심미선 사망사건을 계기로 반미연합으로 결집되고, 노무현 후보를 지원하여 당선시키는 정치적 위력을 발휘하였다. 노무현 후보는 위로부터는 김대중 대통령과 청와대의 지원을 받았고, 아래로부터는 반미자주연합체를 구성한 좌파연합의 지지로 당선되었다. 최장집(2003)은 2002년 반미촛불시위가 대통령선거에 미친 영향을 이렇게 평가한다.

주지하다시피 2002년 겨울에 있었던 대규모의 평화적 촛불시위는 한국

내 소위 강력한 반미주의의 등장이라는 문제에 특별한 관심을 불러일으켰다. 게다가 그 시점은 특히 두 가지 이유에서 중요했다. 하나는 그 사건이 대통령선거와 동시에 진행되었으며 선거결과에 지대한 영향을 미쳤던 것으로 해석될 수 있다는 점이다. ……

촛불시위는 냉전적 반공 이데올로기와 가치, 규범이 크게 변화했음을 보여 주는 대표적인 징후적 사건이다. 다른 말로 하면 그것은 한국인들이 미국에 대해서만이 아니라 반공이데올로기에 대해 생각하는 방식이 얼마나 변화했는가를 보여 준다. 대통령선거와 항의시위를 보면서, 우리는 민주화와 냉전의 종식 이후 공산주의 북한과 한미관계에 대한 한국인들의 태도에 얼마나 큰 변화가 일어나게 되었는가를 되돌아보게 된다.

특히 이 변화의 중심적 힘은 20~30대의 젊은 세대들이다. 무엇보다도 젊은 세대들의 다수가 집권당의 개혁적인 노무현 후보를 지지했던 것은 보수적인 한나라당 이회창 후보와의 지난 대통령선거 경쟁에서 그가 이길 수 있었던 중요한 요인이었다. 이들 젊은 세대들이 주도한 촛불시위는 노무현의 선거캠페인과 결합되었다. 캠페인 과정에 결합된 시위는 캠페인에 특별한 활력을 불어넣었고 젊은 세대들이 정치문제에 높은 관심을 갖도록 했다. 또한, 그것은 이들을 정치적인 무관심과 투표불참 성향을 가진 수동적 시민에서 능동적 시민으로 변화시키고 투표참여를 증대시켰다. ……

16대 대선에서 세대변수는 1980년대 후반 민주화 이래 지금까지 한국 정당체제를 주조했고 한국유권자들의 투표패턴을 결정지었던 지역균열을 압도할 만큼 강력했다. 지난여름 2002년 한일 월드컵 공동개최는 젊은 세대들을 대규모로 동원하면서 집단적인 에너지와 활력, 열정과 함께 민족주의적 정서를 끌어냈다. 당시까지만 해도 이 에너지와 정서의 성격이 무엇인지에 대해 명확히 정의하기가 힘들었다. 그런데 촛불시위는 이 집단적 열정이 보다 분명한 정치적 성격을 가진 어떤 것으로 전환되고 있음을 보여 주었다.

최장집은 나아가 2002년 대선 당시 반공주의의 약화가 젊은 세대에서만 발견되는 것이 아니라고 주장한다. 그는 "반공주의 약화의 강한 지표는 지난 대선에서 비무장지대(DMZ)에 인접한 강원도 북부 선거구에서 발견되었다. 놀랍게도 노무현 후보는 군사도시적 성격을 강하게 갖는 이 지역에서 다수지지를 획득했다. 그는 또한 한국에서 가장 보수적인 지방인 강원도 전체에서도 예상외의 지지를 얻을 수 있었다."고 말한다.

실제로 2002년 제16대 대통령선거 당시 노무현 후보는 강원도 18개 시와 군 가운데 인제군, 홍천군, 횡성군, 화천군, 양구군, 철원군의 6개 군에서 이회창 후보를 이겼다. 강원도 전체로 보면 노 후보(40.94%)가 이 후보(51.76%)에게 졌지만, 종래 우파 후보를 압도적으로 지지했던 이 지역 유권자들의 투표성향을 고려하면 노 후보의 득표율은 보기 드물게 높은 것이었다.

2002년 반미촛불시위는 한국 사회에서 공산주의자로 몰리는 것을 두려워하는 이른바 레드콤플렉스가 사라진 시점으로 평가된다. 그 배경에는 2000년 남북한정상회담 후 한반도에 폭풍처럼 몰아쳤던 남북화해 바람이 깔려 있었다. 김대중 대통령과 북한 김정일이 평양 순안 비행장에서 악수하고 포옹하는 장면은 한국인의 대북관을 근본적으로 뒤흔들어 놓았고, 그 순간 북한은 한국의 형제인 반면에, 미국은 물러가야 할 외세가 되어 버렸다. 2002년 월드컵 응원단 '붉은악마'도 레드컴플렉스 해소에 기여했다는 이야기가 있다.

최장집은 이어 "한국에서 냉전은 김대중 대통령의 '햇볕정책'을 통해 해체되기 시작했다."며, "돌아볼 때 김대중 대통령은 정치, 사회적으로 비판적인 분위기 속에서 임기를 마치고 있지만, 그의 '햇볕정책'의 유산은 선거결과가 보여 주는 바처럼 명확하게 남았다."고 했다. 반미시위, 월드컵 응원열기에서 나타난 민족주의적 정서, 그리고 햇볕정책이 한데 어우러져 한국인들의 대미인식과 반공관념에 놀랄 만한 변화를 가져왔고, 그것은 2002년 대통령선거와 결합하여 노무현 후보의 승리를 낳았다는 것이다.

최장집은 2002년 반미촛불시위가 어떻게 그처럼 대규모로, 그리고 장기간에 걸쳐 진행될 수 있었는지에 대해 침묵하고 있으나 그것은 '여중생 범대위'의 차원을 뛰어넘는 반미연합, 좌파연합이 이뤄지지 않았다면 불가능한 일이었다. 이 좌파연합은 2004년 탄핵정국의 벼랑에서 다시 한 번 대규모 촛불시위로 노무현 대통령을 구해 냈다. 좌파연합의 위력을 다시 한 번 내외에 과시한 것이다. 노무현 대통령의 정치를 우파 때리기와 편 가르기를 통한 '좌파블록정치'라고 부르기도 하는 이유가 거기에 있다.

반미연합이 집권에 성공하면 반미연합에 가담했던 좌파 학자나 언론인, 그리고 시민운동가를 비롯한 운동권 출신이 대거 정부와 여당에 참여한다. 그리하여 지배엘리트의 구성이 크게 변화한다. 이념 스펙트럼상에서 차지하는 지배엘리트의 평균 이념성향이 종전보다 훨씬 더 좌로 이동하게 된다.

한국 사회 엘리트 구성 변화는 김대중 정부 때부터 있었지만 노무현 정부에 들어 더욱 극명해졌다. 그것은 노무현 정부가 반미연합을 통해 집권한 것과 결코 무관하지 않다. 프랑스의 문명비평가기 소르망(2004)은 "한국 반미주의자들은 반미적 태도를 보여 줌으로써 한국에서 권력과 특권을 얻는다."고 말한다. 이른바 권력과 지식의 결탁현상을 지적한 것이다.

김대중, 노무현 정부 시절 두 차례의 남북한정상회담도 국내정치용이라는 비판에 휩싸였다. 2000년 6·15 남북한정상회담은 제16대 국회의원 총선거 후에 개최되었지만 그 발표는 총선 투표일 사흘 전에 이뤄져 선거용이라는 비난을 면치 못했다.

김대중 정부가 남북한 정상회담 개최 사실을 총선 목전에 발표한 것은 무엇을 의미하는가? 북한은 총선 직전에 정상회담이라는 선물을 김대중 정권에게 제공하는 대신에 더 많은 대가를 얻어 내려고 하고, 김대중 정권은 남북화해 바람으로 국회의 여소야대(與小野大) 현상을 극복하고 원내 안정 의석을 확보하려고 한 것이다. 2007년 10·4 남북한정상회담은 제17대 대통령선거 두 달 전에 개최되어 남북한관계를 정치에 이용한다는 비판을 받았다.

김대중 정부의 햇볕정책은 한반도의 이른바 냉전체제 해체, 그리고 그것을 통한 국내정치세력의 근본적 재편이라고 하는 거대한 목적하에 추진되었다. 수많은 정계개편 시나리오와 통일개헌론 같은 것이 김대중 정부 집권 직후부터 쏟아져 나오기 시작했던 것이 그것을 뒷받침한다.

'역사적' 남북한정상회담은 남북한의 문제들을 실무적으로 풀어 기는 회담이 아니라 한반도에서 일거에 전쟁을 없애는 평화회담이요, 민족회담, 통일회담으로 포장되어 대대적으로 선전되었다. 박정희 정권 시절에는 근대화를 위한 국민대화합론이 제창되었다면, 김대중 정권 시절에는 남북한화해협력시대를 뒷받침할 국민대화합론이 제창되었다. 그러나 김대중, 노무현 정부가 포용한 것은 북한 정권이었지, 북한 주민은 아니었고, 북한 주민의 인권과 복지는 외면당했다.

남북화해의 팡파르와 함께 김대중 정부에서는 대북정책이 외교정책 전체를 압도했고, 남북한관계를 위해 한미관계는 희생되었다. 김대중 정부의 햇볕정책은 '퍼 주기 논란' 속에서도 국민지지를 얻었고, 그것은 김대중 정권의 정통성을 강화하고 권력기반을 넓히는

데 크게 기여했다. 김대중 대통령의 노벨평화상 수상도 햇볕정책의 성과를 인정받은 것이었고, 노벨상 수상은 정권의 지지도 향상에 도움이 되었다. 당시 야당이던 한나라당은 국회 과반의석을 차지하고서도 김대중 정권의 대북화해 일변도 정책을 제대로 견제하지 못했다.

남북한정상회담이 총선 사흘 전에 발표되자 당시 야당들은 뒷돈 거래의혹을 제기하였고, 그것은 나중에 사실로 밝혀졌다. 수천억 원 규모의 대북송금 사실이 드러났다. 김대중 정부 초기만 해도 북한은 햇볕정책을 또 다른 형태의 흡수통일 책략이라며 비난하더니 나중에 극적으로 선회했는데 거기에는 천문학적 규모의 대북송금이 작용했을 것이다.

김대중 정부가 불법 송금을 하면서까지 남북한정상회담을 관철한 것을 보면 거기에는 상당한 정치적 동기와 목적이 개입되었음을 짐작할 수 있다(조윤영, 2008). 김대중 정부의 대북정책이 실질적인 한반도 냉전체제 해체까지는 이르지 못했지만 그와 유사한 분위기는 형성하는 데 성공했고, 그 후 민주당이 정권재창출에 성공한 것을 보면 그 정치적 목적은 상당부분 실현되었다고 볼 수 있다.

남한의 좌파 세력과 북한은 6·15와 10·4 남북공동선언을 금과 옥조로 여긴다. 북한은 2007년 신년공동사설을 통해 반한나라당, 반보수대연합 결성을 촉구하며 대통령선거 개입 의도를 분명히 했다. 이에 한총련은 마치 화답이라도 하듯 웹 사이트를 통해 "낮은 단계의 연방제를 수립할 수 있는 정치 지형을 형성하기 위해 대선에서 승리해야 한다."면서 구체적인 반한나라당 투쟁지침까지 내놓았다.

김대중, 노무현 정부는 집권기간 동안 반미친북단체들에게 거액

의 국고를 지원했다. 이는 반미친북단체들의 세력이 커지는 데 크게
기여했다. 두 정부는 재집권 전략 차원에서 자파 지지 세력의 확대
를 겨냥하여 이 단체들을 물질적으로 뒷받침했다고 볼 수 있다.

통일부는 반미친북단체의 행사에 재정을 대규모로 지원해 준 대
표적 정부부처 가운데 하나이다. 통일부는 김대중, 노무현 정권 10
년간 북한 김정일과 친북단체의 자금줄, 그리고 소위 6·15남북공
동선언 실천을 내세운 남북한 반미세력 회합의 중개소로 전락했다
는 지적도 있다. 통일부가 정기적으로 발표하는 '남북협력기금 통
계'에 따르면, 통일부는 2001년 이래 2007년 9월까지 6·15선언
관련 남북공동행사에 약 61억 7,500만 원의 국고를 지원했다. 여기
에는 6·15공동선언 실천을 직접적 목적으로 하는 행사만 포함됐
다. 만일 6·15선언 실천이 언급된 남북공동행사 전반을 포함하면
지원 금액은 천문학적으로 늘어난다.

남북공동행사가 북한에 이용당할 우려기 있있으나 그 행사에 우
파단체도 참여함에 따라 그런 우려는 기우로 끝났다는 주장도 있
다. 그러나 6·15실천 남북공동행사에서 북한의 대남부서 일꾼들
과 남한의 좌파세력은 반미, 반보수, 반한나라당 연합전선을 이루
어 6·15선언의 연합·연방제 실현을 주로 결의했다. 예를 들어
2006년 광주 행사에서는 "외세의 부당한 간섭을 물리치고 민족의
자주를 이루자."는 결의문을 채택했고, 참가자들은 "주한미군 철
수", "반통일세력 분쇄" 같은 구호를 외쳤다.

한총련을 비롯하여 사법부에서 이적단체로 판시한 단체 간부들
이 6·15실천 남북공동행사를 주도하거나 그런 행사에 참가하기도
했다. 통일부는 한총련 의장을 포함한 이적단체 간부들의 방북을

허가했을 뿐 아니라, 이들이 주도한 행사에 3억 4,400만 원, 이들이 참가했던 행사에 12억 5,600만 원을 지원했다. 법원 판결에 의하면 이적단체란 "국가 변란을 목적으로 한 반국가단체인 북한 정권에 동조하는 조직"을 말한다. 사법부의 이와 같은 이적단체 규정에 따르면 통일부는 북한정권의 대한민국 변란 기도를 간접적으로 지원했다는 비판이 가능하다. 이명박 정부가 당초 통일부를 폐지하려고 했던 이유가 바로 거기에 있다.

일부 친북 반미주의자들이 북한을 방문하여 보인 행태는 남한 우파진영의 거센 비판을 초래하였고, 그것을 계기로 남한사회 내부의 좌우 이념갈등 즉 남남대결이 본격적으로 시작되었다. 2001년 8·15 행사 때 방북했던 강정구(동국대학교 교수)는 김일성 생가인 만경대에서 "만경대 정신 이어받아 통일위업 이룩하자."고 방명록에 써서 국가보안법 위반 혐의로 구속 기소되었다. 2005년 8월에는 김혜경 민노당 대표가 '애국열사릉' 방명록에 "당신들의 애국의 마음을 길이길이 새기겠다."고 서명하여 다시 논란을 일으켰다.

2006년 5월 1일에는 남북 노동절 공동행사에 참가한 남한 노동단체 북한방문단 150여 명 중 약 50명이 '대성산혁명렬사릉'을 참관했고, 그중 4명이 헌화했다. 이에 통일부는 노동절 공동행사에 지원하려던 남북협력기금 규모를 30% 정도 삭감하고 참배한 4명에게 1개월 방북 정지 조치를 취했으나, 위반사실 확인 후 2개월만에 뒤늦게 관련 조치를 취했을 뿐 아니라 "참관자 비율에 맞춰 30%를 계량적으로 깎은 채 협력기금을 대부분 지원했다."는 비판을 받았다. 북한은 한국의 이러한 참관지 제한을 철폐할 것을 기회 있을 때마다 요구했고, 통일부도 노무현 정부 말기에 한때 철폐문제를 북한과 협의하려고 했으나 여의치 않았다.

현재 남한 정부가 방문을 주로 제한하는 참관지는 '대성산혁명렬사릉'과 신미리 '애국열사릉', 김일성의 시신이 있는 '금수산기념궁전'이다. 대성산혁명렬사릉은 김일성의 부인 김정숙을 비롯하여 주로 일제강점기의 이른바 항일 유격대원들이 묻힌 곳이다. 그와 달리 애국열사릉에는 연안파의 무정을 비롯하여 김일성과 파벌이 달랐던 사람들, 김규식, 홍명희, 최승희를 비롯한 납북 인사와 문인, 학자들을 포함하여 다양한 부류의 사람들이 묻혔다. 금수산 기념궁전이란 김일성의 시신이 안치된 건물이다. 정부가 방북교육을 할 때 이곳들을 방문하지 말 것을 요구하는 것은 국가보안법상 찬양과 고무 혐의를 받을 수 있기 때문이다.

김대중, 노무현 정부 10년간 반미친북운동권은 정부의 제도적, 행정적, 재정적 지원을 거의 전폭적으로 받아 그 세력을 크게 확대하였다. 비록 2007년 대통령선거에서는 반미연합진선이 승리하지 못했지만 반미만큼 다양하고도 폭넓은 세력을 규합해 낼 공통분모는 없기 때문에 반미연합전선의 형성을 통한 집권전략은 언제든지 재활용될 가능성이 크다.

4. "한국은 태어나지 말았어야 할 나라": 반미에서 반대한 민국으로

미국 내에는 반미주의가 있을까 없을까? 미국 내부에도 외부의 반미주의자 못지않게 미국의 제도와 가치를 거부하는 사람들이 있다. 미국 공산당(CPUSA)은 과거나 지금이나 변함없이 그 전형적인 경우이다. 과거 냉전시기에는 미국의 각계 인사들 가운데서도 소련의 간첩이 되어 반국가적 행위를 하다가 적발되는 사람들이 적지 않았다.

그러나 많은 경우 어디까지가 체제내적인 비판이고 어디서부터가 체제외적인 것인지 구분하기란 쉽지 않다. 일례로 미국의 흑인 민족주의 운동과 그 대표적 지도자 말콤 엑스(Malcolm X)에 대해 미국 내에서도 그것은 본질적으로 반미적이라고 말하는 사람들이 있다.

워드(Ward, 2007)는 이에 대해 상황에 따라 다르다는 입장을 견지하면서, 흑인민족주의 운동과 그 지도자들의 언행 가운데 틀림없이 반미적인 것도 있지만, 주(主)는 미국 사회에 포함되기 위한 운동이었다고 평가한다. 흑인민족주의 운동이 반대한 것은 백인의 패권이었으며 흑인에 대한 탄압이었지, 미국 자체가 아니었다는 것이다.

그렇다면 한국의 반미주의는 체제내적인 것인가, 아니면 체제외적인 것인가? 한국의 좌파는 일찍이 1998년 '건국' 50주년을 '분단' 50년으로 규정했다. 1980년대 후반 이래 대학가의 대자보에서나 볼 수 있었던 '분단' 연호가 한국 좌파 전체의 논리가 된 것이다. '건국이냐 분단이냐'의 논쟁은 이명박 정부 등장 후에도 벌어졌다. 반미주의자들은 한민족이 분단으로 인해 민족통일국가의 수립에 실패했다면서, 분단은 민족사의 수치요, 민족사에 대한 배반이라고 주장한다. 대한민국 정부 수립과 그 후 반세기가 넘는 기간 동안 한국 국민들이 피땀 흘려 이룩한 산업화와 민주화를 평가절하하는 것이다.

오늘날 한국은 세계 13위의 경제규모를 자랑할 뿐 아니라 민주주의도 날로 공고해지고 있어, 제3세계 많은 나라의 발전모델이 되었음에도 불구하고, 한국의 반미주의자들에게 있어서 대한민국은 태어나지 말았어야 할 나라이다.

다시 말하면 한국의 반미주의자들은 대한민국의 이념적 정체성(자유민주주의와 자유시장경제)과 역사적 정통성(한반도의 유일 합법 정부)을 부인한다. 이들이 한국의 정체성과 정통성을 인정하지 않는 것은 그들이 분단과 한국전쟁을 바라보고 해석하는 역사관에서 잘 드러난다. 소위 수정주의적 역사관과 민중혁명사관이 1980년대부터 좌파 운동권과 지식인들 사이에서 유행하더니 그것이 1990년대에 들어서는 사회 각계각층으로 파고들었고, 고교교과서의 한국근현대사 기술에까지 스며들었다. 강정구를 비롯한 반미좌파 학자들은 한국전쟁을 '내전'이란 전제히에 일종의 '인민해방전쟁', '민족해방전쟁' 또는 '통일전쟁'으로 본다.

한국의 대표적인 좌파 지식인 중 한 사람인 리영희의 주장을 살펴보자. 먼저, 리영희는 국가보안법을 근본적으로 부정한다. 국가보안법의 대전제는 대한민국이 '유엔 총회 결의에 의한 한반도에서의 유일 합법 정부'라는 것이지만 1947년 유엔총회 결의 112조를 살펴보면 대한민국은 1948년 5월 10일 선거가 '실제로 실시된 지역'의 유일한 정부일 뿐이라는 것이다. 국가보안법을 보면 "북한 공산집단은 정부를 참칭하고 국가를 변란할 목적으로 불법 조직된 반국가 단체"라고 규정하지만, 전 세계적으로 많은 나라들이 북한을 주권국가로 승인하였고 그런 나라들 가운데 상당수가 남한과도 국교를 맺고 있는 만큼 북한은 반국가단체일 수 없다고 한다(리영희, 2006b: 185 – 198).

둘째, 리영희는 미국의 군사동맹정책은 동맹을 '보호국'으로 만드는 체제라고 단언하고 한미 상호방위조약 체제는 한국의 '대미 군사기지국가화'를 의미하는 데 지나지 않는 것으로 평가한다(리영희, 2006c: 171 – 194).

셋째, 리영희는 1974년을 기점으로 남한의 우위와 점진적인 격차가 확대된 남북한 군사력은 북한의 '군사력 우위', '전쟁 감행', 혹은 '남침전쟁'이라는 통념을 깬다(리영희, 2006b: 199 – 237).

넷째, 리영희는 한반도에서의 핵·미사일 위기의 책임은 북한에 있는 것이 아니라 미국의 핵선제공격 계획, 팀스피리트 핵전쟁 훈련 협박, 즉 미국의 북한 말살정책에 있다고 단정한다(리영희, 2006b: 141 – 185).

다섯째, 리영희는 서해 해상의 '북방한계선'(NLL)'은 영해가 아닌, 따라서 어느 쪽도 합법적으로 관할권의 배타적 주장을 할 수 없는, 정전협정상 공백으로 남겨진 수역으로 판단하며, 따라서 남북한과 유엔은 이 수역의 성격을 새로이 정립해야 한다고 주장한다(리영희, 2006b: 89 – 140).

이에 대해 조성환(2007b)은 국가보안법이 과거 독재정권에 의해 정치적으로 악용되기는 했지만 그것은 어떤 정권의 정권안보를 위한 법이 아니라 정상국가라면 마땅히 갖추어야 할 법률이라고 반박한다. 국가보안법이 생겨난 것은 전쟁까지 경험하고 끊임없이 경쟁하며 오늘도 첨예하게 대치하고 있는 남북한의 분단 현실에 의거한 것이지, '대한민국은 한반도의 유일 합법정부이다'라는 관념

에 의거한 것은 아니라는 것이다. 그와 마찬가지로 북한과 외교관
계를 맺거나 접촉하는 나라가 많은데도 북한이 지금까지 '반국가단
체'인 것은 남한을 침략하고 무장공비를 남파하고 끔찍한 테러를
일삼기 때문이다.

리영희는 남북한 군사능력을 '균형'이라는 각도에서 바라보지만,
통계상의 제반 문제를 차치하고서라도 그는 본질적 문제를 도외시
했다. 한국의 안보를 생각할 때는 아슬아슬한 균형이 아니라 충분
한 억지력 확보가 필요하며 중국, 러시아, 일본 같은 주변 군사강
국의 전력문제도 고려하여야 한다.

리영희는 한반도 핵문제를 분석하면서 북한의 핵 모험주의는 일
체 언급하지 않고 미국의 문제점만 언급하는데 그것은 한마디로 견
강부회(牽强附會)이다. 북한은 미국의 위협에서 체제를 지켜 내기
위해 핵과 미사일을 개발한 것이 아니라 상대방이 예측할 수 없는
전략적 대안을 선택하는 이른바 비대칭전력, 즉 대량살상무기 그 자
체를 보유하기 위해 핵과 미사일을 개발하였으며, 바로 그러한 대량
살상무기를 이용하여 모험주의적 외교정책을 구사한다. 한반도 핵문
제의 일차적 책임은 북한에 있고 미국의 핵정책은 그것에 연계된
종속변수이다. 핵 문제의 책임을 미국에 묻기 전에 북한의 모험주의
부터 엄정하게 분석함으로써 대안을 마련하는 것이 옳다. 그것도 아
니라면 최소한 북한과 미국의 책임을 동시에 물어야 한다.

북방한계선 문제를 바라볼 때에도 그것의 법적 성격만을 시비할
게 아니라 서해교전 사태의 교전책임을 동시에 따질 필요가 있다.
리영희는 하나하나의 사안들을 매우 실증적으로 분석하기 때문에
그 논리가 대단히 견고해 보이지만 거기에는 치명적 결함이 존재

한다. 바로 균형감각의 부재요, 편파적인 시각이다. 리영희의 주장을 단순화하면 남한과 미국은 문제가 많고 북한은 잘못이 없다는 것이다. 한마디로 반대한민국, 반미, 그리고 친북 논리로 일관하고 있음을 알 수 있다.

역시 한국의 대표적 좌파 지식인 중 한 사람인 한완상은 대한민국의 국가 정통성에 비판적 견해를 보였다. 그는 일제를 청산하지 못했기 때문에 "제1공화국부터 민족정통성이라고 하는 것이 없었으며, 북보다 우리가 부끄러운 점이 많다."고 했다. 민족사적 정통성이 오직 북한에만 있다고 하는 북한 논리에 가깝다.

한완상은 "사회주의체제에서는 군이 곧 민이고 민이 곧 군이기 때문에 군이 앞장서서 나아가는 것은 당연하다."며 북한의 선군정치를 당연시했다. 그는 남한의 근대화와 경제성장을 인정하지 않는다. 그것은 마치 '일본 제국주의자들이 한반도에서 근대화를 성공시켰다고 주장하는 것과 다를 바 없다'고 한다. 나라를 세우고 지키며 키운 사람들의 업적을 평가하지 않고 오직 인권탄압을 비롯하여 잘못만 저지른 가해자라고 지적하는 것이다.

한완상은 국가보안법 철폐에 앞장섰다. 북한 김정일이 노동당 규약을 고칠 수 있다고 하면서 남한의 법과 제도 수정에 상호주의를 적용하지 않겠다는 취지로 발언하자, 한완상은 "우리를 매우 부끄럽게" 하는 것이라며, 남한의 반성이 있어야 하고 남한은 "네가 변해야 나도 변한다는 기계적이고 냉전적인 상호주의"를 주장하고 있을 뿐이라고 말했다. 그러면서 '어느 면에서는'이라는 단서를 달기는 했지만, "김정일은 자유민주국가의 지도자보다 더 열린 자세"를 취하고 있다고 옹호했다. 김정일의 말은 신뢰하면서 한국의 법과 제도, 그리고 군에 대해서는 냉전주의적인 것이라고 비판하는 것이다.

한완상은 2000년 10월 북한 초청으로 방북하여 '제55주년 조선 로동당 창건일 행사'를 참관한 뒤 '지상 최대의 쇼'라고 극찬했다. 그 행사는 당시 어린이와 청소년들이 혹한과 혹서를 가리지 않고 끌려 나가서 혹독한 훈련을 받은 반인권적인 행사였는데도 한쪽 면만 보고 다른 쪽은 보지 않은 것이다. '북한은 코페르니쿠스적 변화'를 하고 있으며, 이를 '북한의 단순한 전술적인 변화라고 인식한다면 이는 역사적 변화를 객관적으로 보지 않으려는 태도'라고도 말했다. 한국 정부와 관련하여 "아직도 1950년대식 냉전사고(思考)를 깨치지 못한 나라라는 답답함"과 "참으로 한심한 과거로의 회귀에 대한 안타까움"을 느끼고 있다며, 한국은 "아직도 1950년대의 냉전수준을 못 넘어서고 있는, 세계에서 유일한 냉전국가"라고 혹평했다.

한완상은 "우리 식으로, 우리의 기준으로 북한을 보지 말자."고 말한다. 북한에 대해서는 북한의 입장에서 보아야 한다는 이른바 내재적 접근을 강조하는 것이다. 그는 "1960년대 북한이 연방제를 제시했을 때 이미 그들 스스로가 적화통일의 능력이 없음을 간접적으로 인정한 것"이라며, 북한의 남침을 걱정할 필요가 없다는 식의 논리도 전개한다. 1960년대 후반 청와대 습격사건과 울진 무장공비 남파, 1970년대 베트남공산화 후 김일성의 남침야욕, 1980년대 아웅산 테러와 KAL기 테러 같은 객관적 사실에는 애써 눈을 감는 것이다(김성진, 2005).

한완상은 미국과 남한 우파정부, 우파세력에 대해 비판의 칼날을 세우면서 북한에 대해서는 외부의 시각에서 비판하기보다 북한 내부의 입장에서 이해하고 동정하는 것을 볼 수 있다. 한마디로 반미적, 반한적, 친북적이다.

노무현 정부 시절에는 대통령과 집권세력이 소위 과거사 청산 작업을 주도하면서 다시 한 번 대한민국을 흔들어 놓았다. 노 정부는 '진실과 화해를 위한 과거사위원회'를 비롯한 총 9개의 과거사위원회를 만들어 가동했다. 이 위원회의 지도부와 실무진들은 한결같이 과거 학생운동이나 재야운동에 몸담았던 좌파 운동권 출신, 혹은 좌파적 북한관이나 통일관을 가진 인사들로 임명됐다. 이들은 권력의 후원과 정부의 예산지원하에 대한민국 현대사를 재단하고 재평가했다.

노무현 대통령이 2003년 취임사에서 말했듯이 대한민국을 "정의가 실패하고 기회주의가 득세한 나라"로 낙인찍었다. 대한민국은 미 제국주의의 사생아로 태어나 냉전의 주구 노릇이나 하면서 독재정치만 일삼아 온 나라라는 것이다. 이는 정확한 사실과 객관적인 해석, 균형적이면서도 통합적인 역사인식에 의한 과거사 재평가가 아니었다. 소위 산업화세력이라고 불리는 대한민국 우파진영의 기반을 무너뜨림으로써 이른바 주류교체를 이루려는 정치공세였다(조성환, 2007a: 27). 반공과 안보, 그리고 경제성장을 주요내용으로 하는 우파 이데올로기를 분쇄하고 민족과 평화, 그리고 평등과 분배를 표방하는 좌파 이데올로기를 지배 이데올로기로 구축하는 이념적 수단이었다.

대한민국 현대사를 어떻게 볼 것인가? 반미주의는 흔히 역사를 재해석함으로써 스스로를 확대 재생산한다. 민족적, 민중적, 그리고 이른바 자주적 관점에서 역사를 재구성하는 것이다. 역사는 반미주의의 원인도 되지만 반미주의를 유지하고 확대하는 도구도 된다. 반미성향 시민단체들이 '시민학교'나 '민중학교', 혹은 '역사문화아카데미' 같은 것을 개설하여 대중들에게 끊임없이 역사를 가르치는 이유가 거기에 있다.

사회과학 출판사들이 역사서, 특히 근현대사 서적을 쏟아 내는 것도 마찬가지이다. 출판사에 가 보면 반미적, 친북적 관점에서 서술된 한국 근현대사 서적들이 즐비하다. 『해방전후사의 인식』은 그 대표적인 사례이지만 그 밖에도 민족사학이나 민중사학, 통일사학, 분단극복 사학의 시각에서 서술한 역사서들이 수두룩하다. 386세대 역사학자와 교사들이 중·고등학교용 근현대사 교과서 제작과정에 참여하여 좌편향의 교과서를 만들어 낸 것도 같은 맥락에서 이해할 수 있다.

반면에 우파적 관점에서 기술한 역사서는 별로 없다. 뉴라이트 계열의 사회과학자들이 2008년 봄에 내놓은 『대안교과서 한국근·현대사』(기파랑)와, 역시 뉴라이트 계열의 사회과학자들이 엮은 『해방전후사의 재인식 Ⅰ, Ⅱ』(책세상, 2006)가 눈에 띄는 정도이다.

대한민국은 실패와 치욕의 상징인가? 대한민국은 1948년 건국에서 현재에 이르기까지 좌우이념대결과 분단, 전쟁, 그리고 절대빈곤의 아픔과 상처를 딛고 산업화와 민주화를 동시에 이룩했다. 전후 신생독립국 가운데 극히 드문 성공사례이다. 특히 대한민국은 1960년대 이후 수출주도형 개방경제와 중화학공업 추진 같은 경제발전 전략을 통해 2007년 기준 세계 13위의 경제규모를 가진 국가로 성장했다. 한국경제는 그처럼 양적으로 커졌을 뿐 아니라, 질적으로도 소득분배구조가 주요 선진국들에는 못 미치지만 개발도상국들과는 비교가 안 될 만큼 양호하다.

대한민국의 정체성과 정통성을 부인하는 반대한민국적 인식은 한국현대사 관련 학술서적이나 문학소설을 통해 크게 확산되었다. 『해방전후사의 인식』 같은 역사서나 『태백산맥』 같은 소설은 우선 농지개혁과 관련하여 북한의 무상몰수 무상분배 방식만이 농민의 호응을 얻을 수 있었고 남한의 유상몰수 유상분배는 불평과 반감만 샀다고 본다. 이러한 이분법은 일견 명쾌한 듯 들리지만 실은 그렇지 않다.

북한은 공산주의 논리에 근거했기 때문에 무상몰수 무상분배 방식의 농지개혁을 신속히 해치울 수 있었다. 더욱이 임옥인의 『월남전후』와 황순원의 『카인의 후예』에서 보듯이, 북한은 조상 대대로 굴욕과 핍박 속에서 살아온 머슴과 소작인에게 증오심을 유발시켜 지주들의 땅을 빼앗는 방법으로 농지개혁을 시행하였기에 무상몰수 무상분배 방식의 토지개혁을 단시일 내에 시행하는 것이 가능하였다.

북한 농지개혁 과정에서 소작농과 머슴들에게 토지를 빼앗긴 지주 집안사람들은 6·25전쟁 때 유엔군과 한국군이 북진해 올 때 다시 한 번 숙청위기를 만나는데 이때 그냥 당하고 앉아 있지 않고 반공봉기를 일으켜 좌익분자들을 척결하기도 했다. 그것이 황해도 신천 학살사건의 진상이다. 그럼에도 불구하고 북한은 미군이 그곳에서 양민 4만 명을 죽였다며 미국의 만행을 폭로하는 신천박물관을 대대적으로 조성하여 전 인민의 교양거리로 삼는다.

하지만 남한은 자본주의 국가였기 때문에 무상몰수 무상분배같이 경제 원리에 맞지 않는 농지개혁을 하는 것은 불가능했다. 처음부터 유상몰수 유상분배가 유일한 방안이었다. 이승만은 당시 지주들의 이익을 대변하는 정당인 한민당과 거리를 두면서, 실무를 담당하는 농림장관에 공산주의자 조봉암을 기용했다. 한민당의 집요한 공작으로 조봉암은 장관직에서 해임되지만 그의 토지개혁안은 거의 원안 그대로 관철되었다. 구체적으로는 6·25전쟁 직전인 1950년 4월까지 모두 시행되었다. 지주들이 몰수 대가로 받은 지가증권은 6·25전쟁을 겪으면서 인플레이션으로 휴지조각이 되다시피 하여 지주계층은 거의 몰락하였다.

북한은 농민들에게 토지를 거저 주었지만 현물세율을 27%로 정했으니 결코 적지 않은 부담이었다(박명림, 1996: 495 – 496). 북한의 많은 소작인들과 머슴들이 땅을 무상으로 받았지만 얼마 후 토지가 국가 소유임을 알았을 때에 허탈감을 느꼈을 것이 틀림없다. 남한의 농지개혁은 소자농을 자작농으로 바꿈으로써 농촌을 안정시키는 데 결정적으로 기여하였으며, 근대적 산업부문에 양질의 노동력을 제공할 수 있는 경제적 토대를 갖추게 하였다.

둘째, 좌파적 역사서나 소설들은 한국전쟁 이후 남한에서 강화된 반공 이데올로기를 비판한다. 그러나 이러한 비판은 지나치게 일방적이다. 북한의 공산집단이 남한을 침략하여 3년간이나 남한 땅을 유린했는데도 반공의식이 고조되지 않았다면 그게 오히려 이상한 일이다. 6·25전쟁 당시 납북자만 96,000명이었고, 전쟁기간 중 북한과 좌익에 의한 피학살자의 숫자는 그보다 더 많은 총 12만 3천 명에 달했다(박명림, 1996: 254).

게다가 북한의 김일성은 공산주의를 건설함에 있어서 지나치게 과격한 방법을 사용하였다. 많은 지식인들과 지주들은 이를 피해 월남할 수밖에 없었다. 김일성은 전쟁이 끝난 뒤 자신의 정적들을 차례로 숙청하여 자파(自派) 외에는 정치세력이 존재하지 않게 함으로써 북한 정치의 역동성을 없애 버렸다. 중국이 공산당 일당지배체제이기는 하지만 모택동 생존 시에도 문혁파와 주자파(走資派), 모택동 사후에는 범시파(凡是派)와 개혁파, 등소평 이후에도 좌파와 우파의 노선대립을 통해 나름대로 역동성 있는 정치를 보인 것과 대조적이다.

그뿐 아니다. 김일성은 1950년대 말 이후 약 40만 명의 개신교, 천주교, 불교 신도들을 처형하거나 정치범수용소에 수감하였다. 김일성은 1962년 사회안전성에 지시한 교시에서 다음과 같이 회고하였다.

> "그래서 우리는 그러한 종교인들을 함께 데리고 공산주의 사회로 갈 수가 없습니다. 그러므로 우리는 기독교, 천주교에서 집사 이상의 간부들을 모두 재판해서 처단해 버렸고, 그 밖의 일부 종교인들 중에서도 악질들은 모두 재판하였습니다."

1991년 5월 북한 종교대표단을 이끌고 미국을 방문한 한시해 대사는 북한 당국의 종교탄압에 대해 "북한당국이 과거 기독교에 대해 잘못 이해함으로써 많은 기독교인들이 고통을 겪었다."고 말했다.

신앙의 자유를 말살한 이러한 북한의 죄악상은 언급하지 않으면서 이승만 정부의 반공정책만 비판해서는 설득력이 없다. 반공의식은 남한의 권위주의 정부가 국민들에게 주입하기 이전에 이미 북한 정권의 잔인무도한 남침과 무차별적인 숙청에 의해 남한 사회 내부에 깊이 뿌리내리고 있었던 것이다. 그럼에도 불구하고 문학작품이나 역사 서술은 반미, 친북 일변도이다.

셋째, 반미좌파의 역사서나 소설들은 백범 김구를 지나치게 그리고 일방적으로 미화했다. 흔히 김구를 반외세, 그리고 두 개의 한국 반대를 상징하는 인물로 평가하지만 실상은 사뭇 다르다. 김구는 한반도에 진주한 미국과 소련 군대를 해방군으로 인정했다. 물론 김구는 한국에 대한 신탁통치가 결정되자 격렬하게 반대하였다. 그러나 백범의 반탁은 임정파의 헤게모니 장악과 직결된 것으로 임정법통을 인정받았다면 탁치 결사반대를 거둬들였을 가능성이 높다(박명림, 1996: 143 – 144). 김구는 1948년 남한만의 단독선거를 거부하고 남북협상을 위해 북행하지만, 그것은 이미 꽉 짜인 "준비된 의식에 초대된 손님들"(박명림, 1996: 319)에 불과했다.

김구는 1948년 신년벽두에 미소 양군 철수를 주장하고 그의 주장대로 미소 양군이 철수하지만 그의 사후 1년 만에 6·25전쟁이라는 전대미문의 동족상잔이 일어났다. 김구의 민족주의는 높이 평가할 부분도 있지만 그 한계를 지적해야 할 부분도 많은 것이다.

넷째, 반미적 역사서나 소설들은 6·25전쟁을 민족해방전쟁으로 합리화한다. 북한은 내부적으로 친일파 청산을 철저하게 함으로써 정통성을 확보하고 대외적으로도 소련의 지배를 받지 않는 자주독립 국가를 수립한 반면에 남한에서는 친일파와 민족반역자들이 미제국주의자들에게 빌붙어 정통성 없는 친미예속국가를 만들었기 때문에 해방시키는 것이 옳다는 것이다.

북한이 친일분자를 청산하고 일제잔재를 제거한 것은 맞지만 북한은 친일분자 청산과정에서 지식층을 거의 다 숙청하는 바람에 지식인이 모자라 6·25남침 석 달 안에 남한의 인텔리 84,659명을 납치해 갔다. 당시 인텔리는 대부분 '친일분자'였다고 본다면, 김일성은 북한의 '친일분자'는 숙청하고 그 공백을 메우기 위해 남한의 '친일분자'를 납치해 간 꼴이다. 그야말로 자가당착적 행동이다.

이승만이 친일파를 등에 업고 정치하였다는 것도 자세히 검토해 보면 사실이 아니다. 이승만의 초대 조각(組閣) 명단을 보면 친일인사들의 정당인 한민당과 그 후신인 민국당 인사는 몇 명 되지 않는다. 토지개혁을 추진할 농림장관에는 자타가 인정하는 공산주의자 조봉암을 임명하였다. 권력구조를 놓고도 이승만(대통령중심제)과 한민당(의원내각제)은 대립했다. 한민당은 1949년 2월 10일 민국당을 창당함으로써 이승만과 결별하고 스스로 야당이 된다.

남한의 친일청산이 제대로 되지 않았다고 해서 한국전쟁이 정당화하지도 않는다. 미군은 1949년 초에 군사고문단 5백 명을 남기고 철수하였다. 남한이 친미예속국가였다는 주장은 근거가 없다. 이승만은 미국이 시키는 대로 고분고분 이행하는 사람이 결코 아니었다. 6·25전쟁은 김일성과 박헌영의 북한공산집단이 소련과 중국의 승인과 지원하에 남침하여 일으킨 전쟁임이 냉전 이후 공개된 자료들에 의해 명명백백히 밝혀졌다. 6·25전쟁은 조국해방전쟁이 될 수가 없는 것이다.

다섯째, 반미좌파의 역사서나 소설들은 6·25전쟁 기간 중에 있었던 미군에 의한 민간인피해를 과장하여 마치 북한보다 미국에 더 큰 잘못이 있는 양 기술하고, 전쟁 중에 미군을 도운 것이 마치 역적질이나 한 것처럼 묘사하여 반미감정을 부추긴다. 미국의 참전 자체가 잘못됐다는 식이다. 미국만 개입하지 않았다면 민족해방이 이루어졌을 것이라는 강정구의 주장과 일맥상통한다.

당시 미국은 한국의 상황에 신경을 쓸 겨를이 없었다. 이탈리아, 그리스, 터키의 공산화를 막는 데에 관심을 쏟고 있었다. 그런 미국이 무려 3,500억 달러의 전비를 쓰고(동아일보, 2006년 8월 10일) 전사자만 33,686명을 내면서 참전하여 남한을 백척간두의 위기에서 구해 주었다. 미국의 다른 여러 잘못이 있었다고 하더라도 최소한 이 사실이 그러한 잘못들보다 더 중요할 것이다.

학술서적 『해방전후사의 인식』은 반미에서 한 걸음 더 나아가 반대한민국 정서를 확산하는 데에 결정적으로 기여하였다. 이 책은 일군의 소위 민족사학자들이 1979년 박정희 정권의 독재가 극에 달했을 때에 민족정통성의 정립을 목적으로 해방 전후의 역사를 조명한 것이다. 10년 동안 6권을 발간하였다. 군사정권에 염증을 느낀 많은 사람들에게 사막의 오아시스와 같은 구실을 한 것은 사실이다. 노무현 대통령은 이 책을 읽고 "피가 거꾸로 흘렀다."고 했다. 노무현 정부 출범 이후 이 책은 4반세기 만에 재간행되고, 노 정부의 개혁 정치와 외교통일 정책을 이끄는 사관(史觀)으로 자리매김하기까지 했다.

『해방전후사의 인식』은 해방 전후사를 '민족해방 민중혁명운동사' 혹은 '변혁운동사'로 규정하였다. 그러나 한국 현대사를 '변혁(혁명) 운동사'로 인식하는 관점이 얼마나 관념적인가 하는 것은 이 책이 6권 발간을 마친 1989년 바로 그때에 전개된 세계사적 흐름이 증명한다. 그 흐름은 소련을 비롯한 공산권 붕괴와 북한체제의 붕괴위기라는 현실이었다. 이 책은 1980년대 지식인 운동이 4·19의 자유주의적 전통을 계승한 반독재 민주화운동에서 점차 멀어져

체제 자체의 전복을 꾀하는 '사회주의 민중혁명운동'으로, 북한을 근거지로 한 '반미 민족해방운동'으로 변질되는 과정에서 그 이념적 근거와 이론을 제공했다. 처음부터 이 책은 미군정 분단책임론 같은 왜곡으로 운동권 대학생들을 오도했다.

『해방전후사의 인식』은 미국과 대한민국에 대한 분노를 부추기는 반면, 북한에 대한 호감을 불러일으킨다. 하지만, 책을 내려놓고 현실을 돌아보면 대한민국은 어느덧 자긍심을 가질 만한 위대한 나라로 발전한 반면에, 북한 정권은 혐오스럽다. 미국의 최초 흑인 대통령인 버락 오바마는 2009년 취임을 전후하여 여러 차례 한국을 경제발전, 자동차 제조기술 혁신, 그리고 교육의 모델로 언급했다(연합뉴스, 2009년 7월 10일).

『해방전후사의 인식』을 관통하는 키워드는 '민족'과 '혁명'이다. 특히 제2권 이후 이 점을 분명히 했다. 다수 논문들이 '민족과 혁명'이라는 목적과 의도하에 해방전후사를 접근했다. 문제는 여기에 있다. '민족'이나 '민중', '혁명'은 누구도 함부로 거스르기 어려운 절대적 기준으로 제시된다. 감히 반대하기 어려운 명제를 전면에 내세우는 집단과 체제가 얼마나 폭력적으로 돌변할 수 있는지는 북한 전체주의 체제를 보면 알 수 있다.

그럼에도 불구하고 『해방전후사의 인식』은 북한이 민족사의 정통성을 계승한 나라인 것처럼, 그리고 분단 극복을 위한 '민주기지'인 것처럼 미화한다. 민족이라는 이념에 사로잡힌 나머지 대한민국사 자체를 반민족적이고 냉전적인 것으로 인식한다. 민족 이념을 절대시하느라 미래 통일국가의 이념과 체제 문제를 간과하고 만다. 통일지상주의의 입장에서는 통일한국이 굳이 자유민주주의와 시장경제체제를 견지할 필요가 없는 것이다.

『해방전후사의 인식』에서 말하는 민족은 북한의 '선군민족', '태양민족'과 차이점을 찾기 어렵다. 이 책이 갖는 관념적 경향성이 노무현 정부 시절의 과거사 청산 같은 정치 현상으로 나타났다. 이 책처럼 대한민국의 모든 것을 부정적으로 바라보는 입장에서 과거사 청산을 한다면 그것은 과거사 청산이 아니라 대한민국 청산이 되고 만다. 아직도 한국 반미주의자들의 의식세계를 지배하는 '우리 민족끼리', 미 제국주의론, 한국전쟁 내전론과 남침유도설, 이승만·박정희 친일론 같은 것들은 다 이 책의 논리와 닿아 있다.

이에 비해 우파 소장학자들이 편집한 『해방전후사의 재인식 1, 2』는 소련이 한반도 분단을 어떻게 고착시켰는지를 스탈린 지령 문서로 밝힌다. 한국전쟁이 미·소 냉전에서 결정적 승기를 잡기 위한 스탈린의 세계전략과 김일성의 무력통일론이 결합된 전쟁이었음도 드러낸다.

『해방전후사의 재인식 1, 2』는 6·25전쟁과 4·19 사이에 걸친 1950년대 남한 사회를 흔히 공산 독재와 대비되는 '우익 독재'의 반동기(反動期)로 보는 역사서술도 뒤집는다. 이 시기에 오히려 의회정치와 정당정치가 확립되고 자본주의 시장경제가 도입되며 국민교육이 확대됨으로써 대한민국 국가의 틀이 비로소 형성되고 한국인들이 자유·평등·민주주의를 비롯한 인간 삶의 보편적 토대를 마련키 위해 꾸준히 자신의 역량을 축적해 갔던 것으로 재조명한다. 4·19의 민주의식과 1960년대 경제 성장은 1950년대의 이러한 '국민국가'로의 제도적·의식적 발전 때문에 가능했다는 것이다.

『태백산맥』은 시기적으로나 내용상으로나 『해방전후사의 인식』

과 맥을 같이한다. 작품의 바탕에 깔려 있는 역사인식이 그러하며, 인물들의 행적이 또한 그러하다. 어쩌면 조정래는 『해방전후사의 인식』에서 힌트를 얻어 『태백산맥』을 집필했는지도 모른다.

조정래의 『태백산맥』이 출간되기 시작한 지 20년이 넘었다. 1부 '한(恨)의 모닥불'이 나온 1986년 한국의 1인당 국민소득은 3,200 달러였으나 21년 후인 2007년에는 2만 45달러로 여섯 배 이상 늘어났다. 그야말로 상전벽해의 변화가 일어났다. 그동안에 역사의 진실을 밝히는 자료들이 적지 않게 공개되고 출간되었다. 동서냉전이 종식되고, 자료공개 제한 시효가 지났기에 한국과 미국뿐만 아니라 중국과 구소련의 기밀문서가 거의 공개되어 『태백산맥』을 재조명할 때가 되었다.

홍진표(2005)는 한국 사회 친북운동의 진원지로 주사파들이 주도하는 민주주의민족통일전국연합(약칭 전국연합), 조국통일범민족연합남측본부(약칭 범민련), 한국대학총학생회연합(약칭 한총련)을 꼽는다.

이 중 재야 대표단체인 전국연합은 전국민족민주운동연합(약칭 전민련)의 후신이자, 한국진보연대(약칭 진보연대)의 전신이다. 전민련을 주도하던 김근태, 이부영, 장기표, 이재오 같은 사람들이 정치권으로 이동하여 지도부 공백이 생기면서 1991년 전국연합이 탄생하였다. 전민련 시절만 해도 그 내부에는 주사파(NL 계열) 외에도 민중민주주의운동 계열(PD 계열)을 비롯한 다양한 파벌이 공존하였으나, 전국연합에 이르면 거의 민족해방운동 계열(NL 계열) 일색으로 바뀐다. 그 결과 강령에서도 반미를 지향하는 이른바 자주노선이 확연해지고, 투쟁방향도 반미자주화투쟁과 친북통일운동에 초점이 맞춰진다.

사실 1997년 대통령선거에서 여야 간 수평적 정권교체가 이루어지고 그 결과 1998년에 김대중 정부가 출범함으로써 한국 좌파운동권의 정체성은 새롭게 확립된다. 지금도 NL과 PD 계열 간의 노선투쟁이 없는 것은 아니지만, 1998년 이후 NL과 PD의 구분은 종전에 비해 그 의미가 반감된다. NL은 '선 통일 후 민주변혁론', PD는 '선 민주변혁 후 통일론'이라고 할 수 있으나, 이 무렵이 되면 민주화는 이미 달성된 것이기 때문에 '통일'의 과제만이 부각된다. 운동권을 주축으로 한 민주화세력은 이제 통일세력으로 변화한다. NL 주도의 통일운동이 대세가 되면서 PD도 거기에 동조하지 않을 수 없게 되는 것이다.

미국을 반대하고 북한과 연대하는 반미연북노선은 전국연합의 후신인 진보연대에 이르러서도 변함이 없다. 진보연대의 강령을 보면 친북노선으로 인식될 만한 표현들을 극히 자제하면서 북한이 통일방안인 연방제도를 명시적으로 언급하지 않았지만, 국가보안법 폐지와 미군 철수와 한반도 비핵지대화를 비롯하여 그 구체적인 주장들은 북한의 그것과 일치한다.

예를 들면 "한미상호방위조약과 주둔군지위협정(SOFA) 폐지, 유엔사의 해체와 작전통제권의 신속하고도 전면적인 환수, 침략적인 합동군사훈련의 폐지 등 불평등한 한미동맹을 청산하고 주한미군을 완전 철수시킨다.", "6·15 공동선언을 이행하여 외세의 간섭과 개입을 배격하고, 상대방의 제도와 체제를 존중하고 인정하는 기초 위에서 통일을 실현해 나간다."고 주장한다. 6·15 공동선언 자체가 이른바 낮은 단계의 연방제를 명시했고, '상대방의 제도와 체제를 존중하고 인정하는' 것은 바로 연방제의 핵심이다.

친북운동권은 공산권 붕괴, 자체 내분, 명망가들의 정치권 이동, 김일성 사망에 따른 북한조기붕괴론의 영향으로 그 세력이 한동안 약화 추세를 보이다가 1997년 말 이후 강세로 돌아선다. 김대중 정부가 출범하고 대북포용정책을 펴면서 친북세력은 다시 힘을 얻고, 특히 2000년 남북한정상회담이 개최되면서 전성시대를 맞는다.

친북운동권의 대표적 친북활동 중 하나는 북한인권운동을 반대하는 것이다. 한국의 독재정권이나 우파정권하에서 드러나는 인권문제, 나아가 미국이 전쟁 중에 드러내는 인권문제에는 목소리를 높이면서, 북한의 인권문제에는 침묵한다. 오히려 북한 인권 개선을 위해 노력하는 한국 내 우파단체들의 활동을 방해한다. 일례로 친북세력은 북한인권시민연합이 주최하는 북한인권국제회의를 반대하는 캠페인을 벌였다.

이른바 재야세력은 강한 친북주의자들과 약한 친북주의자들 간에 심각한 갈등과 분열을 겪기도 했다. 이른바 범민련을 둘러싼 대립이 그것이다. 홍진표(2005)의 설명을 들어 보자.

범민련은 이른바 남한, 북한, 해외교포 3자 연대의 통일운동을 내걸고 1991년에 결성되었다. 따라서 범민련에는 남측본부, 북측본부, 해외본부가 존재한다. 전민련의 조국통일위원회를 중심으로 조직된 범민련은 그 준비위원회가 출범하자마자 국가보안법의 이적단체로 규정되어 대대적 탄압을 받으면서 공개적 활동이 어려워진다. 아예 그 활동 자체가 불가능해지면서 범민련의 초기 주도자들인 문익환, 이창복, 조성우 같은 사람들은 범민련의 해체와 새로운 통일운동단체 결성을 추진하지만, 북한과 이를 추종하는 세력들의 반대로 결국 실패한다.

이창복 전국연합 상임의장이 범민련 해체를 주도하면서 전국연합은 내분을 겪는다. 한총련을 비롯하여 북한의 방침에 충실한 집단들이 범민련 사수(死守)를 주장하고 그 주장이 득세하면서, 범민련해체론을 내세운 주요간부들은 전국연합을 떠난다. 범민련은 북한의 지원하에 친북활동을 그 핵심사업으로 전개한다. 북한은 범민련이 참가해야만 남북공동행사를 열 수 있다고 주장하는 식으로 범민련을 지원했고, 그 결과 남북한정상회담 이후 범민련은 '이적단체'이면서도 정부 허가를 받아 남북민간교류에 참여한다.

범민련 북측본부는 사실상 북한의 권력기관으로서 남측본부와 해외본부를 지도한다. 남측본부의 자체 조직은 취약하며, 북한정권에 가장 충성스러운 한총련이 남측본부를 거의 주도한다. 대법원은 "범민련 남측본부는 통일의 모색과 북한과의 접촉에 있어 일관된 조율과 신중한 정책추진이 필요한 현재의 실정하에서 강령의 일부로서 북한이 주장하는 바와 같은 외국군 철수, 핵무기 철수, 휴전협정의 평화협정으로의 대체, 국가보안법을 비롯한 제반 악법의 철폐 등을 채택하고, 이를 실현하기 위한 목적으로 구성된 것으로서 이적단체에 해당한다고 판단하였다."고 말했다(대법원 97.5.16 선고 96도2696 판결).

한총련은 1987년에 만들어진 전국대학생대표자협의회(전대협)의 후신이다. 한총련 내에는 다양한 파벌이 존재하지만 그 출범 이래 주사파들이 주도권을 장악했다. 공산권 붕괴로 인해 소련을 혁명모델로 삼았던 이른바 PD(민중민주주의)계열의 세력이 급격히 약해졌기 때문이다.

한총련 의장을 비롯하여 대학 총학생회장들이 한총련의 지도자로 표면에 등장하지만, 실은 집행부에서 직업적으로 학생운동을 하는 사람들이 권한을 행사한다. 이들은 적어도 10년 이상 학생운동을 하면서, 철저한 내부 검증을 거친 주사파들이다. 이들은 한총련 정책위원회와 조국통일위원회에 포진한다. 당국의 수사결과, 이들은 항상 김일성, 김정일을 경배하고 찬양하는 의식을 하는 것으로 드러났다. 다음은 한총련이 대학 신입생 오리엔테이션 교재로 쓰는 내용 중의 일부이다.

> 문) 북한의 일당독재에 대해서 왜 비판이 없는가?
> 답) 조선노동당은 해방 이후 친일파 숙청 및 토지개혁 실시 과정에서 민중의 지지 속에 완전히 뿌리내렸으며, 앞으로도 결정적 과오를 범하지 않는 한 그에 대한 지지는 멈추지 않을 것이다. 조선노동당 이외에 천도교청우당을 비롯한 당들이 있으나 조선노동당의 힘이 막강하여 존재가 희미하게 보일 뿐이다.

> 문) 북한의 권력세습은 세계가 비난하고 있지 않는가?
> 답) 인도의 인디라 간디 총리는 아버지 네루 총리의 뒤를 잇고, 그 후 아들 라지브 간디가 다시 선출되었으나 인도 스스로가 간디 일가의 집권을 요구했고, 이를 비난한 여론은 없었다. 김정일 비서가 이북의 차세대 지도자가 되는가 안 되는가를 결정하는 것은 이미 이북 민중의 고유한 권리이다. 외부에서 뭐라 하는 것은 내정간섭이다(성균관대학교 조국통일위원회 통일학교 교재, "북한사회 18문18답", 1994).

한총련의 주사파는 북한의 지령에 따라 움직인다. '북한방송 전문 청취팀(Broadcasting Team, BC팀)'을 운영한다. '구국의 소리', '구국의 횃불', '구국의 광장', '바른 삶', '애국', '새 세대', '새날' 같은 북한방송 녹취 간행물을 제작하여 전국 지부에 내려보내 학습하게 한다.

북한의 대남공작부서가 운영하는 '구국의 소리방송'은 최근 중단되었지만 인터넷으로 내용을 계속 공급한다. '총노선(한총련 연간 사업계획)'과 같은 공식문서들을 보면 북한의 대남방송과 글자 한 자도 틀리지 않는 똑같은 구절을 쉽게 발견할 수 있다. 2005년 한총련의 '새내기 의식화 사업계획서'는 "북한의 핵보유가 한반도 평화의 지렛대 역할을 하고 있다."고 주장했다.

그렇다고 주사파 학생회장 후보가 선거에서 자신의 정체를 드러내지는 않는다. 오늘날 대학가에서는 학생운동 자체가 학생들에게 외면당하기 때문이다. 2005년 한총련 의장이 된 어느 대학 총학생회장은 선거에서 학생들에게 PDA(개인휴대 컴퓨터 단말기) 지급을 공약했다. 주사파를 비판하고 견제하는 학생운동 조직이 강력해지면 주사파가 퇴조하겠지만, 학생운동 전반이 퇴조하는 지금 상황에서는 그것도 기대하기 어렵다.

이른바 운동권이 아닌 일반 시민단체들이나 노동계는 과거에 북한과 거리를 두고 활동했다. 그러나 2000년 남북정상회담 이후에는 노동계와 상당수 시민단체들도 친북노선을 달린다. 민노총과 민노당이 그 대표적인 경우이다. 주사파 중심의 NL계열은 2004년부터 민노당 당 지도부를 장악한다. NL계열이 주도하는 전국연합과 전국농민회총연합(전농)이 집단적으로 민노당에 합류하면서부터이다. 주사파 최대의 지하조직인 민족민주혁명당이 수사기관에 의해 적발되자, 일부세력들이 조직적으로 민노당에 가입하면서, 민노당의 친북노선이 강화된 측면도 있다.

민노당 중앙위원회는 2005년 북한핵무기 보유선언에 비판적 입장을 밝히려고 했으나 주사파계열의 반대로 좌절됐고, 그러한 내분은 결국 2007년 대통령선거 참패 후 분당으로 이어졌다. 민노당이 친북노선 일변도로 치닫자, 국민행동본부라는 우파단체는 민노당을 '북한노동당 2중대'라고 불렀다.

요즘 반미친북활동은 대부분 통일연대(6·15남북공동선언실현과 한반도평화를 위한 통일연대)라는 단체의 이름으로 이뤄진다. 통일연대는 2001년 3월 전국연합에 민주노총, 민노당, 민변 같은 정당과 단체들이 추가되어 발족되었다. 시민단체인 참여연대도 그 참관단체로서 한 발을 걸쳐 놓았다. 이처럼 노동계와 시민단체들이 친북운동에 가세하면서 친북운동권은 그 세력이 확대되었다. 김대중, 노무현 정부의 대북정책이 친북활동의 합법화, 일반화를 초래한 셈이다(홍진표, 2005).

민노당은 강령에서 대한민국을 부정적인 시각 일변도로 바라본다. 국가보안법 폐지, 그리고 국정원과 기무사 같은 국가기관 폐지 주장은 그야말로 약과다. 민노당 강령에 따르면 대한민국은 아예 민주공화국이 아니다. 한국정치는 민주공화국이라는 이름을 내걸었으나 실제로는 비민주적, 반민중적 억압과 착취를 일삼는다고 한다. 또, 계급, 성별, 지연, 학벌을 빌미로 민중을 배제하고 온갖 차별을 자행하고 미국에 종속되어 반민족적 행태를 일삼는다는 것이다. 노동자를 비롯한 민중은 정치에서 철저히 배제되었다고 한다.

북한은 이런 민노당을 노골적으로 지지하고 격려했다. 소위 주체 93년(2004년)에 내놓은 '2004총선투쟁지침'에서는 "모든 역량을 결집시켜 가능한 한 많은 민주노동당 후보들을 반드시 국회에 진출시켜야 한다."고 했다. '주체 90년'(2001년)으로 기재된 한민전의

'자주·민주·통일을 지향하는 진보정당 건설은 시급한 과제'라는 논설에서는 전국연합의 민노당 참여를 지령했다. 그 논설은 "민중연대, 통일연대, 민노당 사업을 하나의 민족민주전선으로 강력히 연대할 것"을 전국연합에 주문하고, "특히 민노당 사업에 적극 참가하여 민주노동당의 정체성을 확립해야 한다."고 했다. 그로부터 3년 후인 2004년 6월 전국연합은 실제로 민노당에 가담했다. 당시 당 대회에서 전국연합 출신이 민노당 최고위원 11명 중 9명을 차지했다. 전국연합 출신 민노당 국회의원으로는 천영세, 강기갑을 들 수 있다.

북한은 민노당이 집권할 때 '고려연방제'가 완성될 것으로 보고, 그것을 위해 소위 민족민주세력의 민노당 중심 단결을 촉구했다. 반제민전이 2005년 7월 17일 작성한 '낮은 단계 연방제 진입국면, 민족민주세력은 무엇을 하여야 하는가'라는 문건은 이렇게 적고 있다.

> 지금 시작되는 낮은 단계 연방제 단계는 이남에서 자주적 민주정부 수립을 준비하는 단계이기도 하다. 이남에 자주적 민주정부가 들어서야 고려민주연방공화국이 건설될 수 있다. 민주노동당 정권이 수립되었을 때 민족통일기구는 명실상부하게 정부·정당·사회단체를 망라한 민족통일전선으로 최종 완성될 것이다. …… 그러므로 민족민주세력은 민주노동당을 중심으로 조직적 단결을 강화하고, 조직 내의 분파적 요소들을 뿌리 뽑아 민주노동당을 건실하고 활력 있는 대안세력으로 키워 내며, 그 폭을 확대하여 광범위한 민중의 신망을 받는 참된 민중의 대변자로 발전시켜야 한다.

주사파 반미주의자들은 연방제 통일의 야무진 꿈을 버리지 않는다. 조덕원은 민주노동당 기관지 『이론과 실천』 2005년 7월 기고문에서 "낮은 단계 연방제는 이북정권과 열린우리당 정권 사이에도 실현 가능하지만 높은 단계 연방제는 이북정권과 자주적 민주정권(민주노동당정권) 사이에서만 실현 가능하다."며, 그것은 "높은 단계 연방제가 중앙정부에 정치외교권과 군사권을 이양하는 명실상부한 1국가2정부제도이기 때문이다."라고 말한다.

그렇다면 반미주의자들은 이러한 친북연공의 연방제 통일을 어떻게 이루겠다는 것인가? 그것은 다름 아닌 북한의 대남전략에서 말하는 통일전선전술이다. 이상훈(2007)은 2007년 5월 민노당 기관지 중 하나인 『이론과 실천』에 게재한 글을 통해 노무현 정부를 친미부르주아개혁정권이라고 규정하고, 현 국면은 미국과 친미부르주아개혁정권에 맞서 민족민주전선 전략을 구사할 때라고 말한다.

반미진보세력이 반파쇼민주전선으로부터 민족민주전선으로 통일전선전략을 전환한 시점은 대체로 1990년 전후가 된다. 군사독재정권이 존재할 때에는 김대중, 노무현 대통령 같은 부르주아개혁세력과 손잡을 필요가 있었지만 군사독재가 종식된 상황에서는 그럴 필요가 없어졌다는 것이다.

민족민주전선은 반미와 반정부, 즉 민족해방과 민중민주주의를 포괄한다. 미국으로부터 해방되어 자주성을 회복하고 민중을 위해 복무하는 민중의 민주정권을 지향하는 전선이다. 전민련, 전국연합, 민중연대, 한국진보연대 같은 조직들은 모두 이러한 민족민주전선의 성격을 지닌 통일전선운동체라고 한다.

민중연대는 말 그대로 신자유주의를 반대하는 연대체로, 통일연대는 6·15공동선언을 실천하는 연대체로 활동했다. 민중연대는 남한의 전 지역에 하부조직을 꾸려 나갔고 통일연대는 6·15공동위 건설에 앞장서며 남북해외 3자연대에 집중했다. 이처럼 민중연대와 통일연대는 조직체계가 상호 보완적이어서 충돌하지 않았다.

민중연대와 통일연대를 합친 한국진보연대는 2007년 1월 9일 준비위원회가 출범했고, 같은 해 9월 17일 정식으로 발족됐다. 자주적 민주 강령의 민중연대와 자주적 통일 강령의 통일연대가 하나로 만난 것이라고 한다. 이 과정에서 남북통일전선 전략에 동의하지 않는 소위 평등파(PD계열)의 일부 소속단체들이 이탈했다.

대한민국은 전후 신생독립국 가운데 산업화와 민주화 두 마리 토끼를 동시에 잡은 성공사례로 꼽히지만 그렇다고 국가적, 사회적 차원에서 문제점이 없는 게 아니다. 남북한 교류협력이 확대되기는 했지만 여전히 남북대치상황은 지속되며, 부정부패, 지역주의, 노사갈등, 부동산값 폭등, 청년실업, 교육문제 같은 문제들이 엄존한다.

그러나 정도의 차이가 있을 뿐 선진국과 후진국을 막론하고 문제점이 없는 나라는 없다. 한국을 다른 많은 나라들과 비교하면 한국은 세계 13위 규모의 경제 강국일 뿐 아니라 다른 여러 면에서도 장점이 많다. 그럼에도 불구하고 반미주의자들이 한국과 한국 사회를 부정 일변도로 바라보는 것은 과거 반독재민주화투쟁과정에서 체질화한 만성적 적대문화(adversary culture) 때문인지도 모른다. 홀랜더(Hollander, 2002)는 미국 내 적대문화에 대해 다음과 같이 말한다.

> 9·11테러는 미국의 적대문화를 이해하는 데 유리한 시사점을 제공한다. 적대문화라는 말은 리오넬 트릴링(Lionel Trilling)이 1965년 『문화를 넘어서(Beyond Culture)』라는 책에서 사용한 것이다. 이 말은 미국이 관계된 사실상 모든 논쟁에서 미국 혹은 적어도 미국 정부를 습관적으로 비난하는 사람들의 성향을 말한다. 적대문화 안에 있는 사람들은 대부분 지

식인, 유사 지식인, 그리고 그 추종자들이다. 이 사람들은 주요 대학 캠퍼스와 대학촌에 밀집해 있다. 캠퍼스 가까이 살다 보면 적대문화의 중요성과 영향력을 과대평가하게 되는 경향이 있다. 캠퍼스 분위기에 익숙하지 않은 사람이 캠퍼스를 방문하면 사뭇 낯섦을 느끼는 이유가 거기에 있다. 적대문화에 젖은 사람들은 일반적으로 극좌파이고 확고부동한 반자본주의자들이다. 공산주의가 무너지기 전까지는 주로 마르크스주의 또는 마르크스주의와 유사한 관점을 가진 사람들이었지만 개중에는 급진적 평화주의자나 무정부주의자도 있었다.

소련이 무너지고 사회주의가 바닥을 치고 나서는 달라졌다. 환경을 중시하고 세계화에 반대하며 다문화주의를 주창하는 급진주의가 종래 좌파 정당과 운동이 지배했던 공간 속으로 밀려들어 왔다. 환경주의는 기본적으로 반근대적 편견을 지니기 때문에 적대문화에 속한다. 반세계화는 지구적 규모에서 환경주의와 반기업주의를 결합함으로써 종래에 개별 국가 규모에서 따로 존재하던 반자본주의를 대체했다. 20세기 전반 이전에는 개신교 백인과 유대인이 적대문화를 주도했으나 다문화주의와 더불어 적대문화를 지닌 여러 집단들이 하나로 묶이게 되었다.

적대문화 신봉자들은 다양하다. 포스트모더니스트 학자, 급진 페미니스트, 아프리카중심주의 흑인, 급진 환경주의, 동물권리 보호 활동가, 평화주의자, 마오주의자, 트로츠키주의자, 비판적 법 이론가 같은 사람들이다. 이들은 자주 서로 다른 정치적 의제를 다루면서도 핵심적 신념과 전제에 있어서는 공감한다. 이들은 미국이나 미국 사회, 그리고 모든 서구문화의 전통과 가치에 적대감을 가지고 그것을 비판한다. 그들의 신념 가운데 가장 중요한 것은 미국 사회가 아주 흠이 많고 부정의하며 부패하고 파괴적이며 영혼이 없고 무자비하며 진정성이 결여됐고 사람들의 기본적 필요를 충족시키지 못한다는 것이다. 미국 사회 체계는 원래의 이상을 실현하지 못했고, 치유할 수 없으리만큼 성차별적이고 인종차별적이며 제국주의적이라고 주장한다.

대개 적대문화는 소련의 붕괴, 냉전의 종식, 그리고 전 세계에 걸친 국가사회주의 체계의 퇴락을 주목하지 않는다. 그러면서 점점 더 국내문제들을 편견을 가지고 바라보는데 이는 미국 사회와 자본주의는 악하다고 주장하면서도 해외에서 그 대안을 찾지 못하기 때문이다. 자본주의를 좀 더 드러내 놓고 공격할 수 없게 되니까, 세계화가 국내 환경문제와 경제에 미치는 영향을 가지고 세계화를 비판하는 것이다.

여기에 나오는 치아파스 봉기 지지자들이란 1994년 1월 1일을 기해 멕시코 남동부의 치아파스 주에서 무장봉기를 일으킨 사람들을 가리킨다. 스스로를 '사파티스타 민족해방군(Zapatista Army of National Liberation: EZLN)'이라 부른 이들은 오랫동안 뿌리 깊게 내려온 멕시코 사회의 구조적 모순과, 북미자유무역협정(NAFTA)으로 가시화한 '신자유주의(Neo‒liberalism)'의 폭력에 맞서 투쟁할 것을 선언하였다. 사파티스타 혁명군은 멕시코 정부의 잔혹한 토벌과 탄압에도 굴하지 않고 수년간 싸웠다. 현실 사회주의권의 붕괴로 이념적 혼란 상태에 있던 세계 좌파 진영은 이들에게 뜨거운 관심과 연대를 보였다.

반미주의자들에게서 발견할 수 있는 만성적 적대문화의 뿌리는 반미세력들이 종래에 가지고 있었고 시대가 바뀐 지금도 그에 대한 미련과 향수를 완전히 버리지 못한 반자본주의에 있다. 이러한 적대문화에서 비롯되는 전형적 태도 가운데 하나는 사회현상을 현실적으로, 그리고 객관적으로 바라보지 못하고 이상주의의 안경을 쓴 채 주관적 희망을 가지고 바라보는 것이다. 반미주의자들은 또한 역사평가와 현실인식에 있어서 자기 자신에게는 관대하고 타인에게만 엄격한 잣대를 적용하곤 한다. 서로 모순이 되거나 실현 불가능한 요구를 일삼기도 한다.

그러나 완벽한 사회는 없다. 유토피아는 현실에서는 존재하지 않는다. 실내공간이 넓은 소형차, 저렴한 고급승용차는 없다. 맘껏 먹으면서 날씬한 몸매를 유지할 수도 없다. 모든 좋은 것과 모든 가치 있는 일들이 양립할 수 있다고 믿는다면 그것은 심각한 오해이다(Hollander, 2004: 35 – 37). 환경사랑과 에너지 자급은 연료를 많이 소비하는 스포츠유틸리티차량(SUVs)과 양립할 수 없다.

개인 권리와 자율성의 철저한 보장은 정체성 정치(identity politics: 자신 혹은 사회적 소수자의 이익을 위한 정치적 주장)나 소수자 우대 강제조항, 그리고 집단적 자긍심 고취와 충돌한다. 무제한적 자기실현과 성취를 열망하면서 그와 동시에 서로 밀접하게 연결된 공동체에서 조화로운 삶을 꿈꾼다면 그것은 모순이다. 끊임없이 이주할 수 있는 자유를 누리면서 동시에 한 공동체에 뿌리내릴 수는 없다.

자유와 안보, 안보와 모험, 평등성과 수월성, 그리고 평등주의를 강제하는 것과 성취지향적인 것 사이에는 끊임없는 긴장이 존재한다. 수월성을 찬양하면서 엘리트주의를 비난할 수는 없고, 영재 아동들을 고무하면서 능력별 학급편성제도(tracking)를 폐지할 수는 없다. 미국을 반대하다가 대한민국까지 반대하게 된 반미주의자가 있다면 자신의 주장이 상호 모순이 되거나 실현 불가능한 게 아닌지 돌아볼 일이다.

5. "문화의 진지를 구축하라": 문화투쟁과 좌파 헤게모니 구축

　중국의 혁명가 마오쩌둥은 "권력은 총구에서 나온다."고 했다. 권력을 거머쥐기 위해서는 군사력이 있어야 한다는 것이다. 그러나 그것은 혁명의 시대에나 통했지, 지금과 같은 민주의 시대에는 통하지 않는다. 오늘날 정치에서는 선거로 정권의 향방을 결정하기 때문에 '인기'가 가장 중요하다. 선거운동에는 '돈'도 많이 필요하다.

　김대중 정부 이전까지 한국의 반미세력에는 군사력도, 돈도 없었다. 그랬기 때문에 '인기', 즉 국민의 지지를 얻는 데 모든 힘을 쏟았다. 특히 출판, 음악, 미술, 연극 같은 문화 분야를 파고들었다. 작지만 강한 '참호'들을 파 나가기 시작한 것이다. 그리하여 마침내는 '문화 헤게모니'를 장악했다. 이제 우파정부가 들어서도 좌파의 문화 헤게모니는 유지된다. 냉전시대에는 '반공' 즉 '친미'의 헤게모니가 유지됐지만 이제는 '반미'의 헤게모니가 확립된 것이다.

　문화투쟁(Kulturkampf)이란 말은 비스마르크가 1871년 프러시아 제국을 통일한 뒤 독일 가톨릭교회와 교육주도권 같은 문제를 놓고 벌인 투쟁에서 유래한다. 즉 종교 대 정치, 다시 말하면 성(聖)과 속(俗)의 싸움이었다. 경제적 이해관계를 달리하는 계급 간의 다툼이 아니라 가치와 사상을 달리하는 집단 간의 투쟁을 문화투쟁이라고 한다. 문화투쟁 혹은 사상투쟁에서 주도권, 즉 헤게모니를 쥐기 위해서는 두 가지를 장악해야 한다. 첫째, 담론(discourse)이고, 둘째 매체(media)이다.

문화투쟁의 역사적 사례를 살펴봐도 담론과 매체를 둘러싼 투쟁은 치열했다. 진시황제가 2,000년 전에 책을 불사르고 학자들을 땅에 파묻어 죽인 분서갱유도 일종의 문화투쟁이었다고 할 수 있다. 책이라는 매체와, 그 매체를 통해 이뤄지는 담론을 지배하는 쪽이 승리하는 것이다.

중국의 마오쩌둥이 1966년 당내 시장경제 추구세력인 주자파(走資派)와의 노선투쟁에서 수세에 몰리자 이를 뒤집기 위해 해서파관(海瑞罷官)이라는 역사극을 문제 삼아 이른바 문화대혁명을 일으켰다. 이는 문화투쟁과 사상투쟁이라는 우회적 투쟁전술로 권력투쟁을 전개하였던 전형적 예에 속한다. 최대 수백만 명의 희생자를 낳은 문화대혁명이 하나의 연극과 그 극의 내용을 시비 삼으면서 일어났다는 것이 매우 흥미롭다.

북한의 김일성이 1945년 8월 토지의 무상몰수, 무상분배를 준비하면서 작가와 신문기자를 프롤레타리아 동맹에 묶고, 남한의 좌파 문예인들이 같은 해 9월 조선프롤레타리아 문학동맹, 프롤레타리아 미술동맹, 프롤레타리아 음악동맹을 결성한 것도 남북한의 국민들을 각각 상대로 한 문화투쟁의 시작이었다. 북한은 그때 이후 지금까지 남한에 대한 각종 무력도발과 함께 남한 사회를 문화적, 사상적으로 교란시키기 위한 문화투쟁을 지속했다.

김대중, 노무현 정부 시절 한국 좌파는 '민족'과 '통일' 이데올로기의 헤게모니 구축을 위해 이른바 조중동(조선일보, 중앙일보, 동아일보)으로 대표되는 우파언론을 공격하고, 인터넷과 휴대폰을 이용한 대안매체를 개발하는 데 놀라운 기민성을 과시했다. 김대중, 노무현 정권은 공영방송도 철저하게 장악해 이념과 담론 헤게모니의 고삐를 바짝 죄었다.

문화투쟁에서 빼놓을 수 없는 도구가 언어전술이다. 언어는 담론을 생산하며, 담론은 이데올로기의 존재양식으로 기능한다. 좌파세력은 스스로를 '진보적 지식인', '양심수', '통일세력', '민족민주세력'이라고 지칭하면서 우파에 대해서는 '수구기득권세력', '반동', '냉전세력', '반민족, 반통일 세력', '친일세력', '매판세력'이라고 매도한다. 일제 식민지 지배체제하의 고통과 분단의 아픔을 안은 국민들의 민족적 감성을 자극하려는 것이다. 좌파세력은 그러한 선전공세 즉 문화투쟁을 통해 사상과 이념의 헤게모니를 장악하려고 부단히 노력했다.

일례로 홍성태(상지대학교 교수)는 한국의 정치 갈등을 '진보개혁세력' 대 '친미파로 변신한 친일독재 수구세력'으로 단순화한다. 그는 "미국과의 관계를 개선하는 것은 어떤 것인가? 친일독재 수구세력은 정치, 군사, 경제, 문화의 모든 면에서 미국에 착 붙어서 종속되는 것이라고 주장한다. 그러나 평등한 교류가 아닌 일방적 종속은 나라와 민족을 없애는 것과 같다. 일제 식민지의 역사에서 잘 볼 수 있듯이, 이 경우에 소수는 온갖 호사를 다 누릴 수 있으나 다수는 살아 있되 죽은 것과 같은 삶을 살아야 한다."고 주장한다. 너무나 단순한 이분법이다. 홍성태는 한국의 대표적 시민단체 중 하나라고 하는 참여연대의 정책위원장을 역임했다.

한국의 좌파세력은 1987년 민주화 이후 상대적으로 약해진 운동권의 역량을 다시 강화하기 위해 문예를 혁명투쟁의 주요매체로 이용하기 시작했다. 소위 민중음악과 민중미술이 활기를 띠었다. 시와 소설도 급진운동의 도구로 활용됐다. 사노맹이라는 혁명조직

의 구성원이자 노동해방시인으로 유명한 박노해는 '존경하는 김(일
성)주석'이라는 장문의 시를 『박노해 시인의 긴급호소』라는 제목이
붙은 팸플릿을 통해 발표했다. 노동해방 문학예술운동연합이라는
단체가 발족되기도 했다.

그 외에도 계급투쟁을 정당화하는 공산주의 이론의 선전책자가
철학, 경제, 역사 서적이라는 이름으로 쏟아져 나왔다. 북한에서 발
간한, 국내시판이 불허된 책자도 국내에 유입되거나 국내에서 발간
되어 돌아다녔다. 좌파는 출판, 미술, 음악, 연극 같은 분야에 이른
바 문화의 진지를 강고하게 구축했다.

그래서인지 한국 사회주의 세력은 냉전 이후에도 살아남았을 뿐
아니라 그 세력이 여전히 만만치 않다. 1989년 동유럽 사회주의 국
가들이 붕괴하면서 사회주의 이념의 매력이 반감됐는데도 한국에
서는 사회주의 혁명운동이 계속되는가 하면 지식인 운동가가 북한
공산정권에 포섭되는 간첩사건도 일어났다. 그 후에도 반자본주의,
친사회주의 성격의 진보정당이나 사회당 운동이 지금까지 이어진다.

그 대표격인 민노당은 2002년 대선에 권영길 후보를 내세워 95
만 7,148표(3.9%)를 얻은 뒤, 2004년 총선에서는 의석 10석을 얻어
원내 제3당으로 진출했다. 그 기세를 타고 민노당은 '2008년 제1야
당, 2012년 집권'을 호언하기도 했다. 그러나 2007년 대선에서는
참패하는 바람에 그 후유증으로 분열됐고, 2008년 총선에서는 5석
으로 약화됐다. 그러나 한국 최대 노동조직인 민노총과 전교조를
산하에 두고 있어 민노당의 실제 투쟁력은 그 이상이다. 민노당의
힘은 국회 내에서보다 국회 밖에서 더 크다고 할 수 있다.

문화 헤게모니(cultural hegemony)란 마르크스주의 철학자 안토니

오 그람시(Antonio Gramsci)가 만든 개념이다. 그것은 하나의 집단 혹은 계급이 하나의 다양한 문화(a diverse culture)를 다스리거나 지배하는 것을 의미한다.

그람시는 고전적 마르크스주의자들과 달리, 대중운동 집단인 노동계급보다 혁명적 지식인의 임무를 강조했다. 레닌이나 루카치의 시각을 계승한 것이다. 혁명을 성공시키기 위해서는 부르주아 세계관에 대항해 저항이데올로기를 만들어 내고, 그 이데올로기를 매개로 계급융합을 이루어 헤게모니 질서를 구축하는 것이 중요하다. 생산과정에서의 노동쟁의가 중요한 것이 아니라, 이데올로기 싸움인 문화투쟁과 사상투쟁이 중요한 상황에서 유기적 지식인의 임무가 막중할 수밖에 없다.

부르주아 지배 질서는 강제기구인 국가기구를 붕괴한다고 해도 강고한 시민사회를 바탕으로 한 부분이 남아 있는 한 무너지지 않는다. 러시아의 경우 혁명세력이 강제기구인 국가를 파괴하고 점령한 것이다. 러시아에서는 기동전이 가능했다. 서구사회의 경우 핵심에는 국가가 있지만 그 주변에는 시민사회가 참호처럼 둘러싸고 있다. 기동전으로 당당하게 뚫고 들어갈 수 없기에 하나하나 참호를 점령해 나가야 한다. 이것은 기동전이 아닌 진지전으로서 장구한 시간이 필요하다. 서구의 진지전을 주도하는 것은 혁명적 지식인이라고 그람시는 보았다.

일부 유럽 집단들 사이에는 공공연한 반미주의가 명예의 상징처럼 되었는데 독일에서는 문화투쟁(Kulturkampf)이란 말이 되살아났다. 즉 독일의 지식인들과 문화 엘리트들이 미국과의 싸움에서 내건 구호가 바로 문화투쟁이다. 독일 영화감독 페테르 차데크(Peter

Zadek)는 "문화투쟁? 나를 끼워 줘. 난 미국을 몹시 혐오하거든."이라고 말했다. 맹렬 반미주의자들이 대개 그러하듯이 그도 자신은 한 번도 미국을 방문한 적이 없고 방문하려고도 하지 않는다고 주장했다. 영국 소설가 마가렛 드래블(Margaret Drabble)은 "나의 반미주의는 거의 통제 불능이다."라고 썼다(Markovits, 2007b: 51). 반미가 유행하면서 한국의 지식인들 중에도 '반미'에 줄 서려는 경향이 있다.

2000년대 들어 한국에서 반미감정이 고조되고 확산된 것은 반미주의자들이 한국 사회에서 문화 헤게모니를 장악했기 때문이다. 광우병 촛불집회는 외견상 순수한 시민들의 자발적인 궐기인 것처럼 보이지만 실은 좌파의 촛불집회 선동과 MBC · KBS 왜곡 보도의 합작품이라는 지적도 있었다. 광우병 사태는 좌파에 장악된 '문화권력'의 실상을 보여 준다는 것이다.

국가가 지니는 무력과 공권력, 금력 같은 것을 경성권력(硬性權力, hard power)이라고 한다면 좌파는 6 · 25 이후, 특히 5 · 16 이후부터 김대중 정부가 출범한 1998년까지 국회의 일부를 제외하고는 오랜 기간 경성권력을 장악하지 못했다. 그 대신에 좌파는 학계, 교육계, 문화계, 예술계, 언론계, 노동계 같은 연성권력(軟性權力, soft power) 분야에 집중적으로 진출하여 크고 작은 진지(陣地)들을 구축하기 시작했다.

좌파는 1980년대에 마르크스레닌주의와 주체사상 같은 이데올로기로 무장하고, 1987년 민주화 이후에는 연성권력 분야의 주도권을 급속히 장악하여 가는 동시에 경성권력도 넘보기 시작했다. 노태우와 김영삼의 우파 민주정부가 10년 집권한 뒤 좌파는 1998년 마침내 집권에 성공하였고, 2002년 정권재창출에도 성공함으로써 연성권력 분야의 우세 속에 경성권력까지 차지하였다. 김대중 정부 5년을 거치면서 좌파는 연성권력, 즉 문화부문의 헤게모니를 확고하게 장악했다.

2007년 12월 19일 대통령선거에서 우파가 승리했지만 우파정부가 권력기반을 사회 전반에 걸쳐 새로이 구축하기 전까지는 그것은 중앙권력의 교체만을 의미했다. 2008년 4월 9일 제18대 국회의원 총선거에서 좌파 정당들이 크게 위축되거나 몰락하고 특히 좌파성향의 386세대 운동권출신 국회의원들이 대거 낙선함에 따라 좌파는 다시 경성권력에서 상당히 후퇴한다.

그러나 좌파의 문화 헤게모니는 한동안 지속되었다. 심지어는 공영방송인 KBS와 MBC가 이명박 정부 초기 광우병 사태 때까지만 해도 공영방송으로서의 공정성을 유지하는 것이 아니라 반미 좌파의 확성기 노릇을 하였다. 공영방송들이 새로운 집권세력과 코드를 맞추는 게 아니라 거꾸로 정면 대결하여 정권초기 한판 힘겨루기를 할 정도로 좌파의 문화 헤게모니는 그 기세가 등등했다. 김대중, 노무현 정부 10년 동안 공영방송이 얼마나 철저하게 좌파의 핵심 진지로 구축되었는지를 여실히 보여 주었다.

공영방송이 그럴 정도이니 다른 분야는 말할 것도 없다. 학계, 교육계, 문화계, 예술계, 노동계, 인터넷 분야의 담론을 이끌어 가는 것은 여전히 좌파다. 이른바 새 정부와의 밀월기간도 끝나기 전에 대통령 탄핵운동을 벌이고 길거리에서 정권퇴진 투쟁을 전개할 정도로 문화 방면에 구축된 좌파의 진지는 공고하다. 동원의 힘과 기술, 인력, 재정력도 막강하다. 반미시위의 주력부대인 민노총과 전교조 두 조직만 해도 연간 예산을 합하면 100억 원을 넘는다. 다음(daum.net) 같은 인터넷 포털 사이트가 여론을 형성하고 대중에게 영향을 미치는 능력은 종이매체인 신문을 훨씬 능가하는데 그런 사이트 역시 좌파의 진지로 활용된다.

2003년 노무현 정부 출범 이후 우파 단체와 매체, 논객들이 전례 없이 활발하게 움직이고 나름대로 세력화하기도 하였으나 좌파가 구축한 진지들에 비하면 극히 미약하다. 그랬기 때문에 광우병 시위가 한 달 넘게 계속되는 데도 불구하고 우파정부를 포함한 우파 진영 전체가 속수무책이었다. 취임한 지 6개월도 안 된 신임 대통령이 한 달에 두 번이나 대국민사과를 연발했다. 좌파가 문화 헤게모니를 장악한 상황에서 광우병에 관한 진실은 통할 수 없고, '광우병 괴담'은 판을 친다. 그런 틈을 타서 반미주의자들은 광우병 시위의 정치적 효과를 극대화함으로써 양대 선거에서의 패배를 만회하고, 광우병 문제에 쏠린 상당수 국민의 관심과 지지를 미군철수투쟁과 연북통일운동으로 연결하기 위해 부심하였다.

2002년 미군장갑차에 의한 신효순·심미선 사망사건 후의 반미 촛불시위도 마찬가지였다. 사람이, 그것도 나이 어린 여학생이 두 명이나 죽었는데 미군에서는 아무도 제대로 책임지지 않은 것은 분명히 잘못이었다. 하지만 그것은 어디까지나 군사훈련 중의 교통사고였다. 자기들보다 힘이 약한 나라인 한국 사람이기 때문에 그 생명을 귀히 여기지 않고 일부러 죽인 게 아니었다. 그런데도 한국 국민의 분노는 폭발했고 시위는 대규모로 번져 나갔다.

한국인의 다수가 반미감정을 표출하고 상당수가 시위에 참여한 것은 반미주의자들이 문화적 헤게모니를 장악하여 대중으로 하여금 미국과 주한미군에 대한 태도를 바꾸게 하고 나아가서는 반미 감정을 유도했기 때문이다. 그들은 온라인과 오프라인의 각종 매스 컴과 문예물, 학술적 저술과 출판으로 미국과 주한미군의 부정적 이미지를 대중에게 주입시켰다.

그에 반해 친미주의자들은 문화적 헤게모니를 상실한 탓에 자신들의 견해를 대중에게 효과적으로 전파하지 못한다. 노무현 정부가 2003년 출범한 뒤 우파 시민단체와 우파 인터넷 매체들이 우후죽순 생겨나고 우파 인사들도 좌파 시위에 맞대응하며 거리 시위를 벌이기 시작했지만 아직은 한참 역부족이다. 우파 시위의 대규모 동원력은 복음주의 우파 계열의 개신교회와 재향군인회가 고작이다. 이를 좌파 시위의 주력부대인 민노총과 비교하면 숫자 면에서는 비등할지 몰라도 전투력 면에서는 도저히 상대가 안 된다. 우파 출판사도 생겨나 반미, 친북 좌파의 허구성을 폭로하는 서적을 출판하고 대안교과서까지 냈지만 서점에 가 보면 여전히 반미좌파성향의 서적이 압도적으로 많다.

반미주의자들의 문화 헤게모니는 김대중, 노무현 정부의 대북 화해정책과 남북한정상회담을 비롯한 남북화해 분위기에 힘입어 더욱 공고해졌으며, 이명박 정부가 등장했다고 해서 금방 약해지지도 않는다. 왜냐하면 좌파는 우파 집권 30년 동안 와신상담하며 출판과 문화, 예술, 학술, 교육, 언론, 인터넷 같은 각종 문화 분야에 파고들어 강력한 기반을 구축해 놓았을 뿐 아니라 김대중, 노무현 정부 들어서서는 제도권 상층부로의 진출과 더불어 물적, 재정적 능력까지 갖추었기 때문이다.

반미주의자들이 문화 헤게모니를 잡고 대중에게 반미의식을 불어넣은 사례로는 미군의 노근리 양민오살 사건에 대한 보도와 해설을 들 수 있다. 6·25전쟁기간 중 노근리에서 민간인 사망자가 다수 발생했다고 하더라도 그것은 '오살'이나 '과실치사'이지 결코 '학살'은 아니다. '학살'은 나치가 유태인들을 학살할 때와 같이 고의적으로 다수의 사람들을 집단 살해하는 것을 뜻한다. 당시 미군에게는 대한민국 국민을 죽이겠다는 고의성이 없었다. 미국이 대한민국 국민을 고의적으로 집단 살해할 생각이 있었다면 북한인민군이 대한민국 국민을 죽이도록 방치하는 것으로 족했을 것이다. 그럼에도 불구하고 한국의 언론매체들은 그것을 '학살'이라고 보도했다.

한국 반미주의는 사안에 따라 때로 대중을 대규모로 동원하거나 여론의 광범위한 지지를 얻기도 하지만 실은 소수 정예의 정치운동이다. 한국 반미주의는 일부 정치세력의 강력한 이념적 무기인 것이다. 전상인(2005)은 2005년 당시 강정구에 대한 국가보안법 위반 수사 사건을 언급하면서, 한국 사회에서 반미주의가 유행하는 이유를 '지식과 권력의 동업', 즉 '반미와 자주, 민족과 민중을 매개로 하여 이루어지는 정치권력과 지식권력 간의 동업자적 관계'라고 말한다.

전상인은 "그것(한국의 반미 자주화 논리)은 특정한 지식권력에 의해 학문의 이름으로 포장되고 재생산되는 지적 공정을 거치고 있다."며, "386 운동권에 의한 대학 접수, 전교조에 의한 교육현장 장악, 그리고 반미적·반시장적 교과서를 통한 후대 양성 등이 지속적으로, 그리고 체계적으로 진행되고 있는 것이다."라고 말한다. 그는 이러한 '지식과 권력의 동업'이 김대중, 노무현 정부 기간 동안에 급속히 진행됐다고 말한다. 그는 아울러 디지털시대의 지적

포퓰리즘(populism)도 반미주의의 확산을 가져왔다고 덧붙인다.

인터넷은 그야말로 젊은이들의 아성이고 반미 좌파 세력의 놀이 터이다. 지식인들이 인터넷에서 이름을 날리려면 반미의 깃발을 들지 않을 수 없다. NGO 전성시대, 그리고 인터넷 시대가 지식 포퓰리즘을 초래했고, 그 과정에서 반미주의는 하나의 유행 내지는 시대정신으로 자리 잡은 것이다.

홍상화(소설가)는 『한국문학』 2005년 가을호에 중편소설 '디스토피아'를 발표했다. 홍상화는 이 소설에서 대학에 포진한 한국의 학자와 박사들이 1970년대부터 거의 30년 동안 수많은 순진한 젊은이들을 좌경이데올로기로 잘못 인도하는 파우스트 박사 노릇을 했다고 비판한다. 한국의 지식인 또는 예술인들이 일본에서 전파된 좌경이데올로기, 특히 일본의 료스케가 『세카이』지를 통해 전파한 주체철학을 그대로 직수입했다는 것이다(최강민, 2005).

홍상화는 자신이 작품을 써놓고 발표를 미루었던 이유에 대해 "남한 지식인 사회에 존재하는 좌경사상은 남북관계의 화해에 어느 정도 도움이 될 수 있고, 또 일부 남한 상류층의 혐오스러운 행태와 자본주의 사회의 고질적인 도덕적 퇴폐현상에 대한 자극이 될 수 있다는 믿음에서였다."고 말하고, 그러나 "좌경세력의 존재가 남북 간의 화해에 도움이 되는 수준을 넘어 북한 당국의 오판을 불러일으킬 가능성이 있는 위험한 수준이라는 판단"에 따라 이 소설을 발표하는 것이라고 했다.

홍상화가 이 소설을 쓴 것은 첫째, 젊은이들을 좌경으로 오도한 지식인들의 수법을 밝히고, 둘째, 오도된 젊은이들의 자각을 불러일으키거나 그들의 영향력을 축소시키며, 셋째, 침묵하는 다수의 젊은 사회인들의 사회참여를 유도함으로써 한국 사회에서 증오심이 설 자리가 없도록 하는 것이라고 했다.

홍상화의 소설 '디스토피아'는 4부로 구성됐다. 이 소설에서 작가는 1970년대 베트남의 공산화가 한국 지식인들에게 한반도의 사회주의화를 앞당기자는 시대정신으로 이어졌다고 말한다. 제2부 '주체 사교(邪敎)'에서는 김일성 주체사상이 어떻게 남한의 저항·반미세력을 부추겼는지 밝힌다. 작가는 제3부 '증오심'에서 사회주의 이념의 원천에 증오심이 자리 잡고 있음을 주장했고, 제4부 '사대주의 지식인'에서는 세계사적 조류 속에서 한국의 좌경사상이 갖는 위험성을 경고했다. 물론 홍상화가 자신이 몸담았던 좌파 진영에 비수를 들이대는 것에 대해 비판하는 시각도 있다.

한국의 우파는 과거 오랜 기간 경성권력을 장악했기 때문에 연성권력의 중요성을 깨닫지 못하고 연성권력을 경시했다. 그사이 연성권력은 좌파의 손에 넘어갔다. 사회과학 출판을 좌파가 장악하게 되는 내력을 간략히 살펴보자.

1970년대에서 1987년에 이르기까지 권위주의 체제하에서 사회과학 출판사를 차렸던 사람들은 주로 해직기자, 해직교수, 제적학생, 운동권 대학졸업자들이다. 해직기자가 차린 출판사의 예를 들어 보자. 한길사(김언호)를 비롯해 전예원(김진홍), 까치(박종만), 문학과지성사(김병익), 청람문화사(권근술), 정우사(김재관)는 동아일보 해직기자들이 차린 출판사였고, 두레(신홍범)는 조선일보 해직기자가 차렸다.

1970년대 긴급조치에 제적된 학생들은 상당수가 출판사를 차리거나 서점을 운영했다. 출판사로는 광민사(이태복), 형성사(이호웅),

일월서각(김승균), 풀빛(나병식), 학민사(김학민), 돌베개(이해찬), 동평사(이종범)를 꼽을 수 있다. 서점으로는 서울대 앞의 광장서적(이해찬), 대학서점(김문수) 같은 경우를 들 수 있다.

이들은 제도권 학교나 언론에서 배제된 뒤 소위 대체언론으로서 출판을 택했다(조상호, 1997). 정부의 언론 장악과 통제하에서 당시 언론들이 비판과 감시 기능을 제대로 수행하지 못했기 때문에 출판이 새로운 영역을 개척해 언론을 대신해 주어야 했다. 예컨대, 1970년대에는 창작과 비평의 활동이 두드러졌고, 1980년대에는 한길사가 두드러졌다. 이들에게 있어서 출판은 호구지책이기도 했지만 그보다는 민주화운동의 연장이라고 생각했다.

이들이 출판한 책들은 권위주의 체제하의 '반체제 국민교과서' 노릇을 했다. 그들의 책을 읽은 것은 '극소수'의 운동권이었지만 그들이 민주화를 주도했다. 이들은 한국출판 성장과 고급화에도 기여했다. 그러나 다른 한편으로는 운동권 학생들의 동향을 재빠르게 살펴 그들의 구미에 맞는 책을 내서 돈을 버는 좌파상업주의, 혹은 '특정 패러다임에 대한 종교적 독단성'에 빠져 버린 좌파교조주의라는 비판을 받기도 한다.

당시는 학생운동의 확산과 대중화 속에서 사회과학 서적이 비교적 잘 팔렸다. 지금은 다르다. 그 이유는 위에서 언급한 사회과학 출판의 대체언론 기능 유무로 설명할 수 있다. 그때의 사회과학 출판은 대체언론의 기능을 담당했기 때문에 출판의 자유가 극히 제한된 여건에서도 막대한 양의 사회과학 서적들을 출간했고 판매할 수 있었던 반면에, 오늘날은 언론 자유가 만개한데다 신문방송 같은 올드미디어뿐 아니라 인터넷과 케이블텔레비전을 비롯한 뉴미디어의 범람으로 사회과학 출판의 대체언론 기능은 없어졌기 때문에 사회과학 출판이 급감한 것이다. 신세대의 실용서 선호경향 속에 사회과학 서적은 팔리지도 않는다.

문학의 헤게모니도 좌파에게 넘어갔다. 작가들은 '변혁'과 '민족', '통일'의 시각에서 미국을 반대하고 한국의 정통성을 부인하며 북한을 두둔하는 문학작품들을 쏟아 놓았다. 조정래의 소설 『태백산맥』은 1987년 초판을 찍은 이래 1997년에 100쇄를 돌파했고 국내에서만 2005년까지 460만 부가 팔렸다. 1980년대 말에 집중적으로 판매된 것을 고려해 당시 책값인 5,500원을 기준으로 저자가 10% 인세로 받은 돈을 계산하면 25억 3,000만 원(460만×5,500×0.1)이 된다. 거기에다가 일제하 식민지시대를 그린 『한강』과 1959년 이후 한국현대사를 배경으로 하는 『아리랑』을 합치면 조정래의 소설은 지금까지 모두 1,000만 부가 넘게 팔렸다고 한다.

『아리랑』이 얼마나 역사적 사실을 바탕으로 하였는지에 대해서는 논란이 있다. 이영훈(서울대학교 교수)은 『시대정신』 2007 여름호에 기고한 "조정래론"에서 대하역사소설 『아리랑』이 "민족주의와 평등주의를 상업적으로 이용하기 위하여 역사적 사실을 교묘하게 조작하고" 있다고 폭로했다. 이에 조정래 씨는 그 무렵 동국대 강연에서 "이 교수는 일본인보다 더 일본인이 되고 싶어 하는 사람"이라고 했다.

우파의 이명박 정권이 등장하기 얼마 전까지만 해도 우파의 무력감은 컸다. 우파소장논객 김성욱은 2006년 4월 26일 코나스넷(http://www.konas.net/)에 올린 '자본주의 체제 붕괴를 획책하는 민노총'이라는 글에서 자신의 무력감을 이렇게 토로했다.

우파단체, 보수단체와 접촉하며 5년을 보냈습니다. 숱한 인재가 떠났고, 남은 사람도 지쳐 있습니다. 가난도 가난이지만, 사람이 없으니 문제입니다. 민주노총, 민노당은 왜 FTA가 『악(惡)한 것』인지 수백 페이지 논문과 책자들을 달마다 쏟아 냅니다. 그런데 FTA가 왜 이로운 것인지는 몇몇 전문가 칼럼이 전부입니다. 정부도 가재 게 편 들 듯하고, 한나라당은 오히려 방해만 놓습니다.

평택미군기지이전도 마찬가지입니다. 기지이전이 안 되면 美(미)지상군이 모두 떠날 판인데 좌파단체들은 평택미군기지이전이 왜 『악(惡)한 것』인지 논리와 이론과 자료들을 쏟아 냅니다. 21일 기자회견장에 갔더니 평택에서 경찰이 불법과 위헌적 탄압을 했다는 증언을 A4지 40여 장이나 만들어 놓았더군요. 그러나 왜 평택미군기지이전이 돼야 하는지는 역시 전문가 칼럼 몇 개입니다. FTA건 평택이건 좌파단체들이 만드는 얘기는 왜곡과 거짓입니다. 그러나 이 왜곡과 거짓을 상쇄할 논리는 全無(전무)하다시피 합니다. 그러니 국민들은 왜곡과 거짓에 속아 나가는 것입니다.

우파인 이명박 정부 출범 후 이러한 상황은 근본적으로 바뀌었는가? 문화부문에 있어서 좌파와 우파의 힘은 역전되었는가? 그렇지 않은 것 같다. 일례로 이명박 정부 출범과 거의 동시에 불거진 광우병 파문에서 보듯이 문화부문에서는 좌파의 헤게모니가 변함없이 유지된다. 공영방송인 MBC는 계속 반미성향을 견지하는 듯하다. 더욱이 인터넷과 휴대폰 같은 새로운 정보기술(IT)을 이용한 뉴미디어 또한 반미세력에 절대 유리한 무대이다. 반미세력이 장악한 문화 인프라의 힘은 공권력이라고 하는 경성권력과는 또 다른 차원에서 대단히 위력적인 것임을 광우병 파문은 다시금 보여 주었다.

이명박 정부가 미디어 법을 무리하게 강행 통과시킨 것은 어쩌면 이러한 좌파의 문화 헤게모니를 무너뜨리고 우파의 헤게모니를 회복하기 위한 것인지도 모른다. 미디어 법의 정당성도 의문시되지

만, 미디어 법으로 문화 헤게모니가 좌파에서 우파로 넘어갈지는
불확실하다. 우파의 문화적 자생력이 근본적으로, 그리고 획기적으
로 향상되지 않는 한 낙관은 금물이다. 우파 미디어 내부의 혁신
없이 단순히 매체의 수를 늘리거나 덩치를 키우는 양적 변화만으
로는 좌파 미디어의 끈질긴 생명력과 앞서가는 선전·선동 기술을
당해 낼 수 없다.

제 6 부

한국 반미주의의 이념적 성격

1. "대한민국 홀로서기": 우파 민족주의

반미는 좌파의 전유물인가? 한국 사회에서 흔히 반미는 좌파의 감정 혹은 이데올로기로 치부된다. 그와 마찬가지로 우파는 친미일색인 것으로 간주된다. 좌파 이념이 1980년대 이후 20년 이상 한국 사회의 담론을 지배한 상황에서 그러한 현상은 어쩌면 당연한 것인지도 모른다. 그렇다면 한국 사회에서 우파의 반미감정은 애초에 존재하지 않았는가, 아니면 존재했는데 좌파 반미주의에 압도되어 두드러지지 않았을 뿐인가? 후자로 보는 것이 정확하다.

주사파가 발호하던 1980년대 후반에도 우파의 반미감정은 상당한 정도로 존재했다(장달중, 1988: 150). 2002년 신효순·심미선 사망사건 당시 반미촛불시위가 비록 좌파에 의해 주도됐지만 시위 군중 속에는 우파적 민족정서를 가진 시민도 많았다.

우파적 반미현상은 이승만, 박정희 정부로까지 거슬러 올라간다.

한국전쟁 당시 이승만 정부의 북진통일론은 미국의 종전(終戰) 방침과 갈등을 빚었다. 1970년대에도 미국의 주한미군 철군 움직임에 맞서 박정희 정부는 핵과 미사일 개발, 그리고 자주국방을 추진했다. 이러한 정책들의 기저에 깔렸던 이념은 우파 민족주의였다.

소설『무궁화 꽃이 피었습니다』는 박정희 정부의 핵개발을 미화하면서 바로 그러한 우파 민족주의를 부추겼다. 많은 한국 국민들이 그 소설에 열광했다는 것은 한국 사회에 강렬한 우파 민족주의가 존재함을 말해 준다. 이 소설은 1993년 발간된 이래 450만 부 이상이 팔리면서 한국출판사상 베스트셀러 7위로까지 등극했다.

물론 우파 민족주의의 주된 내용은 반일감정이다. 한국 민족주의는 반일감정과 연결되어 성장했다(탁석산, 2004: 106). 최근에는 반미감정과 반중감정도 한국 민족주의의 성장에 한몫을 한다. 반일, 반미, 반중 감정은 좌파와 우파가 공유하는 것이다. 다만 반미감정의 경우 좌파가 우파보다 훨씬 더 강한 것이 반일, 반중 감정과 구별되는 점이라고 할 수 있겠다.

북한에서는 우파 민족주의를 "표면상으로는 민족의 이익을 내세우면서 본질적으로는 지주나 자본가의 이익을 옹호하며 다른 민족을 배격함으로써 민족들 사이의 대립과 반목을 조장하는 민족주의"라고 부정적으로 정의한다. 우익 민족주의라고도 한다.

하지만 민족주의는 원래 우파와 친한 개념이다. 제2차 세계대전 당시 독일과 이탈리아, 일본의 극우 파시즘도 민족주의와 결합한 이념이었다. 한국 역사학계를 지배하는 민족주의 사관, 2002년 월드컵 당시 한국인들의 범국민적 응원 열기, 그리고 소위 포스트 386세대의 '대한민국 민족주의'는 우파 민족주의에서 연유한다.

1980년대 이후 20년간 한국 사회에서 좌파와 민족주의가 동거했던 것이 오히려 예외적이고 특수한 현상이라고 할 수 있다. 그것은 분단이라고 하는 한국 특유의 상황에 기인하는 것이다.

민족주의가 우파 친화적 이념이라고 한다면 민족주의적 반미현상은 좌파보다 우파에서 두드러지는 게 맞다. 실제로 프랑스의 반미노선을 주도한 드골 대통령은 대표적인 우파 민족주의자로 꼽힌다. 1980년대 말 일본경제의 절정기에 일본인들이 경제 면에서 표출했던 반미감정도 우파 민족주의의 산물이었다. 당시 아키오(盛田昭夫)와 이시하라 신타로(石原愼太郎) 공저로 출판된 『노라고 말할 수 있는 일본』은 베스트셀러가 되었는데 그 두 저자는 우파 민족주의자였다.

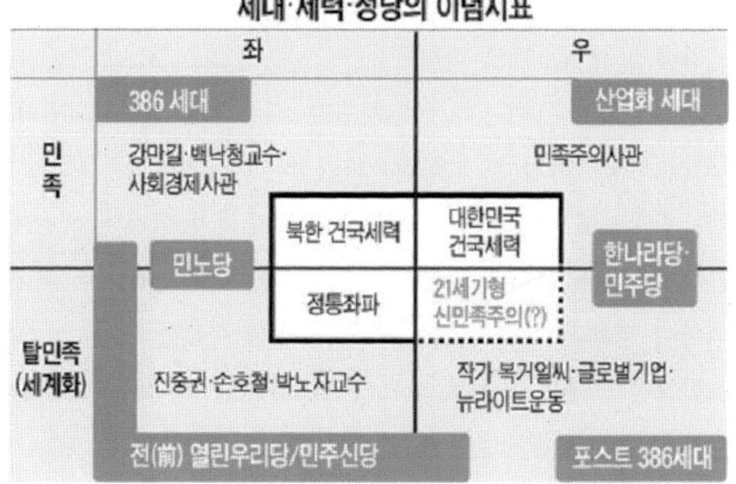

〈그림 7〉 세대 · 세력 · 정당의 이념지표(조선일보, 2007년 9월 3일)

우파 민족주의는 위정척사파, 독립협회파로까지 거슬러 올라간다. 한국 사회에서 우파 민족주의에 의해 나타나는 반미현상으로는 민족주의 사학, 자주국방론, 그리고 이른바 '민족 핵' 주장과 핵주권론을 들 수 있다. <그림 7>에서 보듯이 민족주의 사학은 한국 우파 민족주의의 전형적 사례에 속한다. 물론 민족주의 사학자로는 좌파도 있고 우파도 있다. 민족주의 사학자 중에는 1910년대의 박은식, 신채호, 1930년대 이후의 정인보, 안재홍, 문일평이 대표적인데 이 중 안재홍은 좌파이다(임지현, 2000: 309 – 318). 『해방전후사의 인식』으로 오면 좌파 민족사학자는 더 많아지고, 민중사학자(사회경제사관)도 있다.

그러나 원래 민족주의 사학은 우파 민족주의에서 시작했다. 모든 민족주의 사학자들이 반미주의자인 것도 아니다. 다만 민족주의 사학이 한국 반미주의에 미친 영향은 지대하다. 따라서 민족주의 사학을 간략히 살펴보기로 한다.

민족주의 사학은 이른바 식민사관에 저항하면서 형성되었다. 식민주의적 한국사관의 두 기둥은 '타율성론'과 '정체성론'이다. 타율성론은 한국사의 전개과정이 한민족의 자주적인 역량에 의하여 자율적으로 이루어졌다기보다는 중국을 비롯한 외세의 간섭과 압력에 의하여 타율적으로 이루어졌다고 보는 역사관을 말한다. 정체성론은 한국을 정체된 사회로 보는 논리로, 한국의 내적 발전 동력을 부정한다. 한국은 역사발전의 단계적 법칙을 적용할 수 있는 사회가 아니라는 논리이다. 마치 물이 고여 있고 썩은 것과 같아서 역사의 추진력이 없다고 한다.

민족주의 사학은 제국주의의 침략에 대한 민족적 저항과 민족의 독립을 가장 중요시하는 사학 풍조이다. 민족은 역사서술의 주체요, 역사발전의 주체이며, 역사해석의 중심을 이룬다. 그 특징은 관념론적 역사해석, 즉 정신사관이다. 박은식의 국혼론(國魂論), 정인보의 얼 사관이 그 대표적 사례로 꼽힌다. 박은식은 '역사는 나라의 정신'이라고 강조한다. 국가를 잃은 식민지 상황에서 민족은 국가의 공백을 메워 주는 관념의 실체이자 신화였다.

민족은 단순한 개인의 집합이 아니라 독자적 실체로서 영속하여 흐르는 생명이라고 하는 주장을 유기체적 민족이론이라고 하는데, 그것이 일제하 조선 지식인의 패러다임이 되었다. 이광수를 비롯한 문화적 민족주의자들의 경우 민족은 영원한 실재이며 운명이라고 보았다. 신민족주의자 손진태는 "유사 이래로 동일문화를 가진 단일민족이라는 것을 명백하게 하는 것은 민족사학의 당연한 의무"라고 강조한다.

여기서 개인은 전체에 예속된다. 민족이 절대시되면서 계급, 젠더, 종교, 신분 같은 다양한 요소들은 무시된다. 계급적 억압이나 가부장적 억압 같은 것들이 민족적 저항이라는 거대담론 속에 은폐되는 것이다. 유기체적 민족이론은 반제독립투쟁에서 효과적이었지만, 그 부작용이 컸다.

실제로 3공 시절 박정희는 '한국적 민주주의' '국적 있는 교육'을 주창하면서 국학을 진흥하였다. 국사를 필수과목으로 지정하고 국사학회를 지원했다. 민족주의 사학이 강조한 민족의 독자성이 결과적으로 한국적 민주주의를 표방한 유신체제를 정당화하여 준 측면도 있다는 지적이 있다. 그런데 민족주의 사학자들은 한일회담과 대외의존적 경제발전을 비판한다. 어떤 면에서 보면 박정희는 자신이 키운 사람들에게 공격당하기도 하는 셈이다.

민족주의 사학은 식민지시기를 '제국과 민족'의 이분법으로 파악한다. 제국은 모든 악의 상징이고, 민족은 모든 선의 상징이다. '근대'가 '발전'을 의미한다면 악한 제국이 좋은 근대를 식민지에 들여왔을 리 만무하다. 제국주의가 근대 자본주의를 식민지에 이식했다는 식민지 근대화론은 사실 여부를 떠나 매도의 대상이 된다. 민족주의 사학이 한국 사학을 지배하면서, 그것은 '국사'라는 이름과 모양으로 나타난다. 국사는 정치적, 사회적, 문화적 권력관계를 반영한다(임지현, 2004).

주류 민족주의 사학에 대한 비판은 주류학계 밖의 소수의견으로만 남는다. 자본주의 맹아론, 수탈론, 내재적 발전론은 한국 사학계의 주류가 되고, 식민지근대화론은 비주류 혹은 친일파 취급을 받는다. '자본주의 맹아론'은 조선 후기에 이미 자본주의의 싹이 텄다는 명제로 요약할 수 있고, '수탈론'은 일본 제국주의의 수탈로 인해 한국의 자생적 근대화가 지체됐다는 요지의 이론이다. '내재적 발전론'은 일제 강점부터 해방 이후까지 한국의 급속한 공업화는 외부에서 수혈된 것이 아닌, 한국 사회 내부의 동력에 따른 것이라고 주장한다. 조선 후기에 봉건사회를 무너뜨리고 자본주의적 근대사회로 나아가는 동력이 민족 내부에서 준비되었다는 것이다.

식민지근대화론은 안병직, 이대근, 이영훈을 비롯한 낙성대경제연구소 멤버들에 의해 소개되고 전개되었다.『근대조선공업화의 연구』(일조각, 1993),『조선토지조사사업의 연구』(민음사, 1997),『새로운 한국경제발전사 - 조선후기에서 20세기 고도성장까지』(나남출판, 2005)가 그들의 연구결과이다. 이들은 '식민사관의 재현'이라는 비판을 받으면서도 방대한 통계자료의 축적과 실증적 분석으로 저변을 넓혀 갔다.

이대근은 『새로운 한국경제발전사 - 조선후기에서 20세기 고도성장까지』 발간사에서 "한국 사회는 과거 남의 식민지 지배를 받은 탓인지 모르겠으나 언제부터인가 자기 역사를 쓸데없이 미화하거나 국민으로 하여금 허황된 자부심을 갖게 하고 있다."고 말했다. 이러한 경향은 "정치, 경제, 예술, 학문 활동에 있어서 자기방어를 위한 민족주의 이데올로기"일 뿐이며, "자기역사의 객관적 사실에는 눈을 멀게 하고, 자기도취적인 역사관에 빠져들게 하고 있다."는 것이다. 민족주의 사학은 '내재적 발전론'이라는 미명하에 1960년대 이후 한국이 이룩한 세계사적으로도 그 유례가 없는 경제발전마저 인정하지 않으려고 한다. 이러한 민족주의 사학은 자칫 반대한민국 이데올로기로 발전할 수 있으며, 반미주의를 뒷받침하는 논리가 될 수 있다.

민족주의 사학은 근대 민족국가의 잣대로 고대와 중세 역사를 해석하는 오류를 범하기도 한다. 민족주의 사학은 서양의 충격에 대한 대응으로 나타났으나 그 역시 서양의 논리를 모방하는 데서 크게 벗어나지 못했다는 지적도 받는다. 민족주의 사학의 문제의식을 계승한 통일사학이나 분단극복 사학도 마찬가지이다. 통일된 민족국가가 근대의 완성이며, 따라서 민족통일이 이루어지기까지는 민족주의 사학이 존재할 이유가 충분하다고 한다. 실천과 현재성을 강조하는 민족주의 사학과 마르크스주의 사학이 민중사학의 틀 속에서 만나기도 했다.

민족주의 사학이 역사학계를 지배하기 때문에 그에 대한 비판은 내부에서 이뤄지지 못하고 외부에서 이뤄진다. 특히 사회과학을 하는 학자들이 민족주의 사학의 문제점을 지적한다.

전상인(2005)은 "1960년대 이후 한국 사학의 유력한 기풍으로 자리 잡았던 한국민족주의는 1980년대를 거치며 일종의 '민족지상주의' 내지는 '국수주의(國粹主義)'로 심화되었다."며, "그 결과, 한국 사학계에서는 민족주의가 비판이 일체 허용되지 않는 성역으로 정착되었고 국사학계 특유의 일사불란한 시스템에 의해 학문적 연구는 점차 민족주의를 위한 이데올로기적 도구로 타락할 가능성을 안게 되었다."고 말한다. "말하자면 민족을 절대시하는 '헤겔의 유령(Hegel's Ghost)'이 학계를 지배하는 가운데 '일본 패기'와 '미국 때리기'가 마치 국사학의 본령(本領)인 듯 되고 말았다."는 것이다.

전상인은 "우리나라 역사학에는 언제부턴가 '실제로 있었던 일(what actually happened)'을 기술하고 분석하는 대신, 역사를 특정한 이념적 명분과 이데올로기적 지향에 꿰어 맞추는 일이 성행하고 있다."며, "말하자면 자주와 통일, 그리고 민중을 내세운 역사학만이 평가받고 대접받는 세상이 된 것이다. 이로써 반미 자주화의 논리는 토착적 역사학 분야에서마저 학문의 영역과 범위를 점차 벗어나게 되었다."고 말한다. 한국 사학계의 반미주의는 사실에 대한 왜곡과 현상에 대한 편견으로 가득 차 있다는 것이다.

노부오와 다카시(2005)는 한국의 역사 교과서는 민족주의 사관으로 인해, 객관화하기 어렵고 불편한 역사를 숨기는 단점을 지니고 있다고 말한다. 한국이 중국의 문화에 대해서는 자율적 수용론을 펼치고, 일본의 문화에 대해서는 조선이 일본에게 문화를 건네주었다는 시혜론을 펼치는 것 또한 한국의 과잉민족주의라고 한다.

다음으로 우파 민족주의의 논리 중 하나인 자주국방론을 살펴보자. 자주국방론에는 두 가지가 있다. 하나는 좌파의 자주국방론이고, 다른 하나는 우파의 자주국방론이다. 노무현 정부의 자주국방론이 전자라면 박정희 시대의 자주국방론은 후자라고 할 수 있다. 전자가 좌파 민족주의의 산물이라면 후자는 우파 민족주의의 산물인 셈이다. 박정희 시대 이후에도 우파의 자주국방론은 존재한다. 비록 반미주의자는 아니지만 김재엽은 『군사세계』 2007년 5월호에서 '제한적 자주국방론'을 다음과 같이 제기한다.

혹자는 반문할지도 모른다. "100만 병력을 훨씬 넘는, 대량살상무기까지 갖춘 북한과 압도적으로 국력이 우세한 주변 강대국의 군사력에 맞서 어떻게 한국이 자주국방을 할 수 있겠는가?"라고. 이에 대한 필자의 대답은 "결코 쉽지 않을 것이지만, 불가능하지도 않다."는 것이다. 북한의 군사력은 규모상으로는 세계 4위의 어마어마한 대군이지만 보유 무기체계의 대부분이 지독한 구식이며, 세계 최빈국에 해당하는 국력상의 열세 때문에 사실상 1회용이나 다름없다. 지속적인 침공 및 점령보다 전시 초반의 대량살상 가능성이 더 큰 위협이다. 또한 주변 강대국들의 군사력이 양적, 질적으로 한국보다 우월하다고 해도 각자 동아시아 지역패권 경쟁, 광대한 지리적 범위에 걸친 영토방위 부담, 그리고 초강대국 미국의 개입 가능성 등을 고려하면 한국은 굳이 이들의 육·해·공 군사력 전체와 맞서는 부담을 상정할 필요가 없는 것이다.
　따라서 자주국방의 범위를 '평시 전쟁억지와 개전 직후 북한 대량살상 능력의 신속한 제압, 그리고 주변 강대국의 국지도발 저지 달성'으로 상정하면서, 적어도 동맹 미국과 국제사회의 지원 이전까지 전쟁의 억지, 승리를 한국이 주도적으로 할 수 있다는 것으로 상정한다면 충분히 가능하다는 결론이 나온다. 물론 이를 위해서는 한반도 이내(구체적으로는 휴전선 내지 평양～원산 이남 지역)에 머물러 있는 한국군의 임무수행 능력을 향상시켜야 한다는 전제가 요구되지만 말이다. 북한보다 30배를 넘는, 세계 11대 경제대국인 한국이 그러한 '제한적 수준의' 자주국방조차 하지 못한다면, 오히려 그것이야말로 비정상이다. 적어도 한미동맹에 국방 전체를 맡기는 차원에서 벗어나 '선택 가능한 또 하나의 대안'으로서 자주국방이 필요한 것이다.

김재엽의 자주국방론은 한미동맹을 전제로 한 자주국방론이며, 문자 그대로 '제한적' 자주국방론이다. 노무현 정부도 한미동맹을 전제로 한 이른바 협력적 자주국방을 추진했다. 노무현 정부는 2000년 이후 연평균 5%대로 추락한 국방예산 증가율을 8% 이상으로 올렸으나, 당초 기대되었던 GDP(국내총생산) 3% 수준의 국방비 확보는 이루지 못했다. 노무현 정부는 2005년 '국방개혁 2020'을 법제화하기도 했다. 노무현 정부의 자주국방론에 대해서는 한미동맹 일색이었던 국가안보전략에 자주국방의 필요성을 부각시켰다는 평가도 있다.

그러나 노무현 정부의 궁극적 목표는 임기 내 전시 작전통제권 환수 합의에 있었다. 자주국방의 초점을 전략증강이 아니라 대미 자주성 확보와 국가적 자존심 회복에 두었던 것이다. 노무현 정부는 사회적 합의 없이 전시 작전통제권 조기 환수를 밀어붙임으로써 이 문제는 정치적, 이념적 쟁점이 되어 버렸다. 자주국방을 '전쟁의 억지와 승리'라는 이성적 국가안보 과제가 아닌 정치적, 이념적, 감정적 차원의 문제로 만든 것이다.

노무현 정부의 소위 협력적 자주국방론은 국내 우파와 미국의 호응을 전혀 얻지 못했다. 국내 공론화 과정이나 미국과의 사전협의과정을 거치지 않은 채 어느 날 갑자기 제시됐기 때문이다. 더욱이 노 대통령은 8·15 광복절 기념식장에서 협력적 자주국방론을 언급함으로써 국방문제를 정치화한다는 비판을 자초하였다.

노무현 정부는 2012년 4월 17일 전시 작전통제권을 이양받기로 미국과 합의했다. 전시 작전통제권 환수에 맞추어 한미연합사령부도 해체된다. 이에 대해 우파진영은 "한미공조의 틀을 깨는 것"이라고 비판한다. '자주 군대'도 좋지만 북한이 남한보다 군사력이 우위에 있고 핵무기마저 보유한 현실에서는 시기상조라는 것이다. 이명박 정부가 등장하자, 우파진영은 작전통제권과 한미연합사에 관한 한미합의를 재고할 것을 요구했다.

노무현 정부의 '국방개혁 2020'은 전시 작전통제권 환수의 사실상 전제조건이라고 할 수 있다. 한국군의 전력증강이 계획대로 이뤄지지 못하면 전시 작전통제권 환수의 명분이 사라진다. 현실은 어떤가? '국방개혁 2020'은 2008년 몰아닥친 글로벌 금융위기와 더불어 좌초위기에 직면했다. 국방부는 2020년까지 연평균 국방예산 증가율을 8%로 책정했으나 경제위기로 인해 심각한 차질을 빚게 되었다. 이에 따라 국방부는 2009년 연평균 국방예산 증가율을 7.6%로 낮추었다. 국방개혁의 기본방향은 국방 예산을 늘려 첨단 전력을 도입하고 부대를 개편해 전체 병력을 2020년까지 50만 명으로 줄인다는 것이다.

군은 이명박 정부가 출범한 뒤에도 노무현 정부가 미국과 합의한 전시 작전통제권 전환의 재검토를 반대했다. 한미 양국이 합의한 내용을 번복해선 안 된다는 게 표면적 이유였지만 전시 작전통제권 전환이 늦춰지면 막대한 예산을 확보할 수 있는 국방개혁도 물 건너갈 것이라는 위기감이 작용했기 때문이다. 하지만 국방개혁이 재검토되면 전시 작전통제권 전환에 필요한 재원 마련에도 차질이 불가피해 전환 연기론이 부상할 가능성이 높다(동아일보, 2009년

9월 10일).

　한국에서 자주국방론이 국민들의 피부에 가장 절실하게 다가왔던 것은 1970년대 초였다. 1971년 닉슨 독트린에 따라 주한미군 약 2만 명이 철수한 데 이어 1975년에는 미국이 베트남을 포기하여 베트남이 공산화되었다. 1976년 등장한 카터 미국 행정부는 주한미군 전면 철수를 선언했다. 그것은 비록 실현되지 않았지만 그때 한국 국민들이 받았을 충격은 쉽게 짐작할 수 있다. 당시 박정희 정부가 자주국방에 본격 착수한 이유가 거기에 있다.

　한국은 1973년 율곡사업이라는 군 전력증강사업을 시작한 이래 각종 무기도입과 개발에 수십조 원을 투자했다. 그리하여 한국이 절대 열세였던 북한과의 군사력 격차는 상당 수준 줄어들었다. 병력과 장비 둘 다 양적 측면에선 북한에 뒤지지만 질적 측면에선 북한을 앞지른다는 주장도 있지만 그 근거는 확실하지 않다. 미사일과 핵, 생화학 무기와 같은 대량살상무기(WMD)는 북한이 한국군에 비해 압도적 우위에 있다.

　한국 국방부의 2008년 국방백서에 따르면 한국 육군 병력은 52만 명이지만, 북한 지상군은 102만 명이다. 북한군은 지상군 전력의 70%를 평양-원산 이남지역에 배치했다. 공군(남 6만 5천, 북 11만 명)도 북한이 더 많다. 해군(남 6만 8천, 북 6만 명)은 남북한이 비슷하다. 예비병력은 한국이 304만 명인데 반해 북한군은 770만 명에 달한다.

　북한은 2006년 이후 특수전 수행 능력을 강화하고, 미사일 개발과 잠수함정 건조를 비롯한 비대칭전력을 강화했다. 전차는 북한(3천9백 대)이 남한(2천3백 대)보다 1천6백 대가 많다. 다연장로켓과

방사포(남 2백, 북 5천1백 문)도 북한이 월등하다. 지대지 유도무기(남 30, 북 1백 기)와 잠수함(남 10, 북 70척), 전투임무기(남 490, 북 840대)도 마찬가지다. 북한은 전투임무기의 40%를 평양-원산 이남 기지에 전진 배치했다(연합뉴스, 2009년 2월 23일).

이렇게 보면 북한이 군사력의 양은 물론 질에서도 한국을 월등하게 앞서는 것 같다. 이러한 남북한의 군사력 격차를 좁히고 주한 미군의 추가 감축 혹은 철수에 대비해 한국군의 전력을 대폭 증강해야 하는 것은 맞다. 그러나 세계화시대의 국방개념은 종전과 다르다. 냉전 이후, 특히 9·11테러 이후에는 군사적 위협 형태의 재래식 안보사안보다는 테러, 마약, 환경, 해적, 건강, 에너지수송 안전 확보와 같은 포괄적 안보(comprehensive security) 사안이 더 부각되면서 공동안보(common security) 개념이 등장했다.

이러한 시대에는 전 세계에서 가장 많은 군사비를 지출하는 미국조차도 자국의 힘만으로는 테러를 비롯한 다양하고도 포괄적인 안보 위협들에서 국민의 생명과 재산을 지켜 낼 수 없다. 한국도 '홀로서기(자주국방)'보다 '손잡기(양자간·다자간, 국제적·지역적 제휴와 협력)'를 통해 안보를 굳건히 하는 것이 훨씬 더 지혜롭다. 한국보다 경제력이 월등한 일본과 독일이 자주국방에 치중하기보다는 미국과의 동맹관계를 더 중시하는 것을 타산지석으로 삼아야 한다.

극과 극은 통한다는 말이 있다. 좌파와 우파의 자주국방론은 그 근본 출발점은 다르지만 결국은 같은 맥락이 될 수 있다. 좌파의 자주국방론이 위험한 것처럼 우파의 자주국방론도 자칫하면 의도하지 않은 방향으로 흘러갈 수 있다. 초점은 어디까지나 '국방'이요, '안보'이지, '자주'가 아니다. '자주'에 집착해서는 올바른 정책이 나오지 못한다. 자주국방을 주창하는 우파 민족주의자들의 충정은 이해가 가지만 국익은 '충정'에 의해 확보되기보다는 '영리한 선택'에 의해 확보된다는 사실을 깨닫지 않으면 안 될 것이다.

다음으로 민족 핵 주장과 핵주권론에 대하여 알아보자. 민족 핵 보유론과 핵주권론은 좌파도 주장할 수 있고, 우파도 주장할 수 있다. 민족 핵 주장을 하는 사람 중에는 우파보다 좌파가 훨씬 많은 반면에, 핵주권론자들 중에는 우파가 압도적이다. 먼저 민족 핵 주장이란 북한의 핵도 어차피 통일되면 한민족의 핵이 될 것이므로 문제될 게 없다는 주장을 말한다. 여론조사결과에 따르면 남한 국민 상당수가 북한 핵은 자신들에게 직접적 위험 요소가 아니라고 생각하며, 오히려 통일이 되면 민족 전체가 소유하는 핵이 된다고 믿는다.

인터넷 언론인 프런티어 타임스가 2005년 4월 여론조사기관 21세기 리서치와 공동으로 진행한 여론조사결과 응답자의 44.1%가 '북한의 핵 보유가 장래 통일 한국의 국력 신장에 바람직하다'고 답해 이 견해에 동의하지 않는 응답자(41.2%)를 넘어섰다. 성별로는 남성의 동의비율이 51.9%로 여성(37.0%)보다 15% 포인트 가까이 높았으며, 연령별로는 20대의 56.0%가 동의(비동의는 32.8%)한 반면 60대 이상 응답자는 18.3%가 동의(비동의는 57.9%)하였다(통일뉴스, 2005년 4월 12일).

어느 여론조사에서는 한국 국민의 절반 이상(51%)이 한국도 핵을 보유하여야 한다는 의견을 보였다. 동아시아연구원(EAI)의 2004년 7월 조사 결과이다. 중앙일보 조사연구팀이 북한 핵실험 직후인

2006년 10월 10일 실시한 조사에서는 65%가 '이젠 우리나라도 핵무기를 보유해야 한다'는 주장에 동의했다. 동의하지 않는다는 응답은 32%였다(중앙일보, 2006년 10월 11일).

남한 국민들의 이러한 인식에는 전술한 소설 『무궁화 꽃이 피었습니다』가 큰 영향을 미쳤다고 한다. 이 소설은 박정희 대통령 시절의 핵개발 비화를 소재로 일본과 남북한 사이의 전쟁을 그린다. 어디까지나 가상 소설이다. 이 소설 주인공의 실제 모델인 물리학자 이휘소 박사는 1977년에 미국에서 교통사고로 타계하였으며, 그 사고가 미국 첩보국의 음모라는 소설 속의 주장은 근거가 없다.

이휘소 박사는 게이지 이론과 같은 입자물리학 분야에 능통했을 뿐 핵무기 개발과는 무관했고 오히려 핵무기를 비판했다. 역사적 사실에 근거하지 않은 소설이 한국인의 의식을 크게 왜곡해 놓은 것이다. 소설은 뒷부분에서, 일본에 의한 한반도 공격과 그에 맞선 남북한의 대일 핵공격을 그린다. '무궁화 꽃이 피었습니다'라는 이 소설의 제목은 소설 속에서 상정하는 남북 공동 핵개발 프로젝트의 암호명이다. '민족 핵'의 환상을 불러일으킬 만하다.

한국 사람들은 좌우를 막론하고 일본의 군사적 재무장을 우려하고 강력하게 반대한다. 일본의 군비증강 소식이 들릴 때마다 비분강개하는 한국인들이 많은데 만일 일본이 핵을 개발한다면 아마 한국 전체가 반일시위로 연일 들끓을 것이다.

일본 핵은 안 되고 북한 핵은 되는가? 일본의 핵 보유가 위험한 것처럼 북한의 핵 보유도 위험하다. 일본의 핵 보유가 저지되어야 하는 것처럼 북한의 핵 보유도 저지되어야 한다. 북한 핵실험에 대한 국제사회의 제재에는 한국도 당연히 동참해야 한다. 한국이 대량살상무기 확산방지구상(PSI)에 전면 참여한 이유가 거기에 있다. 북한을 국제사회의 일원으로 끌어들이기 위해서는 북한이 국제사회의 규칙을 깰 때 단호하게 제재하는 것이 필요하다(동아일보, 2006년 11월 16일).

미국의 정책이 북한의 핵 폐기를 추구하는 '비핵화'가 아니라 북한의 핵 보유를 인정한 채 테러세력에게 이전되는 것만 방지하는 '반확산'으로 바뀌지 않을까 하는 우려가 한국 사회 내에 높지만, 그것은 공상에 불과하다. 북한의 핵 보유는 일본, 한국, 대만의 핵 보유로 이어지고, 그렇게 되면 미국의 대량살상무기 확산 방지정책은 근본적으로 무너진다. 그러한 상황은 중국도 원하지 않는다. 북한의 핵개발은 일본의 경계심을 자극하고 일본의 군비증강을 합리화해 주는 결과만을 초래했다. 북한의 핵실험 소식에 '민족 핵'을 갖게 됐다고 반가워한다면 그것은 초등학생 수준의 인식밖에 되지 않는다.

북한 핵실험 후 한국 사회에는 북한의 핵개발을 지지하는 의견이 대두했다. 일부 네티즌들은 북한이 핵무기를 가지면, 미국이 함부로 전쟁을 일으킬 수 없고, 남북통일 후 통일한국은 핵 보유 강국이 될 수 있다며, 북한의 핵실험을 예찬하기도 했다. 그러나 이는 국제정세도, 북한의 근본 의도도 모르는 무지의 소치일 뿐 아니라 전혀 근거가 없는 낙관론이요, 실로 위험천만한 발상이다.

북한 핵은 한국 핵을 겨냥한 것이 아니라는 주장 역시 순진한 환상에 불과하다. '남북공동선언 실천연대'는 2006년 10월 9일 성명에서 "북한의 핵과 미사일은 결코 한국을 겨냥한 것이 아니며 미국과의 문제 해결을 위해 개발했을 뿐"이라고 주장했다. 그러나 북한은 지금까지 한국을 제1의 군사적 적대세력으로 삼아 군사력을 증강하고 무수히 많은 직간접적 도발을 일삼았다. 북한은 최악의 위기에 몰릴 경우 한국을 상대로 핵을 사용할 수 있으며, 그렇지 않은 경우에도 대남협박용으로 핵을 활용할 수 있다.

물론 현 단계에서는 북한의 핵무기가 조잡하고 운반수단도 미비하지만 상당한 기간에 걸쳐 핵실험을 반복하고 핵 운반용 장거리 미사일을 확보하면 그때는 미국 본토까지도 위협할 수 있다. 북한이 핵을 가지면 미국이 공격할 수 없으므로 한반도 평화 구축에 도움이 되는 게 아니라, 미국이 북한 핵을 제거하기 위해 모든 수단을 동원할 것이므로 한반도 긴장은 오히려 강화된다.

핵 보유는 자주 국가의 당연한 권리로 북한의 핵 보유에 국제사회가 간섭할 권리가 없다는 주장도 있지만, 현실적인 국제적 역학관계를 인정하고 대량살상무기 확산 금지라는 국제사회의 보편가치를 고려하면 주권 행사는 제한될 수밖에 없다(중앙일보, 2006년 10월 11일). 북한이 핵을 가지면 통일한국이 핵 보유 강국이 되는 게 아니라, 북한이 핵을 포기하기 전에는 한반도 주변 강국들이 남북한 통일에 동의하지 않기 때문에 통일 자체가 성사될 수 없다.

민족 핵 보유론자들은 북한이 1994년에 이어 2003년 다시 탈퇴한 핵확산금지조약(NPT)에 대하여, 그것은 핵 기득권 국가들의 기득권을 지키기 위한 것으로서 본질적으로 불평등조약이라고 주장한다. 따라서 북한 핵문제를 바라봄에 있어서도 북한의 핵개발을 문제삼기보다는 미국의 일방주의를 비난한다. 박인규는 『시사저널』 2005년 2월 21일자에서 북한 핵문제를 다루는 미국의 태도가 이중적이라고 말한다.

미국은 세계적인 핵확산 저지를 안보 정책의 최우선 목표라고 천명하고
있다. 하지만 핵무기 2백 기 정도를 보유한 것으로 알려진 이스라엘에 대
해서는 모르쇠로 일관하고 있다. 오히려 이스라엘 핵무기도 문제 삼아야
한다고 주장한 국제원자력기구 엘바라데이 사무총장을 쫓아낼 궁리만 하
고 있다. 파키스탄의 칸 박사가 북한·이란·리비아에 핵기술을 마구잡이
로 팔아넘겼어도 눈감아 주고 있다. 왜? 이스라엘과 파키스탄은 미국의
충실한 맹방이니까. 이처럼 핵 확산에 관한 미국의 정책은 이중적이다. 미
국은 핵 확산 저지 자체보다는 적대적 국가의 핵 보유가 더 중요한 문제
가 되는 것이다. 6·25 이후 단 한 번도 미국에 머리를 굽혀 본 적이 없
는데다 푸에블로호 납치 등 숱한 수모를 안겨 준 북한은 미국에는 결코
달가운 존재가 아니다.

그러나 파키스탄의 핵은 미국의 골칫거리로 등장했다. 자칫하면
테러리스트의 손에 파키스탄의 핵이 넘어갈 우려가 높아진 것이다.
아프간의 탈레반과 알카에다 세력은 한때 곧 궤멸될 것 같았으나
미국이 이라크 전쟁에 몰두하는 동안 아프간과 파키스탄 국경 산악
지대를 최후 근거지로 삼아, 2006년 이후 조직을 재건하고 세력을
확대했다. 파키스탄 정부는 취약하여 그 핵 장악력이 의문시된다.

강대국 중심의 국제정치 현실을 무시할 수는 없지만, 오늘날 강
대국 중심의 핵 질서에 문제가 없는 것은 아니다. 핵을 가진 강대
국부터 핵을 줄여야 한다는 비핵보유국들의 주장에는 일리가 있다.

그래서 미국의 버락 오바마 대통령은 2009년 4월 5일 체코 프라
하 연설에서 핵무기가 없는 세계의 구현을 위한 미국의 의지와 구
체적 실천계획을 천명했다. 그 후 러시아와의 관계개선을 위해 동
유럽에 구축하려던 미사일방어(MD) 체제도 중단시켰다. 오바마는
이란이 이스라엘과 유럽을 위협할 만큼 그 미사일 능력을 조기에
향상시킬 것 같지는 않다고 판단하여 동유럽 미사일 방어를 포기

했으나, 곧 이어 이란은 오바마를 비웃기라도 하듯이 중거리 미사일을 쏘아 올렸다.

오바마의 '핵 없는 세계'의 이상이 어느 정도까지 실현될지는 극히 의문이다. 핵이 없어짐으로써 평화가 찾아올 수도 있지만 반대로 핵이 있음으로써 평화가 유지되는 측면도 확실히 있기 때문이다.

미국의 핵우산이 없어진다면 일본과 대만은 당장 핵무기를 만들어 내고야 말 것이다. 한국도 마찬가지이다. 핵이 없어지면 군비경쟁이 더욱더 빨라질 것이라는 전망이 거기서 나온다. 기존의 핵보유국이 핵무기를 감축하면 핵무기 값이 폭등하기 때문에, 북한과 같이 대량살상무기 수출로 외화를 벌어들이려는 나라들은 핵개발 유혹을 더 강력하게 느끼게 된다. 핵무기 감축이 다른 한편으로는 핵 확산이라는 역효과를 초래할 수 있는 것이다.

다음으로 핵주권론에 대하여 살펴보자. 북한이 두 차례나 핵실험을 강행하자, 한국 사회에서는 핵주권론이 그 어느 때보다도 비등하다. 집권여당인 한나라당에서도 그런 목소리가 강하다. 이명박 정부의 외교책임자도 같은 견해를 비쳤다. 몇몇 군사안보 관련단체들도 핵주권 되찾기 운동을 벌인다. 우파 진영에서 핵주권론의 목소리를 높이는 데는 북한에 대한 국제사회의 강경대응을 유도하기 위한 의도도 있는 듯하다.

핵주권론자들은 한국도 일본처럼 평화적 핵 이용권을 가져야 한다고 주장한다. 평화적 핵 이용권이란 원자력 발전 과정에서 핵연료를 농축하고 사용 후에 재처리할 시설과 권한을 갖는 것을 말한다. 미국은 북한에 핵의 평화적 이용도 허용하지 않겠다고 하는데 그것은 원자력의 원료인 우라늄을 농축하거나 사용 후 핵연료에 들어 있는 플루토늄을 추출하면 핵무기의 원료가 되기 때문이다.

북한이 경수로 건설을 요구하는데도 6자회담에서 경수로 카드를 기각한 이유가 바로 거기에 있다. 반면에 일본은 재처리와 농축 시설을 가지고 있고, 폭탄급 순도는 아니지만 50톤 가까운 플루토늄도 갖고 있다고 한다.

한국은 원자력 발전의 비중이 40%에 이르기 때문에 농축과 재처리가 필수적이다. 핵연료를 재처리하면 핵폐기물 처리의 부담이 줄어들 뿐 아니라 저렴한 핵연료를 확보할 수 있다. 수입 우라늄에 덜 의존해도 되는 것이다. 그럼에도 불구하고 농축과 재처리가 없는 기형적 핵주기를 갖고 있다. 한국이 일본과 같은 핵의 평화적 이용 권한을 갖지 못하게 된 것은 1991년 남북한비핵화 공동선언 때문이다.

이 선언은 우라늄 처리시설과 농축시설의 보유 포기를 명시했다. 한국은 이 선언을 충실하게 이행한 반면, 북한은 비밀 핵개발을 상행했다. 공동선언을 한 쪽만 지키고 다른 쪽은 안 지킨다면 그 선언은 이미 죽은 것이나 마찬가지라고 핵주권론자들은 주장한다. 그런 죽은 문서가 한국의 원자력 발전과정을 왜곡시키고 핵 연구라고 하는 과학기술 발전까지 제약하므로, 비핵화 공동선언의 제3항을 수정하거나, 아예 비핵화 공동선언 자체를 폐기하여야 한다는 것이다. 한미원자력협정도 불공평한 부분이 있다고 한다.

한국이 평화적 핵 이용을 위한 장기적인 전략을 마련하는 것은 필요하다. 그러나 핵주권 확보가 한국의 안보를 보장하는 방법일까? 현 단계의 핵주권론은 한국의 전반적 국익이나 북한 핵문제 해결에 도움이 되지 않는다. 국제사회가 핵문제에 얼마나 민감한지는

2004년에 불거졌던 한국 원자력연구소의 핵물질 실험문제에서 잘 알 수 있었다.

핵주권 주장은 북한에 핵개발 합리화 명분만 제공할 뿐이다. 현재 남북한이 하여야 할 일은 비핵화 공동선언을 충실히 이행함으로써 앞으로 한국이 원자력의 평화적 이용 권한을 완전히 회복할 수 있는 경제적, 기술적 명분을 축적하고 정치적, 외교적 신뢰를 쌓는 일이다. 비핵화 공동선언을 폐기할 게 아니라 그 선언으로 북한의 약속 위반 사실을 부각시킴으로써 북한이 핵을 폐기하도록 압박해야 한다. 비핵화 공동선언은 죽은 문서가 아니라 6자회담의 9·19공동선언을 비롯한 각종 합의문에 계속 명시되는 살아 있는 문서이다. 6자회담 합의문에 명시되었다는 이야기는 미국, 일본, 중국, 러시아가 비핵화 공동선언을 지지하고 있음을 의미한다.

핵주권이라는 용어 자체도 너무 자극적이다. 핵과 주권이란 강한 이미지의 두 단어를 결합함으로써 배타적 민족주의의 냄새를 물씬 풍긴다(심양섭, 2005). 최근에는 군사적 핵주권과 평화적 핵주권을 구분하기도 한다. 핵무기를 가질 수 있는 군사적 핵주권은 주장할 수 없지만, 원자력의 평화적 이용 권한을 확보하는 평화적 핵주권은 주장할 수 있다는 것이다. 하지만 평화적 핵주권도 지금으로서는 제기하기가 매우 껄끄럽다. 북한 핵문제가 발등의 불로 되었을 뿐 아니라, 북한이 6자회담에서 경수로를 요구하면서 펴는 논리가 바로 '핵의 평화적 이용 허용', 즉 평화적 핵주권이기 때문이다.

평화적 핵주권이 아무리 국익에 큰 보탬이 된다고 하더라도 지금은 정부 관계자가 핵과 관련하여 오해를 살 수 있는 언동을 해서는 안 된다. 일본과 호주는 핵을 가진 강대국 못지않은 기술능력을 가졌지만 오히려 '핵무기 없는 세계'를 구현하는 운동에 앞장서고 있다. 핵의 평화적 이용 권한을 확보하여 원자력 발전량을 늘릴 게 아니라 그 위험성과 환경영향을 고려하여 대체에너지 개발에 주력하는 것이 세계적 추세와 부합한다는 지적도 있다.

2. "미국은 한국의 롤모델이 아니야": 유럽식 복지모델

한국은 1997년 외환위기를 맞았다. 국가부도사태가 닥친 것이다. 국제통화기금(IMF) 구제금융을 받고서야 한국경제가 겨우 다시 일어서는 수모를 겪었다. 그리고 IMF가 제시하는 미국식 자본주의 모델, 즉 신자유주의 기조에 따라 국내경제를 개혁했다.

다행히 외환위기는 조기에 극복했지만, 김대중 정부와 노무현 정부 10년 집권이 끝난 시점에서 한국경제는 많은 문제점을 드러냈다. 특히 소득격차가 IMF 이전보다 대폭 확대되었다. 이른바 양극화 현상이 심각하다. 그러나 복지는 아직 부족하다. 이런 가운데 미국식 자본주의 모델에 회의를 표시하면서 유럽식 복지모델을 주창하는 목소리가 높아졌다. 미국식 자본주의가 이제 더는 한국의 롤모델(role model)이 아니라는 것이다.

유럽식 복지모델 주창자들은 세계화에 반대한다. 세계화(globalization)는 냉전이 끝난 뒤 자본주의가 전 지구(globe)로 확산되는 것을 말한다. 그 세계화를 미국이 주도한다. 따라서 세계화를 반대하는 사람 중에는 자본주의 자체를 부정하는 사람도 있고, 자본주의는 인정하지만 미국식 자본주의의 확산에는 강한 거부감을 표시하는 사람도 있다.

이 책의 세계 반미주의 유형을 적용하면 전자는 급진적 반미주의에 해당하고, 후자는 사회적 반미주의에 해당한다. 전자의 급진적 반세계화론은 한국 반미주의의 성격 가운데 '반자본주의' 항목에서 다루기로 하고, 여기서는 후자의 반세계화론을 살펴보자.

후자의 반세계화론자들은 한국이 갈 길은 미국 자본주의 모델이 아니라 유럽식 복지모델이라고 말한다. 이들은 국가의 규제와 개입을 가급적 배제하고 모든 것을 시장 기능에 맡기는 이른바 신자유주의의 확산이 사회안전망(social safety network)과 복지 기반을 축소 내지 파괴한다고 주장한다.

자본주의에는 여러 유형이 있다. 영미식이라고 불리는 자유시장경제(liberal market economy) 체제, 그리고 유럽식이라고 불리는 조정시장경제(coordinated market economy) 체제가 대표적이다. 영미식은 경제의 효율성을 강조하면서 시장과 자본의 자유를 최우선시하는 반면, 유럽식은 사회공동체 정신을 강조하면서 국가나 사회에 의한 시장의 조정을 중요시한다. 한국의 사회적 반미주의자들은 1997년 외환위기와 국제통화기금(IMF) 구제금융을 계기로 한국이 미국의 신자유주의 경제노선을 맹종한 결과 사회 전반의 양극화가 극심해졌다고 주장하면서, 미국식 자본주의 모델이 아닌 유럽식 복지모델을 합창한다.

영국과 미국 같은 자본주의 유형을 앵글로색슨형, 독일과 스위스 같은 유형을 라인(Rhein)형, 스웨덴과 덴마크와 핀란드 같은 유형을 노르딕(Nordic)형 혹은 북구형이라고도 부른다. 앵글로색슨형은 세계화시대의 가장 유효한 대안으로서 자유시장 체제로의 수렴을 주장한다. 이른바 신자유주의이다.

반면에 라인형이나 북구형은 코포라티즘 형태의 사회협약 모델을 기본으로 한다. 북구형으로는 스웨덴 모델, 라인형으로는 독일 모델이 가장 많이 언급된다. 이러한 모델들은 사회민주주의 모델에 해당한다.

사회민주주의 모델은 그 화려한 이상과는 달리 과다한 세금, 국가 기구와 재정의 비대화, 기업과 노동 의욕 저하와 같은 총체적 비효율로 인해 일찍이 처절한 실패를 경험했으나 여전히 하나의 대안으로 생명을 부지한다.

코포라티즘은 의회주의 국가와 달리 국가와 이익집단, 즉 노동자와 자본가 집단이 분리되지 않고 제도적으로 통합된 국가형태를 말한다. 슈미터(P. Schmitter)가 국가와 이익집단 간의 관계를 설명하기 위하여 제시한 하나의 이론모형이다.

코포라티즘은 다시 국가 코포라티즘(state corporatism)과 사회 코포라티즘(societal corporatism)으로 나눈다. 전자는 개발도상국에서 나타난다. 국가가 산업화를 주도하면서 국가가 사기업을 지배, 지도한다. 노조는 아직 발달하지 않았다. 결국 노사가 둘 다 압력집단으로 기능하지 못하고 정부의 지시를 따르거나 정부에 협조한다. 이는 모든 권력이 중앙에 귀속하는 독재 정치 시스템에서 존재한다. 예를 들면 이탈리아 무솔리니의 파시즘 통치, 스페인의 프랑코 통치, 한국의 유신과 5공, 기타 남미의 과거 독재국가가 여기에 해당한다.

〈표 3〉 선진자본주의 유형과 양극화 관련 지표

	고용 보호 지수	실업 보호 지수	경제 성장률 (1991 ~2003)	실업률 (1993 ~2004)	빈곤율 (2000)	노동시장 정책지출 비율 (2003)	정보통신 산업고용 비중 (2003)
Australia	0.27	0.22	3.8	7.54	11.2	1.16	21.08
Canada	0.30	0.30	3.4	8.56	10.3	1.14	19.91
UK	0.25	0.11	2.8	6.65	11.4	0.91	27.70
US	0.14	0.10	3.2	5.30	17.0	0.61	20.29
평균	0.24	0.18	3.3	7.01	12.5	0.95	22.25
Austria	0.84	0.81	2.1	4.10	9.3	2.00	17.18
Belgium	0.56	0.82	2.1	8.44	7.8	3.75	19.28
Germany	0.86	0.77	1.3	8.32	9.8	3.46	21.63
Japan	0.76	0.33	1.3	4.10	15.3	0.79	26.22
Netherlands	0.80	0.89	2.5	4.46	6.0	3.68	25.26
Norway	0.66	0.64	3.0	4.42	6.3	1.67	
Switzerland	0.49	0.86	1.3	3.59	6.7	1.80	
평균	0.71	0.73	1.9	5.35	8.7	2.45	21.91
Denmark	0.53	0.91	2.1	5.80	4.3	4.42	27.08
Finland	0.64	0.43	3.6	11.93	6.4	3.01	23.13
Sweden	0.94	0.63	2.8	7.41	5.3	2.51	23.92
평균	0.70	0.66	2.8	8.38	5.3	3.31	24.71

출처: 김형기, 2006, "양극화시대를 뛰어넘는 통합의 길"
(http://www.naturei.net/, 2006년 6월 26일 검색).

후자, 즉 사회 코포라티즘은 고도로 발달한 자본주의사회에서 나타난다. 정부와 이익집단(노사)이 공동으로 사회경제정책을 개발하고 수행하는 조직형태이다. 이 경우 모든 법률과 정책 수립에서 노, 사, 정 삼자 간의 협의가 존재한다. 오스트리아, 덴마크, 스웨덴 같은 나라가 대표적이다.

코포라티즘을 조합주의 혹은 사회적 합의주의라고 번역하는 것은 적절하지 않다. 조합주의는 노동조합 운동을 정치에서 분리하여 노동 조건 개선과 같은 경제 투쟁에만 한정시키려는 주의를 말한다. 코포라티즘이라는 영어 표현을 그대로 사용하는 게 낫다. 한국에서도 노사정위원회의 출범과 함께 코포라티즘이 새롭게 주목을 받았으나, 최장집은 한국에서 유럽과 같은 사회 코포라티즘을 실현하기는 불가능하다고 말한다.

최장집에 의하면 한국은 라인형이나 북구형의 코포라티즘 모델로 가기에는 아직 그에 걸맞은 정치적, 사회적 제도와 관행이 갖춰져 있지 않다고 볼 수 있다. <표 3>을 가지고 선진자본주의 유형과 양극화 관련 지표를 살펴보자. 고용보호지수가 낮을수록 고용자의 해고가 용이하고 높을수록 어렵다. 실업보호지수가 높을수록 실업자에 대한 사회 보장이 잘된다. 노동시장 정책지출비율은 실업수당 지급, 실업자 취업 훈련 같은 일에 정부가 얼마나 많이 지출하는지를 보여 준다. 정보통신산업 고용비중은 정보기술(IT)의 발달 수준을 나타낸다.

미국은 타국에 비해 고용보호지수와 노동시장 정책지출비율이 낮은 대신에 실업률이 낮다. 덴마크에서는 노동자를 쉽게 해고할 수 있게 하는 대신, 노동시장 정책지출비율을 높여(4.4) 실업자를 많이 지원한다. 이러한 덴마크의 시스템은 노동시장의 '유연안정성 모델'에 속한다.

<그림 8>을 가지고 한국의 상황을 보자. 이는 1990년대 후반 자료이다. 한국은 선진국과 비교했을 때 복지 정도가 낮고 노동시장 유연성은 평균 정도였다. 김대중 정부 시절에 복지 지출을 확대하면서 복지국가 쪽으로 조금 내려왔으나 복지시스템은 다른 국가에 비해 상대적으로 취약하다. 사회 양극화가 진전되고, 노동시장이 미국처럼 바뀌면서, <그림 8>의 화살표가 가리키는 방향, 즉, 1997년 이후의 경로로 진행하고 있다(김형기, 2006).

노무현 정부는 스웨덴을 한국이 추구해야 할 새로운 국가형태로 홍보하며 각종 복지정책을 추진했다. 노무현 대통령은 2004년 7월 당시 권오규 청와대 정책수석을 OECD 대표부 대사로 내보내면서 "스웨덴 복지모델을 공부해 오라."고 지시했고, 2년 뒤인 2006년 7월 권 대사를 경제부총리로 임명함으로써 스웨덴식 복지정책 실현에 나섰다. 권 부총리는 노 대통령에게 제출한 보고서에서 "세금을 많이 걷고, 복지도 늘리는 체제하에서 스웨덴이 꾸준히 경쟁력을 유지하고 있다."고 기술했다.

학자들 중에서는 장하준이 대표적인 유럽식 복지모델 주창자이다. 그는 한미 자유무역협정(FTA)을 반대하여 반미주의자로 지칭되기도 하였으나(데일리안, 2009년 4월 6일) 이 책에서는 그를 반미주의자로 단정하지 않는다. 유럽식 복지모델론을 주장하는 모든 사람이 반드시 반미적인 것은 아니다. 그는 미국식 글로벌 스탠더드(global standard)가 과연 절대불변의 진리냐고 반문하면서, 한국 사회가 스웨덴이나 핀란드 같은 북유럽식 복지국가 체제를 지향해야 한다고 주장한다.

장하준(2007)은 신자유주의적 국제 금융자본의 공세로 국내 산업자본의 생산 활동이 위축되어 한국경제가 위기를 맞았는데 이를 극복하기 위해서는 정부가 국내 산업자본, 즉 재벌의 경영권을 안정시켜 주고, 그 대가로 국민들은 재벌로 하여금 투자를 더 많이 하도록 하고 고용을 창출하며 복지국가를 위한 재원을 내놓도록 요구함으로써 사회적 대타협을 이루어야 한다고 말한다. 한국은 지난 20년 동안 정치적 민주화를 이뤘지만 민주정부는 시장만능주의가 경제민주화인 것으로 착각하고, 진보진영도 소액주주운동 같은 주주민주주의 강화가 경제민주화인 것으로 착각함으로써 국내 산업자본을 약화시키고 외국 금융자본들에게 유리한 시장 환경을 조성하였다는 것이다.

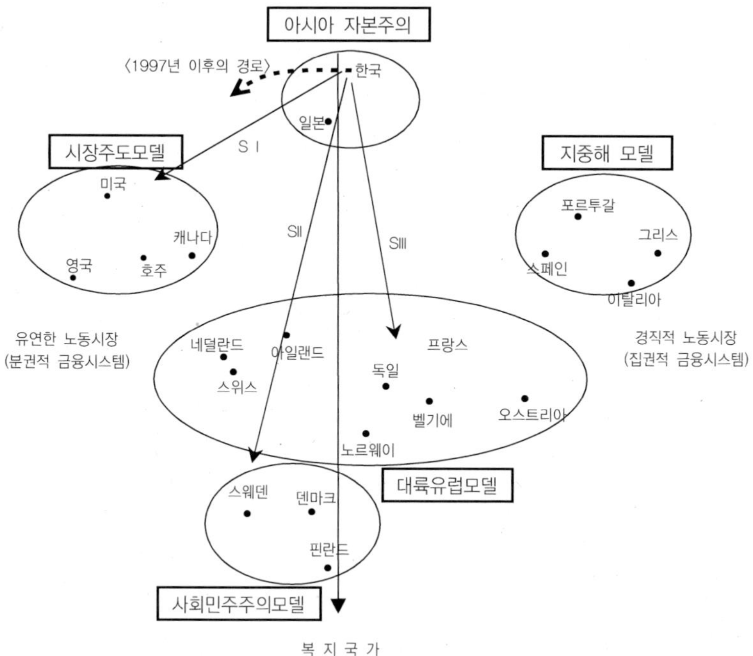

출처: 김형기, 2006, "양극화시대를 뛰어넘는 통합의 길"
(http://www.naturei.net/, 2006년 6월 26일 검색).

〈그림 8〉 노동시장 유연화 정도와 복지국가 수준별 발전모델: 한국의 위상과 전망

장하준(2007)이 왜 미국의 복지제도는 미흡하며 유럽식 복지모델이 바람직하다고 보는지, 그의 이야기를 더 들어 보자.

재벌 기업을 안정시켜 주고 그 대신에 얻어 내는 게 있어야 한다. 그 핵심에는 투자나 고용창출 등 여러 가지가 있지만 꼭 내걸어야 하는 것이 복지국가 건설이다. 그리고 내가 주장하는 것은 미국식 선별적 복지국가가 아니라 유럽식의 '모두가 참가하는' 복지국가이다. 미국도 너무 가난하거나 늙은 사람에 대해 정부가 의료보험도 해 주고 한다. 유럽식 복지국가는 다르다. 육아부터 질병, 실업, 노령화 등에 대비해 능력 있을 때 돈을 모았다가 필요할 때 찾아 쓰는 방식이다. 더 능력 있는 사람은 더 많이 내

고, 장애인 등은 더 많이 도움을 받는, 기본적으로 모든 사람이 복지혜택
을 받는 것이 중요하다. 그렇지 않으면 중산층의 반복지 정서가 강해진다.
　예를 들면, 유럽에서는 모든 국민이 세금을 많이 내기 때문에 모든 국
민은 대학에 무료로 다닐 수 있다. 그러나 미국은 가난한 학생들에게는 장
학금을 잘 주지만 가난하지 않은 학생들은 돈을 많이 내야 한다. 그렇기
때문에 중산층에서는 내가 세금을 내는데도 불구하고 자기는 아무런 혜택
을 못 받는 구조이다. 미국 중상류층에서는 흑인 빈민가나 미혼모에게 돈
을 준다는 것에 대한 반감이 강하다. 반면 유럽은 모든 국민이 부유하건
가난하건 기본적으로 받는 혜택이 있다. 그래서 저항감이 약하다. ……
　복지제도를 만들 때 복지제도 디자인에 대해 잘 생각해 볼 문제가 있
다. 제일 강조하고 싶은 것은 노동자의 재교육과 복지를 잘 연결해서 복지
제도의 생산적 효과를 극대화해야 하는 것이다. 복지는 다 같이 인간적인
삶을 살 수 있는 사회를 만들자는 것이지만, 생산적 효과를 극대화하는 것
도 중요하다.
　스웨덴이 제일 좋은 예이다. 실업자가 되면 실업수당을 80% 정도 받는
다. 그 기간에 정부가 알선하는 재교육을 받고 정부가 직장까지 알선해 준
다. 3~4회 정도 알선해 주고 당사자가 직장을 거부하면 실업수당을 최저
생계비 수준으로 줄인다. 다른 나라들은 실업자가 되면 기차역사의 쓰레기
로 사라지는데 스웨덴과 핀란드에서는 계속 노동 현장으로 돌아온다. 스웨
덴, 핀란드는 우리나라 보수언론들이 보면 나라 망할 짓만 하고 있다. 복
지비가 GDP 대비 50% 가까이 되고 세금은 높다. 그런데 스웨덴, 핀란드
는 미국보다도 경제성장률이 높다.
　스웨덴이나 핀란드가 미국보다 경제성장률이 높은 이유는 복지가 잘돼
있기 때문에 오히려 기업들이 기업 구조조정을 더 자유롭게 할 수 있다.
해고를 당해도 먹고살 수 있고, 재교육에 의한 취업이 잘되기 때문에 해고
에 대한 두려움이 크지 않다. 미국과 같은 나라에서 해고에 대한 저항이
더 심한 이유는 해고당하면 끝이기 때문이다(장하준, 2007).

　그러나 최장집이 앞에서 지적한 것처럼 한국은 유럽식 복지모델
을 직수입하여 성공시킬 조건을 갖추지 못했다. 게다가 스웨덴이나
핀란드는 인구가 천만 명이 안 되는 '강소국'들이다. 그처럼 국가

규모가 작은 나라들의 복지 모델을 그보다 인구가 5배 이상 많은 한국에 바로 적용할 수 있을지는 의문이다. 2005년 현재 인구를 보면 스웨덴은 911만, 핀란드는 527만 명이다(위키백과).

최근 독일, 스웨덴, 덴마크, 핀란드에서 중도우파 정권이 들어서고, 노르웨이에서는 좌파가 재집권했지만 86(좌파연합) 대 83(우파연합)의 근소한 의석 차이에서 보듯이, 유럽식 복지모델은 심각한 위기를 맞고 있다.

2006년 10월 스웨덴 총선에서는 우파연합이 승리했다. 이것을 놓고 한국 사회 내에 논쟁이 벌어졌다. 우파 진영의 일각에서는 총선결과를 스웨덴 복지모델의 실패로 단정한 반면 노무현 정부와 집권 열린우리당은 논리비약이라고 주장했다. 선거 한 번으로 한 국가의 경제모델이 실패했다고 말하기는 어렵다. 스웨덴에서는 지금까지 대체로 15년 주기의 사민당과 우파연합 간 정권교체가 있었는데 이는 복지모델에 대한 스웨덴 국민들의 이중적 심리상태를 반영한다. 복지병(福祉病)의 문제점과 개혁 필요성은 인정하면서도 현행 복지제도가 주는 일신의 안일을 포기하기는 싫은 것이다.

장하준(2007)은 스웨덴의 경제성장률이 미국보다 높다고 하지만, 현재의 거시경제 지표만으로 국가경제 모델의 성패를 판단해서도 안 된다. 복지모델의 성패 여부는 현재의 경제 건전성보다는 미래를 가늠할 수 있는 역동성, 그리고 국민 복지수준의 장기추세로 평가되어야 할 것이다(김우택, 2006).

스웨덴은 바깥으로 알려진 것 같은 낙원이 결코 아니다. 맥킨지는 2006년 5월 '스웨덴의 경제성과, 최근 추세와 우선과제'라는 제목의 보고서에서 "스웨덴 정부가 공식적으로 내놓는 2004년 실업률은 5.4%지만, 각종 복지정책에 숨어 있는 실제적인 실업자까지 합하면 17% 수준에 이른다.”고 지적했다.

스웨덴의 실질 실업률이 높은 이유는 무엇일까? 스웨덴 경제학자 닐스 칼슨(Nils Karlson) 박사는 첫째, ‘큰 정부’ 추진으로 공공부문이 비대해지면서 1950년 이후 민간부문 고용자가 늘지 않고, 둘째, 과도한 세금 같은 것들로 인해 기업가 정신이 위축돼 스톡홀름 증권거래소의 상위 50개 기업 중 1970년대 이후 창업된 회사가 전무하다고 분석했다. 그 결과 스웨덴의 1인당 국민소득은 세계 5위(1970년)에서 13위(2004년)로 떨어졌다(조선일보, 2006년 9월 19일).

20세기 스웨덴의 경제 발전과정을 전반기와 후반기로 나누면 전반기에는 상당한 경제적 성과를 이루고 후반기에는 그렇지 못했는데, 그 원인은 서로 다른 경제모델(‘작은 정부’ 대 ‘큰 정부’)을 추구한 데 있다. 20세기 후반의 스웨덴 경제는 활력을 상실한, 그래서 부러워하기보다는 우려되는 경제로 평가할 수 있으며, 그것은 큰 정부의 복지모델과 유관하다(김우택, 2006).

노르웨이는 ‘요람에서 무덤까지’ 평생 보장하는 사회복지제도로 잘 알려진 북유럽국가이다. 인구 4백80만 명의 석유생산국으로서 사회주의 천국으로까지 불린다. 이 나라에서는 노동당(Labor Party)이 제2차 세계대전 이후 60년간 집권했다. 노동당은 2009년 9월에도 좌파연정으로 재집권에 성공했다. 그러나 우파의 도전은 거셌다. 우파인 진보당(Progress Party)의 40대 여성 기수 시브 젠슨(Siv Jensen)은 노르웨이의 마가렛 대처를 자처하며 우파적 개혁의 깃발을 올려, 비록 근소한 차로 패했지만 집권 노동당의 간담을 서늘하게 했다.

젠슨은 건강보험과 교육의 민영화를 확대하고, 막대한 오일머니를 이용하여 악명 높은 고세율제도를 뜯어고쳐 세금을 낮추겠다고 선언했고, 상당수 국민들이 거기에 호응한 것이다. 노르웨이에는 인구의 10%에 달할 만큼 많은 불법이민자들이 몰려와 일도 하지 않고 지냄으로써 그에 대한 불만도 고조되었다. 노르웨이는 2008년 미국발 금융위기의 영향을 받지 않은 몇 안 되는 나라에 속한다. 그럼에도 불구하고 좌파 정권은 심하게 휘청거렸다(The Seattle Times, 2009년 9월 14일). 유럽식 복지모델의 이면을 보여 주는 사례라고 할 수 있다.

한국 학계에서는 유럽식 복지모델을 옹호하고, 미국식 모델을 경계하는 주장이 여전히 강력하다. 최태욱은 2007년 4월 역사비평 주최 'FTA, 북핵, 그리고 한미동맹' 좌담회에서, 한국경제체제가 미국처럼 되어 시장만능주의 체제가 되면 정부의 시장 개입이 최소화함으로써 사회적 약자에 대한 배려가 약해지고, 그 약자들의 반발로 사회적 혼란과 정치적 불안이 뒤따를 것이라고 말했다.

박명림도 같은 좌담회에서 "OECD 가입 이후 10년을 살펴보면 양극화, 실업, 농업 등 주요 측면 몇 개만 봐도 점점 악화되고 있는 걸 확인할 수 있습니다. …… *저는 이제부터 우리가 미국식 시장국가 모델을 넘어 진지하게 유럽식 사회국가 모델을 고민해야 한다고 생각합니다*(강조는 인용자)."라고 했다.

김호기(2006)도 한겨레가 신년을 맞아 지식인 100명을 대상으로 실시한 여론조사와 관련하여 "세계화가 강화된다고 해서 인간다운 삶을 배제하는 성장주의 모델이 진보의 미래가 될 수는 없다."며, "진보적 지식인들이 선호하는 국가 모델은 북구형 또는 라인(Rhein)

형 사회민주주의다."라고 말한다. 그는 "이런 지향에는 인간다운 연대와 지속 가능한 성장을 결합하려는 진보 진영의 소망이 반영돼 있다."며, "문제는 이 모델들이 현재의 세계화 시대에 크고 작은 어려움을 겪고 있고, 이를 우리 사회에 이식하는 것도 결코 쉬운 일은 아니라는 점이다."라고 한다. 유럽복지국가들 자체도 문제가 심각하고 그 모델을 한국에서 실현하는 것도 어렵지만, 한국의 좌파 지식인들은 유럽복지국가의 꿈을 버리지 않고 있다는 것이다.

박명림(2007)은 2007년 대통령선거를 앞두고 좌파진영을 향해 이렇게 충고했다.

> 중·장기적으로 지구적 시민국가에 대해 고민해야 한다. 개방과 세계화 사회에 국민국가 정체성과 이익을 견지하면서도 동시에 타자(외국)에 대한 폭넓은 포섭이 필요하다. FTA와 전시작전통제권 환수를 둘러싼 논쟁을 가만히 보면 이 두 문제가 얽혀 있다. 민족 담론과 세계화 담론이 얽혀 있다. 어느 하나를 버린다면 한국 사회가 지향하는 가치를 놓칠 수 있다.

개방과 세계화는 오늘날 대세이다. 특히 한국경제는 대외의존도가 높다. 2007년 한국경제의 수출의존도는 38%였다. 한국은 세계화의 부작용을 최소화하기 위하여 사회안전망(social safety network)을 확대하고 농민을 비롯하여 세계화로 손해를 보는 집단들에 대해서는 보상할 필요가 있다. 투기성 금융자본의 유입으로 국부가 유출하는 것을 막기 위해 핫머니에 대한 적절한 규제도 필요하다. 그러나 세계화를 거부하는 것은 가능하지도, 현명하지도 않다.

물론 세계화한다고 해서 국가와 국민의 정체성까지 상실해서는 안 된다. 오히려 진정한 세계화는 한국과 한국인의 정체성을 분명히 할 때 이루어진다. 가장 지역적(local)인 것이 가장 세계적(global)이라는 명제가 바로 거기서 나온다. 지구적으로 생각하고 지역적으로 행동해야(think globally and act locally) 하는 것이다.

3. "통일만 되면 체제는 상관없어": 좌파 민족주의와 통일 지상주의

반미주의자들은 '통일'만 외칠 뿐 통일한국의 '체제'를 말하지 않는다. 민족지상주의 혹은 통일지상주의는 '국가 체제'나 '이념'보다 '민족'과 '통일'을 우위에 둔다. 통일만 되면 통일국가의 체제나 이념은 상관없다는 식이다.

민족(혹은 통일) 지상주의자들은 국가 현실에 아랑곳하지 않고 민족통일만을 외친다. 한국과 북한은 동족이지만 엄연한 별개국가로서 군사적으로 첨예하게 대치하고 있음에도 불구하고, 그러한 군사적 대치상태의 해소방안을 구체적으로 찾지 않은 채 막연하게 '한 민족, 한 나라(하나의 조선)'의 목소리만을 높인다.

한반도는 전 세계에서 가장 많은 병력과 무기가 집중돼 있는데다 북한이 핵무기와 장거리 미사일까지 개발함에 따라 군사적 긴장이 고조되고 있다. 한 민족이면서 적대국가인 현실, 즉 민족성과 국가성(체제성)의 괴리와 모순을 외면하면 아무리 그럴싸한 논리도 감상적, 낭만적, 환상적 민족지상주의 혹은 통일지상주의라는 비판을 면할 수 없다. '민족'과 '통일'이 절대이념으로 한 개인의 뇌리에 자리 잡게 되면 그 순간부터 외눈박이가 되어 북한정권 비판기능이 마비되고 북한의 비참한 인권현실에도 무관심해진다.

민족주의는 본래 근대국민국가 형성 과정에서 부르주아 계급이 만들어 낸 이념이다. 계급의식을 민족이란 관념으로 희석해 버린다는 점에서 볼 때 민족주의는 좌파와 가까운 이념이 결코 아니다. 전술하였듯이 민족주의는 오히려 우파와 친한 개념이다.

민족주의는 단일한 이론체계가 없고 도구적 성격이 강하다. 민족주의는 뚜렷한 형태가 없는 민족적 감정과 정서를 바탕으로 외교적 자주성, 경제적 자립성, 정치적 민주성을 그 기본내용으로 담는다고 볼 수 있으나, 누가 어떤 역사적 맥락 속에서 민족주의를 말하느냐에 따라서 그 의미는 달라진다. 민족주의는 그 도구적 특성 때문에 저항이념으로서 전 세계적으로 다양한 정치세력과 결합하였다. 특히 제3세계 식민지 국가들의 민족해방운동 과정에서 민족주의는 두드러졌다.

한국은 비록 외부의 힘에 의해서이긴 하지만 일제 식민지배에서 독립한 후 근대화에 성공하고 고도성장을 이룩하여 선진국 클럽인 OECD(경제협력개발기구)에 가입한 나라이다. 이러한 고도산업국가에서 '좌파 민족주의'가 계속 득세하는 것은 매우 특이한 것이라고 할 수 있다.

경제적 관점에서 보면 좌파 민족주의는 고립주의적이다. 좌파 민족주의자들은 각국 국민경제의 상대적 자율성을 중시하며, 그와 같이 어느 정도 자립적인 각 나라 경제가 모인 것이 세계경제라고 본다. 이러한 시각은 오늘날의 세계경제 형편과 잘 맞지 않는다. 국경 없는 세계화가 진행되고, 유럽연합(EU) 같은 지역공동체가 형성되며, 경제적 상호의존도가 고도로 높아지는 것이 현재의 국제경제 현실인 것이다.

유럽과 한국의 민족주의를 비교하면 차이가 크다. 한국과 1인당 국민 소득이 비슷한 수준인 포르투갈이나 그리스에서 민족주의는 우파만의 전유물이지만, 한국에서는 '좌파 민족주의자'(NL계열)들이 민주노동당이나 학생운동 조직을 주도한다.

이른바 햇볕정책이라는 이름의 대북한포용정책 자체가 민족주의를 내포한다. 김대중, 노무현 정부가 민족주의 성향이 짙은 대북포용정책을 채택함으로써, 민족주의는 단순히 좌파 정당이나 시민단체의 이념이 아니라 정부와 국가의 이념이 되었다. 수세적, 저항적 이데올로기에 머물렀던 민족주의가 정권의 이데올로기, 국가 지배의 이데올로기가 됨으로써 '민족'이 '반공'보다 우위에 섰다. 좌파가 민족주의라는 감성적 이념으로 한국 사회의 이념적 헤게모니를 구축한 것이다.

민족주의는 한 시대를 풍미했지만 지금은 그 빛이 바랬다. 민족주의는 서구에서 근대국가가 성립되고 자본주의가 발달하면서 형성되어 한동안 위력을 떨쳤다. 민족주의는 18세기 미국의 독립에도 크게 기여한다. 20세기에 들어서는 민족주의가 군국주의, 나치즘, 파시즘으로도 발전되어 부정적 이미지를 갖게 되기도 한다.

그러나 한국을 비롯한 이른바 제3세계에서는 민족주의가 제국주의에 반대하는 저항 이데올로기로 출발하여, 전후에는 건국과 근대화를 위한 국민동원 이데올로기로 이용됐다. 냉전 후 세계화가 급진전되면서 민족주의는 한편으로 약화되지만, 다른 한편으로는 세계화의 반작용으로 오히려 강해지기도 한다. 민족주의는 여전히 국민통합과 정체성 확립에 도움이 되지만, 분명한 것은 지금이 민족주의의 세기는 아니라는 것이다. 북한의 조선민족제일주의나 남한 좌파의 민족지상주의는 오늘날 지구촌에서 극히 예외적인 현상에 속한다.

한국은 경제규모 세계 13위(2007년)이다. 세계화의 피해자가 아니라 수혜자다. 말하자면 '작은 제국'이라고 할 수 있다. 그럼에도 불구하고 한국의 좌파 민족주의자들은 한국을 '미제의 식민지'라고 부른다. 흘러간 옛 노래를 계속 부르는 것이다. 그런데도 그 노래가 운동권 내에서는 가장 많은 사람들에 의해 애창되며, 때로는 운동권 밖에서도 놀라울 정도로 많은 관중을 모은다.

한국전쟁 이후 1980년대까지 30년 동안은 사실상 한국 민족주의의 공백기였다. 이 시기는 반공주의의 시대였다. 반공을 말할 때 민족은 없었다. 반공은 국가주의와 연결되었다. 반공을 말할 때는 자유민주주의 수호를 외쳤는데 자유민주주의는 대한민국의 국가이념이지 민족의 이념은 아니었다. 1986년 10월, 대한민국의 국시는 반공이 아니라 통일이라고 주장했던 어느 국회의원은 전두환 정권에 의해 구속되었다. 박정희 정권 때는 정권의 필요에 의해 국사(國史) 교육이 강조되고, '한국적 민주주의'가 대두하기도 했으나, 그것은 어디까지나 관제 민족주의의 테두리를 벗어나지 못했다.

한국의 시민사회에서 민족주의가 되살아난 것은 1980년대 이후이다. 한국에서는 1980년대 이후 경제성장을 바탕으로 민족주의가 대두하여 미국을 배척하고 자주를 내세우게 되었다. 1980년 5공 신군부가 등장하면서 발생한 광주사태는 그에 대한 미국 책임론을 불러일으키면서 반미운동의 기폭제가 되었고, 좌파 민족주의가 대

두하는 결정적 계기가 되었다. 분단이 한 세대를 넘어 장기간 지속
되는 점도 좌파 민족주의가 득세하는 요인으로 작용하였다. 이처럼
남한에서 민족주의가 다시 대두하자 북한의 주체사상이 눈에 띄게
되었다(탁석산, 2004: 94 − 95, 106). 남한 운동권의 주체사상 수용
은 바로 그러한 맥락에서 이해할 수 있다.

좌파 민족주의는 학생운동권을 넘어 노동계에까지 확산되었고,
마침내는 민주노동당의 주류 이데올로기가 되었다. 단편적인 사례
이긴 하지만 현대중공업 노동자들은 현대그룹 창립자인 정주영 씨
가 통일운동에 공헌했다는 이유로 그의 빈소를 찾아 문상했다. 민
노당은 일본이 독도 영유권을 주장하고 나서자 '독도 파병'을 당론
으로 채택하고 북한의 연방제통일론을 추종하여 '코리아연방'을 공
약했다. '민족'이라는 대의 앞에 '계급'은 오그라들고 만 것이다.
민노당(민주노동당)은 당명에서 '노동'을 빼고 민족당(민주민족당)
이라고 하는 게 나을지도 모르겠다. 이러한 사례들을 보면 좌파 민
족주의는 언제든 우파 민족주의로 선회할 소지가 다분함을 알 수
있다.

원래 산업화의 진전으로 계급분화가 이뤄지면 민족주의는 약해
지는 법이지만, 한국에서는 오히려 1980년대에 들어와 민족주의가
살아났다. 1980년대 이후 한국 사회에서는 민족이 가장 인기 있는
구호가 되면서 반공이 퇴색했다. 그에 따라 반공이라는 이념 위에
터 잡고 있던 국가라는 이념도 힘을 잃고 자유민주주의도 힘을 잃
어 갔다. 한국 우파의 위기는 1998년 김대중 정부 출범 훨씬 이전
에 이미 시작되었다고 할 수 있다. 다만 한국의 우파가 그것을 모
른 채 기득권에 안주했을 뿐이다.

한국 사회에서 민족주의가 되살아나면서 통일운동이 활발해졌다. 특히 1987년 민주화 이후 운동권의 관심은 자연스럽게 통일로 옮아갔다. 1989년 1월에는 범재야연대기구로 전국민족민주운동연합(약칭 전민련)이 출범하였다. 국가보안법 철폐 투쟁이 전개되었다. 방북통일운동도 활발하게 일어났다. 문익환(1989년 4월 2일), 황석영(1989년 4월 23일), 임수경(1989년 7월 7일)이 차례로 북한을 밀입국하여 다녀왔다. 1980년대 후반 대학가의 반미투쟁에는 북한의 대남 공세도 한몫을 했다(임현진, 2003).

그러나 당시 급진통일운동으로서의 반미운동은 1988년 서울 올림픽을 계기로 그 모멘텀을 거의 상실하였다. 올림픽이 분단을 고착화할 것이라는 반미 운동권의 주장과 달리, 올림픽을 통한 사회주의 국가와의 교류는 한국 사회가 이데올로기적 획일성을 극복할 수 있는 계기를 제공하였다. 결국 급진통일운동으로서의 반미운동은 대학사회는 물론 일반 시민사회의 동원에 실패하였다(장달중, 1988: 15 - 16).

감상적 민족주의나 통일에 대한 환상은 1960년대, 1970년대 반미운동에서도 나타나지만, 이념화한 민족주의는 1980년대 이후의 반미운동에서 본격적으로 등장한다. 1980년대 이후의 학생운동이 왜 이념적 성격을 강하게 띠게 되었을까?

첫째는 1980년 서울의 봄과 광주 민주화 운동 실패에 대한 반성과 자각이다. 둘째는 1960년대와 1970년대 근대화 과정을 거치면서 생겨난 경제 불평등과 해외의존 심화에 대한 비판의식 고양과 함께, 서구의 여러 사회이론의 수용에 힘입어 한국 사회에 대한 새로운 인식 틀이 형성되기 시작했다는 점이다. 근대화 이론이 모든 것을 설명하고 정당화하던 시기에 해방신학, 종속이론, 사회비판이론, 마르크스주의, 그리고 김일성 주체사상과 같은 다양한 이론과 사상이 도입됨으로써 학생운동은 한국 사회를 새로운 관점에서 인식할 수 있는 이론적 토대를 마련한 것이다(안상헌, 2000).

이른바 '내재적 접근'도 주체사상과 함께 도입되었다. 내재적 접근이란 북한의 눈으로 북한을 바라보는 것을 말한다. '내재적 접근법'을 국내에 소개한 사람은 재독학자 송두율이고, 그 영향을 크게 받은 두 사람은 이종석(전 통일부장관)과 서동만(전 국정원 기조실장)이다. 1990년대 후반 한미 양국 여론주도층 사이에 널리 퍼졌던 북한붕괴론이 빗나가면서 내재적 접근의 필요성이 대두되었다. 그러나 내재적 접근은 자칫 북한과 같은 전체주의 사회의 모순을 비판하지 못하고 오히려 옹호하는 결과를 빚을 위험이 크다.

1980년대 민족주의 등장의 영향을 가장 직접적으로 받은 세대가 바로 1980년대에 대학을 다니며 반군사독재 민주화투쟁의 세례를 받고, 나아가 마르크스레닌주의나 김일성·김정일의 주체사상 같은 급진 이념까지 변혁이론으로 수용했던 이른바 386세대이다. 386세대의 이념을 좌파 민족주의라고 하는 이유가 거기에 있다.

386세대의 한 사람인 김경준(1962년생, 서울대학교 82학번, 딜로이트컨설팅 전무)은 조선일보 2006년 12월 20일자 '[386세대 경제권력③] 이념에 찌든 정치권 386은 꺼져라' 좌담회에서 386세대의 이념적 성향을 다음과 같이 말했다.

386세대는 일반적으로 민족·평화·한반도 정세 등 거대 담론을 선호하는 경향이 있는 것 같다. 낭만적 민족주의에 고르게 영향을 받은 점도 인정해야 할 것 같다. 386세대가 최근 자유주의연대가 밝힌 '허위 지식인 4인방'의 영향을 받은 것은 분명하다. 그 네 분이 생산한 콘텐트가 386세대에 분명히 영향을 미쳤고, 나도 거기서 자유롭지 않다. 물론 이 네 분을 허위로 생각하는가, 진짜 지식인으로 생각하는가는 각각의 생각에 달렸다.

'허위 지식인 4인방'이란 한국 사회에 뉴라이트 운동을 최초로 불러일으켰던 자유주의연대가 "진보의 탈을 쓰고 반(反)지성과 허위의 논리를 펴 나가는 핵심 인물"(데일리서프라이즈, 2006년 12월 5일)이라고 비판했던 강만길, 백낙청, 리영희, 한완상 네 사람을 가리킨다. 자유주의연대는 자신들이 발행하는 계간지 『시대정신』에서 강만길의 민족사관, 백낙청의 분단체제론, 리영희의 반미주의와 수렴적 통일론을 차례로 비판했다(최홍재, 2006; 안병직, 2006; 조성환, 2007a). 이 네 사람은 386세대로 하여금 좌파 민족주의의 이념적 늪에 빠져 헤어 나오지 못하게 하는 데 결정적 영향을 미쳤다.

우파(뉴라이트)로 전향한 386세대인 이재교는 2006년 12월 11일 조선일보 기고문에서, 이 네 사람에 대해 "대학 시절 좌파 지식인들의 글을 처음 접하면서 느꼈던 놀라움과 이를 숨겼던 공교육에 대한 배신감은 지금도 생생하다."며, "그 후 시야가 넓어지면서 좌파 지식인들에게 속았다는 또 다른 배신감이 들었다."고 말한다. 그는 "그들은 입으로는 민주와 통일을 주장하면서도 가장 반민주적이고 반통일적인 김정일 집단을 옹호하는 모순을 보였다."며, "평소 인권에 그토록 목소리를 높이던 그들은 김정일 정권이 수백만 주민을 굶겨 죽여도, 탈북하다가 잡힌 주민을 공개 총살해도, 그저 못 본 척할 뿐이었다."고 지적했다.

좌파 민족주의 학자로는 강만길(전 고려대학교), 안병욱(가톨릭대학교), 서중석(성균관대학교), 중도좌파 민족주의 학자로는 백낙청을 꼽을 수 있다(중앙일보, 2005년 10월 24일). 강만길의 민족사관을 들여다보자. 강만길은 친일세력과 분단세력, 냉전세력을 하나로 본다. 즉, 똑같은 반민족, 반통일세력으로 보는 것이다. 그의 말을 들어 보자.

> 이승만 정권의 중요한 구성요소가 된 친일세력은 일제 강점시기를 통해 그들의 탄압대상이었던 민족해방운동세력을 해방 후에도 계속 탄압하고 정권의 정통성 취약을 얼버무리기 위해 강력한 반공정책을 폈다. …… 친일세력에서 냉전세력으로 이어지는 일련의 세력들은 당연히 반북세력이게 마련이며, 따라서 북쪽과의 사이에 냉전기류가 계속되어야만 그 서식공간이 유지되기 마련이다(강만길, 2001: 21).

강만길은 해방 전후의 정국과 관련하여 '좌파＝민족해방세력', '우파＝분단세력'으로 양분하고 있음을 알 수 있다. 마치 남한에서는 독립운동세력은 모조리 탄압받고 오직 친일세력만 득세한 것처럼 서술하는 것이다.

이러한 강만길의 이른바 민족사관에 대해 최홍재(2006)는 조만식을 비롯한 민족주의 계열을 배제하고 사회주의 세력을 결집하여 북한 정권을 수립한 김일성을 분단냉전세력이라고 하지 않는다면, 공산주의자를 배척하고 민족주의와 자본주의 세력, 그리고 북한 정권 수립과정에서 배제된 사람들을 결집하여 남한 정부를 세운 이승만도 분단냉전세력이라고 할 수 없다고 반박한다.

김일성은 한국전쟁 후 종파투쟁과정에서는 자신의 갑산파를 제외하고는, 친중파인 연안파를 비롯하여 소련파, 국내파, 남로당파에 이르기까지, 나머지 모든 사회주의 분파들을 숙청하였는데도 강만 길은 이를 전혀 문제 삼지 않는다. 김일성의 숙청정치는 거기서 그 치지 않는다. 급기야 1960년대 말 김일성-김정일 후계구도 확립 과정에서는 자신의 갑산파마저 숙청하였고, 그에 따라 정치적 반대 세력 자체가 존재하지 않게 되었다. 강만길은 이에 대해 침묵함으 로써 결과적으로 김일성 부자의 전체주의 세습체제를 비호하고 있 는 것이나 마찬가지다. 강만길 민족사관의 저변에는 '사회주의는 선하고 자본주의는 악하다'는 전제가 깔려 있다고 봐야 한다.

강만길은 이승만과 친일세력의 분단책임론을 편다. 그러나 이승 만이 1946년 6월 3일 이른바 정읍발언을 통해 남한 단독정부 수립 을 이야기하기 이전에 이미 북한은 사실상 단독정부로 기능하고 있었다. 북한은 1946년 3월 5일을 기해 북한 전역에서 토지개혁을 실시할 때부터 사실상의 단독정부 노선을 걸었다.

더욱이 최근 비밀 해제된 모스크바 문서에 따르면 스탈린은 이 미 1945년 9월 20일 소련의 이해관계에 적합한 독자정부를 북한에 세울 의지를 북한 진주 소련 사령관에게 명확히 전달했다(이정식, 2006). 따라서 최홍재(2006)는 한반도를 분단하고 냉전으로 몰고 간 분단냉전세력은 오히려 김일성과 소련이라고 강만길을 비판한다.

최홍재는 또 강만길이 '통일민족국가'를 최대 과제로 설정한 것 에 대해 '민족'은 근대적 가치를 확고히 할 때 의미를 지닐 수 있 다고 전제하고, 고대 노예제 사회보다 더한 착취와 억압이 존재하 는 북한 김정일 체제에 대한 문제제기 없이 통일을 논하는 것은 폭 력에의 동참일 뿐이라고 비판한다.

백낙청의 분단체제론도 한국 사회의 좌파 민족주의 성장에 크게 기여했다. 백낙청(2006, 1998, 1994)은 1953년 이후의 한국 현대사를 기본적으로 분단체제에 의하여 규정되는 시대로 파악하였다. 이 분단체제는 남한의 자본주의체제, 북한의 사회주의체제, 그리고 세계체제의 복합체를 말한다. 한국 현대사에서는 민족모순, 계급모순, 분단모순 같은 다양한 모순이 존재하며, 이러한 여러 모순의 결합체로서 분단체제가 성립했다는 것이다. 그러므로 한국에서는 산업화, 민주화, 선진화 같은 중요한 국정과제가 산적해 있기는 하지만, 통일을 중심으로 하는 남북문제의 해결과 연관하지 않고는 다른 과제도 제대로 풀 수 없다고 한다.

백낙청에 의하면 한반도에서 분단체제가 성립할 수밖에 없었던 사정은 세 가지이다. 첫째, 한반도 분단은 독일과는 달리 분단의 도덕적 정당성이 없다. 둘째, 한반도 분단은 한국전쟁 같은 동족상잔으로 굳어져 버렸다. 셋째, 분단과정에서 남한 내에 격심한 사상갈등이 있었다.

과연 한국 정치경제과정을 분단체제가 일차적으로 규정한다는 분단체제론은 성립하는가? 정말 대한민국은 남북한문제에 숙명처럼 매달릴 수밖에 없는가? 안병직(2006)은 백낙청 분단체제론의 문제점은 '과잉이다' '환원이다' 하는 데 있는 것이 아니라 개념으로서 성립할 수 없다고 말한다. 분단체제가 하나의 개념으로서 성립하려면 그 체제원리를 설명할 수 있어야 하는데 백낙청은 분단체제의 체제원리, 즉 분단체제의 매개 작용에 대하여 구체적으로 설명하지 않고, 다만 분단체제가 남한의 자본주의체제나 북한의 사회주의체제보다 상위체제로서 남북한의 정치경제동향을 기본적으로 규정한다고 말할 뿐이라는 것이다. 백낙청에 의하면 한국의 경제발전도,

북한의 기아도, 한국의 외환위기도 다 분단체제의 산물이다.

과연 그러한가? 미국의 원조나 북한과의 체제경쟁이 한국경제에 영향을 미친 것은 사실이지만, 한국경제 발전의 본질적 요인은 값 싼 양질의 노동력과 수출지향공업화정책에 있었다. 남한은 산업화와 민주화에 성공하고, 북한은 사회주의체제 붕괴로 기아에 허덕이는데 이는 분단체제 때문이 아니다. 한국은 자본주의 세계시장에 포섭되었기 때문에 자기 나라의 민족 역량을 바탕으로 선진제국의 기술, 자본, 제도 같은 성장기동력을 흡수하여 경제발전과 민주화에 성공하였고, 북한은 국내에 성장기동력이 제대로 형성되지 않았음에도 불구하고 자립경제와 계획경제를 고집했기 때문에 사회주의체제가 붕괴하여 기아상태에 빠진 것이다.

백낙청의 이론이 실패로 끝날 수밖에 없는 이유는 그가 의거하는 이론의 취약성과 한국 사회에 대한 그의 인식상의 오류에 있다. 백낙청은 여전히 민중이니 민족모순이니 민중운동을 기초로 하는 민중민주주의니 하는데 이런 용어나 이론들은 근대시민사회가 제대로 형성되지 못한 과도기사회에나 적용될 수 있지, 한국처럼 이미 경제발전과 민주화에 성공하고 선진국 진입을 목전에 둔 가운데 이제 제대로 된 선진적 시민사회 형성을 지향하는 나라에는 전혀 맞지 않는다는 것이다(안병직, 2006).

최장집은 백낙청의 분단체제론과 과잉 민족주의를 비판한다. 최장집이 비판하는 민족주의는 한국 사회에서 부단히 일어나고 발견할 수 있는 개인에 내재한 민족주의가 아니라 거대 담론으로서의 민족주의다. 최장집은 민족주의를 '상상된 공동체'라고 보고, 일제강점기 같은 억압과 차별의 역사적 시기에만 정당성과 합리성을 가진다고 지적한다. 인간 개인의 삶의 가치와 의미가 증대함에 따라 민족주의는 빠르든 늦든 해체의 과정에 있다는 것이다. 민주주의 발전에 부정적으로 작용하는 민족주의를 정치적 이슈 생산의 기저이념으로 삼은 노무현 정부를 "시대착오적"이라고 꼬집으며 친일파 청산을 그 대표적 사례로 들었다. 그의 결론은 통일을 지상 과제로 여기는 세력을 겨냥한다. 민족문제를 민족주의적으로 접근해서는 통일 실천에 장애가 될 수 있다는 것이다(서울신문, 2007년 5월 12일).

〈표 4〉 한국 지식인 지도(윤건차, 2001)

구좌파적 마르크스주의	김세균, 손호철, 최갑수, 김수행, 김성구	(전통적 마르크스주의)
	정성진	(트로츠키주의)
알튀세르적 마르크스주의	윤소영	(알튀세르, 발리바르)
신좌파적 마르크스주의	강내희, 심광현	(문화사회, 문화정치)
	이진경, 윤수종	(코뮌주의, 소수자운동)
좌파적 시민사회론	조희연, 김동춘	(좌파적 시민사회론)
	임영일	(그람시적 노동운동론)
	신광영, 김수진	(사회민주주의적 노동운동론)
	유팔무, 김호기	(그람시적 시민사회론)
급진적 민주주의론	이효재, 조혜정, 장필화, 고갑희, 태혜숙, 김은실, 조은, 조순경	(페미니즘)
	김종철	(환경근본주의)
	박홍규, 방영준, 구승희	(아나키즘)
	이병천	(급진적 민주주의)
진보적 민족주의	강만길, 안병욱, 서중석, 김인걸, 도진순	(진보적 민족사관)
	이세영	(마르크스주의적 방법론)
	송두율, 강정구	(남북연대)
	백낙청, 최원식	(민족문화론, 근대비판/근대주의)
	임지현	(시민공동체적 민족주의)

사회민주주의론	?	
비판적 자유주의	강준만, 김영민, 고종석, 진중권	(지식인 비판)
진보적 자유주의	최장집	(민주적 시장경제론, 민주국가/시민사회론)
	한완상, 김성국	(자유주의적 시민사회론)
	임현진, 임혁백	(성찰적 근대화론, 협조주의적 노동운동론)
개량적 자유주의	한상진	(중민론, 제3의길, 중용사상)
	황태연	(지식프롤레타리아트, 생태사회주의론)
	정운찬, 김태동, 이근식	(경제개혁론)
	민경국	(근본적 신자유주의, 하이에크)
보수적 자유주의	공병호, 복거일	(수구적 신자유주의)
복고적 민족주의	김지하	(생명사상, 탈근대적 근본주의, 율려운동)
보수적 민족주의	신용하	(자민족중심주의, 근대주의)
보수주의	송복, 함재봉	
극우반동	조갑제, 이도형	

백낙청을 비롯한 분단체제론자들은 여전히 한반도 통일이 현재 진행형임을 주장하는 데 반해, 최장집은 사고의 프레임을 남한사회로 한정하여 평화공존을 목표로 설정할 것을 주장한다. 최장집은 "오늘의 남한사회는 분단시대라는 정의가 함의하듯 불안정하고 불완전한 반쪽의 정치체제가 아니라, 근대화되고 자족적으로 완성된 사회이자 국가이며, 체제라고 할 수 있다."고 말한다. 이제 민족주의에 입각한 민족통일의 신화는 깨졌고, 민주주의를 현실적으로 추구해야 할 첫 번째 목표로 수정하여 남한사회의 관점에서 북한 문제를 보자고 최장집은 제안한다. 이른바 내재적 접근과는 정반대되는 접근방법이다.

최장집은 오늘의 시점에서 한반도의 분단 문제와 관련하여 바람직한 목표는 해방 직후 좌절됐던 민족주의 – 통일을 다시 추구하는 데 있지 않고, 그 대신 민주주의 – 평화공존을 지향해야 한다고 주장한다. 평화공존을 통일에 이르는 수단이나 중간노선이 아니라 그 자체를 목표이자 중요한 가치로서 추구해야 한다는 것이다(레디앙, 2007년 7월 4일). 물론 이에 대해 백낙청은 최장집의 '평화우선론'에 대해 "분단체제를 간과한 채 서구 민주주의 국가에나 적용될 수 있는 주장"을 전개한다고 반박했다(동아일보, 2006년 11월 30일).

강정구의 민족통일담론은 아마도 국민들에게 널리 알려진 것 중에서는 가장 극단적인 것 중 하나일 것이다. <표 4>에서 보듯이 윤건차(2001)의 한국 지식인 지도에 의하면 강정구는 송두율과 함께 남북연대를 추구하는 진보적 민족주의자로 분류된다. 이 책에서는 '진보적'이라는 말 대신에 '좌파'라는 말을 쓰므로 강정구는 좌파 민족주의자이다.

강정구는 2005년 7월 27일 데일리서프라이즈에 기고한 "맥아더를 알기나 하나요? 맥아더에 대한 짝사랑, 더 이상 적절치 않다"라는 글에서 "6·25전쟁은 통일전쟁이면서 동시에 내전이었다(물론 외세가 기원한 내전). 곧 당시 외국군이 한반도에 없었기에 집안싸움이었다. 곧 후삼국시대 견훤과 궁예, 왕건 등이 모두 삼한통일의 대의를 위해 서로 전쟁을 했듯이 북한의 지도부가 시도한 통일전쟁이었다."라고 말했다.

강정구는 "집안싸움인 통일내전에 미국이 개입하지 않았다면 전쟁은 한 달 이내 끝났을 테고 우리가 실제 겪었던 그런 살상과 파괴라는 비극은 없었을 것"이라고 말하고, 자신의 주장이 "학문적 연구결과에 바탕을 둔 것으로, 이념 문제가 아니라 사실(史實) 차원의 문제"라고 했다.

당시 우파 시민단체인 자유개척청년단은 2005년 8월 22일 강정구를 국가보안법 위반 혐의로 검찰에 고발했다. 서울중앙지법 형사 4부(재판장 김한용 부장판사)는 2007년 11월 13일 강정구의 항소심 선고에서 1심과 같이 징역 2년 및 자격정지 2년에 집행유예 3년을 선고했다.

재판부는 판결문에서 "강 교수의 논문은 6·25전쟁의 책임을 미국에 있다고 주장하여 이적동조에 해당하며, 북이 아니라 주한미군이 한반도 전쟁위기를 부르는 주범이라고 주장한 기고문 등도 모두 이적 동조"라고 밝혔다. 또한, "연구결과를 일반대중에 발표하는 것은 헌법이 보장하는 학문연구 자유 범위를 벗어나는 것"이라며 "2001년 구속(이른바 만경대 필화사건), 보석으로 풀려난 뒤 같은 행위를 계속하는 등 죄질이 중하고 남남갈등을 일으키고도 전혀 반성하지 않아 엄중한 처벌이 필요하다."고 판결했다.

강정구는 이에 불복해 다음 날 대법원에 상고했다(참말로, 2007년 11월 14일). 동국대학교는 2006년 2월 8일자로 그를 직위 해제하였다. 강정구는 교수직은 유지하지만 강의는 배정받지 않고 있다(위키백과).

강정구는 6·25와 반공주의가 구축한 냉전성역 깨기를 자신의 사명으로 간주한다. 강정구는 자신에 대한 우파의 비판을 수구적 반민족주의자들의 노예적 망동(妄動)이라고 규탄하고, 자신에 대한 좌파 일각의 비판을 진보적 반민족주의자들의 오류라고 되받아쳤다.

6·25에 관한 강정구와 북한의 주장에는 차이가 있다. 강정구는 6·25가 북한 주도 전쟁이었다고 하는 반면에, 북한은 미국이 일으킨 전쟁이라고 강변한다. 강정구는 6·25전쟁을 "통일전쟁이자 내전"이라고 규정했지만 북한은 "미제를 중심으로 한 제국주의 연

합세력의 무력침공에 반대하는 조국해방전쟁"이라고 규정했다. 북한은 "조국해방전쟁은 미 제국주의 침략자들이 우리 조국의 남반부를 강점하고 공화국 북반부를 반대하는 침략전쟁을 도발한 것과 관련해 야기됐다."(조선대백과사전, 2000)고 주장한다(연합뉴스, 2005년 10월 13일).

강정구의 담론에서 반민족은 반통일이며 곧 악인 것이다. 좌파의 민족통일담론에서 한민족을 괴롭히는 만 악의 근원은 분단체제다. 분단체제가 한국인의 삶을 불구로 만들었다는 것이다(윤평중, 2005: 39).

민족통일담론의 기저에는 약소국 콤플렉스가 깔려 있다. 이는 한국인들의 가장 약한 면이다. 좌파 민족통일담론은 바로 그 점을 자극한다. 그리하여 한국 사회에서 민족주의는 하나의 도그마가 되고 말았다. 오랜 분단으로 인한 남북한의 이질화는 엄연한 현실이고, 천문학적 통일비용 또한 객관적 수치이며, 성급한 통일은 실제로 축복이 아니라 재앙일 수 있음에도 불구하고 그것을 강조하거나 언급하기만 해도 반통일로 몰리는 현실이 그 점을 웅변한다.

통일은 민족문제이기도 하지만, 동시에 한반도를 둘러싼 강대국들의 이해관계가 첨예하게 얽힌 국제문제이기도 하다. 그런 만큼 감상적 민족주의나 환상적 통일론은 금물이다. 고도의 전략적, 정치적 사고를 요한다. 그런데도 좌파 민족담론은 '우리민족끼리'만을 외친다. 다른 목소리는 반통일, 반민족으로 매도해 버린다. 북한에서는 사회주의가 건재하던 시절에는 민족주의가 전혀 환영받지 못했으나 사회주의 몰락 이후에는 민족주의가 하나의 종교가 되고 말았다(윤평중, 2005: 40 - 41).

통일지상주의는 민주화와 더불어 통일운동이 활성화할 때면 늘 등장했다. 1960년 4·19민주혁명 이후에도 통일운동의 봇물이 터지면서 '가자! 북으로! 오라! 남으로! 만나자! 판문점에서!'라는 구호와 함께 통일지상주의가 대두하였다. 1987년 6월 시민혁명 이후에도 통일운동에 불이 붙으면서 통일지상주의는 어김없이 그 모습을 드러냈다. 그러나 그러한 통일지상주의는 그때마다 권위주의 정부 혹은 우파 정부에 의해 제동이 걸리면서 사라지거나 약해졌다. 그러다가 1998년 김대중 정부 출범과 더불어 통일운동은 다시금 활짝 꽃피었다.

김대중 정부가 대북 유화정책인 햇볕정책을 구사함에 따라 통일운동은 전례 없이 활발해졌으며, 특히 2000년 6·15남북정상회담 이후에는 남북화해의 거대한 물결과 함께 통일지상주의가 극에 달했다. 김대중 대통령은 정상회담을 마치고 서울에 돌아와 "한반도에서 전쟁은 없다."고 천명했다. 마치 곧 통일이 이뤄질 것 같은 환상이 한국 사회 전반에 넘쳐났다. 당시 남한 좌파민족주의자들은 한반도에 봄이 왔다고 합창하였지만, 실상은 그렇지 않았다. 땅 위는 녹았지만 땅 밑은 여전히 얼음이었다. 해빙의 단꿈을 깨기도 전에, 북한은 두 차례나 서해교전을 유발하였고, 2002년에는 제2차 핵위기를 조성하였으며, 2006년과 2009년에는 핵실험을 강행하였다.

통일지상주의(統一至上主義)는 '우리의 소원은 통일, 꿈에도 소원은 통일'이라는 노래 가사에서 잘 나타난다. 통일만 된다면 그 후의 정치적, 경제적, 사회적 체제는 아무래도 좋다는 것이다. 그렇기 때문에 통일론자가 아닌 사람이나 집단은 곧 분단론자요, 반통일세력이 되고 만다. 많은 국민들이 통일을 만능으로 생각하는 경향이 있다. 통일만 되면 한국 사회가 안고 있는 모든 문제는 일시에 해결되는 줄로 아는 것이다. 분단체제에서 비롯한다는 것이다. 그런가 하면 북한 정권은 인민들로 하여금 통일 환상을 품게 함으로써 현재의 고난을 인내하도록 세뇌했다.

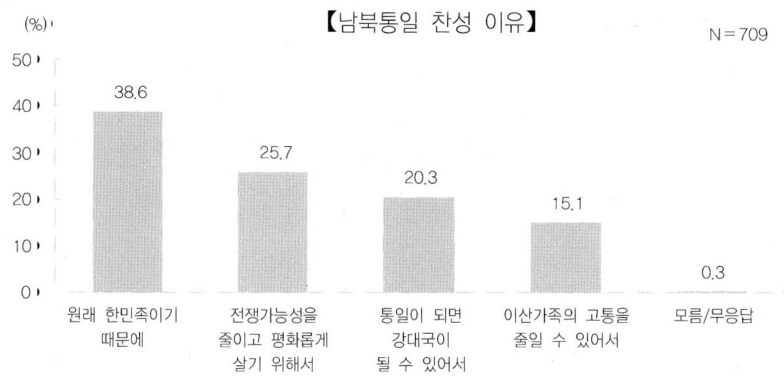

출처: 조선일보, 2008년 6월 24일.

〈그림 9〉 한국 청소년들이 통일에 찬성하는 이유

적지 않은 한국인들이 통일지상주의 혹은 그에 가까운 생각을 가지게 된 데는 교육의 영향이 크다. 한국인들은 어릴 때부터 학교에서 국어와 국사 같은 과목을 배우면서 한민족은 다른 피가 섞이지 않아 혈통이 순수하다는 이른바 순혈주의, 그리고 한국은 오직 하나의 민족으로 국가를 이뤘다는 이른바 단일민족국가론을 주입받는다.

한국 국사학계에는 이른바 민족주의 사학자들이 압도적 대세를 이룬다. 그들은 강력한 민족주의 사관을 견지한다. 그렇기 때문에 미국이나 일본은 어디까지나 민족분단을 초래하거나 한민족을 총체적으로 수탈한 외세로서 극복대상일 뿐이고, 두 나라가 한민족의 발전에 기여한 것은 없다. 이른바 참교육을 명분으로 한 전교조의 반미의식화 교육은 더욱더 노골적이다. 미국의 타임지 2004년 6월 14일자는 학교현장에서의 반미교육 실태를 다음과 같이 묘사한다.

통일교육이라는 명목하에 반미교육을 하는 사람은 박 교사뿐이 아니다. 모든 전교조 교사가 다 반미교육을 하는 것은 아니지만, 전교조 교사가 9만 명(조선일보, 2005년 12월 10일)에 달하는 만큼 그 영향은 결코 과소평가할 수 없다.

한국은 사교육이 공교육을 능가할 정도로 번성한데 사교육의 국어, 논술, 국사, 사회탐구 같은 과목 교재들도 대개 민족지상주의나 통일지상주의 혹은 반미주의의 내용을 담고 있을 뿐 아니라 그 강사들 중에도 이른바 386세대 운동권 출신들을 비롯하여 반미좌파 성향 사람들이 많다. 이러한 '민족' 혹은 '통일' 중심 교육의 영향은 청소년들의 세계관 형성에 바로 영향을 미친다.

일례로 행정안전부가 2008년 6월에 여론조사기관 리서치앤리서치에 의뢰하여 실시한 조사에서 통일에 찬성한 중·고교생은 69.8%였는데 <그림 9>에서 보듯이 찬성 이유 중에는 '원래 한 민족이기 때문'(38.6%)이라는 답변이 가장 많았다(조선일보, 2008년 6월 24일). 흥사단민족통일운동본부가 2005년 11월 실시한 조사에서는 대학생 절반 이상(50.9%)이 남북통일에 가장 저해가 되는 나라로 미국을 꼽았다. 미국 다음은 북한(22.5%), 일본(12.0%), 중국(8.9%) 순이었다. 미국이 최대의 통일방해국가라는 응답은 2004년(60.2%)에 비해 다소 줄었다(한겨레, 2005년 12월 7일).

분단 60년을 지나면서 남북한은 같은 핏줄이라는 것을 제외하고는 동질성을 찾아보기 어려울 정도로 정치, 경제, 사회, 문화 모든 방면에서 너무나도 달라졌다. 본래 서구의 민족개념은 문화생활과 경제생활을 같이하는 공동체를 전제로 하지만 남북한은 경제공동체도, 문화공동체도 아니다. 그럼에도 북한은 1990년대 이후 혈연의 공통성만을 강조하면서 조선민족제일주의를 부르짖고 있으나, 그것이 한국 사람들에게 얼마나 먹혀들지는 의문이다.

남북한 간에는 심지어 언어조차도 많이 달라졌다. 예를 들면 탈북자들은 처음에 남한 사람들의 말을 잘 알아듣지 못한다. 남한 사람들이 워낙 외래어를 많이 쓰기도 하지만 그 이유만은 아니다. 남북한의 언어는 서로가 떨어져 지낸 세월만큼이나 달라져 버렸다. 언어가 그럴 정도이면 다른 것은 두말할 필요도 없다.

남북한이 하나가 돼야 한다는 것은 남한의 경우 기성세대의 생각이지, 신세대의 생각은 아니다. 신세대는 통일을 당위로 받아들이지 않고, 그 실리(實利)를 따진다. 신세대는 대한민국 정체성이 강한 반면에 한민족 정체성은 희박하다. 신세대도 민족주의 의식이 강하지만, 그것은 어디까지나 대한민국 민족주의이지, 북한이 말하는 '우리민족 제일주의'는 아니다.

실제로 행정안전부가 2008년 6월 여론조사기관 리서치앤리서치에 의뢰하여 실시한 여론조사에서 한국 중·고교생 중 열 명 중

세 명 가까이(29.3%)가 통일에 반대했다(<그림 10>). 통일에 반대하는 이유는 <그림 11>에서 보듯이 '사회혼란이 오므로'(42.6%), '지금보다 못살게 되므로'(29.2%), '지금도 크게 불편하지 않으므로'(18.1%), '북한 사람들이 싫어서'(8.7%) 순이었다(조선일보, 2008년 6월 24일).

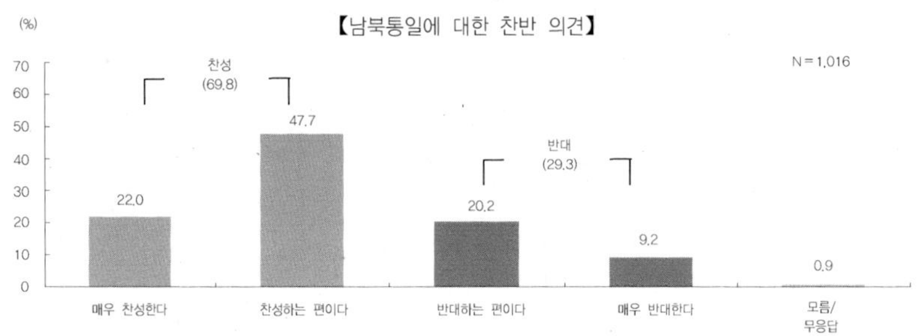

출처: 조선일보, 2008년 6월 24일

〈그림 10〉 한국 청소년들의 통일 찬반 의견

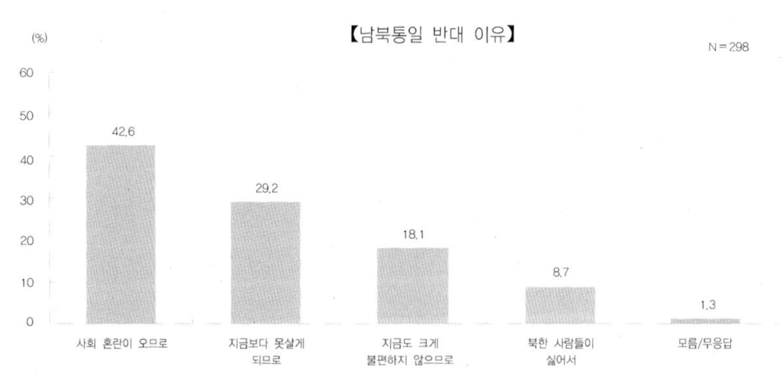

출처: 조선일보, 2008년 6월 24일

〈그림 11〉 한국 청소년들이 통일에 반대하는 이유

탁석산(2004: 47)은 민족주의의 이데올로기화를 경계한다. 통일도 같은 민족이기 때문에 반드시 해야 하는 것이 아니라 개인의 재산권과 정치적 자유가 허용되는 시민국가의 외연 확대라는 차원에서 이루어져야 한다고 말한다. 북한과 무엇을 할 때 민족의 이름이 아니라 자유와 평등, 그리고 박애의 이름으로 해야 한다는 것이 그의 주장이다. 그는 "민족이 우리의 일상생활과 개인의 삶을 너무 억압하고 있다."고 말한다. 베네딕트 앤더슨은 민족을 상상의 공동체로 정의하면서, 실재하지 않는 민족이라는 것이 근대국가의 모든 사람에게 침투해 모든 것을 초월하는 존재가 됨으로써 상상의 공동체가 개인의 삶을 억압했다고 주장한다.

민족주의는 그 자체가 목적이 아니라 근대국가 건설이라는 목표를 향해 올라가기 위해 사용된 도구, 즉 사다리에 불과하다고 탁석산은 말한다. 강을 건너면 뗏목을 버리며, 물고기를 잡은 뒤에는 통발을 버리고, 지붕에 오르면 사다리를 버리는 것이 지혜라고 한다. 근대국가의 완성이라는 목적지에 이르기 위해서는 민족주의라는 사다리가 필요하지만 일단 목표가 달성되면 아낌없이 버리라는 것이 그의 주장이다. 한국은 아직 통일이라는 과제가 남아 있어 민족주의를 완전히 버릴 수는 없지만 그 용도가 다해 가므로 장례식을 준비해야 한다고 한다. 민족주의는 절대적 이념이 아니라 도구적, 한시적 이념일 수밖에 없다는 것이다.

이에 대해서는 반론도 존재한다. 민족주의를 용도 폐기하는 것은 아직 이르다는 것이다.

윤건차(2002)는 "한국 근현대사는 일본의 식민지지배와 계속되는 남북분단에 의해 규정되는데, 그 속에서 민족주의는 반제국주의 독

립을 위한 강한 사상적 에너지로 작용했다.”며, “일본의 재(再)군국
주의화, 중국의 대국화, 계속되는 미국의 동아시아패권주의 등의
곤란한 상황 속에서 평화적 남북통일을 달성하기 위해서는, 역시
적어도 통일 민족국가를 수립할 때까지는 ‘민족주의’라는 말을 사
용하는 것도 어쩔 수 없지 않은가라고 생각한다.”라고 말한다.

반미주의자들은 입만 열면 ‘민족’과 ‘통일’을 부르짖지만 그것은
이념적 헤게모니를 거머쥐기 위한 것이지, 실제는 말처럼 민족을
사랑하거나 통일을 갈망하지는 않는 것 같다. 반미주의자들은 민족
대 반민족, 통일 대 반통일의 이분법적 대립구도를 형성하여 한국
의 우파세력을 반민족, 반통일 세력으로 낙인찍음으로써, 이념논쟁
에서 우위에 서려고 한다.

그러나 실제로는 반미주의자들이 동족인 북한 인민의 자유나 권
리, 복지에 그다지 관심이 없는 듯하다. 반미주의자들은 한국 사회
의 북한 인권 운동을 오히려 방해한다. 북한 주민의 복지 증진을
위해서는 북한의 개혁개방이 필수적임에도 불구하고, 한국의 우파
가 북한의 개혁개방을 주장하면, 반미주의자들은 북한을 흡수통일
하려는 음모라고 공격한다. 반미주의자들은 자신들이 진정으로 민
족을 사랑하는지, 아니면 ‘민족’이라는 미명하에 북한 김정일 정권
의 편을 들고 있는지 자문해 보아야 한다.

한국의 좌파는 마치 오늘이라도 당장 통일을 해야 할 것처럼 ‘통
일’을 외치지만 실제로는 통일보다 평화공존을 더 선호한다. 바꿔
말하면 ‘선 공존 후 통일’의 2단계 통일론이다. 통일에 적극적이던
좌파의 입장이 소극적으로 바뀐 것이다. 국제적으로는 공산권이 붕
괴하고, 한반도에서도 남북한 체제경쟁에서 남한이 승리한 상황에

서, 통일은 북한이나 남한 좌파에게 썩 매력적이지가 못하다. 좌파
는 조기통일이 남북한 간의 대등한 통일이 못 되고 남한의 일방적
우위 속에서 이루어질 것이기 때문에 반대한다. 북한이 흡수통일을
극도로 경계하듯이, 남한 좌파도 흡수통일을 경계한다. 그러니까
통일 자체보다는 통일정국의 주도권을 누가 행사하느냐에 더 관심
이 많은 것이다.

지금은 오히려 우파가 통일에 더 적극적인 자세를 보인다. 남북
체제경쟁에서 수세에 있었던 박정희 정권은 '선 건설 후 통일'의 2
단계 통일론을 내세웠다. 즉 통일에 소극적이었다. 그러나 체제경
쟁에서 남한이 압승한 지금은 우파의 일각에서 조기통일, 즉 흡수
통일을 주장한다. 물론 우파 내부에도 조기통일을 경계하는 입장이
다수인데 그것은 통일비용 때문이다. 엄청난 통일비용이 국가발전
의 족쇄가 될 것을 우려한다. 그것은 좌파의 조기통일 반대론과 다
르다.

백낙청(2006: 20, 86-87)은 자칫 잘못하면 통일이 남북을 파국
에 빠뜨릴 가능성이 있으므로 장기적 과제로서 점진적으로 접근하
지 않으면 안 된다는 점을 곳곳에서 경고하는데 이 또한 남한 좌파
가 통일속도를 조절하고 있음을 잘 보여 준다. 그는 "현실적으로
한반도에서는 민간교류가 양독(兩獨) 수준을 향해 나간다고 할 때,
그에 접근하기 훨씬 전에 분단체제는 온통 혼돈의 소용돌이에 휩
쓸리게 될 것이 확실하다."며, "그러기 전에 국가연합이라는 안전
장치가 도입되어야 할 필요성도 바로 여기서 나오는 것이다."라고
말한다.

국가연합이란 다수의 주권국이 공동의 이익 달성을 위해서 국제

법상의 조약에 의해 결합하고, 일정한 범위의 국가기능을 공동 기구를 통해 행사하는 국가 형태를 말한다. 한국과 북한이 국가연합을 이루어도 남북한은 별개의 국가로 존재한다. 한국의 통일방안이 통일국가 이전단계로 국가연합을 상정하고 있다. 국가연합이 '2국가'인 데 비해, 북한의 통일방안인 연방제는 '1국가'이다.

백낙청은 남북한이 통일과정에서 파국적 혼란을 피하려면 국가연합이 유일한 대안이라고 강조한다. 그는 북한이 국가연합 제안을 수용할 것이라고 전망하면서도 "그것(국가연합)이 끝내 이루어지지 않아 독일과는 비교가 안 될 엄청난 불행이 남북한 전역에 닥쳐올 가능성도 물론 배제할 수는 없다."고 말하고, "2000년 6월의 정상회담에서도 통일까지는 20~30년, 아니 40~50년이 걸릴 거라는 이야기가 오갔다고 전해집니다."라고 말했다. 그러나 국가연합은 상당한 수준의 북한체제 개방과 남북한 교류협력을 전제하는 것인데, 과연 북한 체제가 그러한 상황을 견뎌 낼 수 있을지는 극히 의문이다.

북한은 남북한 물적 교류에는 적극적이지만, 체제동요의 요인이 될 수 있는 인적 교류에는 극히 소극적이다. 이산가족들이 다 늙어 죽어 가는 시점에도 한 번에 백 명씩밖에 만나지 못하게 한다. 2000년과 2001년 두 해 동안 한국의 국정신문과 북한의 로동신문의 통일 관련기사를 분석한 결과, 이산가족문제를 한국은 20번 언급한 반면에 북한은 단 한 번도 언급하지 않았다(전미영, 2003: 198).

백낙청의 점진적 통일론에서 보듯이, 남한 좌파는 통일의 당위성을 그토록 소리 높여 외치면서, 실제로는 통일을 당면과제가 아니라 중장기적 과제로 설정한다. 여기서 오늘날 한국 사회의 좌파는 과거의 무조건적 통일우선론에서 크게 후퇴하였음을 알 수 있다. 북한이 남한의 발전 수준을 상당한 정도로 따라잡을 때까지는 가급적이면 실질적 통일은 늦추려고 하는 것이다.

만일 당장 북한이 붕괴하여 통일의 기회가 주어지면 남한 좌파는 독일 통일 때 서독 좌파가 통일에 반대했던 것처럼 통일에 반대하고 나설 개연성이 농후하다. 그런 식의 흡수통일 상황에서는 남한 좌파의 정치연합 대상인 북한 정권이 존재하지 않게 됨으로써 좌파가 정국주도권을 완전 상실할 것이기 때문이다. 오히려 즉각적 흡수통일론은 오늘날 우파 일각에서 강력하게 제기된다. 지금 바로 통일하는 것에 반대하는 것을 반통일적이라고 한다면 반미운동권이야말로 가장 반통일적이라고 해야 한다.

반미운동권의 민족주의와 통일지상주의를 대신할 대안은 무엇일까? 그것은 자유주의이다(김일영, 2006: 46 – 51; 류근일·홍진표, 2005: 338 – 339). 자유주의의 핵심은 개인이다. 민주주의 없는 통일은 의미가 없다. 시장경제와 민주주의는 통일 후 국가체제의 핵심요소이다.

일본의 독도 영유권 주장과 역사 왜곡, 중국의 동북공정에는 분노하면서, 북한의 핵 도발과 인권 탄압에는 분노하지 않는 것은 그릇된 민족주의이다. 자유와 민주, 인권, 평화와 같이 국제적으로 보편적인 가치가 민족보다 중요하다. 미국의 이라크 침공에 분노한다면 북한의 핵 도발에도 당연히 분노해야 한다. 북한 돕기에 적극적인 것만큼 세계 다른 지역의 빈곤문제에도 관심을 기울여야 한다. 그것이야말로 바람직한 세계시민의 자세이다.

4. "미국만 없으면 가난해도 좋아": 주사파의 자주 이데올로기

'자주(自主)'라는 말은 한국 사회에서 그 호소력이 매우 크다. 일제 식민지 치하에서 국가의 자주성을 상실한 뼈저린 경험이 있기 때문이다.

'자주'란 말을 사전에서 찾아보면 "남의 보호나 간섭을 받지 아니하고 자기 일을 스스로 처리함"이라고 나온다(네이버 국어사전). 단순히 타인의 보호나 간섭에서 벗어나는 차원을 넘어 자립능력을 갖추어야만 진정한 '자주'에 이를 수 있다는 것이다. 이런 차원에서 보면 북한은 '폐쇄' 국가일망정 '자주' 국가는 못 된다.

'자주'라는 말은 그것을 표방하는 사람에 따라 다른 뜻으로 쓰인다. 특히 정치권에서 그러하다. '자주'라는 참으로 고귀한 말이 정치세계에서 오염된 것이다.

'자주'에 대한 남북한의 해석은 다르다. 남북한은 1972년 자주, 평화, 민족대단결의 통일 3원칙을 담은 7·4공동성명을 발표했지만 회담 후 그 의미를 둘러싸고 논란을 거듭했다. 서울에서는 자주의 원칙은 민족자결의 취지에서 통일문제를 남북한 당사자들이 협의, 해결하는 것으로 해석하고 유엔군을 외세로 간주하지 않는다고 하였다. 반면에 김일성은 회담 후 이 원칙을 주한미군 철수와 미제 축출로 해석하였다.

북한이 말하는 '자주'는 한마디로 '반미'이다. '자주' 논란으로 남북한 상황은 회담 전의 '대화 없는 대결'에서 회담 후 '대화 있는 대결'로 바뀌었다(강인덕·송종환, 2004).

7·4남북공동성명의 자주 조항은 "첫째, 통일은 외세에 의존하거나 외세의 간섭을 받음이 없이 자주적으로 해결하여야 한다."라고 되어 있다. 김일성은 1972년 9월 17일 일본 마이니치신문 기자들의 질문에 답하면서 "털어놓고 말하여 나라를 자주적으로 통일한다는 것은 미제가 남조선에서 나가도록 하며 그 밖에 다른 나라 세력이 우리나라의 통일문제에 간섭하지 못하도록 하여야 한다는 뜻"(김일성, 1984: 287)이라고 말하고 "조선통일의 기본 장애는 미군의 남조선 강점입니다. 그러므로 조선통일의 선결조건은 남조선으로부터 미군을 몰아내는 것"(김일성, 1973: 80)이라고 했다.

결국 김일성은 한국의 이후락 중앙정보부장에게 처음 말했을 때와는 달리 자주 원칙이 북한의 대남전략인 남한 내 '인민민주주의 혁명' 성취의 전 단계인 주한미군 철수를 의미하며 남한을 미 제국주의로부터 해방시켜야 한다는 뜻임을 분명히 한 것이다.

김일성은 1972년 5월 3일 한국의 이후락 중앙정보부장과 처음 면담할 때 자주 원칙에 대해 "우리 민족끼리 접촉하여 대화를 하면 능히 오해와 불신임을 없애고 민족의 단합과 통일을 이룩할 수 있는데 무엇 때문에 열강들의 힘을 빌겠습니까. 우리나라의 통일문제는 그 어떤 외세의 간섭도 없이 오직 조선민족 자체의 힘으로 해결하여야 합니다(김일성, 1984: 166)."라고 했다. 이때만 해도 자주원칙을 통일문제의 민족자결 원칙에 비중을 두어 설명한 것이다(강인덕·송종환, 2004: 165).

이에 앞서 북한의 박성철 부수상은 1972년 7월 4일 평양에서 7·4공동성명을 발표한 뒤 기자회견을 가졌는데 그는 공동성명 합의과정에서 있었던 토의내용을 일체 무시한 채 미군철수를 주장했다. 그는 "통일 3원칙은 김일성 수령이 내놓은 제안에 남조선 측이 찬동한 것"이고, "남북한 간에 공동성명을 발표한 이상 미 제국주의자들은 더는 우리나라 내정에 간섭하지 말아야 하며 자기의 침략군대를 걷어 가지고 지체 없이 물러나야 한다."고 주장했다.

'자주'의 의미를 둘러싼 논란은 2000년 6·15남북공동선언 후에도 벌어졌는데 이번에는 남북한 간은 물론이고 남한 내 좌우세력 간에도 논란이 일었다. 6·15남북공동선언의 자주통일 조항은 "1. 남과 북은 나라의 통일문제를 그 주인인 우리 민족끼리 서로 힘을 합쳐 자주적으로 해결해 나가기로 하였다."라고 되어 있다. 이에 대해 김대중 대통령은 회담 후 국무회의에서 "과거에는 자주를 외세에 배격하는 의미로 해석되었는데 이것은 이제 그렇게 좁게 볼 것이 아니라 오히려 주변국과 잘 지내면서 우리 문제를 남북이 자주적으로 해결해 나간다."는 의미라고 하면서 자주원칙과 국제협력이 모순되지 않는다고 설명하였다(조선일보, 2000년 6월 17일).

6·15남북공동선언의 자주통일 조항은 북한이 미군의 존재를 인정하는 바탕 위에서 작성한 것이며, 심지어 김정일은 통일 후 미군 계속 주둔까지 양해했다는 것이다. 김 대통령이 "소련 붕괴 후 북대서양조약기구(NATO)가 그대로 남아 유럽의 안정을 이루듯 한반도 긴장완화, 동북아 세력균형을 위해서도 미군주둔은 필요하다."는 요지로 김정일 위원장을 설득하자, 김 위원장은 "휴전선의 비상상태 때 주한미군이 조정자 역할도 해 줄 수 있는 것 아니냐"고 답변하였다고 한다(중앙일보, 2000년 6월 20일).

그러나 북한은 6·15남북공동선언 후에도 주한미군 철수에 대한 기존 입장을 변경하지 않았다. 로동신문은 2000년 9월 27일 '영구 강점 기도를 버려야 한다'는 글을 통해 "통일이 이룩된 후에도 미군을 한반도에 계속 주둔시키려는 미국의 기도는 음흉하고 파렴치하다."면서 "남북화해 분위기에 맞춰 미군을 즉시 철수시켜야 한다."고 주장했다. 중앙방송도 같은 달 28일 '미군은 아시아에 남아 있을 그 어떤 명분도 없다'는 제목의 시사 논평에서 6·15남북공동선언 제1항을 들어, 미국이 통일이 된 이후에도 한반도에 미군을 계속 주둔시키려고 한다고 비난했다.

평양출판사가 2003년 2월 심병철이라는 이름으로 북한주민을 교양하기 위하여 출판한 『조국통일문제: 100문 100답』이라는 책자는 남한이 6·15남북공동선언 제1항을 '남조선 주둔 미군 용인론'으로 그릇되게 해석, 유포시키고 있다고 하면서 주한미군을 그대로 둔다는 민족 자주는 있을 수 없으며 그것은 민족 자주 그 자체에 대한 부정이라고 주장했다.

한국 반미운동권의 주류는 김일성·김정일 주체사상을 신봉하고 북한의 대남혁명전략 노선을 추종하는 소위 NL계열이다. 그런 만큼 한국 반미운동권의 자주 이데올로기는 주체사상에서 말하는 자주성에 뿌리를 둔다. 자주성은 창조성, 의식성과 함께 주체사상에서 제시하는 사회적 인간의 세 가지 기본속성 중 하나이다.

자주성은 '세계와 자기 운명의 주인으로서 자주적으로 살며 발전하려는 사회적 인간의 속성'이다. 예속에서 벗어나고자 하는 인간의 자유의지로 설명될 수 있다. 동물을 비롯한 다른 생명물질과 달리, 사람은 자연을 정복하여 파괴적으로 작용하는 자연의 맹목적인 힘의 작용을 조절 통제하며 사회관계도 자신에게 유리한 생활조건을 보장하는 사회관계로 만들어 나간다는 것이다. 이러한 사회적 존재로서의 사람의 특성은 또한 모든 착취계급에 반대하는 민중들의 투쟁의 동력원이 된다.

그러나 창조성과 의식성이 철학적인 개념으로 그치는 데 비해 자주성은 좀 더 정치적인 개념으로 등장한다. 『저작집』 30권 557쪽을 보면 "자주성은 나라와 민족의 생명입니다."라고 말한다. 자주성을 위한 사람들의 투쟁은 민족국가단위로 진행되며 사람의 운명도 민족적 또는 국가적 범위에서 개척되어 나간다는 것이다. 나라와 민족이 예속되면 사람들은 노예의 처지를 면할 수 없으며, 나라와 민족의 자주성이 없으면 사람들의 자주성도 실현될 수 없으며, 나라와 민족의 자주성은 민족적 독립을 이룩하고 자주적인 정권을 세우며 국가 활동에서 자주적 입장을 지킴으로써 보장된다고 한다. 이는 북한 대외정책의 근간이 된다(위키 백과사전).

반미주의자들은 한미동맹으로 인해 제약받는 주권과 관련지어 '자주'를 생각한다. 예를 들어 한미주둔군지위협정(SOFA) 개정 문제에 있어서는 미군이 범죄를 저질러도 그것이 소위 공무상의 범죄이거나 중범죄가 아닐 경우 한국은 수사권도, 재판권도 제대로 행사하지 못한다며, 그런 대한민국이 진정한 자주독립국가가 맞느냐고 묻는다.

전시 작전통제권 환수나 자주국방 문제도 마찬가지이다. 전시 작전통제권을 대한민국 대통령이 갖지 못하고 주한미군이 가지는 상황에서는 한국의 안보와 방위 전략을 한국이 주도적으로 세울 수 없을 뿐 아니라, 북한에서 급격한 체제 변동이나 붕괴가 일어날 경우에도 한국이 그 상황을 주도적으로 관리할 수 없는데, 이는 주권의 자주적 행사에 있어서 치명적 결함을 안고 있는 것이라고 주장한다.

이와 관련하여 노무현 대통령은 2004년 6월 16일 서울 장충체육관에서 열린 한국자유총연맹 창립 50주년 기념식에 축하 메시지를 보내 "우리 모두가 바라는 조국의 모습은 스스로의 힘으로 자유와 안보를 책임지는 당당한 자주 독립 국가"라고 말했다. 이 말을 뒤집으면 한국은 아직 자주 독립국가가 아니라는 이야기가 된다. 미군이 없어도 될 만큼 국방력을 늘리고, 미국에서 전시 작전통제권을 찾아와 독자적인 군사 작전 기획과 운용 능력을 확보함으로써 국가방위 업무를 주도적으로 수행하기 전에는 대한민국은 미국의 준식민지국가라는 반미주의자들의 논리와 일맥상통한다.

반미주의자들은 대한민국이 자주국방 태세를 갖추기 위해 노력하지 않고 나라의 안보를 주한미군에 계속 의존해 온 결과 육, 해, 공 3군 가운데 육군이 기형적으로 비대한 군사력 구조를 갖게 되었고, 미국이 주한미군 감축 얘기만 꺼내면 마치 금방 나라의 안보 체제가 무너질 듯이 온 나라가 난리인데 이는 자주적 독립국가의 모습이 아니라고 한다. 대북경협 확대문제의 경우에도 남북한 관련 사안은 당사자인 남북한이 자율적으로 해결할 수 있어야 하며, 미국이 간섭할 사안이 아니라고 한다.

이러한 이야기들은 얼핏 들으면 다 맞는 것 같지만 한 번만 더 생각해 보면 지나친 이상론이라는 것을 알게 된다. SOFA의 경우 당장 해외에 파견 나가 있는 한국군이 누리는 사법상의 특권도 포기해야 하느냐는 문제와 부딪친다. 전시 작전통제권 환수도 그것이 가져다주는 심리적 만족감은 클지 몰라도 종래 한미 간의 긴밀한

안보협의체제가 흐트러지는 데서 오는 현실상의 막대한 손해와 비교할 수 없다. 안보를 주한미군에 상당부분 의존하는 것도 기분 나쁘기는 하지만 자주국방에 소요되는 천문학적 규모의 예산을 생각하면, 더욱이 그렇게 국방비를 늘리더라도 일본이나 중국의 국방비에 비하면 조족지혈에 불과한 것을 생각하면, 기분 내키는 대로 주한미군 철수를 외칠 일은 아니다. 자주국방론의 허구성은 여실히 드러나고 만다.

대북경협 역시 우리민족끼리 하면 물론 좋겠지만 지구적 차원의 대량살상무기(WMD) 확산 방지와 테러 방지를 위해 대북제재를 실시하는 미국의 입장과 원칙을 무시한 채 민족공조만 외치는 것이 진정한 자주의 길이라고 할 수도 없다. 대한민국이 계속 빠른 경제성장으로 일자리도 급속히 늘려 나가면서, 동시에 안보 면에서도 외국군에 의존함이 없이 당당한 자주국방태세를 갖추기를 바라는 것은 그 자체가 지나치게 이상적이다. 국방비를 너무 늘리면 경제는 주름살이 진다.

더욱이 자주 이데올로기가 문제가 되는 것은 그것이 언뜻 듣기에는 대한민국의 발전을 위해 자주 독립 국가를 노래하는 아름다운 음악처럼 들리지만 실은 반미에의 동원을 위한 수사에 불과하다는 것이다. 언필칭 자주를 표방하는 반미세력의 목적은 자유민주주의와 시장경제체제를 근간으로 하는 대한민국의 발전에 있지 않다. 오히려 그 반대이다. 미군을 몰아내고 남한에 민중민주주의 정부를 세워 북한과 연방제 통일을 이루는 데에 반미주의자들의 목적이 있다.

반미주의자들은 '자주(혹은 민족)'와 '동맹'을 대립개념으로 파악한다. 민족 대 동맹의 대립구도는 일찍이 김영삼 대통령에 의해서도 과장 선전되었다. 그는 1993년 2월 25일 취임사에서 어떤 동맹도 민족보다 우선할 수 없다며 김일성 북한 주석에게 정상회담을 제안했다(통일백서, 1993). 그러나 민족(혹은 자주)과 동맹을 대립 혹은 선후(先後)의 개념으로 파악하는 것은 잘못이다. 동맹은 국가 간 안보관계이며, 안보 없는 자주(혹은 민족)는 있을 수 없다. 자주국방이 어렵거나 불가능한 현실에서는 동맹으로 민족과 국가의 생존과 자주성을 확보하는 것이 불가피하다.

김영삼 정부는 처음에 남북한문제를 대화로 풀려고 하다가 점점 상황논리에 이끌리면서 대북강경정책으로 선회한다. 1991년 남북기본합의서 채택 이후 남북한 간 대화와 교류가 활발해졌으나 1993년 북한의 핵개발 의혹이 불거지면서 1차 북한 핵 위기가 조성되자, 김영삼 정부는 핵문제와 남북대화를 연계하는 전략을 추진했고, 남북한관계는 막혀 버렸다. 북한은 미국과 핵문제를 협상하면서 한국을 의도적으로 소외시켰다. 1994년 김일성 사망 후에는 북한 조기붕괴론이 대두하면서 남북한관계는 더 얼어붙었다. 김영삼 대통령은 임기 중 대북정책에 있어서 냉탕과 온탕을 왔다 갔다 했다는 평가를 받는다. 그러나 김영삼 대통령은 남북한관계를 정치에 이용하지는 않았다. 그럴 필요가 없었다. 이른바 문민정부라는 자부심으로 충만해 있었기 때문이다.

반미운동권이 말하는 자주는 한마디로 반미자주화이다. 자주의 이름으로 반미를 정당화하려는 것이라고 할 수 있다. 자주는 한마디로 반미의 확성기일 뿐이다(조성환, 2007a: 17). 반미운동권의 자주노선은 이른바 주사파에 의해 본격적으로 채택되었다.

주사파는 1985년 말 학생운동권에 등장하였다. 학원가에 주사파가 생긴 데는 1970년대 말 북한의 대남혁명 전략인 민족해방인민민주주의혁명(NLPDR) 노선을 추종하였던 남조선민족해방전선(약칭 남민전)의 영향이 컸다. 남민전 잔당들은 1980년대 한국 사회 운동권에 북한의 주체사상을 전파하는 일을 맡아 운동권이 반미반제국주의투쟁을 주요 의제로 삼도록 했다. 전대협 연대사업국장을 지낸 이동호(북한민주화포럼 사무총장)는 "1980년대 연세대에 주사파가 확산되는 데에도 노동계로 간 학생들이 남민전 잔당들과 접촉했던 것이 결정적 계기였다."며, "주체사상은 서울대 일부에서 자생적으로 받아들인 것이 아니라 북한과 연계된 남민전 조직이 학생운동권에 의도적으로 주입시킨 것이라는 분석이 옳다."고 말한다.

남민전은 김일성의 전체주의 사상을 받아들였을 뿐 아니라 김일성에게 바치는 서신과 보고문을 수차례 작성했다. 남민전은 강령 제1조에서 "미·일을 비롯한 국제 제국주의의 일절의 신식민기 체제와 그들의 앞잡이인 박정희 유신독재 정권을 타도하고 민족자주적이고 민주적인 연합정권을 수립한다."고 주장했다. 그러나 노무현 정부 시절 국무총리 직속 민주화운동관련자명예회복 및 보상심의위원회(약칭 민주화심의위)는 2006년 3월 13일 제162차 심의에서 남민전 사건 관련 신청자 29명에 대해 민주화운동을 이유로 유죄판결을 받은 것이라며 명예회복을 인정했다.

당시 학생운동은 크게 PD(민중민주주의운동)와 NL(민족해방운동) 계열로 나뉘었다. PD가 정통 마르크스레닌주의를 추종했다면 NL은 북한의 주체사상을 신봉했다. NL은 PD에 비해 늦게 나타났지만 그 후 짧은 기간 안에 PD를 압도하였다. 주사파 원조집단인

1982, 1983학번 운동권 대학생들은 본래 마르크스레닌주의와 제3세계 종속이론에서 출발했기 때문에 최종목표가 사회주의 혁명에 있었고, 민족주의는 마르크스주의가 경계하는 이념이므로 거리를 두었다. 그 와중에 1980년대 후반 주사파가 대중화에 성공하면서 오직 극단적, 북한식 민족주의만 퍼져 나간 것이다(류근일·홍진표, 2005: 39).

당시 학생운동권이 계급을 버리고 민족을 받아들인 데는 무엇보다도 남한 사회에 민족주의가 특별히 강한 정서로 뿌리내리고 있었던 점이 결정적으로 작용했다. 게다가 소련과 동유럽에서 실제로 존재하던 사회주의체제가 붕괴하면서 PD계열은 현실의 대안을 상실하고 말았다. 그 공백을 메워 준 것이 주체사상과 북한식 사회체제였다.

주사파가 쉽게 대중화한 데는 마르크스주의에 비해 주체사상이 학습하기에 훨씬 쉬웠던 측면도 있었다. 마르크스레닌주의나 제3세계 종속이론은 경제사와 정치경제학에 대한 기본지식이 있어야 공부할 수 있었던 반면에, 주체사상은 자주만 외치면 되었을 뿐 아니라 민족주의는 기왕에 한국 사회에 강하게 자리 잡고 있었기 때문에 특별히 공부할 필요도 없었다. 더욱이 '구국의 소리'라고 하는 대남방송만 들으면 주체사상도 배울 수 있고 향후 투쟁방향도 교시받을 수 있었다. 마르크스레닌주의 학습에 필요한 이론적, 철학적 고민은 불필요해졌고 이제 북한 방송 녹음테이프를 전달받아 들으면서 그 내용을 달달 외우기만 하면 되었다.

마르크스레닌주의와 종속이론을 공부할 때는 1980년대 중반까지만 해도 한글 번역서가 거의 없어 일본어나 영어로 된 원서를 읽어야 했다. 일본어 강독을 위한 일본어 문법 공부는 운동권 대학생들의 1학년 겨울방학 중 필수코스였다. 주체사상의 대학가 유입은 그런 학습상의 번잡함과 난해함을 일거에 해소해 주었다.

그에 따라 소위 일류대 혹은 명문대 학생이 아니더라도 운동권 핵심 활동가나 지도자로 성장하는 데 아무런 문제가 없었다. 주사파 등장 이후 학생운동권의 범위가 더 넓어지고 학생운동의 중심 대학과 지역이 이동한 것도 그 때문이다. 주사파는 이제 학생운동권을 넘어 청년, 노동, 농민, 교육, 여성, 빈민, 환경 운동을 포함한 운동권 전반으로 확산되어 운동권의 대세를 장악했다. 심지어는 시민단체로도 퍼져 나갔다.

'구국의 소리'는 조선민주주의인민공화국 노동당 비서국 통일전선부에서 관장, 운영한 방송이다. 대한민국을 상대로 선전과 선동을 일삼는 데 주된 목적이 있었다. 김일성의 지시로 1970년에 통일혁명당 목소리 방송으로 시작하여, 1985년 구국의 소리 방송으로 네이밍을 변경했다. 프로그램 제작은 평양시 흥부동의 '칠보산연락소'에서 이루어지며, 해주, 평양, 원산 같은 곳에 송신소가 있다. 이들 송신소에서 중파 1개, 단파 6개 채널을 통해 하루 총 91시간 방송 프로그램을 송출하였다. 서울에서 방송되는 것처럼 위장하기 위해 방송용어도 대한민국 표준어를 사용하였다.

북한은 2003년 7월 제11차 남북 장관급 회담에서 상대방에 대한 비방방송 중단을 강력히 요구하면서, 같은 해 8월 1일 이 방송을 전격 중단했다. 그러나 요즘도 북한의 대남선전선동은 인터넷으로 계속된다.

민주노동당과 민주노총 내에서도 주사파, 즉 NL파가 주류를 이룬다. 민주노동당은 원래 재야운동권의 NL파와 PD파, 그리고 노동운동권 3자의 결합으로 탄생했다. 그러나 당내 선거에서는 NL이 PD를 줄곧 압도했다. 그러다가 2007년 대통령선거와 2008년 국회의원 총선거에서 연달아 참패한 후 심각한 내분을 겪은 끝에 PD파가 이탈하여 신당인 진보신당을 창당하는 사태를 맞았다. 따라서 그러한 분당사태 이후의 민주노동당 내에서는 NL파가 절대 다수파를 형성하게 되었다고 볼 수 있을 것이다.

민주노총 내에 NL파와 PD파의 노선투쟁이 있지만, 그동안 민주노총의 일련의 친북행태로 미뤄 볼 때 NL파가 민주노총의 노선을 주도함을 알 수 있다. PD계열 논객인 진중권은 민주노동당과 민주노총의 NL파가 진정으로 섬기는 것은 북한의 조선노동당이라고 말했다. PD파는 NL과 PD를 싸잡아 '좌파'로 부르는 것에 격분한다. 정통 마르크스 - 레닌주의를 고수하는 자신들만이 진정한 좌파이고, 사이비 주체사상을 추종하는 NL파는 좌파도 아니라는 것이다.

북한의 대남조직인 한민전은 2001년 '한국민족민주운동의 새로운 전진을 위하여'라는 문건에서 "주체사상이 시대의 향도사상으로 민족민주운동의 지도이념으로(남한 사회에서도) 자리 잡았다. …… 한국변혁운동의 지도핵심은 주체사상으로 정신무장하고 민중 속으로 들어가 투쟁과 실천에서 모범을 보이는 사람들"이라며, 구체적으로 "전국연합·민중연대·통일연대·민주노동당은 향후 실질적 민족민주전선 건설 사업을 담당하는 주체"라고 밝혔다.

통일연대와 민중연대는 전국연합과 함께 반미운동을 벌였다. 2005년 9월 11일 인천 맥아더동상 파괴시위 당시에는 "맥아더는 학살의 원흉, 전쟁미치광이"라며, 미군철수를 주장하는 성명들을 발표했다. 정광훈(전국민중연대 상임대표)과 한상렬(통일연대 상임대표)은 "9·11 인천투쟁 승리로 미군강점 60년을 청산하는 대장정에 나서자!"라는 성명에서 이렇게 주장했다.

> 분단과 학살의 원흉, 전쟁미치광이를 동상으로 숭배하는 이 눈 뒤집어지는 현실을 어찌 두고 볼 수 있냐는 말입니다. …… 동지들! 9월 11일 인천에서 맥아더 동상을 끌어 내립시다. 오늘 우리가 맥아더 동상을 철거하겠다고 나선 것은 바로 분단의 원흉이요 전쟁과 학살의 책임자이며, 이 땅 만 악의 근원인 주한미군을 몰아내겠다는 의지의 선언입니다. …… 인천에 모입시다. 민족의 이름으로 만천하에 선언합시다. 미군강점 60년! 더는 연장할 수 없다. 주한미군 철수하라!

통일연대와 민중연대는 그에 앞서 9월 8일 공동으로 주한미군철수선언문을 발표했다.

> 미군 강점 60년을 더 이상 넘기지 말자! 오늘 9월 8일은 분단과 전쟁을 강요한 주한미군이 이 땅을 강점한 지 60년이 되는 날이다. 주둔 첫날을 학살로 시작한 미군은 분단과 전쟁, 범죄로 이어져 온 60년 동안 우리 민족에게 되돌릴 수 없는 불행과 고통을 강요해 왔다. …… 시대는 미국의 지배와 간섭에서 벗어나 전쟁의 근원을 제거하고 한반도의 자주적 평화통일을 실현할 것인가 아니면 또다시 외세에 의한 전쟁의 희생물로, 영원한 식민지 노예로 살아갈 것인가에 대한 선택과 결단을 요구하고 있다.

한국 반미주의자들이 표방하는 자주는 한마디로 미군철수, 한미동맹 파기임을 알 수 있다. 한국 운동권에서 주사파가 맨 처음 등장할 당시 그 단체의 이름이 자민투였다. 자민투는 반미자주화반파쇼민주화투쟁위원회의 약칭이다.

그러니까 반미주의자들이 말하는 자주는 단순히 미국의 간섭과 압력에서 벗어나거나 안보와 경제 면에서의 대미의존도를 줄이거나 한미관계를 좀 더 대등한 관계로 바꾸는 차원이 아닌 것이다. 미군을 철수시키고 한미동맹을 해소함으로써 연북통일의 기반을 결정적으로 조성하는 것을 의미한다. 1986년 서울대학교 반미자주화반파쇼민주화투쟁위원회의 반미자주화 반파쇼민주화 투쟁선언문을 보자.

우리 반미자주화반파쇼민주화투쟁위원회는 이러한 민중의 반제 민족 해방 운동을 계승하여 그간의 우리 투쟁의 맹점을 명확히 비판·발전시켜 이후 투쟁의 주체로서 자기를 정립하고자 한다. 지금까지 개헌 투쟁론은 86, 88년을 제반 정치 세력들이 개헌을 둘러싼 투쟁에서 주도권을 획득하여 권력을 창출하고자 하는 개헌 국면이라 규정하고 민중은 이 투쟁에 주체적으로 참가하여 매판 정치권력을 타도하고 파쇼 헌법을 철폐하여 민중 권력창출을 위한 헌법 제정 국민 의회를 쟁취하여야 한다고 주장하였다. 그러나 이는 우리의 적과 권력투쟁의 본질을 오해하고 있는 것에 불과하다. 또한 민중의 권력 의지는 신식민지적 폭압을 자행하는 민중의 적인 미제와 그 앞잡이에 대한 투쟁의 의지이며 이의 결집체는 관념의 소산인 헌법 제정 국민 의회가 아니라 투쟁 의지의 결집체인 투쟁체이다.

현재 진행되고 있는 개헌 공방의 본질은 바로 적에 있어서 미제의 파쇼 체제 재편의 제 형태 간의 갈등 내지 동일한 형태 내의 헤게모니 쟁탈전이며 민중에게 있어서는 민주적 권리를 박탈당한 민중의 민주적 권리 의식의 발현이다. 그러므로 권력의 주체로서의 미제와 그 앞잡이 괴뢰 파쇼 권력 재편 음모의 폭로와 민중의 민주적 권리 쟁취 투쟁의 일환으로서 개헌 투쟁을 수행해야 한다. ……

첫째, 우리는 미제의 파쇼 권력 재편 기도를 분쇄하고 민주적 제 권리를 획득하기 위해 투쟁한다. ……

둘째, 우리는 반전·반핵 투쟁으로 한반도에서의 미제의 전쟁 도발 책동을 분쇄하기 위해 투쟁한다.

미제의 전쟁도발은 현실이다. 양키 군바리들에 의한 여교사 윤간 사건, 미 공군 기지 폭발로 인한 민중의 생존권 박탈, 지속적인 전쟁 분위기 조

성에 의한 정치, 경제, 군사적 피해, 민중의 전쟁 공포 등은 미제의 한반
도에서의 전쟁 도발이 현실임을 말한다. 우리는 미제의 핵무기 철수, 군사
적 강점의 중단을 위해 민중과 함께 투쟁한다.

셋째, 조국의 평화 통일을 촉진시키기 위해 투쟁한다.

무력적 군사 행진으로 한반도를 두 동강이 낸 미제는 또다시 분단을 영
구 고착화시키려는 책동에 광분해 있다. 허리 잘린 조국의 뼈저린 현실은
자주적, 민족적, 평화적 통일로서만 치유할 수 있는 우리는 미제의 영구 분
단 고착화 음모를 분쇄하고 조국 평화 통일의 실현을 위해 투쟁할 것이다.

넷째, 노동 현장에서의 민중의 생존권 투쟁을 적극 지지하고 연대하여
투쟁한다.

그러면서 이 선언문은 "팀스피리트 반대", "미국 핵 기지 철수",
"휴전협정 폐기 평화협정 체결", "반전 반핵 양키고홈" 같은 구호
17개를 나열했다. 이 선언문은 한국 학생운동의 초점을 계급에서
민족으로 바꾸고 그 방향을 반미투쟁으로 돌린 역사적 문건이다.
NL계열의 자민투는 이 선언에서 PD계열인 제헌의회 그룹(Consti-
tuent Assembly: CA)의 관념적 과격성을 비판하고, 1985년 하반기
까지의 개헌 투쟁 상황을 '개헌국면'이라고 파악한 것은 오류였다
고 지적하면서, 개헌투쟁은 '반미투쟁'의 관점에서 미제와 파쇼정
권의 권력재편 음모를 폭로함과 동시에 민주적 제 권리를 쟁취하
는 투쟁의 일환으로 진행하여야 한다고 주장한다.

이 선언문은 '반미자주화'의 의미와 내용을 구체적으로 언급하지
않았지만 자민투의 기관지 『해방투쟁』 2호를 보면 "반미 자주화란
한국을 강점하고 있는 미 제국주의를 몰아냄으로써 민족 해방을
달성하고 조국 통일을 지향하는 이념이며, 반파쇼 민주화란 미제와
미제의 앞잡이들에 의해 파쇼적으로 지배당하는 한국 민중이 이들

의 지배 체제를 타도하고 계급 해방을 이룬다는 이념이다. 따라서 우리 변혁 운동의 총체적 이념성은 민족 해방 민중 민주주의"라고 한다.

여기에 나오는 민족해방민중민주주의혁명(NLPDR)이란 바로 북한의 대남적화통일노선이다. 그러므로 반미자주화는 미제축출을 통한 연북통일, 즉 미군철수와 한미동맹 파탄 후 북한과의 연방제 통일임을 알 수 있다. 주사파가 NL계열로 불리는 이유를 여기서 알 수 있다.

자민투는 1986년 10월 8일 건국대에서 전국반외세반독재애국학생투쟁연합(애학투련) 발대식을 개최했다. 1,500명의 연행과 1,300명의 대량 구속 사태로 이어진 이 대회를 기점으로 반미 자주화를 이념으로 하는 학생운동은 역량 손실로 인해 소강상태에 접어든다. 자민투는 이전의 선도투쟁 조직체계를 반성하고 대중노선의 구현이라는 기치 아래 총학생회를 독자적으로 장악하여 각 대학 대표자 협의회를 구성함으로써 NL노선의 대중조직인 서울지역대학생대표자협의회(서대협), 전국대학생대표자협의회(전대협)를 발족하며 직선제 개헌투쟁과 김대중 후보에 대한 소위 비판적 지지 활동을 전개했다(안상헌, 2000).

북한에서는 민족주의가 어떻게 변화했을까? 북한 정권을 수립한 공산주의자들에게도 민족주의 정서는 강하게 자리 잡고 있었다. 왜냐하면 그들은 주로 일제 치하에서 항일무장투쟁을 벌이던 사람들이기 때문이다. 그들이 사회주의 이념을 선택한 것은 마르크스(Karl Marx)의 공산주의 원론으로서보다는 일본 제국주의 치하에서 민족해방을 이룩하는 도구적 이데올로기로서의 성격이 강했다.

그러나 북한은 정권 수립 후 민족주의를 '부르주아 민족주의'와 동일시하여 부정적으로 취급했다. 민족주의는 부르주아 자본가들의 지배를 합리화하는 계급 이데올로기라는 것이다. 사회주의는 본래 전 세계를 하나의 노동자 세상으로 만들자는 프롤레타리아 국제주의를 지향하기 때문에 그 근본원리에 있어서 민족주의와 배치된다.

그러나 북한의 정치현실은 그러한 이론대로만 흘러가지 않았다. 한국전쟁에서의 패배는 북한에 깊은 상처와 좌절감을 남겼다. 미국은 최대의 공포대상으로 자리 잡게 되었으며, 반미민족주의는 깊이 뿌리를 내렸다. 그 후 주체사상(혹은 김일성주의)의 등장과 더불어 북한의 민족주의는 제도적으로 부활하기 시작한다. 주체사상은 1955년 12월 28일 사상에서의 주체 선언, 1960년대의 4개 노선(사상에서의 주체, 정치에서의 자주, 경제에서의 자립, 국방에서의 자위), 1970년대의 이론체계화 과정을 거쳐 1980년대에 오면 북한 사회 전반의 지배이데올로기가 된다.

스탈린 사망 후 흐루시초프의 스탈린 격하와 김일성 비판, 중소분쟁의 와중에서 김일성은 자신의 존립을 위해 새로운 이념을 모색하지 않을 수 없었다. 김일성은 조선노동당 내 반김일성세력과의 투쟁에서 이기고, 나아가 김정일 후계체제를 확립하기 위해서도 사상적 뒷받침이 필요했고, 주체사상은 바로 그러한 종파투쟁과 세습체제 확립의 훌륭한 도구였다.

북한이 현실적으로 주체사상의 기반 위에 건설한 국가는 스탈린식 전체주의 국가이며, 세계에서 그 유례를 찾아보기 어려운 세습독재체제이다. 소련을 비롯한 다른 공산주의 국가들이 스탈린식 전체주의를 탈피하여 나름대로 변화를 추구할 때에도, 북한은 오히려 스탈린식 전체주의체제를 강화하면서 시대착오적 역주행을 하였다. 중국에서는 마오쩌둥이 죽은 뒤 1978년부터 개혁개방이 시작되었는데 같은 시기에 북한은 개방이 아니라 '주체'라는 이름 아래 거꾸로 더 굳게 문을 닫아걸었던 것이다.

주체사상이 '주체'와 '자주'를 핵심내용으로 삼고 있었기 때문에, 주체사상의 대두는 사실상 민족주의의 부활을 의미하는 것이었다. 1990년대에 이르면 북한은 조선민족제일주의를 부르짖게 되고, 이로써 민족은 계급보다 우위에 놓이게 된다. 정통 마르크스레닌주의에서 완전히 벗어난 것이다. 공산권 붕괴와 더불어 더는 의지할 데가 없어진 북한으로서 유일하게 기댈 이념적 언덕은 민족주의였다.

김일성이 태어난 해를 기준으로 하여 연도를 표시하는 이른바 '주체' 연호를 제정하고, 김일성의 생일인 4월 15일을 '태양절'로 명명하여 국경일로 삼았다. 김정일은 조선민족을 '김일성 민족'이라고 불렀다. 북한은 조선민족제일주의 이념고취의 일환으로 단군릉도 대대적으로 복원했다. 사회주의와 단군릉은 흡사 얼음과 불처럼 전혀 어울리지 않는데도 북한은 체제유지를 위해 필요하면 무엇이든 끌어다 댄다.

그러니까 북한의 민족주의는 체제방어이념이요, 김일성·김정일 가족세습체제의 지속을 위한 우상화 이데올로기이다. 그럼에도 한국의 주사파는 주체사상과 조선민족제일주의가 마치 세계 역사상 가장 탁월하며 한민족에게 가장 적합한 이념인 것처럼 찬양한다.

북한의 민족주의는 '국민 없는 민족주의'이다. 북한의 민족주의는 북한 주민 혹은 인민의 자유나 권리, 복지를 말하지 않는다. 주체사상의 '혁명적 수령관'은 조선민족제일주의에서도 여전히 그 핵심을 이룬다. 즉, 조선민족이 제일인 까닭은 가장 위대한 수령과 지도자를 모시고 있기 때문이다. '주체' 사상이 수령(김일성)과 지도자(김정일)의 중요성만 강조하고, 인민의 '주체성'은 사실상 없애버린 것과 같다(조미영, 2003: 194).

반미성향 네티즌들은 북한 핵문제를 북한 김정일 정권의 군사적 모험주의로 보지 않고 미 제국주의의 주권침해로 인식한다. 대량살상무기(WMD) 확산방지라고 하는 국제사회 공통의 가치를 인정하지 않고 민족자결권과 국가주권을 그보다 상위에 있는 가치로 여기는 것이다. 이런 논리는 북한을 비롯한 일부 공산주의 잔존 국가들의 지지를 얻을 수 있을지는 몰라도 유엔을 비롯한 국제무대에서는 통할 수 없다.

그럼에도 불구하고 주사파 네티즌들은 자신들의 논리를 굽히지 않는다. 이들에게 있어서는 반미담론이 곧 민족담론이요, 민족담론이 곧 반미담론이다. 이들은 북한 핵이 한반도 평화를 위협한다고 보지 않고, 대미(對美) 자주권의 상실이 민족구성원들의 생명과 안전을 위협한다고 본다.

예컨대 2002년 신효순·심미선 사망사건의 미군병사가 처벌받지 않은 것은 한국이 자주권을 온전히 누리지 못하기 때문이라는 것이다. 그렇기 때문에 미국의 팽창정책을 물리치고 평등한 한미관계를 달성할 수 있는 민족적 저항이 필요하다고 한다. 이들에게 있어서 미국은 대외팽창을 일삼는 제국주의 국가이다. '미국＝제국주의'라는 논리는 반미담론의 핵심을 형성한다. 미국이 제국주의이므로 미국에 협력하는 사람은 역적이 된다.

인터넷에서 유통되는 반미담론은 공론장의 검증을 거쳤다고 볼 수 없다. 한미관계나 미국의 부정적인 부분만을 침소봉대하거나 긍정적인 부분을 도외시하는 경우가 비일비재하다. 사물을 인식함에 있어서 선택성(選擇性, selectivity)이 작용하는 것이다. 선택적 사물 인식은 누구나 하는 것이지만 특히 반미주의자들에게 있어서는 그것이 주요전략 중 하나이기도 하다.

북한은 구소련과 동구권이 붕괴되고 난 이후에도 주체사상에 입각한 사회주의 체제를 고수했다. 그러나 김일성 사망 이후 수년에 걸친 한발과 홍수로 인해 심각한 경제적 타격은 물론 체제붕괴의 위기를 맞았다. 북한경제는 1999년부터 플러스 성장으로 돌아섰으나 아직 과거 수준조차 회복하지 못했다. 북한의 경제성장률은 1989년까지 플러스를 유지하다 1990~1998년에 마이너스를 나타낸 뒤 1999년 6.2%, 2000년 1.3%, 2001년 3.7%, 2002년 1.2%, 2003년 1.8%, 2004년 2.2%로 다시 플러스 상태를 보였다(연합뉴스, 2006년 10월 19일). 그동안 북한경제가 성장세를 유지한 것은 한국을 비롯한 국제적 지원의 영향이 컸다.

북한은 2007~2012년을 이른바 강성대국의 문을 여는 시기로 규정하고, 2012년까지 북한 경제를 1987년 수준으로 회복하려고 한다. 북한 발표에 따르면 1987년 당시 1인당 국민소득은 2천5백 달러였다. 북한은 당시 시장가보다 훨씬 높은 공식 환율을 적용했기 때문에, 실제로는 그보다 훨씬 낮았을 것으로 짐작된다. 북한의 2012년 1인당 국민소득 목표가 2천5백 달러라면, 이는 이명박 대통령이 제안한 '비핵개방3000'의 3천 달러와 큰 차이가 없는 것처럼 보이지만, 그 계획기간이 다르다. 북한은 5년 내 달성을 목표로 하는 반면, '비핵개방3000'은 10년 내 달성을 목표로 한다.

문제는 목표만 있을 뿐 거기에 도달할 구체적 방법이 없는 데에 있다. 유일한 방법은 시장경제를 도입하는 것인데도 북한은 사회주의 계획경제만을 고집한다. 북한 학자들의 입에서 나오는 처방들을 들어 보아도 변화의 낌새가 보이지 않는다. 여전히 전력, 금속, 철강, 식량 같은 선행부문을 집중적으로 발전시켜야 한다고 주장한다. 군수산업 육성과 병행하는 중공업 위주 공업화 전략은 옛 소련의 영향을 받은 것으로 초기 한때 반짝 성공을 기록했으나 그 후 근본적 한계를 드러냈다.

그럼에도 여전히 중공업 우선 공업화 전략을 바꿀 뜻이 없는 것이다. 외화벌이의 방안도 기껏해야 원광을 수출하지 않고 광물을 가공하여 수출하겠다는 정도에 그친다. 그러면서 개성공단에 중소기업이 아니라 대기업이 들어와야 동북아시아에서 위상이 선다고 큰소리친다. 북한은 2009년 4월 선군정치를 제도화하는 헌법 개정을 통해 국방위원장의 지위를 대폭 강화했다. 이런 시대착오적 선군정치 노선으로는 대외적 자주 확립은커녕 인민들을 먹여 살리기도 힘들 수밖에 없다.

반미주의자들은 미국의 대북봉쇄 때문에 북한이 빈곤해진 것처럼 주장하지만 그것은 사실이 아니다. 미국은 북한 핵문제가 불거진 1990년대 중반 이후 국제사회와 더불어 대북제재조치를 취했지만 북한은 이미 그 이전부터 경제파탄에 직면했다. 사회주의 계획경제의 자체모순으로 인해 1970년대 중반부터 경제력에 있어서 남한에 뒤지기 시작했고, 그 후 북한경제는 자멸의 수렁에 빠지고 말았다. 중국이 1970년대 말부터 개혁개방정책을 채택하여 오늘날과 같은 비약적 경제성장을 이룩한 반면에, 북한은 '주체'와 '자주'의 이름 아래 쇄국정책을 선택함으로써 스스로 무너졌다. 내부에서 문을 닫아걸었지, 외부에서 에워싼 게 아니다.

5. "자본주의가 싫다": 반자본주의

한국의 좌파세력은 '반미'라는 옷을 즐겨 입는다. 자신의 '친북' 혹은 '반자본주의' 색깔을 감춘 채 마치 제2의 독립운동세력처럼 행세할 수 있기 때문이다. 하지만 그 '반미'라는 옷을 벗기고 보면, 사회주의 붕괴 후에도 여전히 버리지 못한 사회주의에 대한 강한 미련을 갖고 있음을 확인할 수 있다.

사실 한국의 운동권은 반미주의보다 반자본주의, 즉 사회주의 혹은 마르크스레닌주의를 먼저 받아들였다. 한국 운동권의 마르크스레닌주의 수용은 1980년 이후 학생운동권에서 두드러졌다. 1960년대와 1970년대 학생운동도 반독재 민주주의와 반외세 민족주의에 민중 민주주의 이념을 결합한 새로운 운동이념을 모색하였지만, 뚜렷한 이념 체계를 정립하지는 못했다. 그에 비해 1980년대 학생운동은 1980년 5월 '서울의 봄'과 광주 민주화 운동의 잇따른 실패를 반성하는 가운데 과학적이고 객관적인 인식을 위한 체계로서 급진이념의 수용을 모색하게 된다.

군사독재정권을 타도하려다 보니 군사독재정권의 물적 기반인 자본주의와 세계경제체제를 분석하지 않을 수 없었고, 그 무기로는 마르크스레닌주의가 가장 유용했던 것이다. 군사독재정권을 무너뜨리고 나서 추구할 대안사회를 모색하는 데 있어서도 마르크스레닌주의는 사용가치가 있었다. 적어도 1989년과 1990년 동유럽과 소련의 공산주의체제가 잇따라 붕괴하기까지는 그러했다. 당시 각 대학의 운동권 동아리들은 한결같이 이른바 의식화학습에 몰두했으며, 그런 동아리들은 '이념서클' 혹은 '언더서클'이라고 불렸다. '언더서클'이란 미등록 동아리로 지하에 있다는 의미이다.

학생운동의 이념화는 부작용도 초래하였다. 1980년대까지의 반미운동은 주로 반자본주의 성향의 이념적 반미운동이었고, 소수의 학생운동권이 그것을 주도했으며, 대체로 정치적 문제에 집중했다. 이들은 너무 과격하고 급진적이어서 대중들이 그들과 행동을 같이 하기 어려웠다. 1980년대 학생운동권은 이념 과잉에 따른 관념적 과격성을 여실히 드러냈던 것이다. 그것은 학생운동권 내부의 노선투쟁과 사상투쟁으로 나타났고, 그것은 다시 사회과학계의 한국 사회 성격논쟁 즉 사회구성체 논쟁으로까지 이어졌다.

불론 1980년대 한국 사회에는 이른바 민중운동도 발전하였다. 기존의 지식인과 대학생 중심의 반체제운동이 노동자, 농민, 도시빈민으로까지 확산되기 시작한 것이다. 그러나 기층 민중들은 아직 반미운동이나 통일운동에 거의 참여하지 않았다.

학생운동 출신 활동가들이 노동운동을 비롯한 여타 운동부문으로 활발히 진출하면서 노선투쟁과 사상투쟁은 다른 부문 운동권으로도 확대됐다. 민노당이 2007년 대통령선거 후 선거 패배 책임을 둘러싸고 노선투쟁을 벌이다가 분열된 것도 1980년대 학생운동권의 노선투쟁과 사상투쟁의 연장선상에 있다.

그러나 사회구성체 논쟁은 성과가 별로 없었던 것으로 평가된다.

이 논쟁이 실질적인 의미를 가지려면 한국 사회에 대한 풍부한 실증적 분석 결과가 축적되어 있어야 하며 이러한 실증적 자료 분석을 토대로 논의가 진행되어야 하는데 그렇지 못했던 것이다. 다만 학생운동은 사회구성체 논쟁을 수용하여 좀 더 뚜렷한 이념적 지향성을 가지게 되었으며, 이후에도 학생운동은 서로 상이한 이념적 지향에 따라 새로운 조직의 건설과 분화, 해체 과정을 거듭하며 이합집산을 한다(안상헌, 2000).

운동권의 이념 논쟁은 1970년대부터 수용되기 시작한 서구와 제3세계의 좌파적, 그리고 반자본주의적 사회이론과 이념들을 바탕으로 이루어졌다. 여기서 잠시 학생운동이 마르크스레닌주의를 수용하기에 앞서 서유럽의 사회비판이론, 그리고 남미의 해방신학과 종속이론을 받아들였던 과정을 간략히 살펴보자. 당시만 해도 마르크스주의에 관한 자료가 불온문서로 분류되어 학생들의 접근이 어려웠다. 그 와중에 마르크스주의의 대체물로서 서구의 새로운 사회사상이 국내에 조금씩 소개되기 시작했다.

그중 대표적인 것이 프랑크푸르트학파의 사회비판이론이라고 할 수 있다. 서구의 좌파들은 1917년 러시아혁명 후 서구사회에서도 자본주의 사회의 모순을 지양하는 사회주의 혁명이 가능할 것이라고 믿었으나 그 후 그 가능성이 불투명해지자, 마르크스주의를 서구 사회에 적절한 사회 이론으로 재구성하였는데 그것이 바로 사회비판이론이다.

한국 사회에 가장 먼저 알려진 사회비판이론은 마르쿠제의 『이성과 혁명』이었다. 사회비판이론은 마르크스주의에 대한 하나의 서구적 대안으로 받아들여지면서 흔히 네오마르크스주의로 통하기도 한다. 이 이론은 1968년을 전후한 서구와 미국 학생운동의 이념적 지주가 되었다. 그러나 사회비판이론은 선진 산업사회에서 야기되는 사회 문제를 주로 다루었기 때문에 한국 사회에 대한 인식과 실천에는 직접적인 영향을 미칠 수 없었다.

1970년대 말에서 1980년대 초 한국의 사회과학과 문학에서 주목을 받은 또 다른 사상과 이론은 라틴아메리카를 비롯한 제3세계의 발전 전망을 다룬 해방신학과 종속이론이었다. 해방신학은 미국의 정치적, 군사적, 경제적 지배라고 하는 남미 특유의 현실을 바탕으로 사회와 인간의 변혁을 추구하는 것인데, 그것이 한국에서는 민중신학이라는 이름으로 수용되었다. 한국도 미국과 일본의 자본과 기술에 의존하여 개발 독재형 경제발전 정책을 추진하는 과정에서 남미사회가 안고 있는 것과 유사한 문제점들을 지녔기 때문이다.

스페인과 포르투갈, 영국의 뒤를 이어 남미에 진출한 미국은 남미의 공업화와 근대화에 기여하기도 했지만, 미국의 이익을 위해 남미의 군사 독재 정권을 비호함으로써 정치적 억압과 인권 침해를 묵인하고, 경제적 종속으로 인한 대외 부채의 심화, 사회계층 간의 불평등, 그리고 사회와 문화의 부패와 타락을 방조한 주범으로 인식되기 시작했다. 해방신학은 남미의 현실 상황을 사회과학적으로 분석하는 데 필요한 하나의 이론 체계로서 교황청의 공식 인정을 받아 제3세계 신학 이론으로 자리를 굳혔다.

해방신학은 한국 교회의 좌파 진영이 정의와 인권을 실현하기 위한 투쟁에 적극적으로 나서는 데 있어서 하나의 촉매로 작용하였다. 그러나 해방신학은 마르크스주의와 연결되었기 때문에 한국 사회에서 그것을 공개적으로 논의하기에는 많은 제약이 따랐다. 가톨릭계 분도출판사에서 간행한 『해방신학』(1977)은 폭력을 정당화하는 유해도서라는 이유로 판매 금지되었다.

1970년대 해방신학에 대한 관심은 1980년대에 들면서 남미의 종속이론에 대한 관심으로 옮아갔다. 아시아, 아프리카, 라틴아메리카, 중동 같은 제3세계에서는 왜 서구나 미국에서처럼 자본주의의 발전이 제대로 실현되지 못하는가? 종속이론은 중심부와 주변부에 대한 구조주의적 접근을 통해, 자본주의가 발전한 중심 국가와 그 주변 국가의 관계를 종속 개념으로 파악하여 제국주의하에서의 민족적 부르주아의 취약성과 세계 자본주의에의 종속성의 심화를 확인함으로써 주변부 국가의 변혁 전략을 제시하려고 했다.

한국경제는 고도성장을 계속하면서 대내적으로는 경제적 불평등이 심해지고 대외의존도가 더욱 높아지는 측면을 보였기 때문에, 종속이론은 한국 사회에서도 상당한 설득력을 지니고 확산되었다. 그러나 1980년대 후반 이른바 '아시아의 네 마리 용'으로 비유될 만큼 한국이 비약적 경제발전을 이룩하게 되자, 저개발과 종속으로 특징지어지는 종속이론은 점차 설득력을 잃게 되었다.

학생운동권은 정통 마르크스레닌주의에 점점 천착해 들어간다. 마르크스레닌주의에 관한 서적들은 거의가 금서에 묶였지만 원전이 아닌 관련서적들은 이미 1980년을 전후하여 일어판이나 영어판으로 비밀리에 유포되었다. 전두환 정권은 공권력을 동원하여 이념서적의 출판과 유포를 막기 위해 서점가와 출판사에 대한 대대적인 압수수색을 강화하곤 했으나, 복사기의 발전과 지하 출판물의 범람으로 인해 뚜렷한 성과를 거두지 못했다. 5공 정권은 변혁이념의 확산을 막기 위한 대안으로 이데올로기 비판 교육을 정책적으로 강화하기 시작했으며, 결과적으로 그동안 불온시해 오던 이념 서적의 일부를 해금하고 대학에서 이를 비판적으로 연구하고 교육할 수 있게 했다.

그러나 해금된 이념 서적의 종류가 매우 제한되었으므로 여전히 많은 이념 서적들이 지하출판물의 형태로 유포되었다. 처음에는 마르크스의 원전이 복사물의 형태로 유포되고 점차 엥겔스와 레닌의 원전들, 마오쩌둥의 원전들, 제3세계 혁명 이론들이 유통되었다. 마침내는 소비에트에서 출판한 정통 마르크스주의 원전들이 쏟아져 들어와 번역, 출판되기 시작했다. 그와 같은 시기에 북한 주체사상에 관한 원전들이 소개되기 시작했다. 소위 원전시대다.

주사파는 마르크스레닌주의 이론으로는 남북 분단이라는 특수한 현실을 분석하거나 이해할 수 없다며 김일성·김정일의 주체사상과 그들의 대남혁명전략인 민족해방민중민주주의혁명론(NLPDR)을 추종했다. 주체사상에 의하면 남북 분단의 모두 역사저 책임은 미제국주의와 그 꼭두각시 정부인 남한 정권에 있다. 주체 이론가들은 주체 철학이 보편적 세계관인 유물론적 변증법과 사적 유물론에 근거를 두면서도 북한 사회의 특수한 역사적 경험에서 끌어낸 '사람 중심의 사상'으로서 철학적 보편성을 갖추었다고 주장한다.

그러나 주체 철학은 역사적 과정에 대한 객관적 이해의 산물이라기보다는 김일성 유일사상으로서 정권 세습과 북한식 사회주의를 고수하기 위한 정권 이데올로기에 불과하다. 주체사상은 사회와 역사의 객관적 합법칙성을 규명한 것이라기보다는 주관적 관념주의의 산물이라는 철학적 비판도 있다. 남한에서 주체사상을 둘러싼 논쟁이 가열되자 이러한 논쟁적 분위기에 편승하여 북한은 대남방송에서 남한사회론과 변혁론을 강의하였으며, 그 녹취 저작물이 한때 반공개적으로 쏟아져 나왔다.

1987년 6월 항쟁 이후에는 대대적인 해금 조치가 있었지만, 출판물에 대한 압수수색은 오히려 늘어났다. 통일운동의 열기 속에서 마지막 성역이던 북한 서적의 출판이 시도된 것이다. 특히 출판사 설립이 자유로워짐에 따라 1980년대 학번들이 사회과학 출판사를 차리면서 마르크스레닌주의 원전을 넘어서서 북한 서적들을 그대로 출간하기 시작했다. 1989년 봄 공안정국이 도래하면서 소위 좌경이념 서적에 대한 단속이 재개되기도 한다.

이러한 우여곡절을 거치면서 1980년대 말에는 그동안 금기시되었던 모든 종류의 이념 서적과 사회과학 서적들이 출판되었으며 이와 함께 진보적 학술운동단체가 만들어지면서 학술활동도 활발해졌다. 그와 더불어 운동권의 반미, 반자본주의 사조(思潮)도 심해졌다. 그러나 좌파학계의 영향력은 1990년대 직후 사회주의권이 붕괴하면서 급속하게 줄어들었다. 그 대신 환경운동연합(1993년 발족), 참여연대(1994년 발족), 민주노총(1995년 발족), 민주노동당(2000년 출범)을 비롯한 시민단체와 정치 부문 쪽으로 힘이 옮아갔다(중앙일보, 2005년 10월 24일).

지금까지 마르크스레닌주의와 주체사상을 나누어 학생운동의 이념 수용과정을 살폈지만 그 둘 다가 반자본주의이기는 마찬가지이다. 반미냐 친미냐의 관점에서 보면 NL과 PD 둘 다 반미주의자들이다. 전자는 반미투쟁을 중심으로 계급투쟁(민중생존권투쟁)도 병행하는 반면에, 후자는 계급투쟁을 중심으로 반미투쟁을 병행한다는 차이밖에 없다. 결국 학생운동권의 좌경이념화와 더불어 반자본주의는 반미의 한 주요내용을 형성하게 된다.

운동권의 이러한 반자본주의 이데올로기 수용이 특히 문제가 된 것은 그러한 이념들이 학계의 비판적 분석과 학술적 논의를 거치지 않은 채 바로 변혁운동 이론의 근간을 형성하였다는 점이다. 그야말로 서구 급진좌파 이념의 무비판적 수용이라고 할 수 있다. 전술하였듯이, 한국 사회에서는 철저한 반공 정책으로 말미암아 좌파적 사회 이론들이 전면 통제되었다가 1970년대 후반 이후, 특히 1980년대 이후에야 비로소 은밀히 수용되었기 때문에 학계의 검증 과정을 거칠 수 없었다. 한국 좌파의 급진이념 수용은 한마디로 실천이 이론보다 앞섰던 것이다.

그 후 뒤늦게 이러한 좌파 이론들에 대한 학문적 검토와 논쟁이 전개되기 시작했으나, 당시 소련에서는 페레스트로이카와 글라스노스트가 진행되었고 그 실패는 곧 동구권과 소련의 몰락과 붕괴로 이어졌다. 이 세기적인 사건은 사회주의 이념에 토대를 둔 안국 사회의 좌파 운동권에 엄청난 혼란과 좌절을 안겨다 주었다. 운동권은 한동안 이념적 방황을 거듭하다가 1990년대에 들어서야 마침내 ‘마르크스주의의 위기’에 대한 관심을 가지기 시작했다. 그러나 이에 대한 학계의 연구 성과가 충분하지 않아 학생운동이 새로운 이념을 정립하는 데에는 별다른 도움이 되지 못했다.

1980년대 대학가에서 운동권의 좌경화를 소신 있게 비판하는 지식인을 찾아볼 수 없었다. 운동권을 반대하면 곧 민주화에 반대하는 것이고, 군사독재를 옹호하는 것이 되기 때문이었다. 역대 군사독재정권은 ‘반공’이라는 이름하에 좌경이념을 비판하고 그에 대한 연구조차 제한했기 때문에, 만일 지식인이 좌경이념을 비판하면 그 역시 군사독재의 반공 이데올로기를 되뇌는 것으로 비칠 수 있었다.

1980년대의 이러한 지식사회 분위기 속에서는 오직 민족과 민중을 이야기하는 지식인만이 학생의 존경을 받을 수 있었다. 리영희의 베트남 전쟁 비판과 중국 문화혁명 예찬(즉 반미론과 인간적 사회주의론), 강만길의 민족사관, 한완상의 민중사회학, 백낙청의 민족문학론이 대학가를 풍미했다. 조성환(2007b)은 "리영희에게 문화혁명은 미국 자본주의, 그리고 이보다 더 천박한 한국 자본주의를 비판하고 거부하게 하는 '반사경'이었다."고 지적한다. 리영희(2005: 449) 자신도 "문화혁명을 남한 사회의 독자들에게 전할 때 자본주의 사회의 병든 생활양식과 존재양식에 대해서 대조적인 삶의 모습을 제시하고 싶었던 것이다."라고 술회한다.

리영희는 자본주의의 비인간성에 대한 반대명제(antithesis)로서 '인간적 사회주의'를 선호하지만 그렇다고 해서 확고한 사회주의자도 아니다. 리영희는 '인간적 사회주의'의 연장선상에서 남북한의 수렴적 통일론을 펴면서, 이상적 사회 모델로는 자본주의적 요소와 사회주의적 요소를 절충한 스웨덴이나 노르웨이 같은 북유럽 복지 모델을 든다. 그러면서 그는 사회민주주의자를 자처하지만, 그를 사회민주주의자라 하기에는 그의 자본주의 혐오가 지나치다. 리영희는 미국과 남북한을 이렇게 비교한다.

한때 미국이 사회주의 사회를 보고 '인간적인 얼굴을 한' 사회주의를 하라, 이런 식으로 윽박질렀어. 지금 미국의 경제 구조나 행동이 악마의 얼굴을 하고 있고, 남한 사회는 얼마나 비인간적인가요. 이런 사회를 가지고서는 행복한 민족으로서의 통일은 힘들다고 봐요. 북한이 개방해서 자유로운 선택을 시민에게 부여하는 자본주의적 시장경제로 가게끔 요구한다

리영희는 냉전과 반공에 대해서는 우상파괴의 이성으로 저항하
여 그 성역을 깨뜨렸으나 북한의 전체주의 정권에 대해서는 같은
이성으로 저항하지 않는다. 자본주의 사회의 비인간성에 대해서는
'악마'라는 표현을 사용할 정도로 신랄하게 비판하면서도 북한 인
권에 대해서는 침묵한다. 그런 그를 사회민주주의자라고 할 수 있
는가. 사회민주주의는 사회주의가 아니다. 사회적 민주주의이고 그
체제의 본질은 자본주의다.

조성환(2007b)은 "유럽형 사회민주주의 본질은 정치적으로 철저
한 자유주의와 개인주의를 바탕으로 사회적 연대를 위해 수단적
차원에서 사회정책을 적극화한 것이다."라며, "프랑스를 비롯한 사
회민주주의 국가들의 사회당은 북한이 비경쟁적 국가체제와 절대
권력에 대해 한국의 보수정당보다도 더 비판적이다."라고 지적한
다. 그러면서 조성환은 "리영희는 철학적으로 구조에 대한 인간,
물질보다는 정신의 우위라는 다소 추상적인 지향을 제외하고는 자
본주의와 사회주의라는 근대적 사회체제에 대한 리영희의 분명한
선택기준이 존재하지 않는 것으로 보인다."며, "반인간적 자본주의
에 대한 안티테제로서만 의미가 있는 '인간적' 사회주의로 리영희
의 사상적 거처를 규정하겠다."라고 말한다.

윤평중(2006)은 리영희의 사상적 특성을 '인본적 사회주의자'라
고 규정한다. 좌우 양 진영에서 공히 중국의 문화혁명은 재앙이었

다는 거의 일치된 평가가 나온 이후에도, 리영희는 문화혁명을 미화한 자신의 과오를 인정한 적이 없다(조선일보, 2006년 12월 11일). 이에 대해 리영희(2005: 447)는 "30년 전의 문혁시기 평가와 30년 후의 실제적 검증 사이의 괴리는 비단 나 한 사람에 국한된 것이 아니라 전 세계의 중국 연구자들에게 거의 공통된 사실"이라고 옹색하게 답변한다.

공산권 붕괴가 한국 운동권에 큰 충격을 준 것과 달리 유럽에서는 별다른 충격을 주지 못했다. 본래 서구에서의 사회주의 사상은 자본주의 사회의 모순이 노정되면서 이러한 모순을 해결하기 위한 실천적 이념으로 나타났으며, 이는 역사적으로 자유방임적 자본주의 사회의 모순을 극복하는 데 기여했다. 그러나 마르크스주의 이론을 서구 자본주의 사회에 그대로 적용하는 데에는 많은 문제가 있다는 것이 1920년대 초반부터 마르크스주의 이론가들에 의해 끊임없이 제기되었다. 1968년 유럽의 급진 좌파 학생운동의 실패는 이러한 사실을 웅변한다.

서구뿐만 아니라 미국과 일본에서도 1960년대의 급진 좌파 학생운동이 실패로 끝나면서 서구에서는 '마르크스주의의 위기'에 대한 논의가 본격적으로 전개되었다. 그 결과 1970년대 이후 진보적 운동가들은 이른바 탈물질주의적 가치관에 입각하여 녹색 운동, 반핵 평화 운동, 여성 운동과 같은 새로운 대안적 이념을 모색해 나갔기 때문에 동구권의 몰락과 구소련의 붕괴가 유럽의 진보적 사회운동가들에게 미친 이념적 혼란은 그리 심각한 정도는 아니었다고 할 수 있다(안상헌, 2000).

반미운동권의 이념에는 '평균주의'가 섞여 있다(류근일·홍진표,

2005: 278 – 281). 이들은 기회의 균등보다는 결과의 평등에 집착한다. 이러한 평균주의는 사회주의에서 차용한 것이거나, 아니면 조선시대 이래 전통사회에서 유래한 것일 수도 있다. 홍진표는 후자에 무게를 둔다.

한국 반미주의의 반자본주의 성격이 가장 극명하게 드러나는 것은 좌파단체 회의체인 진보연대, 진보연대의 전신인 전국연합과 통일연대와 민중연대, 그리고 민노당의 노선에서다. 광우병 촛불집회를 따라가다 보면 진보연대가 나오고, 그 뿌리를 다시 찾아가면 전국연합, 통일연대, 민중연대가 나온다. 전국연합은 1991년 창립 이래 국가보안법 철폐, 주한미군 철수, 평화협정 체결, 연방제 통일을 공개적으로 주장하며, 국내에서 벌어지는 대부분의 반미집회를 주도했다.

이 단체는 자료집에서 자신들이 2006년 한 해 약 800차례의 집회와 시위, 기자회견 같은 행사를 치렀다고 밝힌다. 1년에 800여 차례면 최소 하루 2~3건에 해당한다. 하루에도 두세 번씩 시위를 하거나 성명을 발표하거나 기자회견을 열었다는 이야기가 된다.

전국연합이 지향하는 연방제통일은 사회주의 통일이다. 전국연합은 2001년 9월 22~23일 충북 괴산군 보람원수련원에서 '민족민주전선일꾼전진대회'를 열어 "3년의 계획, 10년의 전망, 광범위한 민족민주전선 정당건설로 자주적 민주정부를 수립하여 연방통일조국을 건설하자."고 결의했다. 연방제 실현을 다짐한 이날 결의는 9월 테제로도 불린다. 당시 자료집은 연방통일조국 건설의 개념을 이렇게 설명한다.

연방통일조국 건설은 △북한의 사회주의 혁명역량과 미국의 제국주의 세력의 대결에서 사회주의 혁명역량이 승리하고, 남한 내 민족민주전선역량이 친미예속세력과의 대결에서 민족민주전선역량이 승리한 뒤, △남한 내 민족민주전선역량의 반제투쟁이 북한의 사회주의 혁명역량이 승리의 기선을 잡은 반제전선에 가세·결집하는 양상으로 전개될 것이다. ……

6·15공동선언 이후 정세는 '조국통일의 대사변기'로 규정할 수 있다. 가까운 시일 안에 '낮은 단계의 연방제통일'이 실현되고 향후 10년을 전후하여 '자주적 민주정부'가 수립됨으로써 '연방통일조국'을 완성할 수 있는 승리의 길이 열린 것이다. '낮은 단계의 연방제'가 실현이 되면 주한미군철수 등 반미자주화가 비약적으로 촉진되고, 남측지배세력이 급속히 약화되는 가운데 민족민주운동세력의 주도 아래 제 민주역량을 결집하여 '자주적 민주정부' 수립을 함으로써 '연방통일조국의 완성'에 이르게 될 것이다.

통일은 '낮은 단계의 연방제통일'→'자주적 민주정부수립'→'연방통일조국의 완성'으로 진행되며, 이는 북한의 사회주의 혁명역량에 가세하고 결집하는 형태로 이뤄질 것이란 주장이다. 전국연합이 이루려고 하는 통일민족국가는 사회주의, 곧 반자본주의이며 그것은 반미자주화투쟁과 반우파투쟁으로 달성된다.

실천연대는 2008년 5월 초 사업계획서에서 "(광우병) 촛불문화제를 통해 반이명박 투쟁을 전개하고 있는 국민들은 정부를 직접 압박할 수 있는 좀 더 높은 수위의 투쟁을 요구하고 있다."며, "6월 항쟁 21주년이 되는 6월 10일에 제2의 6월 항쟁 시작을 선포하고 6월 9일부터 15일까지를 제2의 6월 항쟁 주간으로 설정, 연일 청와대로 진격해야 한다."고 선동했다. 이 계획서는 또 "민중의 힘을 믿고 진보진영이 단결하여 이명박 정부를 강하게 압박한다면 얼마든지 투쟁에서 승리할 수 있다."며 "국가보안법 철폐", "주한미군

철수", 그리고 "민주노동당과 진보연대, 6·15공동위를 강화, 2012년 자주적 민주정부, 통일조국 건설로 힘차게 달려갈 것"을 투쟁방향으로 제시했다.

'자주적 민주정부'란 북한의 공산정권과의 연방제통일 전 단계로서, 남한에서 등장해야 할 소위 연공(連共)·연북(連北) 정권을 가리킨다. 예컨대 북한의 대남조직인 반제민족민주전선(약칭 반제민전, 한국민족민주전선[한민전]의 후신)은 2005년 7월 17일 '낮은 단계 연방제 진입국면, 민족민주세력은 무엇을 하여야 하는가'라는 문건에서 "향후 민주노동당 집권을 통해 자주적 민주정부가 들어서야, 고려민주연방공화국(고려연방제)이 건설될 수 있다."고 했다. 자주적 민주정부는 북한의 적화통일전략인 고려연방제의 전 단계인 것이다.

북한은 광우병 촛불집회 기간 중 연일 시위를 부채질했다. 반제민전은 2008년 5월 13일 "이명박 패당이야말로 미국의 이익을 위해서라면 나라와 민족도, 영토도 서슴없이 섬겨 바치는 극악무도한 매국역적집단이다. …… 이명박 패당을 그대로 두고서는 이 땅의 자주적, 민주적 발전도, 남북관계의 전진과 조국통일도 기대하기 어렵다."고 주장했다. 또 "이런 의미에서 촛불문화제, 촛불집회는 한국 민주주의의 상징이다. 여기에 각계각층이 특성에 맞는 참신하고 다양한 투쟁을 적극 결합시켜 내야 한다. 그래야 전 국민적인 투쟁으로 확대 발전될 수 있다."고 지령했다.

민노당의 반미주의는 반자본주의, 친사회주의 노선에서 비롯한다. 민노당의 그러한 이념노선은 강령에서부터 뚜렷이 나타난다.

　자본주의 사회는 계급적 불평등을 초래하여 소유와 권력으로부터 소외
된 민중에게 고통스런 삶을 강요하고 있다. 오늘날 세계체제는 자본주의의
모순을 확대 심화시킴으로써 노동자를 비롯한 민중에 대한 착취와 수탈을
강요하고 있다. ……

　이윤을 목적으로 하는 사적 소유권을 제한하고 생산수단을 사회화함으
로써 삶에 필수적인 재화와 서비스는 공공의 목적에 따라 생산되도록 한
다. 재벌을 해체하고 재벌지배 대기업 가운데 공공성이 높은 부문인 통신,
운수, 병원, 학교 등은 공공기관이나 공기업으로 전환한다. ……

　인류사에 면면히 이어져 온 사회주의적 이상과 원칙을 계승 발전시켜
새로운 해방공동체를 구현할 것 …… 노동해방, 인간해방의 사회주의적
가치를 계승할 것 …… 자본주의 체제를 넘어 모든 인간이 인간답게 살
수 있는 평등과 해방의 새 세상으로 전진해 나갈 것 ……

　총수일족의 지분을 공적기금을 활용해 강제로 유상 환수해 재벌을 해체
할 것 …… 농지와 소규모 생활터전용 소유지를 제외한 일정 규모 이상의
토지 국공유 …… 농기계를 공동으로 쓰고 토지를 집단적으로 이용 ……
노동자·농민 등 민중대표를 중심으로 정부와 기업대표가 참여하는 '경제
정책위원회'가 국민경제를 기획하고 조절 …… 금융기관의 공적소유와 경
영을 기본으로 '경제정책위원회'가 통제할 것 …….

　민노당은 자본주의를 민중 착취와 수탈을 강요하는 체제로 인식
하면서, 사회주의적 이상의 실현을 추구한다. 그러나 세계적으로
자본주의가 그 발전과정에 따른 부작용을 해소하기 위하여 사회주
의적인 요소도 가미하여 수정자본주의로 발전한 것과 달리, 소련과
동유럽의 사회주의 국가들은 예외 없이 몰락하였다. 동구공산권 몰
락 이후 중국과 베트남을 비롯한 사회주의국가들마저 사회주의의
모순을 인식하여 자본주의 시장경제 원리를 과감히 도입하여 경제
를 개혁했다. 민중 착취와 수탈은 자본주의 사회에서 일어난 현상
이 아니라, 북한이나 쿠바같이 낡은 사회주의 이념을 고수하는 나
라에서 일어났다.

미국과 서유럽, 동아시아의 많은 자본주의 국가들은 경제가 양적
으로 성장했을 뿐 아니라 질적으로도 자본주의의 모순을 훌륭히 극
복하고 선진복지국가로 발전했다. 민노당이 사적 소유권의 제한과
생산수단의 사회화, 사유재산 유상 강제 환수 방식에 의한 재벌해
체, 산업국유화 확대, 토지 국공유화와 집단적 이용을 주장하는 것
은 유럽 공산주의자들이 시도하다가 실패한 길을 그대로 답습하는
것이다. 민노당의 반자본주의적 반미노선은 시대착오적인 것이다.

한국 반미주의의 반자본주의 성격은 미국 주도의 세계화에 대한
격렬한 반대운동으로 나타난다. 한국의 반미좌파연합세력은 한·칠
레FTA 반대운동에 이어 한미FTA 반대운동을 격렬하게 전개하였다.
한국의 반미주의자들은 신자유주의 반대, 세계화 반대를 외친다.

그러나 반미주의자들도 글로벌화의 현실을 수용해야 한다. 개방
은 불가피하며, 그로 인한 이점이 부작용보다 크다. 부작용은 이점
이 가져오는 과실(果實)을 가지고 최소화하려고 하는 게 합리적이
다(김일영, 2006: 48).

제 7 부

한국 반미주의, 그 진단과 처방

한국 반미주의는 세계 반미주의와 어떤 점에서 유사하고 어떤 점에서 다를까? 지금까지의 분석을 바탕으로 한국 반미주의의 보편성과 특수성을 도출하면 다음과 같다.

우선 한국 반미주의의 보편성부터 살펴보자. 한국 반미주의의 정치적 성격 다섯 가지 가운데에서 '동북아시아 공동체론', '반전평화론', '정치연합 혹은 집권전략으로서의 반미', '반미를 통한 문화투쟁과 좌파 헤게모니 구축'은 보편적인 것이다.

'동북아시아 공동체론'은 현 미국 중심 국제정치 구조의 변화를 추구하는 것으로서 유럽연합(EU)이나 아세안(ASEAN)에 비교할 수 있다. 동북아시아 지역에서도 압도적인 미국의 영향력을 한국 단독으로는 견제할 수 없지만 동북아시아 차원의 다자주의적 틀을 만들면 가능할 수도 있다고 보는 것이다.

'반전평화론'은 미국의 지나친 그리고 일방적인 대외군사개입에 따른 반발이라는 점에서 세계 다른 나라의 반전평화 정서와 다르지 않다. 다만 한국의 경우 미군이 대규모로 상주하는 나라라는 점에서, 그리고 미국의 혈맹이라는 점에서 그렇지 않은 나라들과는 다른 측면도 지닌다. 미국이 한국을 버릴지 모른다는 소위 방기(放棄, abandonment)의 우려가 컸던 1960년대에는 베트남 전쟁에 반대하는 반전운동이 세계적으로 유행했지만 한국은 예외였다. 반면에 미국 때문에 원하지 않는 전쟁에 얽혀 들지 모른다는 소위 연루(連累, entrapment)의 우려가 큰 오늘날에는 한국에서도 다른 나라 못지않은 반미, 반전 평화운동이 전개된다.

다만 한미동맹이라는 특수성이 있기 때문에 일반국민들은 다수가 유엔의 지지 없는 이라크 전쟁에 반대하고 한국이 이라크에 전투병을 보내는 것을 반대하면서도 이라크 파병반대 시위에는 거의 가담하지 않는다. 한국이 미국과의 동맹관계 때문에 이라크 전쟁에 연루되는 것은 맘에 안 들지만 파병에 따른 실익은 적지 않다고 보기 때문이다. 한국의 반미주의자들이 반전평화운동으로 상당한 성과를 거두면서도 그 정치적 효과를 극대화하지 못하는 요인이 바로 거기에 있다.

'정치연합 혹은 집권전략으로서의 반미'도 보편적 현상이다. 반미주의가 존재하는 나라의 정치지도자들은 어느 나라를 막론하고 국민의 반미감정을 이용해 선거에서 승리하는 전략을 구사하거나 정치연합(political coalition)의 변화를 추구한다. 반미감정이 고조되어 전 세대와 전 계층으로 확산하면 제도권 정당의 이념노선이 다소간에 왼쪽으로 이동하는 경향이 나타난다. 그와 아울러 시민사회의 좌파집단 가운데 제도권 좌파 정당으로 흡수되는 집단도 생겨난다.

2002년 한국 대통령선거 당시 노무현 후보는 "반미면 어때?"라며 대중의 반미정서와 노골적으로 결합했고, 심지어는 이회창 후보도 SOFA 개정과 부시 대통령 사과를 요구하면서 신효순·심미선 추모 미사에 참석했다. 노무현 후보는 반미연합에 의해 승리했다. 우파 성향의 20대와 30대 유권자 중에서도 반미연합에 포섭되어 노무현 후보를 찍은 사람들이 적지 않았다고 보아야 한다. 반미연합세력의 일부는 선거 후 정부와 집권여당에 참여하였다. 노무현 정부의 반미적, 좌파적 성향이 당초에 예상됐던 것보다 더 짙어진 것은 반미연합과 무관하지 않다고 볼 수 있다.

'반미를 통한 문화투쟁과 좌파 헤게모니 구축'도 한국만의 현상은 아니다. 오늘날 좌파에게 있어서 '반미'만큼 대중의 공감대를 이끌어 낼 수 있는 호재는 없기 때문이다. 우파 정부가 군사력과 공권력, 자금력 같은 하드파워를 장악한 상황에서도 반미좌파세력은 문화부문과 시민사회에 축적해 놓은 네트워크와 인적 역량을 통해 반미감정을 거침없이 확산시킨다.

2008년 한국의 광우병 파문은 그 단적인 사례이다. 반미세력은 특히 인터넷과 휴대폰이라는 정보기술(IT)과 뉴미디어의 이점을 한껏 이용하였고, 실제 이상으로 과장된 광우병 위험성이 정보기술과 뉴미디어에 힘입어 순식간에 퍼져 나가 범국민적 반미정서로 분출되는데도 이명박 정부는 제대로 대응하지 못하였다.

많은 나라의 언론과 대중문화가 반미 콘텐츠를 양산해 내는 것은 그 자체의 속성에 기인하기도 하지만 반미세력이 문화 헤게모니를 쥐고 있기 때문이기도 하다. 특히 인터넷은 반미의 온상이라고 해도 과언이 아니다.

한국도 마찬가지이다. 인터넷과 출판, 문화예술 분야의 헤게모니는 이미 오래전에 좌파가 장악했고, 그러한 좌파 헤게모니는 김대중, 노무현 정부 10년간 더욱 확고해졌으며, 우파 정부 집권 후에도 여전하다. 한국의 언론사들은 언론과 언론인 특유의 속성상 뜻하지 않게 반미 콘텐츠를 내보내기도 하지만, 오늘날 언론사의 중추를 이루는 386세대 언론인 중에는 반미주의자들이 상당수 포진하고 있어서 반미 콘텐츠를 의도적으로 내보내기도 한다.

한국 반미주의의 정치적 성격 가운데 '반미에서 반대한민국으로의 지향성'은 한국에만 있는 독특한 것이다. 물론 미국 내에도 미국의 체제 자체를 인정하지 않는 반미주의자가 있고, 남미를 비롯한 제3세계 국가들에서도 반체제 반미주의자들이 존재하지만, 한국처럼 두드러지지는 않는다.

한국에서는 대한민국의 이념적 정체성과 역사적 정통성을 부정하는 주사파 반미세력이 한국운동권의 주류를 이루고 있다. 이는 분단, 그리고 북한의 존재와 영향이라는 특수한 상황 때문에 가능한 현상이라고 할 수 있다. 이 세력은 한미동맹체제아 남한 내 수파지배체제를 무너뜨리고 사회주의적 변혁을 이룩한 뒤 북한과 연합하는 것을 지상목표로 삼는다. 민노당과 친북반미 운동권의 연방제 통일 주장이 바로 그것이다.

다음으로 한국 반미주의의 이념적 성격 가운데에서 한국 반미주의의 보편성과 특수성을 살펴보자. 한국 반미주의의 다섯 가지 이념적 특성 가운데 '우파 민족주의', '유럽식 복지모델', '반자본주의'의 세 가지는 보편적인 것이다.

'우파 민족주의'에 의한 반미주의는 유럽, 아시아, 중남미를 비롯하여 세계적으로 나타난다. 프랑스의 드골주의, 마하티르의 말레시아 민족주의는 그 대표적인 예에 속한다. 일본의 우파 민족주의자들 중에서도 강하지는 않지만 반미성향을 드러내는 사람들이 있다. 전술하였듯이 『노라고 말할 수 있는 일본』의 저자인 이시하라 신타로(石原愼太郎)가 바로 그런 경우이다. 이시하라는 "미·일 관계는 대등한 관계다. 미국에 대한 신앙은 버려야 한다."고 주장했다. 그러나 그는 도쿄도지사 시절 겉으로는 현실성 없는 반미론을 펴면서 실제로는 미국 흉내 내기, 즉 뉴욕 모방하기에 열중했다는 지적도 받는다(신동아, 2005년 4월).

한국의 경우도 우파 민족주의는 민족주의 사학, 민족 핵 주장이나 핵주권론, 혹은 자주국방론을 통해 약하지만 반미성향을 드러낸다. 한국은 본래 우파 민족주의의 전통이 강했고, 오늘날도 소설 『무궁화 꽃이 피었습니다』의 폭발적 인기를 고려하면 그 잠재력은 결코 무시할 수 없다. 다만 반공이라는 절대가치에 눌려 우파 민족주의는 빛을 보지 못했고 여전히 주사파 반미주의자들에 대한 경계심, 그리고 남한 사회 내부의 좌우 이념갈등 속에서 우파 민족주의는 억제되어 있다고 볼 수 있다.

한국의 사회적 반미주의자들이 외치는 '유럽식 복지모델' 주장도 보편적인 것이다. 미국 주도의 세계화에 반대하여 반세계화운동이 전개되는 대부분의 나라에는 미국식 자본주의의 한 가지 대안으로 '유럽식 복지모델' 주장이 제기되고 있다고 보아야 한다. 이른바 신자유주의 정책으로 인해 계층 간, 산업 간, 그리고 숙련공과 비숙련공 간의 양극화가 심해지고 고용불안이 증대되며 사회 전반적으로 경쟁이 격해져 삶의 여유가 없어진다고 보는 사람들이 늘어나기 때문이다.

한국에는 비록 유럽식의 사회민주정당이나 기독교민주정당은 존재하지 않지만 김대중 대통령 이후 한국의 온건 좌파정당은 유럽식 복지모델을 추구한다. 그것을 이론적으로 뒷받침해 주는 것이 학계와 연구계의 반세계화론자들이다. 이들 중에는 학창시절 군사독재와 맞서 싸우는 과정에서 마르크스레닌주의를 수용했으나 공산권 붕괴 후 길을 잃고 방황하다가 유럽식 복지모델에서 그 대안을 찾으려는 사람들이 많다.

'반자본주의'도 한국 반미주의만의 특성은 아니다. 반자본주의적 반미주의는 냉전 이후 급격히 약해졌지만 그 뿌리는 여전히 남아 있다. 물론 북한이나 쿠바 같은 나라의 경우 반자본주의적 반미주의가 여전히 지배 이데올로기이지만, 그런 나라가 아니더라도 아직까지 사회주의 이념을 버리지 못한 반미주의자들이 곳곳에 존재한다. 베네수엘라, 볼리비아, 에콰도르의 남미 좌파정부 트리오가 대표적이다. 한국에서도 민노당과 민노총은 반자본주의적 성격을 숨기지 않는다. 온건한 반세계화론이 유럽식 복지모델을 추구한다면, 급진적 반세계화론은 반자본주의를 지향한다고 할 수 있다.

한국 반미주의의 이념적 성격 가운데 '좌파 민족주의와 통일지상주의', 그리고 '주사파식 자주 이데올로기'는 한국 반미주의가 갖는 독특한 성격이다. 그러한 성격은 다름 아닌 분단과 북한의 존재에서 비롯한다.

'좌파 민족주의와 통일지상주의'는 민족공조론과 연방제 통일론으로 나타난다. 남북한 민족이 하나가 되어 미국의 한반도 핵전쟁 시나리오를 막아 내고, 남북한이 그 체제와 이념을 초월하여 낮은 단계의 연방제부터 실현함으로써 통일을 이루자는 것이다. 그러나 민족공조론자들은 미국의 이라크 전쟁에 반대하여 반전평화시위를 벌이면서 북한의 핵과 미사일, 인권, 그리고 탈북자 문제에 대해서는 침묵한다. 연방제 통일론은 실제로 통일을 갈망하는 논리가 아니라 남한 주도의 흡수통일을 저지하기 위한, 바꿔 말하면 북한 체제를 온존시키기 위한 논리이기도 하다.

'주사파식 자주 이데올로기'는 분단을 비롯한 한반도의 모든 문제를 미국 탓으로 돌리면서 미군철수와 국가보안법 폐지, 평화협정 체결을 주장하는 목소리로 나타난다. 이들은 북한 김정일 정권의 선군정치노선과 강성대국론, 그리고 핵과 미사일 개발 논리를 '자주'라는 이름으로 옹호한다.

주사파 반미주의자들은 남한 사회 내에 소위 반제민족민주전선을 강화함으로써 미군을 축출하고 반민족적, 반통일적 우파지배체제를 청산한 뒤 북한과 연방제 통일을 이루는 것을 지상목표로 삼는다. 북한의 대남전략에 따른 투쟁방침을 그대로 따른다. 그러나 주사파식 우리민족 제일주의와 우리식 사회주의는 아직 인민의 먹을거리 문제도 해결하지 못했다. 한마디로 시대착오적 주장이다.

<그림 12>에서 보듯이 민주화 이후 한국의 반미주의는 이슬람권이나 사회주의권에 비해서는 약하지만 미국의 동맹국 중에서는 가장 강한 편에 속한다. 오랜 권위주의 시절 억눌려 있었던 미국에 대한 불만이 민주화시대를 맞아 분출하기도 하였지만 그보다는 국내정치와 언론, 대중문화가 끼친 영향이 더 크다고 보아야 한다.

정계, 언론계, 문화계의 반미세력들은 정치적 동기와 의도, 목적에 의해 반미감정을 조장한다. 오늘날 한국정치에 있어서 미국 관련 쟁점만큼 뜨거운 것은 없다. 한국정치는 민주 대 반민주, 개혁 대 반개혁의 대립구도를 지나 친미 대 반미, 그리고 친북 대 반북의

대립구도하에 전개되는데 미국과 북한에 대한 태도는 서로 밀접하게 연관돼 있다. 즉, 친미＝반북으로, 반미＝친북으로 간주된다.

한국 특유의 상황인 분단과 북한의 존재, 그리고 미군의 대규모 장기주둔도 한국 반미주의를 강화하는 요인이다. 미국 외교의 일방주의가 대북한 강경정책으로 나타나면 한국 반미주의는 고양된다. 주한미군은 북한 위협을 억제하고 한국의 안보부담을 덜어 주며 한국에 투자하려는 외국인들에게 안정감을 준다. 한국인들은 이와 같은 한미동맹의 이익을 계속 누리기를 원하면서 한미동맹에 따른 책임은 지기 싫어한다.

일례로 한국이 부담하는 주한미군 주둔비용, 즉 방위비의 증액을 미국이 요구하는 것에 대해서는 부정적이다. 미국이 한국에 미군을 주둔시켜 안보를 보장하는 대가로 한국군의 반테러전 동참, 즉 파병을 요청할 때에도 한국인의 반미감정은 고조된다. 미군의 대규모 주둔은 그 자체가 반감을 불러일으키며, 미군과 관련한 불미스러운 일이 발생하면 과거 권위주의 시절과 달리 오늘과 같은 민주적 상황에서는 금세 쟁점화한다.

한국 반미주의는 이념적으로 좌파적 경향이 강하지만 우파 반미주의도 잠재해 있기 때문에 획일적으로 이념성향을 규정할 수 없다. <그림 12>에서 한국 반미주의를 좌와 우의 어느 한쪽에 위치시키지 않고 좌우 양쪽에 걸쳐 있는 것으로 위치 지운 이유가 거기에 있다. 반미운동권은 주사파에 의해 주도되고 대부분의 반미시위도 그들에 의해 조종되며, 그들은 때로 대중동원에 성공하기도 하지만, 국민 대중이 그들의 이념에 동조하지는 않는다.

북한과의 대치상황 때문에 우파 민족주의적 반미주의는 억제되고 있으나 국민 다수의 높은 반일감정을 고려하면 한국의 우파 민족주의 그 자체는 대단히 강렬하다고 보아야 한다. 민족주의 사학자들은 우파 민족주의의 가장 대표적인 사례라고 할 수 있고, 그들은 한국 근현대사의 해석과 관련하여 미국에 매우 비판적이다. 그런 점에서 우파 민족주의적 반미주의도 상당한 정도로 잠재해 있다고 볼 수 있다.

한국 반미주의는 미국의 일방주의를 견제하고 냉전시대의 불균등했던 한미관계를 좀 더 균등한 한미관계로 바로잡는 효과가 분명히 있다. 그러나 다음과 같은 한계도 지닌다.

첫째, 운동의 원칙과 장기적 전망이 부재하다. 당장 대중을 동원하는 데에만 급급하다. 실제 한국 반미주의자들의 행태를 살펴보면 대중의 반미감정을 자극하기 위하여 허위사실을 유포하거나 사실을 과장하는 일이 비일비재한데 이는 바로 그러한 조급성과 무원칙성, 그리고 근시안적 태도에서 비롯된다.

그러한 흑색선전 혹은 과장왜곡 사례로는 2002년 미군장갑차에 의한 신효순·심미선 사망사건 당시 여중생 범대위가 "미군 장갑차가 여학생들을 한 번 치어 죽지 않자 몇 차례나 전진후진을 반복했다."는 허무맹랑한 소문을 퍼뜨린 일, 당시 민노당이 수도권 전철역 주변을 비롯한 다중왕래 장소에서 윤금이 씨 주검사진을 수 개월 이상 장기간 반복하여 전시한 일, 그리고 2008년 광우병 시위 당시 십대들에게 매우 자극적일 뿐 아니라 허위사실까지도 담은 문자메시지를 발송한 일을 들 수 있다.

운동의 원칙과 금도(襟度)를 지키지 않고 이런 방법을 남용하면 단기적으로 효과를 볼지 모르지만 그 효과가 장기적으로 지속되지 못할 뿐 아니라 오히려 자승자박(自繩自縛)의 역효과가 나타난다.

민노당이 2004년 제17대 국회의원 총선거에서 비약적 성공을 거두
며 원내 제3당으로 진출했으나 임기 내내 친북반미 일변도로 치닫
다가 2007년 17대 대통령선거와 2008년 18대 국회의원 선거에서
참패한 것도 바로 그러한 행태와 결코 무관하지 않다.

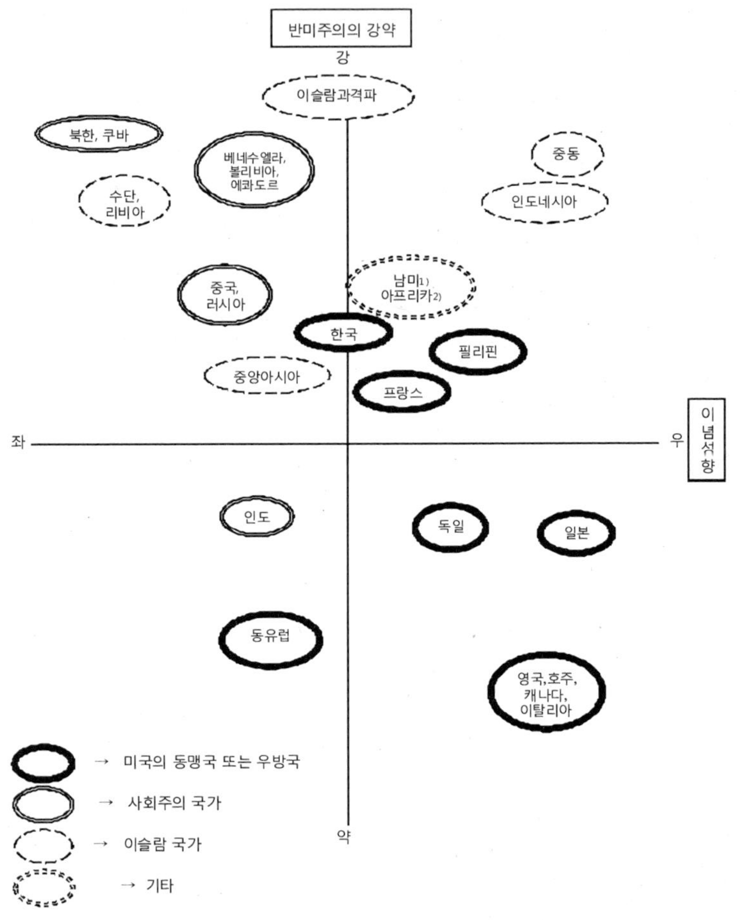

〈그림 12〉 한국 반미주의의 위상

둘째, 시위만능 풍조도 문제이다. 그것은 국민의 높은 정치의식 수준을 무시하고 대의민주주의를 위협하는 것이다. 의회민주주의와 언론 자유가 만개(滿開)한 상황에서 시위는 능사가 아니다. 시위와 장외투쟁 중심의 낡은 투쟁방식은 한국 국민들의 높은 정치의식 수준에 비춰 볼 때 결코 지속 가능하지 않다. 단기적으로는 '촛불 축제문화'를 연출하여 재미삼아 참여하는 젊은이들까지 동원하기도 하지만 오래가지는 못한다. 참여자들의 참여 동기가 제각각이기 때문이다.

민노당은 17대 국회 내내 원내투쟁보다는 장외투쟁에 주력하다가 자멸했다. 실제로 한 여론조사에서도 국민 열 명 중 여섯 명가량은 야권의 장외투쟁에 반대하는 것으로 나타났다. 2008년 당시는 국내외 경제상황이 극도로 어려운 때였는데 당면 민생문제는 제쳐놓고, 원내정당이 장외투쟁을 벌이는 것은 한국 의회민주주의를 과거로 되돌리는 것밖에 되지 않는다.

촛불도 한두 번이지, 시위의 명분과 목표도 뚜렷하지 않은데 촛불만 든다고 해서 매번 공감할 대중은 없다. 국회에서 국정조사 같은 방법으로 광우병협상 문제를 제대로 다루었어야 했다. 민노당 대학생 조직도 전철역에서 광우병 관련 유인물을 돌릴 게 아니라 대학 캠퍼스에서 광우병 문제에 관한 토론회를 개최하는 것이 오히려 더 효과가 있을 것이다.

반미세력은 시위만능풍조에서 하루속히 벗어나 각자의 영역에서 각자에게 맞는 방식으로 미국 관련 사건이나 사안을 다루는 것이 바람직하다. 교육, 노동, 농민, 여성, 학생 각 부문별 반미운동권이 각기 전문성을 살리고 자기 색깔을 분명히 하면서 운동의 내실을 기할 필요가 있는 것이다. 부문별 차별성도 없이, 그리고 단계적 접근전략도 없이 처음부터 정치적, 이념적 반미투쟁을 전개해서는 설득력이 없다.

한국 반미시위의 주력부대를 이루는 민노총과 전교조가 노동과 교육이라는 집단이익 수호 차원을 넘어 미국 정부나 한국 우파 정권과 맞대결하여 자신들의 정치적 목적을 달성하려 든다면 그것은 착각이다. 민노총과 전교조는 반미투쟁으로 기득권세력을 무너뜨리려고 하지만 스스로가 이미 또 하나의 기득권집단이 되어 있다는 사실을 명심하지 않으면 안 된다.

참여연대의 경우도 당초 소액주주운동으로 많은 국민의 지지를 얻었으나 그러한 자신만의 특성을 발전시키지 못하고, 오히려 이라크파병반대운동을 비롯한 반미투쟁에 주력하는 것 같은 인상을 주었을 뿐 아니라 특정 정권과 유착함으로써 시민단체로서의 신뢰성을 크게 상실하고 말았다.

'평화를 만드는 여성회'처럼 반미운동을 전개하면서도 여성운동만의 특성을 잃어버리지도 않고, '평화'를 표방한 단체답게 평화적 운동의 원칙을 지켜 나가는 것이 바람직하다. 지나친 정치적, 이념적 반미투쟁을 지양하고 각 부문별로 개성 있는 반미운동을 전개해야한다. 그래야 반미운동이 대중과의 교감하에 지속 가능해진다.

셋째, 한국의 반미세력은 민주화투쟁 시절의 만성적 적대문화에서 탈피하지 못했다. 여전히 반대를 위한 반대, 투쟁을 위한 투쟁을 일삼는다. 그렇기 때문에 미국이나 한국 정부를 향해 이상주의나 완벽주의의 잣대를 들이대면서 상호 모순되거나 실현 불가능한 요구를 나열하는 것이다.

예를 들어 한미 간 광우병 협상의 경우 상대가 있는 협상이기 때문에 한국의 입장을 100% 관철시킬 수는 없고 결국은 어느 선에서 타협할 수밖에 없는 것인데도 반미주의자들은 비타협적 태도만이 옳은 것인 양 주장한다. 미국의 대한(對韓) 수출은 미국 전체 수출의 2%밖에 안 되는 반면에 한국의 대미(對美) 수출은 한국 전체 수출의 13%가 넘는데 과연 한미자유무역협정(FTA)과 직결된 광우병 협상에서 한국이 전혀 양보하지 않고 협상을 타결할 수 있을까.

한국의 자동차와 철강, 반도체와 휴대폰은 미국에 더 팔기 원하면서 미국 소고기 수입은 반대하는 것이 논리적으로 타당한가. 그것은 마치 환경보호를 외치면서 에너지를 많이 사용하는 스포츠유틸리티차량(SUVs)을 보란 듯이 몰고 다니는 것과 같다.

반미가 '진정한 자존(自尊)'을 위한 것이라면 이제 더는 상호 모순되거나 실현 불가능한 요구를 해서는 안 된다. 반미주의자들도 이제 반대를 위한 반대, 비판을 위한 비판에서 벗어나야 한다. 미국 관련 사안을 놓고 미국과 한국정부를 비판하되 합리성을 잃지 말아야 하며, 비판과 함께 건설적 대안도 동시에 제시해야 한다.

넷째, 대미(對美) 전략의 부재를 지적하지 않을 수 없다. 미국과의 전략적 타협 마인드가 없고 타협 기술이 모자란다. 바꿔 말하면, 지나치게 비타협적이다. 물론 이념적으로 미국의 존재 자체를 부정하는 반미주의자들에게는 미국에 대한 전략도 필요 없을지 모른다. 하지만 북한을 보면 미국을 향해 온갖 욕을 퍼붓다가도 실리를 위해서는 전략적으로 타협한다. 그러고 보면 이념적 반미주의자들에게도 전략은 필요한 셈이다. 하물며 정치적 목적을 가지고 반미의 목소리를 높이는 정치적 반미주의자들은 말할 필요도 없다.

국익이 걸린 사안을 놓고 미국과 협상할 때는 한국의 반미여론을 활용하는 양면게임 전략도 필요하다. 그렇다고 해서 한국의 입장만을 일방적으로 밀어붙이는 것은 전혀 전략적이지 못하다. 일례로 미국과 SOFA 개정 협상을 벌일 때 반미여론을 활용하여 한국 요구를 100% 관철하였다고 치자. 그것을 성공한 협상이라고 할 수 있을까? 아니다. 왜냐하면 미국은 SOFA 협상에서 전면 양보하는 대신에 주한미군의 거의 전부를 철수하게 될 것이기 때문이다.

그렇게 되면 자주국방 예산도 확보하지 못한 상태에서 커다란 안보 공백만을 초래한 한국의 손해는 막대하다. SOFA 협상에서 얻은 것과는 비교가 안 된다. 결국 한국은 소탐대실(小貪大失)한 것밖에는 되지 않는다. 광우병 협상과 한미 자유무역협정(FTA) 비준 문제도 마찬가지이다. 미군의 즉각적 전면철수, 그리고 대미수출의 상당한 감소를 각오하지 않는다면 한국의 입장만을 걸고 고십할 수 없다. 반미운동도 전략적으로 전개할 필요가 있다.

다섯째, 반미주의자들의 친북 일변도 노선은 시대착오적이다. 미국과 한국 정부에 할 말을 하려면 북한정부에게도 할 말을 해야 한다. 북한 정부에 대해서는 침묵하면서 미국 때리기(America‒bashing)와 한국 우파정부 때리기만 일삼아서는 형평에도 맞지 않을 뿐 아니라 설득력이 없다.

앞에서도 언급하였지만 반전평화를 부르짖으면서 북한의 핵과 미사일 개발, 그리고 그 선군정치와 강성대국 노선을 옹호하는 것은 자가당착(自家撞着)이다. 탈북자와 북한인권 문제를 외면하면서 미군 범죄만을 탓해서는 앞뒤가 맞지 않는다. 미국은 외세이므로 그 모든 것을 부정하면서 북한은 동족이므로 그 모든 것을 옹호한다면 그것은 지나친 흑백논리요 단순논법이다.

특히 오늘날 한국의 십대를 비롯한 신세대의 상당수는 대한민국 정체성이 강한 반면에, 북한을 포함하는 민족정체성은 극히 희박하기 때문에, 친북 일변도의 반미운동은 미래세대의 공감을 얻을 수가 없다.

북한을 제외한 남한만의 민족주의라고 하더라도 그것이 지나치면 득보다는 실이 크다. 민족주의는 한국인의 정체성 확립과 국민통합을 위해 필요하지만 그것은 어디까지나 일정한 선에서 자제되어야 한다. 과잉민족주의는 동북아시아 공동안보나 공동체로 나아가는 데에도 방해가 될 뿐이다. 한국의 반미운동도 민족주의적 강박관념에서 탈피하여 궁극적으로는 차원 높은 세계시민운동으로 승화할 필요가 있다.

한국 반미주의가 지속 가능한 정치운동 혹은 이념운동이 되기 위해서는 미국을 거부하고 대한민국을 부정하고 자본주의를 반대하는 반대명제(antithesis)로만 머물러서는 안 된다. 구체적인 대안이념과 대안사회의 모델을 제시해야 한다.

일례로 동북아시아 공동체론이나 유럽식 복지모델론은 아직 구체적이지도, 현실적이지도 못하다. 그 자체의 논리적 필연성에 의해 창출된 것이 아니라 한미동맹을 탈피하기 위해, 그리고 미국식 자본주의를 배척하기 위해 만들어진 것이기 때문이다. 유럽식의 사회민주당이나 기독교민주당 같은 이념적 정당과 노사문화, 그리고 그에 걸맞은 이념노선과 정강정책이 부재한 상황에서 유럽식의 사회민주주의나 복지모델을 추구하는 것은 현실성이 없다. 실제로는 자본주의를 반대하고 북한을 지지하면서 그것을 바깥으로 표방할 수 없기 때문에 '반미'라는 간판 뒤에 숨어 있어서는 곤란하다.

　북한이 최소한의 국민기본권조차 보장하지 않고 여전히 개혁과 개방을 거부하면서 핵 보유를 비롯한 시대착오적 선군정치노선을 고수하는 상황에서 연방제 통일은 설득력을 가질 수 없다. 민노당의 반미친북노선이 갖는 근본한계가 거기에 있다. 좌파는 자본주의와 세계화를 수용함으로써 생산적 정책경쟁에 나서야 한다. 한국 반미세력이 뚜렷한 대안도 제시하지 못하면서 반대만 계속할 경우 언젠가는 자멸할 수밖에 없다.

강만길, 2001, "냉전세력의 정체와 극복방안", 강만길 외, 『이제 문제는 냉전세력이다』(중심).

강상중, 2002, "동북아시아 공동의 집을 위하여"(http://www.khdi.or.kr/ etcbiz/docu_file/20020722_3.doc, 2008년 6월 2일 검색).

강인덕·송종환, 2004, "「7·4남북공동성명과 남북조절위원회 회의", 강인덕·송종환 외, 『남북회담: 7.4에서 6.15까지』(서울: 극동연구소).

강정구, 2004, "한반도 전쟁위기의 실상과 대안", 부산대학교 한국민족문화연구소 개설 '남북한정치쟁점' 초청 특강.

구보다, 루리꼬, 2006, "왜 한국영화 히트작품들은 한결같이 '반미·반일·친북'일까", 『한국논단』(10월).

권형기, 2007, "세계화시대 분화하는 자유주의: 영국과 아일랜드 비교분석", 『국가전략』 제13권. 4호.

기소르망, 2007, "반미주의는 무엇인가", 『중앙일보』(4월 1일).

기소르망, 2004, 『Made in USA(미국 문명에 대한 새로운 시선)』, 민유기 외 옮김(문학세계사).

김명섭·이동윤, 2005, "동북아공동체의 이상과 현실: 문화적 대안의 모색", 『한국과 국제정치』, 제21권. 2호(여름).

김우택, 2006, "스웨덴 복지모델: '부러운' 모델인가, 반면교사(反面敎師)인가?"(http://www.cfe.org/).

김일성, 1984, 『김일성저작집』 제27권(평양: 조선로동당출판사).

김일성, 1973, 『외국기자들이 제기한 질문에 대한 대답』(평양: 조선로동당출판사).

김일영, 2006, "한국에서 보수와 진보의 의미 변화와 현 위상: '뉴라이트', '뉴레프트' 그리고 자유주의", 『철학연구』 제100집(11월).

김일영, 2001, "위기의 김대중 정부: 진단과 전망", 『전통과 현대』(여름).

김진웅, 2005, "2000년대 세계의 반미주의: 원인과 성격", 『역사교육논집』 제35집(8월).

김진웅, 2003, 『반미』(서울: 살림출판사).

김진웅, 1994, "반미주의의 성격과 기원", 『미국사 연구』 Vol.2. No.1.

김태현, 2004, "2002년형 반미(反美): 그 정치심리학적 근원과 정치 외교적 의의", 『한국과 국제정치』 Vol.20. No.1.

김태효, 2004, "이라크전 이후 세계 반미주의의 동향과 전망: 유럽, 중동, 아시아", 외교안보연구원 주요 국제문제 분석 시리즈(3월 30일).

김형기, 2006, "양극화시대를 뛰어넘는 통합의 길"(http://www.naturei.net/, 2006년 6월 26일 검색).

노부오, 이시와타·고시다 다카시 엮음, 2005, 『세계의 역사 교과서』, 양억관 옮김(작가정신).

류근일·홍진표, 2005, 『지성과 반지성: 류근일·홍진표 시국대담』(서울; 기파랑).

리영희, 2006a, 『21세기 아침의 사색(리영희저작집 12)』(한길사).

리영희, 2006b, 『반세기의 신화』(한길사).

리영희, 2006c, 『새는 '좌·우'의 날개로 난다』(한길사).

리영희, 2005, 『한 지식인의 삶과 사상』(대화).

마코비츠, 안드레이 S., 2008, 『미국이 미운 이유』, 김진웅 옮김(일리).

박건영 외, 2002, 『한반도 평화보고서』(서울: 한울).

박명림, 2007, "진보의 분화가 너무 빠르고 세다", 『한겨레 21』 제649호(2월 27일).

박명림, 1996, 『한국전쟁의 발발과 기원 2』(서울: 나남출판).

백낙청, 2006, 『한반도식 통일, 현재진행형』(창작과 비평사).

백낙청, 1998, 『흔들리는 분단체제』(창작과 비평사).

백낙청, 1994, 『분단체제 변혁의 공부길』(창작과 비평사).

백낙청 외, 2004,『21세기의 한반도 구상』(서울: 창작과 비평사).

사이먼, 애들러 마이카 조셉(Adler Micah Joseph Simon), 2000, "주한미군 범죄에 대한 한국 비정부 조직의 활동에 관한 연구", 연세대학교 석사학위논문.

심양섭, 2005,『한국의 반미, 대안은 있는가』(서울: 삼성경제연구소).

안병직, 2007, "대한민국 정통성 시비는 이미 끝났다",『데일리NK』(6월 29일).

안병직, 2006, "[기획] 우리시대의 진보적 지식인 - ②백낙청론: 허구로서의 분단체제 - '분단'은 있어도 '분단체제'는 없다",『시대정신』(겨울).

안상헌, 2000, "80년대 학생운동의 이념적 성격의 변화와 전망"(http://web.chungbuk.ac.kr/~ahnsah/, 2008년 2월 8일 검색).

와다, 하루키, 2005, "동북아시아 공동의 집과 역사문제",『창작과 비평』통권 127호(봄).

윤건차, 2002, "민족주의와 내셔널리즘",『한겨레 21』제393호(1월 15일).

윤건차, 2001,『현대 한국의 사상흐름: 지식인과 그 사상 1980 - 90년대』, 장화경 옮김(당대).

윤평중, 2006, "이성과 우상: 한국현대사와 리영희",『비평』제13호(겨울).

윤평중, 2005, "극단의 시대",『철학과 현실』통권 제67호(겨울).

이내영·정한울·정원칠, 2005, "전환기의 한미동맹과 국민여론: EAI·CCFR·CIDE·COMEXI 국제대외인식여론조사"(동아시아연구원, 5월 11일).

이정식, 2006, "냉전의 전개과정과 한반도 분단의 고착화", 박지향 외,『해방전후사의 재인식 2』(책세상).

임지현, 2004, "'국사'의 대연쇄와 오리엔탈리즘",『한국사학사학보』10(9월).

임지현, 2000, "'근대'의 담 밖에서 역사 읽기: 20세기 한국 역사학과 '근대'의 신화",『한국사론』30.

임현진, 2003, "심화되는 한미 갈등, 시민사회 네트워크로 풀자",『신동아』통권 525호(6월).

임현진·정일준, 2005, "한미관계의 정상화를 위한 시민사회 연결망론: 반미담론 분석", 중앙일보 시민사회연구소·주한미국대사관 공동 워크숍(4월 29일).

장달중, 1988, "반미운동과 한국정치", 『한국과 미국』(서울: 경남대학교 극동문제연구소).

장하준, 2007, "민주화, 경제민주주의, 그리고 사회적 대타협", 프레시안과 민주화운동기념사업회 공동주최 '민주화 20년, 한국사회 어디로 가나?' 연속강연 발표문, 『프레시안』(9월 4일).

전상인, 2005, "반미 자주화 논리의 허구성", 『철학과 현실』 제67호(겨울).

조미영, 2003, "통일담론에 나타난 남북한 민족주의 비교연구", 『국제정치논총』 제43집 1호.

조상호, 1997, "한국출판의 언론적 기능과 시대적 역할에 관한 연구: 권위주의 체제하(1972－1987)의 사회과학 출판을 중심으로", 한양대학교 대학원 박사학위 논문.

조성환, 2007a, "흔들리는 대한민국", 안세영 외, 『2008 뉴라이트 한국보고서』(서울: 도서출판 뉴라이트).

조성환, 2007b, "[기획] 우리시대의 진보적 지식인－③리영희론", 『시대정신』(봄).

조성환, 2005, "세계화시대의 동아시아 민족주의: 신민족주의의 분출과 동아시아주의의 모색", 『동양정치사상사』 제5권 1호.

조윤영, 2008, "안보정책의 정치화: 남북관계의 국내정치적 결정요인의 상호성", 국방대학교 안보문제연구소.

최장집, 2003, "한미관계의 미래: 반미감정에 대한 단상", 『아세아연구』 제46권 제1호(4월).

최홍재, 2006, "[기획] 우리 시대의 진보적 지식인－①강만길론: 민중을 저버린 민족사학자, 강만길 교수", 『시대정신』(가을).

커밍스, 브루스, 2003, "한국 '반미주의'의 구조적 기반", 『역사비평』 통권 62호(봄).

탁석산, 2004, 『탁석산의 한국의 민족주의를 말한다』(웅진닷컴).

하영선 편, 2008, 『동아시아 공동체: 신화와 현실』(동아시아연구원).

홍진표, 2005, "남한 내 친북단체 완전점검: 전국연합, 범민련, 한총련

등 '반미친북'이 최고목표", 『데일리NK』(4월 24일).

Akbarzadeh, Shahram and Kylie Baxter. 2007. "Anti－Americanism in the Middle East", O'Conor(2007c).

Beck, Peter, 2004. "Korea Backgrounder: How the South Views It's Brother from Another Planet", International Crisis Group. *Asia Report* No.89(14 December).

Berggren, D. Jason and Nicole C. Rae. 2007. "George W. Bush, Religion and European Anti－Americanism", O'Conor(2007b).

Botsiou, Konstantina E. 2007. "Anti－Americanism in Greece", O'Conor (2007c).

Bowen, John R. 2007. "Anti－Americanism as Schemas and Diacritics in France and Indonesia", Katzenstein and Keohane(2007).

Boyd, Richard and Brandon Turner. 2007. "Anti－Americanism and American Personality", O'Conor(2007a).

Callaghan, John. 2007. "The Cultural Cold War and Anti－Americanism", O'Conor(2007b).

Ceaser, James. 2004. "The Philosophical Origins of Anti－Americanism in Europe", Hollander(2004).

Chiddick, John. 2007. "The Cold War and Anti－Americanism", O'Conor(2007b).

Clawson, Patrick and Barry Rubin. 2004. "Anti－Americanism in the Middle East", Hollander(2004).

Crockatt, Richard. 2007. "Americanism as a Source of Anti－Americanism", O'Conor(2007b).

Falcoff, Mark. 2004. "Cuban Anti－Americanism: Historical, Popular, and Official", Hollander(2004).

Flynn, Daniel J. 2002. *Why the Left Hates America*(Rosevile, CA: Three Rivers Press).

Griffiths, Martin and Michael Schiavone. 2007. "Anti－Americanism and Anti－Globalisation", O'Conor(2007c).

Heineman, Kenneth J. 2007. "The Anti－Vietnam War Movement and

Anti－Americanism", O'Conor(2007b).

Hollander, Paul(ed.). 2004. *Understanding Anti－Americanism*(Chicago: Ivan R. Dee).

Hollander, Paul. 2002. "The Resilience of the adversary culture", *National Interest*(Summer).

Hollander, Paul. 1995. *Anti－Americanism: Irrational and rational*(New Brunswick: Transaction Publishers).

Hudson, Cheryl. 2007. "American Popular Culture and Anti－Americanism", O'Connor(2007a).

Iyanatul, Islam. 2007. "Islamic Fundamentalism, Concerned Muslims and Anti－Americanism", O'Conor(2007d).

Johnston, Alastair Iain and Daniela Stockmann. 2007. "Chinese Attitudes toward the United States and Americans", Katzenstein and Keohane(2007).

Kane, John. 2007. "Schizophrenic Nationalism and Anti－Americanism", O'Conor(2007b).

Katzenstein, Peter J. and Robert O. Keohane(ed.). 2007. *Anti－Americanisms in World Politics*(Itacha, NY: Cornell University).

Larson, Eric V. et. al. 2004. "Ambivalent Allies? A Study of South Korean Attitudes Toward the U. S.", *RAND*(March).

Lavelle, Ashley. 2007. "Global Poverty and Anti－Americanism", O'Conor(2007d).

Lee, Sook－jong. 2005. "Allying with the United States: Changing South Korean Attitudes", *The Korean Journal of Defense Analysis*. Vol.ⅩⅦ. NO.1(Spring).

Markovits, Andrei S. 2007a. "The Anti－Americanism Mindset", O'Connor(2007a).

Markovits, Andrei S. 2007b. "Americanization and Anti－Americanism", O'Connor(2007a).

Manyin, Mark E.. 2003. "South Korean Politics and Rising Anti－Americanism: Implications for U. S. Policy toward North Korea",

Congressional Research Service(Order Code RL31906). The Library of Congress(May 6).

Messitte, Zachariah Paulo. 2004. "The Politics of anti−Americanism in France, Greece, and Italy", Ph.D. dissertation(New York University).

Miller, Toby. 2005. "Anti−Americanism and Popular Culture"(http://www. ceu.hu/, 2008년 6월 10일 검색).

Mitchell, Derek(ed.). 2004. *Strategy and Sentiment: South Korean Views of the United States and the U. S.—ROK Alliance*(Washington D. C.: Center for Strategic and International Studies, June).

Morgan, Iwan. 2007. "The Washington Consensus and Anti−Americanism", O'Connor(2007a).

Mosbacher, Michael and Digby Anderson. 2004. "Recent Trends in British Anti−Americanism", Hollander(2004).

Niksch, Larry A. 2006. "Korea: U.S.−Korean Relations−Issues for Congress", *CRS Report for Congress*(July 21), Order Code RL33567. Received through the CRS Web.

O'Conor, Brendons(ed.). 2007a; 2007b; 2007c; 2007d. *Anti−Americanism: History, Causes, Themes, Volume 1, 2, 3, 4*(Oxford/Westport, Connecticut: Greenwood World Publishing).

O'Hagon. Jacinta. 2007. "Anti−Americanism, the West and the Transatlantic Rift", O'Conor(2007d).

O'Keefe, Michael. 2007. "US Military Bases and Anti−Americanism", O'Conor(2007d).

Parmar, Inderjeet. 2007. "Responding to Anti−Americanism: The Politics of Public Diplomacy", O'Conor(2007d).

Patapan, Haig. 2007. "Philosophic Anti−Americanism", O'Conor(2007b).

Putnam, Robert D. 1988. "Diplomacy and Domestic Politics: the Logic of Two−Level Games", *International Organization*. Volume 42 (Summer).

Revel, Jean Francois. 2003. *Anti−Americanism.* trans. Diarmid Cammell

(San Francisco: Encounter Books).

Shin, Gi−Wook. 1996. "South Korean Anti−Americanism: A Comparative Perspective", *Asian Survey*. 36(8).

Singh, Robert. 2007a. "Guns, Capital Publishment and Anti−Americanism", O'Conor(2007a).

Singh, Robert. 2007b. "The Bush Doctrine and Anti−Americanism", O'Conor(2007d).

Steinberg, David I(ed.). 2005. *Korean Attitudes toward the United States: Changing Dynamics*(M. E. Sharpe, Inc.).

Thornton, Bruce S. 2004. "Anti−Americanism and Popular Culture", Hollander(2004).

Tidwell, Alan. 2007. "Anti−Americanism in the Philippines", O'Conor (2007c).

Walt, Stephen M. 1987. *The Origins of Alliance*(Ithaca, N. Y.: Cornell University Press).

Wang, Guanhua. 2007. "Anti−Americanism in China", O'Conor(2007c).

Watts, William, 2005, "Changing Perceptions in U. S. −Korean Relations and the Rise of Anti−Americanism", Steinberg(2005).

Watts, William. 2004, "U.S. Popular Views toward South Korea", Mitchell(2004).

Werz, Michael and Barbara Fried. 2007. "Modernity, Resentment and Anti−Americanism", O'Connor(2007a).

Wesley, Michael. 2007. "The Consequences of Anti−Americanism: Does It Matter?", O'Conor(2007d).

심양섭

▌약 력

산 푸르고 물 맑은 두메에서 흙과 뒹굴며 자라났다. 한국방송통신대학교 법학과, 서울대학교 동양사학과, 연세대학교 행정대학원, 성균관대학교 대학원을 졸업했다(정치학 박사). 경향신문, 조선일보 기자를 지내며 언론사에서 10년간 발로 뛰었다. 2001년과 2009년 두 차례에 걸쳐, 미국 시애틀에 있는 워싱턴대학교(UW)에서 방문학자(visiting scholar)로 연수하였으며, 서울시장직무인수위원회 위원, 21세기서울기획위원회 위원, 경기대학교 강사를 지냈다.

2000년 한맥문학을 통해 수필가로 등단했고, 현재 한국문인협회, 시애틀문인협회, 한맥문학회, 청송문학회 회원으로 활동 중이다. 숙명여자대학교 강사, 인터넷 커뮤니티 송알송알(www.koreakidnews.org) 공동대표로도 일한다.

탈북자, 외국인 노동자와 어울려 지내기를 좋아한다. 사랑하는 아내와 아들이 있다.

저서로는 『한국의 반미: 원인, 사례, 대응』, 『여자가 기자가 된다』(편저), 『미국은 남북 화해를 방해했나?』, 『한국의 반미, 대안은 있는가』, 『사이버 음란물에 중독된 아이들』, 『386은 없다』, 『미국 초등학교 확실하게 알고 가자』, 『지방경영시대』(공저), 역서로는 『초전도혁명』(공역)이 있다. 그 밖에 "한국 반미주의의 원인과 대응", "미국 교육의 장점: 의사소통과 참여"를 비롯하여 많은 논문과 칼럼, 기사들을 썼다.

이메일 ysgoodfriend@naver.com

반미를
해부한다

초판인쇄 | 2010년 1월 18일
초판발행 | 2010년 1월 18일

지은이 | 심양섭
펴 낸 이 | 채종준
펴 낸 곳 | 한국학술정보㈜
주   소 | 경기도 파주시 교하읍 문발리 파주출판문화정보산업단지 513-5
전   화 | 031) 908-3181(대표)
팩   스 | 031) 908-3189
홈페이지 | http://www.kstudy.com
E-mail | 출판사업부 publish@kstudy.com
등   록 | 제일산-115호(2000. 6. 19)

ISBN 978-89-268-0734-7 93340 (Paper Book)
      978-89-268-0735-4 98340 (e-Book)

이담
Books 는 한국학술정보(주)의 지식실용서 브랜드입니다.